बिहार में निजी सेनाओं का उद्भव और विकास

कुमार नरेन्द्र सिंह

वाणी प्रकाशन

वाणी प्रकाशन

4695, 21-ए, दरियागंज, नयी दिल्ली 110 002

शाखा

अशोक राजपथ, पटना 800 004

फ़ोन: +91 11 23273167 फ़ैक्स: +91 11 23275710

www.vaniprakashan.in
vaniprakashan@gmail.com

BIHAR MEIN NIJI SENAON KA UDBHAV AUR VIKAS
by Kumar Narendra Singh

ISBN : 81-8143-275-4
Criticism

संस्करण 2005
आवृत्ति 2012

मूल्य : ₹ 350

मेहरा ऑफ़सेट, नयी दिल्ली-110002 में मुद्रित

वाणी प्रकाशन का लोगो मक़बूल फ़िदा हुसेन की कूची से

आदरणीय गुरुजी देवी प्रसाद त्रिपाठी को मेरी यह पहली पुस्तक समर्पित है जिन्होंने मुझे मुश्किलों में भी सिर उठा कर जीने की कला सिखाई और हर कदम पर मेरा पथ प्रदर्शन किया।

कुमार नरेन्द्र सिंह, नई दिल्ली

विषय सूची

परिशिष्ट सूची

1. मजदूरों एवं दलितों की पीड़ा से संबंधित कुछ गीत।
2. भोजपुर जिले में नक्सलवादियों द्वारा मारे गए लोगों की सूची।
3. आर्थिक नाकेबंदी के तहत किसानों की सूची।
4. (क) राष्ट्रवादी किसान महासंघ का प्रथम पर्चा (हस्तलिखित)
5. (ख) माले की राजनीतिक मान्यता समाप्त किए जाने की वकालत करता किसान महासंघ का पर्चा।
4. (ग) किसान महासंघ की किसानों से अपील।
5. मध्य बिहार में हुए नरसंहारों की सूची।
6. (क) क्रांतिकारी क्षत्रीय मंच तथा क्षत्रीय सेना (तापा) का पर्चा।
6. (ख) धन उगाही के उद्देश्य से माले द्वारा एक किसान को भेजी गई चिट्ठी।
6. (ग) रणवीर सेना के संदेश अंचल प्रभारी द्वारा विवाद के निपटारा हेतु अग्रसारित एक आवेदन।
7. माले का दस्तावेज–
   रणवीर सेना के खिलाफ संघर्ष : एक अनुभव।
8. (क) रणवीर सेना के नारे।
8. (ख) कुछ अन्य पर्चे।
9. कविताएं जिनसे रणवीर सेना की मानसिकता को समझने में मदद मिलती है।
10. (क) रणवीर सेना का पर्चा।
10. (ख) माले का पर्चा।
10. (ग) माले का पर्चा।

भूमिका

पिछले दो दशक से मध्य बिहार के ग्रामीण इलाकों में नक्सली संगठनों एवं भूस्वामियों की निजी सेनाओं के बीच हिंसा का तांडव जारी है। नक्सली संगठनों एवं भूपतियों की निजी सेनाओं के बीच जारी हिंसा-प्रतिहिंसा की इस ज्वाला नें अब तक हजारों जानें जल चुकी हैं लेकिन इस दावानल के मद्धम होने के आसार नजर नहीं आते। हिंसा-प्रतिहिंसा की यह लड़ाई नक्सली संगठनों और भूपतियों की निजी सेनाओं के बीच ही नहीं जारी है, बल्कि विभिन्न नक्सली गुटों के बीच भी जारी है। विडंबना यह है कि इस हिंसा में पुलिस भी एक एजेंट की भूमिका निभाती है। फर्जी मुठभेड़ बताकर पुलिस अनेक लोगों को मार चुकी है।

सरकार, राजनीतिक दलों, बुद्धिजीवियों-समाजशास्त्रियों एवं आम लोगों के लिए हिंसा का यह सिलसिला एक पहेली बना हुआ है। सभी अपने-अपने ढंग से इसकी व्याख्या कर रहे हैं। सरकार इसे कानून और व्यवस्था की समस्या मानती है और अपनी इसी समझदारी के अनुरूप पुलिस के बल पर इस समस्या से निपटने की कोशिश कर रही है। यह अलग बात है कि पूरे प्रयास के बावजूद उसे आंशिक सफलता भी नहीं मिली है। इतना ही नहीं, उसके प्रयासों से बहुधा प्रतिहिंसा को ही बढ़ावा मिलता है। पुलिस के अदने कर्मचारी से लेकर जिलाधिकारी तक इस हिंसा के शिकार हो चुके हैं। कुछ विद्वानों का मानना है कि इस हिंसा के लिए बिहार की अर्द्ध-सामंती सामाजिक संरचना जिम्मेदार है। इस संरचना की विशेषता यह होती है कि बड़े किसानों के पास अपनी पूंजी को किसी अन्य क्षेत्र में निवेश करने का अवसर नहीं होता, इसलिए वे जमीन पर ज्यादा-से-ज्यादा अपनी पकड़ मजबूत करने की इच्छा रखते हैं, या निरर्थक उपभोग में पैसा जाया करते हैं। नक्सली संगठन इसके लिए भूपतियों के व्यवहार को उत्तरदायी ठहराते हैं। उनका कहना है कि मध्य बिहार में भूमि सुधार, न्यूनतम मजदूरी, दलित-गरीबों की सामाजिक मर्यादा और जनतांत्रिक अधिकारों के सवाल को लेकर वे जो आंदोलन चला रहे हैं, वह इलाके के भूस्वामियों को नागवार गुजर रहा है। इस आंदोलन को दबाने के लिए ही उनलोगों ने निजी

सेनाएं बनाई हैं। हिंसा के बारे में उनका कहना है कि बिहार की वर्तमान परिस्थितियों के मद्देनजर हिंसात्मक कार्रवाई करना उनकी मजबूरी है। वे कहते हैं कि पूरे बिहार में भूस्वामियों के पास ही हथियार हैं। भूमिहीन मजदूरों को मारने-पीटने, जान से मार देने, उनकी झोपड़ियां जलाने एवं उनकी औरतों से बलात्कार करने में इन भूस्वामियों को परपीड़क आनंद मिलता है। ऐसे में उनके हथियारबंद सेनाओं के आक्रमण का प्रतिरोध करने के लिए भूमिहीन किसानों-मजदूरों को प्रतिबल (Counter Force) संगठित करने के अधिकार से वंचित नहीं किया जा सकता। यह तब और जरूरी हो जाता है जब सरकार भूस्वामियों के निजी सेनाओं के हमले से दलितों की रक्षा करने में नितांत विफल है। नक्सलवादियों का कहना है कि अगर किसान आंदोलन हिंसक रूप अख्तियार करता है तो इसकी जड़ें भूस्वामियों के अत्याचार में खोजी जानी चाहिए। उनकी नजर में इस हिंसा के लिए मूल रूप से भूस्वामी जिम्मेदार हैं जिनके खिलाफ भूमिहीन किसान-मजदूरों ने सशस्त्र संघर्ष छेड़ रखा है। यह हिंसा उन इलाकों में चल रहे वर्ग-संघर्ष की सहज परिणति है। वैसे निजी सेनाओं के उद्भव को लेकर माओवादी संगठनों में भी आपसी मतभेद हैं। कुछ लोग इसे राजनीतिक वर्चस्व की लड़ाई मानते हैं, जबकि कुछ लोग कहते हैं कि यह जातीय युद्ध है। कहने का अर्थ कि इस हिंसा को लेकर मंडु-मुंडे मतिर्भिना की स्थिति है। कोई इस हिंसा की जड़ों की तलाश इतिहास के आईने में कर रहा है तो कोई वर्तमान कारणों को तरजीह दे रहा है। कई लोग इसे वर्चस्व की लड़ाई कह रहे हैं।

इसमें कोई दो राय नहीं कि उक्त सभी विश्लेषणों में कुछ सच्चाई है पर कोई भी विश्लेषण हिंसा की संपूर्ण और सम्यक व्याख्या नहीं करता क्योंकि उनका जोर किसी खास तथ्य पर है। मध्य बिहार में ..री हिंसा का सरलीकरण नहीं किया जा सकता क्योंकि यह अनेक तत्वों से प्रभावित है। जबतक सभी तत्वों की भूमिका की पड़ताल नहीं की जाएगी तब तक इस हिंसा के चरित्र को समग्र रूप में सामने नहीं लाया जा सकता।

प्रस्तुत शोध-अध्ययन उन कारकों की खोज करता है, जिनके चलते मध्य बिहार के ग्रामीण इलाके पिछले दो दशक से हिंसा-प्रतिहिंसा की रणस्थली बने हुए हैं। इसके लिए हमने मध्य बिहार की वर्तमान सामाजिक, आर्थिक और राजनीतिक स्थिति के साथ-साथ उसके इतिहास को भी खंगालने की कोशिश की है, क्योंकि यह समस्या कोई एक दिन में पैदा नहीं हुई है। इतिहास और वर्तमान के निस्पृह अवलोकन से ही इस समस्या को सही परिप्रेक्ष्य में समझा जा सकता है। चूंकि हिंसा-प्रतिहिंसा की यह जंग ज्यादातर भूपतियों और भूमिहीन कृषि मजदूरों के बीच है, इसलिए भूमि और कृषि-संबंधों की निर्मम व्याख्या को जरूरी मानकर मैंने ऐसा ही किया है। भारतीय

और विशेषकर बिहारी समाज में जाति की प्रधानता रही है, इसलिए उसकी भूमिका की पड़ताल भी जरूरी है। वर्ग और जाति की सम्यक व्याख्या मध्य बिहार में जारी हिंसा को समझने में सहायक होगा, इस बात से इनकार नहीं किया जा सकता।

अधिकांश निजी सेनाएं अस्सी के दशक में पैदा हुईं। उनका उद्देश्य नक्सलियों को ठिकाने लगाना तथा किसानों को तथाकथित सुरक्षा देना था। लेकिन नब्बे के दशक तक आते-आते नक्सली संगठनों की सक्रियता और आपसी अंतर्विरोध के कारण वे धीरे-धीरे या तो समाप्त हो गयीं या अपनी प्रासंगिकता खोकर गुमनामी के अंधेरे में खो गयीं। ऐसे में पैदा हुई रणवीर सेना, जो पहले की सारी सेनाओं के मुकाबले न सिर्फ ज्यादा संगठित है, बल्कि उसका जनाधार भी व्यापक है। अब सवाल यह उठता है कि जब अन्य सेनाएं अपनी प्रासंगिकता और उपादेयता खोकर गुमनामी के अंधेरे में अपनी अंतिम सांसें गिन रही थीं तो भोजपुर में ऐसा क्या हुआ, कौन सी परिस्थितियां पैदा हुईं कि रणवीर सेना पैदा हो गयी? जिस समाज के पास अन्य सेनाओं को जिंदा रखने के लिए आवश्यक खाद पानी नहीं था, वह रणवीर सेना के लिए कहां से और क्यों खाद-पानी जुटाने लगा ? इस सवाल का हल खोजने का प्रयास मैंने प्रस्तुत अध्ययन में किया है।

मध्य बिहार के ग्रामीण इलाकों में जारी हिंसा मूल रूप से किसान असंतोष की उपज है और यह असंतोष वहां औपानिवेशिक काल से जारी नाजायज कृषि व भूमि संबंधों से उपजा है। इसमें सरकार की विफलता तो सन्निहित है ही, हिंसा को बढ़ाने में जाति ने भी महत्वपूर्ण भूमिका निभाई है। हिंसा-प्रतिहिंसा की इस लड़ाई को वर्ग-संघर्ष कहना अनुचित नहीं होगा, लेकिन तब इसके साथ यह भी सत्य है कि यह वर्ग-संघर्ष जाति के पकवान पर पल रहा है। नक्सली संगठनों एवं निजी सेनाओं की कार्रवाइयों से इसका सहज ही अंदाजा लगाया जा सकता है। वर्ग विभेद की रेखा इतनी पतली है कि वह जहां-तहां जाति के घरौंदे में तब्दील हो जाती है। वर्ग-संघर्ष कभी जाति के खाने में तो जाति कभी वर्ग के खाने में कैद हो जाती है। इसलिए हिंसा के मूल चरित्र को समझने के लिए वर्ग और जाति के अंतर्संबंधों को उकेरने का भी प्रयास मैंने किया है। यदि इस हिंसा के पीछे सिर्फ वर्ग-संघर्ष होता तो नक्सली समूहों के बीच आपसी खूनी जंग नहीं होती। कहना न होगा कि इस हिंसा का कारण नक्सली संगठनों के बीच वर्चस्व की लड़ाई भी है।

सदियों से सामाजिक अपमान और आर्थिक शोषण के शिकार दलित और पिछड़े भूमिहीन गरीब मजदूर जहां संगठित होने लगे हैं, वहीं ऊंची एवं मध्यवर्ती जातियों के किसान अपने सामाजिक-आर्थिक वर्चस्व को कायम रखने के लिए भी संगठित होने लगे हैं। नक्सली आंदोलन के प्रभाव में दलित भूमिहीन अब अपमान और शोषण

सहने के लिए तैयार नहीं हैं। अपमान और शोषण करने वालों के खिलाफ अब वे खड़े होने लगे हैं। अब यदि कोई उनकी औरतों को बुरी नजर से देखने की हिमाकत करता है तो वे निष्क्रिय बने नहीं रहते, बल्कि संगठित होकर उसे दंडित करते हैं। अपने श्रम का उचित मूल्य मांगते हैं और बराबरी का अधिकार भी। सदियों से समाज पर अपना वर्चस्व कायम करने वालों को यह कैसे गवारा हो सकता है और इसीलिए वे उनके के खिलाफ संगठित होकर निजी सेनाएं बना रहे हैं।

मध्य बिहार में जारी हिंसा के लिए सरकार की विफलता भी कम जिम्मेदार नहीं है। भूमि सुधार कानून को लागू करने का बिहार सरकार ने कभी ठोस प्रयत्न नहीं किया। भूमि हदबंदी कानून सिर्फ कागजों पर लिखा हर्फ ही साबित हुआ। भूस्वामियों के फाजिल जमीन का अधिग्रहण नहीं किया गया और जितनी जमीन का अधिग्रहण भी किया गया, उसका भूमिहीनों में बंटवारा नहीं किया गया। यहां तक कि बिहार सरकार भूमिहीन मजदूरों को न्यूनतम मजदूरी भी नहीं दिला सकी। इसे हासिल करने के लिए भी उन्हें हिंसा का सहारा लेना पड़ता है। उधर सवर्णों में मध्यम और गरीब किसानों की हालत भी दिनोंदिन खराब होती रही है। आधुनिक संसाधनों के प्रयोग से उत्पादन में वृद्धि तो हुई है लेकिन इससे गरीब किसानों की स्थिति में कोई सुधार नहीं हुआ है। न्यूनतम मजदूरी की उचित मांग पूरा करने में भी वे अपने को अक्षम पा रहे हैं। यही कारण है कि वे धनी किसानों द्वारा गठित निजी सेनाओं को समर्थन देने लगते हैं।

सबसे बड़ी विडंबना यह है कि जो खेती करता है उसके पास जमीन नहीं है और जिसके पास जमीन है वह स्वयं खेती नहीं करता। भूमि संबंधों की इस वर्तमान स्थिति में जब तक परिवर्तन नहीं होगा, तब तक मध्य बिहार में जारी हिंसा-प्रतिहिंसा की जंग खत्म नहीं हो सकती। वास्तविक जोतदारों के हाथ में जमीन का हस्तांतरण आज आवश्यक हो गया है। दलित भूमिहीनों को अपनी झोपड़ी डालने के लिए भी संघर्ष करना पड़ता है। इसके चलते नक्सली और निजी सेनाएं दोनों ही अनर्गल हिंसा में लिप्त हो रही हैं। सवर्ण किसानों, विशेषकर गरीब सवर्णों में जहां बची-खुची जमीन के खो जाने का भय है, वहीं भूमिहीनों में कुछ पाने की चाहत है। ऐसे में हिंसा को बढ़ावा मिलना स्वाभाविक है।

यह शोध अध्ययन के.के. बिड़ला फाउंडेशन द्वारा प्रदत्त फेलोशिप के अंतर्गत किया गया है। इस शोध अध्ययन के सिलसिले में मैंने भोजपुर और जहानाबाद के अलावा पटना से पलामू तक की यात्रा की और अनेक सामाजिक-राजनीतिक कार्यकर्त्ताओं से संपर्क किया। इस संदर्भ में मैंने माले (लिबरेशन गुट) और रणवीर सेना के नेताओं और कार्यकर्ताओं से बातचीत कर आवश्यक जानकारियों को इकट्ठा

किया। इसके अलावा अनेक विद्वानों, सरकारी पदाधिकारियों एवं हिंसा के शिकार होने वालों के परिजनों से भी संपर्क कर जमीनी हकीकत जानने का प्रयास किया। मैं स्वर्गीय अरविंद नारायण दास का विशेष रूप से आभारी हूं, जिन्होंने शोध अध्ययन की रूपरेखा और दिशा तय करने में मेरी काफी मदद की।

भोजपुर जिले में संदेश प्रखंड के रामाशीष गुप्त और तीर्थकौल गांव के देवेन्द्र कुमार सिंह को मैं धन्यवाद देता हूं। रामाशीष गुप्त ने जहां लिबरेशन के अंतर्विरोधों एवं वास्तविक कार्य प्रणाली से मेरा परिचय कराया, वहीं देवेन्द्र सिंह ने रणवीर सेना के बारे में प्रचलित धारणा और वास्तविकता के बीच फर्क को दूर करने में मेरी मदद की। इसके अलावा उन्होंने रणवीर सेना के संयोजक ब्रह्मेश्वर सिंह समेत अनेक नेताओं और कार्यकर्त्ताओं से मेरी मुलाकात करायी। अभयपुरा गांव के मुखिया बबन राम के अलावा विभीषण साव, बली और निरंजन सिंह के प्रति मैं आभार प्रकट करता हूं, जिन्होंने गाहे-बगाहे कई महत्वपूर्ण जानकारियों से मुझे अवगत कराया। मैं अपने मित्र व चचेरे भाई उपेन्द्र कुमार सिंह को जितना भी धन्यवाद दूं, कम होगा। मेरे पूरे क्षेत्र के अध्ययन के दौरान वह छाया की तरह मेरे साथ रहा और मेरे लिए हर जरूरी सुविधाएं मुहैया कराता रहा। इसके अलावा अभयपुरा के ही अशोक कुमार सिंह उर्फ गुरुजी और विजय कुमार सिंह का भी मैं आभारी हूं।

दिल्ली के मित्रों में डा.पी.सी. सिंह, दिलीप मंडल, अखिलेश सुमन, अनिल चमड़िया और अरुण पांडेय को धन्यवाद दिये बिना मैं नहीं रह सकता। इन लोगों ने कई महत्वपूर्ण सुझाव और सूचनाएं देकर मेरे काम को आसान बनाया।

और अंत में सबसे ज्यादा मैं अपनी पत्नी ममता सिंह का आभारी हूं, जिन्होंने शोध के लिये मेरे राष्ट्रीय सहारा की नौकरी छोड़ देने के बावजूद कभी शिकायत नहीं की और आर्थिक कठिनाइयों के उस दौर में भी मेरी हौसला अफजाई करती रहीं।

अध्याय-1

बिहार : एक विहंगम दृष्टि

बिहार का कुल क्षेत्रफल एक लाख चौहत्तर वर्गमील और आबादी करीब सात करोड़ है। दूसरे शब्दों में बिहार का क्षेत्रफल देश के कुल क्षेत्रफल का 5.3 प्रतिशत है, जबकि आबादी 10.3 है। 1981 की जनगणना के अनुसार बिहार की कुल आबादी का मात्र 12 5 प्रतिशत ही शहरी आबादी है, जबकि देश के स्तर पर एक आबादी 23.3 प्रतिशत है। राज्य में शिक्षितों की संख्या 26.20 प्रतिशत है (38.11 पुरुष और 13.62 महिलाएं), जबकि देश के स्तर पर यह 36.23 प्रतिशत है। करीब 59 प्रतिशत लोग गरीबी रेखा के नीचे रहते हैं। देश के स्तर पर यह 40 प्रतिशत है। प्रति व्यक्ति मासिक आय मात्र 60 रुपये है।

जातीय संरचना के लिहाज से चार ऊंची जातियों (ब्राह्मण, राजपूत, भूमिहार, कायस्थ) की संख्या 15 प्रतिशत है, जबकि पिछड़ी जातियां जिनकी संख्या करीब एक सौ है, 50 प्रतिशत हैं। पिछड़ी जातियों में यादव, कुर्मी और कोइरी की संख्या सबसे ज्यादा है। अनुसूचित जातियों की संख्या 14.51 है। इसी तरह अनुसूचित जनजातियों की संख्या 8.31 प्रतिशत है। इसमें झारखंड राज्य शामिल है। मुसलमानों की संख्या 12 प्रतिशत है।

जहां तक कृषि संबंधी स्थिति की बात है तो भूमि सुधार कानून बनाने वाला पहला राज्य होने के बावजूद बिहार में आज भी ऐसे भूस्वामी हैं, जिनके पास सैकड़ों नहीं, हजारों एकड़ जमीन है।

बिहार की मुख्य आर्थिक गतिविधि आज भी कृषि है। 1981 की जनगणना के अनुसार राज्य में खेतिहर आबादी कुल जनसंख्या का 79.07 प्रतिशत है। इसमें अधिकांश खेतिहर मजदूर हैं। छठे दशक के बाद खेतिहर मजदूरों की संख्या में तेजी से वृद्धि हुई है। बिहार में कुल श्रमिकों की जनंसख्या का 37 प्रतिशत खेतिहर मजदूर हैं। इस श्रमिक बल की जातीय संरचना इस प्रकार है—ऊंची जातियां—0.3 प्रतिशत, पिछड़ी जातियां—34 प्रतिशत, अनुसूचित जातियां—40 प्रतिशत, अनुसूचित जनजातियां—13.8 प्रतिशत और मुसलमान 13 प्रतिशत हैं। लेकिन कृषि के मामले में बिहार एक अत्यंत

पिछड़ा प्रदेश है। खेती योग्य जमीन का मात्र 34.7 प्रतिशत ही सिंचित है, जबकि पंजाब में 78.1, हरियाणा में 52.5 और उत्तर प्रदेश में 50.6 प्रतिशत है। इसी तरह खाद की खपत प्रति हैक्टेयर 18.5 किलोग्राम है, जबकि पंजाब में 60.6 किलोग्राम, उत्तर प्रदेश में 58.6 किलोग्राम, तमिलनाडु में 53.0 किलोग्राम और आंध्र प्रदेश में 36.6 किलोग्राम है। राज्य के मात्र 43.2 प्रतिशत गांवों में ही बिजली है, जबकि पंजाब, हरियाणा और केरल के शत-प्रतिशत गांवों में बिजली है। जहां तक अन्न के उत्पादन का सवाल है तो बिहार देश के कुल उतपादन का 9.0 प्रतिशत चावल और 6.4 प्रतिशत गेहूं का उत्पादन करता है।

बिहार का ग्रामीण समाज

बिहार का ग्रामीण समाज और उत्पादन की ताकतों मे अंतर्संबंध को समझे बिना ग्रामीण इलाकों में जारी हिंसा-प्रतिहिंसा के पहलुओं को नहीं समझा जा सकता। इसलिए वहां के ग्रामीण समाज पर विहंगम दृष्टि डालना आवश्यक है। वर्ग के हिसाब से बिहार के ग्रामीण समाज को तीन वर्गों में बांटा जा सकता है : सामंत भूस्वामी व कुलक, मध्यम किसान, सीमांत किसान व बटाईदार तथा भूमिहीन कृषि मजदूर। वर्ग के लिहाज से जातियां भी विभाजित हैं। सामंत भूस्वामी मुख्य रूप से ऊंची जातियों के हैं, जबकि कुलक और मध्यम किसान ज्यादातर पिछड़ी जातियों के हैं। बटाईदार भी ज्यादातर पिछड़ी जातियों के ही हैं, लेकिन कुछ दलित जातियों के लोग भी बटाईदार हैं। लेकिन उसका सरलीकरण करना सही नहीं होगा, क्योंकि कई बार जातीय-वर्गीय सीमाओं का आर्थिक और अनार्थिक उल्लंघन होता रहता है। सामंत और धनी भूस्वामी आम रूप से ऊंची जातियों के कहे जा सकते हैं।

उपरोक्त वर्गीकरण को यांत्रिक या स्टीरियोटाइप ढंग से नहीं देखा जाना चाहिए, क्योंकि यह न तो पूर्ण है और न नियत। इसमें अंतवर्गीय गतिशीलता (Mobility) की प्रक्रिया अनवरत चलती रहती है। इसके अलावा जातियों को वर्ग के मजबूत खेमे में कैद करके नहीं देखा जा सकता। वस्तुतः जाति और वर्ग के बीच आपसी घालमेल और अलगाव दोनों एक साथ वर्तमान है। इसलिए इसका कोई भी सरलीकरण न तो संभव है और न वांछनीय। इसके बावजूद बिहार के ग्रामीण समाज में उपरोक्त तीन वर्गों और जातियों से उनका रिश्ता आम रूप से कायम है।

भूस्वामी और कुलक गठजोड़

भूस्वामी के तबके में दो तरह के लोग शामिल हैं। एक तो वे जो आज भी पुराने तरीके से रैयतों द्वारा खेती करवाते हैं और दूसरे पूंजीपति किसान हैं जो अपनी जमीन या तो घरेलू नौकरों को लीज पर देते हैं या दिहाड़ी मजदूर रखकर खेती कराते हैं। सच कहा जाए तो आधुनिक तरीके से यही वर्ग खेती करता है। यह वर्ग बहुधा शहरों में रहता है। यह वर्ग सिर्फ आर्थिक रूप से ही नहीं, बल्कि सामाजिक और राजनीतिक रूप

से भी काफी मजबूत है, क्योंकि स्थानीय प्रशासन से लेकर नेताओं और मंत्रियों तक इनकी पहुंच होती है। राजनीतिक दल और उनके नेता चुनाव में समर्थन के लिए उनका सहयोग लेते हैं। अपनी-अपनी जातियों में भी इनकी काफी इज्जत है। एक तरह से ये अपनी जाति के लोगों के लिए रोल मॉडल हैं। यही वो तबका है जो निजी सेनाएं रखने वाले भूस्वामियों को नेतृत्व प्रदान करता है। ऊंची जातियों के भूस्वामियों के अलावा इसमें मध्यवर्ती जातियों के धनी किसान भी शामिल हैं। उल्लेखनीय है कि स्वतंत्रता के पहले किसान सभा की रीढ़ यही जातियां रही थीं।

मध्यम किसान

अगर सही मायने में कहा जाए तो मध्यम किसान केवल पिछड़ी जातियों में ही पाए जाते हैं। वे स्वयं श्रम करते हैं। भूस्वामी होने के साथ-साथ वे खेती में अपना श्रम भी लगाते हैं। जमीन के रकबे के लिहाज से इसमें ऊंची जातियों के किसानों को भी शामिल किया जा सकता है, लेकिन जहां तक खेती में श्रम की बात है तो ऊंची जातियां स्वयं श्रम नहीं करतीं, यह सर्वविदित है। परंपरा के अनुसार स्वयं हल चलाना उनके लिए वर्जित है। उनकी महिलाएं भी श्रमसाध्य कार्य नहीं करती हैं—कम-से-कम खेती में तो वे शामिल ही नहीं होती हैं। यादव, कुर्मी और कोइरी जैसी पिछड़ी जातियां स्वयं खेती करती हैं और इस काम में उनकी महिलाएं भी साथ देती हैं। वैसे इन जातियों में भी जो अपेक्षाकृत संपन्न हैं, उनके घर की महिलाएं खेती का काम नहीं करती हैं। ऊंची जातियों की तरह अवधिया कुर्मी जाति की महिलाएं खेतों में काम नहीं करती हैं। दरअसल, पिछड़ी जातियों में संपन्न तबके द्वारा अपनी महिलाओं को खेती के काम में नहीं लगाने का कारण सिर्फ आर्थिक ही नहीं है, बल्कि इसके लिए शोषण की संस्कृति भी जिम्मेदार है। भूस्वामियों द्वारा महिला खेतिहर मजदूरों का यौन-शोषण एक सामाजिक सच्चाई है। यह साबित करने के लिए किसी शोध की आवश्यकता नहीं है कि सबसे ज्यादा शोषण कामकाजी महिलाओं का होता है। इसीलिए मध्यवर्ती जातियों में भी जो संपन्न हो जाते हैं, वे महिलाओं को खेती के काम से अलग कर लेते हैं। दलित जातियों में भी जो संपन्न हैं या हो जाते हैं वे अपने औरतों से श्रम नहीं करवाते। इसे वास्तव में संपन्नता का पैमाना कहा जा सकता है।

मध्यम किसान (विशेषकर पिछड़ी जातियां) अपनी जमीन के साथ-साथ ऊंची जाति के संपन्न किसानों से भी जमीन लीज पर लेकर खेती करते हैं। बहुधा वे बाहर से किराए पर मजदूर नहीं रखते हैं, लेकिन खेती का काम ऐसा है कि उन्हें भी गाहे-बगाहे मजदूर लगाना पड़ता है। ऊंची जातियों के मध्यम किसान अमूमन लीज पर खेती नहीं करते, लेकिन अब वे भी लीज पर खेती कर रहे हैं।[1] ऊंची जातियों के मध्यम किसान हरवाहा या बनिहार[2] रखकर खेती कराते हैं या किराए पर मजदूर रखकर। यहां तक कि सीमांत किसान भी स्वयं खेती नहीं करते। ऊंची जातियों के किसान अमूमन स्वयं हल नहीं चलाते, लेकिन बाकी श्रमसाध्य काम वे करते हैं। वैसे भी अब किसी-किसी किसान के

पास ही हल-बैल रह गए हैं। पिछड़ी जातियों के किसान भी अब पैसे देकर ट्रैक्टर से ही खेत जोतवाते हैं। ऊंची जातियों में भूमिहार सबसे ज्यादा श्रम करते हैं। उनकी औरतें खेती का काम तो नहीं करतीं, लेकिन कुछ इलाकों में पुरुष हल भी चलाते हैं। सच तो ये है कि श्रम करने के मामले में ये पिछड़ी जातियों से कतई कम नहीं हैं।

मध्यम किसान बहुत हद तक बड़े और संपन्न किसानों पर निर्भर हैं। खेती के समय उनसे पैसे और बीज उधार लेने से लेकर अपने अनाज को मंडियों में पहुंचाने तक उनकी सारी आर्थिक गतिविधियां कमोवेश धनी किसानों एवं व्यापारियों पर निर्भर करती हैं। इसके अलावा जाति भी एक प्रमुख बंधन है, जो उनमें वर्गीय चेतना नहीं पनपने देती है।

सीमांत किसान और बटाईदार

व्यावहारिक रूप से सीमांत किसान और बटाईदार वस्तुतः एक ही है। अंतर सिर्फ इतना है कि बटाईदारों में छोटी जातियों की संख्या ज्यादा है, वरना ऊंची जातियों विशेषकर राजपूत और ब्राह्मणों में भी सीमांत किसानों की संख्या ही सबसे ज्यादा है। पिछले 10 वर्षों में ऊंची जातियों में भी बटाईदारों की संख्या काफी तेजी से बढ़ी है। मनीबटाई या नगदी बटाईदारों की संख्या इनमें सबसे ज्यादा है। ऊंची जातियों के सीमांत किसानों की आर्थिक स्थिति सबसे खराब है। सच तो ये है कि इनकी स्थिति कई मायनों में भूमिहीन मजदूरों से भी खराब है। सामाजिक सोपान में वे भले ही उपर हों, लेकिन आर्थिक रूप से वे किसी मजदूर से बेहतर नहीं हैं। अपने शोध कार्य के सिलसिले में क्षेत्र अध्ययन (Field Study) के दौरान मैंने ऊंची जातियों के ऐसे अनेक किसानों को देखा कि 'पहनने के लिए खादी, दवा के लिए आदी और बेटी की शादी के लिए पैसे नहीं है।'' अपनी दो बीघे जमीन से ही इन सारी चीजों का उन्हें इंतजाम करना होता है। बिहार में कई तरह की बटाईदारी प्रचलन में है।

(क) नगदी या मनीटाई : इसके तहत काश्तकार को नगद या अनाज के रूप में एक निश्चित राशि, मात्रा देनी पड़ती है। फसल हो या न हो या कम हो, भूस्वामी निश्चित रकम या अनाज ले लेता है। भूस्वामी खेती में कोई हिस्सेदारी नहीं निभाता है। भोजपुर में प्रति बिगहा यह राशि 2000 रुपये नगद या 12 मान अनाज है। जहां सिंचाई की उचित व्यवस्था है, वहां इससे ज्यादा भी हो सकती है।

(ख) तिहाई : इस व्यवस्था के तहत भूस्वामी और बटाईदार जमीन की मालगुजारी, सिंचाई खर्च, खाद तथा बीज खर्च का आधा-आधा वहन करते हैं, लेकिन बटाईदार फसल का सिर्फ एक तिहाई पाता है।

(ग) चौथी : इसमें भूस्वामी ही सारी पूंजी लगाता है और बटाईदार अपने श्रम के बदले फसल में एक चौथाई हिस्सा पाता है। वैसे कुछ जगहों, मसलन गया के दक्षिणी भाग में काश्तकार को पूंजी भी लगानी पड़ती है, लेकिन फसल का एक चौथाई हिस्सा ही उसे मिलता है।

खेतिहर मजदूर

कृषि संबंधों के सबसे निचले पायदान पर खेतिहार मजूदर हैं, जो अमूमन अनुसूचित जातियों के हैं और भूमिहीन हैं। 1960 के बाद इनकी संख्या में काफी वृद्धि हुई है। भूमि हदबंदी कानून के बाद बड़े पैमाने पर रैयतों की बेदखली हुई थी, जिसके चलते वे खेतिहर मजदूर बनने के लिए बाध्य हुए। 1981 में उनकी संख्या राज्य के कुल मजदूरों की संख्या का 35.50 प्रतिशत थी, जबकि राष्ट्रीय स्तर पर उनकी संख्या 24.94 प्रतिशत थी।

यदि जाति के लिहाज से देखें तो खेतिहार मजदूरों में ऊंची जातियों की संख्या 0.3 प्रतिशत है, पिछड़ी जातियों की संख्या 34.2 प्रतिशत है, अनुसूचित जातियों की 39.1 प्रतिशत है, अनुसूचित जनजातियों की संख्या 12.4 प्रतिशत है और मुसलमानों की संख्या 14.0 प्रतिशत है।[3] इस तरह हम देखते हैं कि खेतिहर मजदूरों में ऊंची जातियों की संख्या नगण्य है।

खेतिहर मजदूरों को मुख्यतः तीन श्रेणियों में बांटा जा सकता है।

(1) बनिहार या चरवाहा : वास्तव में ये बंधुआ मजदूर ही होते हैं जो भूस्वामियों के यहां करारनामा के आधार पर काम करते हैं। यह करारनामा कोई लिखित नहीं होता, बल्कि मौखिक होता है। निजी खेती के लिए इन्हें भूस्वामी कुछ जमीन भी देते हैं।[4] इसके अलावा खेती के मौसम में इन्हें अन्य मजदूरों की तरह दैनिक मजदूरी भी दी जाती है। भूस्वामियों की तरफ से इन्हें खेती के लिए बीज और नगद रुपये भी दिये जाते हैं, लेकिन फसल कटने पर इन्हें वापस करना पड़ता है। भूस्वामी अमूमन इसका सूद नहीं लेते, लेकिन कहीं-कहीं बटाईदारों को सूद भी देना पड़ता है। खेती के अलावा घर का काम भी उन्हें करना पड़ता है।[5]

(2) कुछ मजदूर ऐसे भी हैं, जिनके पास थोड़ी-बहुत जमीन होती है, लेकिन वह उनकी आजीविका के लिए पर्याप्त नहीं होती। इसलिए वे मजदूरी का काम भी करते हैं।

(3) भूमिहीन मजदूर : इनकी संख्या बहुत ज्यादा नहीं है। इसका कारण यह है कि इनके पास नियमित रोजगार नहीं है। दूसरा कारण यह है कि हाल के वर्षों में बड़े पैमाने पर पंजाब व अन्य क्षेत्रों में इनका पलायन हुआ है। इनकी मजदूरी सब जगह बराबर नहीं है। जहां ये संगठित हैं, वहां उचित मजदूरी मिलती है, लेकिन जहां संगठित नहीं हैं, वहां इन्हें कम मजूदरी मिलती है। भोजपुर में खेतिहर मजदूरों को पांच किलो चावल या 40 रुपये नगद दिया जाता है। महिला मजदूरों को कम मजदूरी दी जाती है। धान रोपने वाली मजदूर औरतों को 25 रुपये नगद और नाश्ता (स्थानीय भाषा में 'पनपिअउवा' कहा जाता है) दिया जाता है। कटनी के समय इन्हें 12 बोझा में एक बोझा मिलता है। कहीं-कहीं यह 16 बोझा में एक बोझा भी है। किसानों और मजदूरों के बीच कभी-कभी इसको लेकर भी तनाव की स्थिति पैदा हो जाती है।

इस तरह मध्य बिहार की जो ग्रामीण तस्वीर बनती है, उसका **संक्षिप्त** सामाजिक-आर्थिक विवरण निम्नलिखित शब्दों में दिया जा सकता है।

इस क्षेत्र में बड़े जमींदारों की संख्या बिहार के कई अन्य जिलों की अपेक्षा कम है। भोजपुर में डुमरांव तथा गया में टेकारी के अलावा मध्य बिहार में कोई बड़ा जमींदार नहीं है। लेकिन छोटे-छोटे अनेक जमींदार हैं। यह सही है कि ग्रामीण परिवारों में केवल चार प्रतिशत परिवार ही ऐसे हैं, जिनके पास 10 एकड़ से ज्यादा जमीन है, लेकिन पुरानी जमींदारियों के टूटने और बिखरने के बाद इस क्षेत्र में अनेक नव धनाढ्य पैदा हुए हैं। छतियाना के महेन्द्र सिंह और मखदुमपुर के तिलक सिंह ऐसे ही लोगों में से है, जिनके पास क्रमशः 680 एकड़ और 450 एकड़ जमीन है। कहा जा सकता है कि मध्य बिहार में बड़े जमींदारों का अभाव तो जरूर है, लेकिन उनका आधार ज्यादा व्यापक है, क्योंकि इसमें ऊंची जातियों के जमींदारों के अलावा पहले के शक्तिशाली रैयत भी शामिल हैं। रैयतों में अधिकांश यादव, कुर्मी और कोइरी जाति के हैं।

ग्रामीण इलाकों में ताकत के इस्तेमाल को केवल आर्थिक पहलू से ही नहीं देखा जाना चाहिए, बल्कि कृषि संबंधों को बनाने में जाति भी एक महत्त्वपूर्ण भूमिका निभाती है। ग्रामीण परिवारों में 90 फीसदी लोग या तो 5 एकड़ जमीन से कम के मालिक हैं या फिर पूरी तरह से भूमिहीन हैं। जिन 10 प्रतिशत लोगों का जमीन पर नियंत्रण है, उनमें भी 72 प्रतिशत लोग ऊंची जातियों के हैं। भूमि पर ऊंची जातियों के आधिपत्य से बेशक इनकार नहीं किया जा सकता, किंतु इस परिघटना का किसी तरह का सरलीकरण नहीं किया जा सकता। ऐसा नहीं कहा जा सकता कि बड़े भूस्वामी केवल ऊंची जातियों के हैं। बड़े भूस्वामियों में 18 प्रतिशत और 5-10 एकड़ जमीन रखने वालों का 21 प्रतिशत हिस्सा यादव, कुर्मी और कोइरी जैसी मध्यवर्ती जातियों का है। इस तरह हम देखते हैं कि मध्य बिहार की ग्रामीण अर्थव्यवस्था पर प्रभुत्व जमाए लोगों का सामाजिक आधार ऊंची जातियों के घेरे से काफी बड़ा है।

यह तथ्य भी उल्लेखनीय है कि इस क्षेत्र में प्रभुत्व वाली जाति समूहों में एकरूपता नहीं है। अलग-अलग इलाकों में अलग-अलग जातियों का प्रभुत्व है। उदाहरण के लिए पटना जिले के पुनपुन, मसौढ़ी और धनरुआ प्रखंडों में बड़े भूस्वामी मुख्यतः कुर्मी हैं, नौबतपुर और बिक्रम में भूमिहार हैं और पाली में यादव, भूमिहार और कोइरी तीनों शामिल हैं। बिहार शरीफ और इस्लामपुर में मुसलमानों का प्रभुत्व है। जमींदार वर्ग के क्षेत्रवार प्रभुत्व की परिघटना के बारे में इतिहासकार इरफान हबीब का कहना है कि यह वर्ग प्रभुत्व (Dominance) और अंतिम रूप से किसी एक वर्ग या जाति समूह द्वारा दूसरे वर्ग और जाति के शोषण के कारण अस्तित्व में आया। यही कारण है कि उनकी राय में किसी खास इलाके में जमींदार वर्ग किसी खास जाति का है। जहां तक जहानाबाद का सवाल है तो यहां की जमीन पर मुख्य रूप से भूमिहारों और कुर्मियों का नियंत्रण है। दक्षिण गया में राजपूतों और पठानों के पास ज्यादा जमीन है। भोजपुर में

मुख्य रूप से राजपूत और भूमिहार ही बड़े भूस्वामी हैं। कहीं-कहीं यादव भी बड़े भूस्वामी हैं। ऊंची जातियों में भी 6 प्रतिशत लोग भूमिहीन हैं और 62 प्रतिशत के पास केवल 1-5 बीघा जमीन है। दलित लगभग भूमिहीन हैं। दक्षिण गया में राजपूत पठानों का प्रभुत्व है।

कृषि के मामले में बिहार के अधिकांश अन्य जिलों की तुलना में मध्य बिहार के जिले अधिक विकसित हैं। यहां कृषि कार्यों में अपेक्षाकृत आधुनिक संसाधनों का प्रयोग होता है, परिवहन की बेहतर सुविधाएं हैं और ग्रामीण अर्थव्यवस्था बाजारोन्मुख है। लेकिन इसके साथ-साथ पटना, गया और जहानाबाद में खेत मजदूर सबसे अधिक संख्या में बसते हैं। ग्रामीण क्षेत्रों में काम करने वाले लोगों का 43-36 प्रतिशत लोग अपनी जीविका दूसरे की जमीन पर काम करके चलाते हैं। मध्य बिहार की आबादी का करीब 27 प्रतिशत अनुसूचित जातियों से है। इनमें चमार, दुसाध और मुसहर प्रमुख हैं। इनमें भी मुसहर जाति के लोग सबसे ज्यादा पिछड़े हैं। जनगणना के आंकड़े बताते हैं कि पटना, गया और जहानाबाद में ग्रामीण कामगार महिलाओं में से दो तिहाई खेतिहार मजदूर हैं।

पुरुष कामगारों में यह अनुपात इससे काफी कम है। अधिकांश कामगार महिलाओं का खेतिहर मजदूर होना सिर्फ समाज में पुरुष प्रधान सामंती मूल्यों की तरफ ही इशारा नहीं करता, बल्कि पेट भरने की उनकी मजबूरी को भी सामने लाता है। खेतिहर मजदूर और दलित दोनों एक-दूसरे के परिचायक-सा बन गए हैं।

जमीन पर मालिकाना हक का संबंध भौतिक फायदे से तो है ही, यह दलितों की सामाजिक हैसियत को भी बताता है। ग्रामीण बिहार का पूरा सच यह है कि जमीन पर मालिकाना हक के अनुपात में ही समाज में इज्जत घटती है या बढ़ती है। जिस व्यक्ति के पास सबसे ज्यादा जमीन होती है, समाज में उसका रुतबा भी सबसे ज्यादा होता है। दलितों के पास लगभग जमीन नहीं है। दूसरे की जमीन पर श्रम करने से ही उनकी जिंदगी चलती है। कहने की आवश्यकता नहीं कि जाति और अर्थ दोनों के कोड़े उनके ही उपर बरसते हैं।

संदर्भ

1. अपने अध्ययन के दौरान संदेश और सहार प्रखंड के अनेक गांवों में मैंने बड़ी जातियों द्वारा बटाई पर खेती करते पाया। ऐसे लोगों में ज्यादातर पुलिस या फौज के रिटायर्ड सिपाही और जवान हैं।
2. बनिहार एक तरह का बंधुआ मजदूर ही होता है, उसके परिवार का हर सदस्य भूस्वामी की सेवा में आवश्यक रूप से लगा होता है।
3. इस आंकड़े में झारखंड भी शामिल है।

4. भोजपुर के अधिकांश गांवों में बनिहार को डेढ़ बिगहा जमीन दी जाती है, कहीं-कहीं इससे कम जमीन भी दी जाती है।
5. बनिहारों को सिर्फ खेती का काम ही नही करना पड़ता बल्कि घरेलू नौकर की तरह हर काम करना पड़ता है। वास्तव में वे भूस्वामियों पर ही निर्भर होते हैं, इसलिये चाहकर भी वे उनकी सेवा की अन्य मांगों को ना नहीं कह सकते।

अध्याय-2

जमींदारी उन्मूलन एवं भूमि सुधार

आज बिहार में कृषि व भूमि संबंधों का जो ढांचा मौजूद है, उसे समझने के लिए 1793 में ईस्ट इंडिया कंपनी द्वारा स्थापित स्थायी बंदोबस्त (Permanent Settlement) व्यवस्था का संक्षिप्त विश्लेषण आवश्यक है, क्योंकि तब से लेकर बीसवीं सदी के पूर्वार्द्ध तक उसी की छाया में बिहार में कृषि का विकास हुआ।[1] स्थायी बंदोबस्त के तहत अंग्रेजों ने जिस नए संपत्ति संबंधों का सूत्रपात किया वह आज भी बिहार में किसी-न-किसी रूप में मौजूद है। बिहार में कृषि अर्थव्यवस्था की दयनीय दशा और किसान असंतोष को सही परिप्रेक्ष्य में समझने के लिए स्थायी बंदोबस्त के उद्देश्य और परिणाम को समझना उचित जान पड़ता है।

बिहार में किसानों की अर्थिक स्थिति मुगल काल के अंतिम दिनों में ही खराब होने लगी थी।[2] मुगल बादशाह भूमि पर किसानों के पारंपरिक अधिकार को सुरक्षित रखने में विफल रहे। पलासी और बक्सर की लड़ाई के बाद 1765 में बंगाल, बिहार और उड़ीसा पर जब ईस्ट इंडिया कंपनी का दीवानी का अधिकार स्थापित हुआ, उस समय बिहार के रैयतों की स्थिति औरंगजेब के शासनकाल से भी खराब थी। सन् 1770 के भीषण अकाल के बाद तो उनकी स्थिति और भी खराब हो गई। अब वे कंपनी को लगान देने में भी अक्षम होने लगे। इसलिए 1772 में बंगाल पर प्रत्यक्ष अधिकार होने के बाद कंपनी की नजर सबसे पहले भू-राजस्व की ओर गई। 1772 में स्थापित पंचवर्षीय फसली प्रणाली और 1777 की एकवर्षीय फसली प्रणाली और 1789 की दसवर्षीय व्यवस्था का भी कंपनी को कोई अपेक्षित लाभ नहीं मिला।

कंपनी को अपने कारोबार के प्रसार के लिए पैसे की जरूरत थी और यह पैसा तब सिर्फ भू-राजस्व से ही मिल सकता था। इसलिए उसके लिए सबसे जरूरी था एक ऐसी व्यवस्था कायम करना जिसमें राजस्व की गारंटी हो। लार्ड कार्नवालिस जल्दी-से-जल्दी राजस्व की अनिश्चितता से उबरना चाहता था। हालांकि जॉन सोर जैसे कतिपय अंग्रेज अफसरों ने इस व्यवस्था का विरोध भी किया लेकिन अंशकालिक व्यवस्था के कारण राजस्व की अनियमितता को समाप्त करने के लिए कार्नवालिस कृत्संकल्प था।

स्थायी बंदोबस्त के वास्तविक उद्देश्यों को लेकर विद्वानों में मतैक्य नहीं है। कोलब्रूक के अनुसार स्थायी बंदोबस्त के पीछे कार्नवालिस का नितांत निजी कारण था। उसने जोर देकर कहा कि चूंकि कार्नवालिस स्वयं सामंत वर्ग से संबंध रखते हैं, इसलिए उन्होंने भूपतियों के लाभ के लिए ऐसी व्यवस्था बनायी।[3] इसके विपरीत ए.टी. एम्ब्री का कहना है कि कार्नवालिस ने एक न्यायपूर्ण और कुशल प्रशासन के लिए इस व्यवस्था को लागू किया।[4] कुछ विद्वानों का कहना है कि स्थायी बंदोबस्त लागू करने के पीछे विचारधारात्मक कारण थे। उदाहरण के लिए एरिक स्टोक्स का कहना है कि कार्नवालिस और मुनरो ने उपयोगितावादी दर्शन से प्रेरित होकर इस व्यवस्था को लागू किया था।

बहरहाल, स्थायी बंदोबस्त के पीछे जो भी कारण रहा हो, तथ्य यह है कि पहली बार जमींदारों को भूमि का स्वामित्व सौंपा गया, और उन्हें जमीन का मालिक घोषित किया गया। कहने की आवश्यकता नहीं कि जमीन पर अन्य किसी भी तरह के अधिकार को समाप्त कर दिया गया। इस तरह संपत्ति संबंधों के लिहाज से भारतीय इतिहास में यह एक नई घटना थी। जमीन को निजी संपति बनाकर और उसे जमींदारों के हवाले कर भारतीय समाज में भूपतियों का एक नया वर्ग तैयार किया गया। इस व्यवस्था में लगान वसूल करने के साथ-साथ जमींदारों को पहले से कायम भूमि संबंधों में परिवर्तन करने का अधिकार भी शामिल था। जमींदार को अपने इस अधिकार का स्थानांतरण और बंटवारा करने का भी अधिकार था। जमींदार अपनी जमींदारी को बेच सकते थे, बंधक रख सकते थे या किसी को उपहार में दे सकते थे।

इस व्यवस्था में कंपनी की तरफ से भू-राजस्व तो तय कर दिया गया लेकिन यह तय नहीं किया गया कि जमींदार रैयतों से कितना लगान वसूल करेंगे। जमींदारों को अपनी जमीन किराया पर देने, रैयतों को जमीन से बेदखल करने और लगान का भुगतान नहीं करने पर उनकी संपत्ति जब्त करने का भी अधिकार दिया गया। औपनिवेशक काल के पहले किसानों को जमीन से बेदखल नहीं किया जा सकता था। रैयतों के अधिकार को सुरक्षित करने का प्रयास 1885 में बने रैयत कानून के जरिये ही थोड़ा-बहुत किया जा सका और वह भी कुछ खास किस्म के रैयतों का ही, जिनकी संख्या बहुत ही कम थी।

ईस्ट इंडिया और ब्रिटिश हितों को ध्यान में रखकर बनाई गई यह व्यवस्था अनेक खामियों एवं अंतर्विरोधों से भरी हुई थी। इस व्यवस्था ने बिहार के जीवन को गहरे स्तर तक प्रभावित किया। पुरानी व्यवस्था तो नष्ट कर दी गई, लेकिन नई व्यवस्था में लोगों को उनके पारंपरिक अधिकारों और अवसरों से पूर्णतया वंचित कर दिया गया। ग्रामीण जीवन को इस व्यवस्था ने और भी ज्यादा प्रभावित किया। पहले से ही परेशान किसानों के लिए स्थायी बंदोबस्त ने उनका जीवन दूभर कर दिया। जमींदारों ने अपनी तिजोरियां भरने के लिए किसानों, रैयतों पर और भी लगान लादना शुरू कर दिया। हजारों किसान जमीन से बेदखल होकर खेतिहर मजदूर बनने के लिए बाध्य होने लगे। जमींदारों की

निरंकुशता पर अंग्रेजी शासन ने लगाम लगाने की कोई कोशिश नहीं की, बल्कि उल्टे उन्हें शोषण करने के लिए खुला छोड़ दिया। ग्रामीण प्रशासन तंत्र के नष्ट होने से समाज में अराजकता, चोरी-डकैती, लूट, भ्रष्टाचार व अन्य विकृतियां भी बढ़ गयीं। इस बात को स्वयं अंग्रेज अफसरों ने भी स्वीकार किया है।[5] शाहाबाद जिले के बारे में एक अंग्रेज अफसर ने अपने वरिष्ठ को रिपोर्ट भेजी कि शायद ही कोई ऐसा दिन गुजरता हो जब जहां कोई अफसर या नागरिक नहीं लूटा जाता है।[6] एक तरफ कर लगातार बढ़ते गए और दूसरी तरफ जमींदार लगान बढ़ाते गए। इस दोहरी मार के बीच छोटे किसान के लिए पेट भरना भी मुश्किल होने लगा। अच्छे-खासे खाते-पीते किसान परिवार भी बदहाल होने लगे। किसान लगातार कर्जदार बनते गए। सूदखोर और महाजनों के मकड़जाल में वे इस कदर फंसते चले गए कि उससे निकलने का उनके पास कोई उपाय नहीं रह गया। फसल पकते ही उसे सूदखोर और महाजन के यहां गिरवी रखना पड़ता था। उस प्रक्रिया में वे लगातार भूमिहीन होते गए। यहां उल्लेखनीय बात यह है कि ज्यादातर रैयत छोटी जातियों मसलन यादव, कुर्मी, कोइरी और धानुक थे। इसलिए आर्थिक परेशानी के अलावा उन्हें जमींदारों, जो मुख्य रूप से राजपूत, ब्राह्मण और भूमिहार जाति के हुआ करते थे, के हाथों जातीय उत्पीड़न भी सहना पड़ता था। अन्यथा नहीं कि इनकी राजनीतिक चेतना जातीय चेतना की सहभागी रही। उल्लेखनीय यह भी है कि बिहार में किसान आंदोलन जातीय आंदोलन के विस्तारित रूप में सामने आया। इसकी विस्तृत व्याख्या हम किसान आंदोलन के अध्याय में करेंगें

सन् 1793 के स्थायी बंदोबस्त के द्वारा औपनिवेशिक भारत में जो कृषि संबंध विकसित हुए उससे भारत की कृषि तो बाधित हुई ही, पहले से ही कायम जटिल सामाजिक संरचना के और जटिल होने की संभावना बढ़ी। स्थायी बंदोबस्त के पहले राजस्व की स्थिति बहुत खराब थी। भूमि से राज्य को अपेक्षित राजस्व प्राप्त नहीं हो रहा था, औपनिवेशिक ढांचे को ठोस रूप देने के लिए राजस्व की आवश्यकता थी और यहां की जनता की जीविका का साधन भूमि था, अतः कार्नवालिस को यह समझने में देर नहीं लगी कि राज्य की आमदनी का स्रोत भूमि ही हो सकती है। भूमि कर से प्राप्त होनेवाले राजस्व को सुरक्षित रखना ही स्थायी बंदोबस्त का उद्देश्य था। नतीजा यह हुआ कि जहां एक तरफ यहां परजीवी भूस्वामी वर्ग का उदय हुआ वहीं दूसरी तरफ कृषि संबंधों का वास्तविक किसान शोषित काश्तकार में तब्दील होने को अभिशप्त हुआ। भूमि कर के चक्र में पिसता रैयतवाड़ी का तथाकथित स्वायत्त किसान भी सूदखोरों के चंगुल में फंसने को विवश होने लगा। कहने का तात्पर्य यह है कि जमीन का जोतदार ही जमीन से बेदखल होने लगा। दूसरी तरफ कर वसूली करने वाले जमींदार तथा कर्ज देनेवाले साहूकार जमीन तथा कृषि उत्पादों के सर्वेसर्वा बन बैठे। कहना न होगा कि इस आर्थिक विवशता ने किसानों की सामाजिक विवशता को और बढ़ा दिया। ऊंच-नीच भावना पर आधारित श्रेणीबद्ध जाति व्यवस्था की नकारात्मक भूमिका और प्रबल हो

उठी। यह महज संयोग नहीं था कि जमींदारों का एक बहुलांश उच्च जातियों से ही आया था। परंपरा के नकारात्मक दोहन में माहिर ब्रिटिश प्रशासन को यह समझने मे कोई दिक्कत नहीं हुई कि स्थानीय स्तर पर कानून और व्यवस्था की जिम्मेदारी ऊंची जातियों को सौंपने में ही लाभ है।

स्थायी बंदोबस्त लागू करने के पीछे मुख्यतः दो उद्देश्य थे—पहला, भारतीय अर्थव्यवस्था को साम्राज्यवादी बुर्जुआ के हितों को पूरा करने के काबिल बनाना तथा दूसरा, कृषि से अधिक अतिरिक्त लाभ प्राप्त करने के लिए एक बिचौलिया वर्ग (जमींदार) पैदा करना। इस तरह अंग्रेजों और जमींदारों ने सम्मिलित रूप से किसानों का शोषण करना जारी रखा। यह शोषण दो रूपों में होता था—किसानों की जमीन से बेदखली तथा लगान की राशि अधिक बढ़ा कर। किसानों पर लगाए गए कर की सीमा तय करने के लिए किसी प्रकार का कानून नहीं था। पारंपरिक उद्योग-धंधों के बर्बाद होने के चलते कृषि योग्य जमीन पर और अतिरिक्त भार बढ़ा। कृषकों के हितों की सुरक्षा के लिए पर्याप्त प्रावधान नहीं थे। इसलिए जमींदार उन्हें जब चाहे बदल सकते थे या बेदखल कर सकते थे। स्थायी बंदोबस्त लागू होने के कुछ ही दिनों बाद लाखों किसानों को उनकी जमीन से अकारण बेदखल कर दिया गया। इसके पीछे तर्क ये दिया गया कि जमींदारों की आर्थिक और गैरआर्थिक मांगों को पूरा करने के लिए यह जरूरी था।

ब्रिटिश शासकों ने भूमि संबंधों में तीन प्रमुख परिवर्तन किए। पहला, प्राचीन ग्राम समाज की सामूहिकता के जो भी अवशेष थे, उन्हें खत्म कर दिया गया तथा प्रत्यक्ष उत्पादकों ने बिना कुछ पाए हुए अपनी पुरानी सुरक्षा खो दी। दूसरा अंग्रेजों ने जिस नए भूमि संबंधों को जन्म दिया उसका चरित्र मुख्य रूप से सामंती था। तीसरा, भूमि एक उपभोक्ता वस्तु में तब्दील हो गई। अंग्रेजों ने खाद्यान्न पैदा करने की बजाए नगदी फसल को बढ़ावा दिया। सीसम, अरंड, ईख, चाय, काफी, तंबाकू, नील, जूट तथा अफीम जैसी व्यापारिक फसलों (Commercial crops) की खेती करने के लिए कृषकों को मजबूर किया गया। स्पष्ट है कि इन बातों से अंग्रेज पैसा बनाते थे।

अगर हम स्वतंत्रता पूर्व के कृषि संबंधों को सूत्रबद्ध करें तो निम्नलिखित बातें सामने आएंगी।

(1) परजीवी बिचौलिया वर्ग (जमींदार) जिसमें अप्रत्यक्ष रूप से साहूकार और सूदखोर भी शामिल थे, की अनावश्यक और अचानक उपस्थिति।
(2) वास्तविक किसान का जमीन से निरंतर अलगाव।
(3) कृषि योग्य भूमि का अनार्थिक भूखंडों में विभाजन।
(5) कृषि के लिए आवश्यक पूंजी का अभाव तथा
(6) अविकसित कृषि प्रौद्योगिकी।

जमींदारी उन्मूलन

कृषि संबंधों के जिस चरित्र का उद्भव 1793 के स्थायी बंदोबस्त प्रणाली को लागू करने के परिणामस्वरूप हुआ, उससे छुटकारा पाए बिना न तो कृषि को विकसित किया जा सकता है और न कृषि संबंधों में परिवर्तन, यह आजादी की लड़ाई के दौरान ही साबित होने लगा था। बिहार में किसान सभा के माध्यम से स्वामी सहजानंद सरस्वती और राहुल सांकृत्यायन के नेतृत्व में किसानों ने जता दिया था कि उनमें उस व्यवस्था से छुटकारा पाने की कितनी कसमसाहट है। आजादी के बाद किसानों के हितों एवं आकांक्षाओं को नजरअंदाज करना भारत और बिहार के नए शासकों के लिए संभव नहीं रह गया था। इसलिए भूमि सुधार के प्रयास शुरू हुए।

सन् 1944 में जवाहर लाल नेहरू की अध्यक्षता में कृषि सुधारों से संबंधित एक कमेटी बनी, जिसमें जमींदारी उन्मूलन की अनुशंसा की गयी। इसके बाद 1948 में भारत सरकार ने एक दूसरी कमेटी जे.सी. कुमारप्पा की अध्यक्षता में बनाई। इन कमेटियों की अनुशंसा पर ही देश में भूमि सुधार के प्रयास हुए। राज्य सरकारों से आग्रह किया गया कि वे तीन उद्देश्यों (1) जमींदारी उन्मूलन (2) काश्तकारी नियमों में सुधार तथा (3) भूमि हदबंदी को ध्यान में रखकर संबंधित राज्यों के लिए भूमि सुधार कानून बनाएं तथा लागू करें। चूंकि भूमि राज्य सूची में है, इसलिए यह जिम्मेदारी राज्य सरकारों पर डाल दी गई। इसके पीछे सरकारी मंशा कई तरह की थी–बिचौलियों (जमींदार) के हाथों से वास्तविक जोतदारों के हाथों में जमीन का हस्तांतरण, अनाज की उपज बढ़ाना और सबसे बढ़कर ग्रामीण आबादी में वर्तमान सामाजिक-आर्थिक विषमता को नियंत्रण में लाना तथा एक समतामूलक समाज की रचना करना।[7]

बिहार में स्वामी सहजानंद सरस्वती, कांग्रेस सोशलिस्ट पार्टी के जयप्रकाश नारायण एवं कम्युनिस्ट पार्टी ऑफ इंडिया के कार्यानंद शर्मा की अगुआई में वहां के किसानों ने जमींदारी उन्मूलन के लिए जबर्दस्त आंदोलन किया था। इन्हीं आंदोलनों के दबाव में जब 1937 और 1946 में बिहार में कांग्रेस की सरकार बनी तो उसे भूमि सुधार के प्रति अपनी निष्ठा अपने प्रस्ताव में जाहिर करनी पड़ी। अपने प्रस्ताव मे कृषि व्यवस्था में वैधानिक उपायों के जरिये परिवर्तन की बात रखने के लिए कांग्रेस को बाध्य होना पड़ा।

जमींदारी उन्मूलन का इतिहास जितना तूफानी बिहार का रहा है उतना किसी अन्य राज्य का नहीं। कांग्रेस के घोषित उद्देश्य और तथाकथित प्रयासों के बावजूद जमींदारी उन्मूलन कानून बनने में पांच साल लग गए। जमींदारी उन्मूलन विधेयक पेश करने वाला बिहार देश का पहला राज्य था, लेकिन जमींदारों और भूस्वामियों के प्रबल विरोध के कारण अनेक वर्षों तक उसे कानून बनने से रोके रखा गया। इसका विरोध कितना प्रबल था, इसका अंदाजा इसी बात से लगाया जा सकता है कि विरोधियों की पंक्ति में देश के प्रथम राष्ट्रपति डॉक्टर राजेंद्र प्रसाद भी खड़े थे। राजनीतिक मंचों से जमींदारी उन्मूलन का विरोध जहां राजेंद्र प्रसाद कर रहे थे, वहीं दरभंगा महाराज अदालत और

अखबारों के माध्यम से कर रहे थे, जबकि विधानसभा में सर चंद्रेश्वर प्रसाद नारायण सिंह, राजा रामगढ़ और राजा कुरसेला के अलावा कई छोटे-बड़े जमींदर असंसदीय तरीके से भी इसका विरोध कर रहे थे।[8] जिस दिन बिहार विधानसभा में जमींदारी उन्मूलन विधेयक पेश होने वाला था, उसके एक दिन पहले के.बी. सहाय जो राज्य राजस्व मंत्री थे, एक ट्रक दुर्घटना में घायल हो गए। कहा जाता है कि यह दुर्घटना नहीं, साजिश थी और कथित रूप से इस साजिश के सूत्राधार थे राजा रामगढ़।[9] लेकिन विधानसभा के अंदर और बाहर अपार समर्थन से के.बी. सहाय ने जमींदारी उन्मूलन विधेयक 12 सितंबर, 1947 को अंततः पेश कर ही दिया। उस दिन राजस्व मंत्री के हाथों और सिर पर पट्टियां बंधी थीं, जिस पर खून के दाग सपष्ट दिख रहे थे।[10]

1947-49 के बीच जमींदारों ने रैयतों और उनके नेताओं को न सिर्फ डरा-धमका कर उनका मनोबल तोड़ने की कोशिश की बल्कि कई बार उन्हें शारीरिक हानि भी पहुंचाई। अपने को सुरक्षित रखने एवं अपने सामाजिक-आर्थिक वर्चस्व को कायम रखने के लिए इसी बीच जमींदारों ने 'जमींदार यूथ लीग' नामक संगठन भी बनाया। यहां तक कि जमींदारों ने निजी सेना भी बनाई और रैयतों द्वारा जोते-बोए जा रहे बकाश्त जमीन को ताकत के बल पर हासिल करने की कोशिश की।[11] इस प्रक्रिया में जमींदारों एवं रैयतों के बीच बेगुसराय जिले के बिहटा, चंपारण के रामगढ़वा, मुंगेर के बड़हिया, दरभंगा के बल्लीपुर, पथुआ और मधेपुर, बिहाशरीफ के महुरी, भोजपुर के दरिगांव, पटना के अलवरपुर, गया के नबीगंज तथा पूर्णियां के कुरसेला आदि के अलावा कई अन्य जगहों पर भी संघर्ष हुए, जिसमें बहुत से रैयत मारे गए और घायल हुए। कुछ जमींदारों और उनके कारिंदों को भी चोटें आईं। जब जमींदारों ने देखा कि उनका प्रत्यक्ष तरीका पर्याप्त नहीं है तो उन्होंने पुलिस बल की मदद ली। कानून और व्यवस्था के रखवालों के हाथों भी अनेक रैयत मारे गए।[12] जमींदारों ने जमींदारी उन्मूलन कानून को रोकने के लिए जमीन-आसमान एक कर दिया। जमींदारी उन्मूलन को रोकने के लिए या कम-से-कम उसे स्थगित करने के लिए उन्होंने ताकत के इस्तेमाल के अलावा विधायिका और अदालत का भी इस्तेमाल किया। कांग्रेस नेतृत्व को भी उन्होंने अपने पक्ष में करने की कोशिश की।

जमींदारों की जब उक्त सारी कोशिशें विफल रहीं तो उन्होंने के.बी. सहाय जैसे जमींदारी उन्मूलन के समर्थक नेता को बदनाम करने की कोशिश की। यहां तक कि राष्ट्रपिता महात्मा गांधी को भी प्रभावित करने की कोशिश की गयी। गांधी जी ने पटना में प्रार्थना सभा के दौरान अपने भाषण में कहा कि जमींदारों की तरफ से उन्हें शिकायतें मिली हैं कि रैयत और किसान कानून और व्यवस्था का पालन नहीं कर रहे हैं। यह आपराधिक है। गांधी जी के इस बयान ने जमींदारों का मनोबल तो बढ़ाया लेकिन उनका मनोबल जल्दी ही तब गिर गया उन्होंने प्रार्थना के बाद अपने भाषण में पहली बार खुलकर जमींदार विरोधी बयान दिया। उन्होंने कहा कि जमींदारी व्यवस्था को खत्म

होना ही है। उन्होंने इस बात का भी जिक्र किया कि बहुत से जमींदार किसानों और रैयतों को आतंकित करने के लिए निजी सेनाएं बना रहे हैं, लेकिन उन्होंने यह भी कहा कि 'मैं चाहता हूं कि यह समाचार झूठा हो'।[13] इसके बावजूद जमींदारों ने अपनी कोशिशें नहीं छोड़ीं। जमींदारों के एक समूह ने राष्ट्रपति डॉ. राजेंद्र प्रसाद के पास तार भेजकर अपील की कि वे जमींदारी उन्मूलन को रोक कर देश को गृहयुद्ध से बचाएं।[14] राजेंद्र बाबू ने सर्वाजनिक रूप से जमींदारी उन्मूलन का विरोध तो नहीं किया, क्योंकि यह कांग्रेस के चुनाव घोषणा पत्र का हिस्सा था, लेकिन उसे स्थगित करने का यथासंभव प्रयत्न किया। इतना ही नहीं, जमींदारी उन्मूलन की दिशा में त्वरित प्रयत्न करने के कारण राजेंद्र बाबू ने बिहार के राजस्व मंत्री के.बी. सहाय को पत्र लिखकर फटकार भी लगाई।[15]

इसके बावजूद कि जमींदारी उन्मूलन बिहार विधानसभा में पेश होने के अंतिम चरण में था, सरदार पटेल जैसे कांग्रेस के दिग्गज नेता ने क्षतिपूर्ति का मामला उठा दिया। उन्होंने कहा : "कांग्रेस सरकार अपने चुनाव घोषणा पत्र के अनुसार जमींदारों को पर्याप्त क्षतिपूर्ति देने के लिए प्रतिबद्ध है। उन्हें समाजवादियों और साम्यवादियों से डरने की जरूरत नहीं है। बिना क्षतिपूर्ति के जमींदारी खत्म करना डकैती होगी...क्षतिपूर्ति नाम के लिए नहीं, बल्कि पर्याप्त होनी चाहिए"।[16] इसके जवाब में किसान सभा ने क्षतिपूर्ति को कानूनी डकैती करार दिया।[17]

विधानसभा में भी जमींदारों ने जमींदारी उन्मूलन विधेयक को पारित होने से रोकने के लिए भरपूर कोशिश की। उनकी तरफ से तीन सौ संशोधन पेश किए गए ताकि विधेयक जल्दी पारित न हो। लेकिन अंततः बिहार सरकार को 1947 में यह विधेयक पारित करना पड़ा और गवर्नर जनरल की स्वीकृति के बाद 1948 में बिहार जमींदारी उन्मूलन कानून के रूप में इसे प्रकाशित किया गया। ऐसा नहीं है कि कानून बन जाने के बाद जमींदार हार मानकर चुप बैठ गए। इसके विपरीत जमींदारों ने इसकी संवैधानिकता और वैधता को बार-बार अदालती चुनौती दी। बहरहाल, 1952 में जाकर बिहार भूमि सुधार कानून—1950 के रूप में लागू हुआ। इसके बाद जमींदारों ने सरकार के साथ असहयोग का रास्ता अपनाया और लगान की सूची और संबंधित गांवों के रिकार्ड देने से साफ मना कर दिया। सरकार के पास इसकी कोई जानकारी नहीं थी कि किसके पास कितनी जमीन है या कौन रैयत है और कौन उर्द्ध-रैयत।[18] महत्वपूर्ण भू-अभिलेखों और रेकार्ड के अभाव में राज्य की भूसंपदा और उसके स्वरूप के बारे में सरकार का अज्ञान बना रहा। जमींदारों ने सरकार की इस अज्ञानता का जमकर फायदा उठाया।

जमींदारी उन्मूलन के नए कानून ने मालगुजारी वसूलने के अधिकार के साथ-साथ पेड़ों, जंगलों, तालाब तथा खनिज पर भी जमींदारों के अधिकार को समाप्त कर दिया। ये सारे अधिकार अब राज्य के पास आ गए। इसी कानून के जरिए ऐसी जमीन का

लगान देने की जिम्मेदारी से भी उन्हें मुक्त कर दिया गया। इससे जमींदारों को जो आर्थिक नुकसान हुआ, उसकी क्षतिपूर्ति का कानूनी आवश्वासन दिया गया। बिहार के जमींदारों को क्षतिपूर्ति के रूप में 1510 मिलियन रुपये और उत्तर प्रदेश के जमींदारों को 1634 मिलियन रुपये दिए गए। उल्लेखनीय है कि प्रति एकड़ क्षतिपूर्ति की दर बिहार और उत्तर प्रदेश में ही सबसे ज्यादा थी, जैसा कि नीचे दी गई तालिका से स्पष्ट होता है

तालिका-1

स्थायी बंदोबस्ती वाले राज्यों से पूर्व बिचौलियों को दिया गया मुआवजा

राज्य	जमीन का रकबा	कुल मुआवजा (मीलियन एकड़ में)	प्रति एकड़ मुआवजा (मीलियन रुपये में)
बिहार	39.64	1.510	39
पश्चिम बंगाल	28	560	20
असम	1.67	37	22
उत्तर प्रदेश	52.52	1,634	31
मद्रास	17.42	207	15

स्रोत *: ज्ञानेश्वर ओझा, लैंड प्राब्लम एंड लैंड रिफार्म, (नई दिल्ली : सुल्तान चंद एंड संस)*

क्षतिपूर्ति की इस नीति से इतना तो जाहिर होता ही है कि सरकार पूर्व जमींदारों को नाराज नहीं करना चाहती थी जिनका ग्रामीण इलाकों के सामाजिक नेतृत्व पर गहरी पकड़ थी।

जमींदारी तो समाप्त कर दी गई, लेकिन इसका मतलब यह नहीं कि जमीन पर उनके सारे अधिकार समाप्त हो गए। सर तथा खुदकास्त जमीन के अलावा खास संपत्ति रखने की उन्हें अभी भी इजाजत थी।[19] खुदकास्त जमीनें वे जमीनें थीं जो जमींदारी उन्मूलन के पहले निजी खेती के नाम पर जमींदारों के अधिकार में थीं। सरकारी परिभाषा के अनुसार निजी खेती में जमींदारों को व्यक्तिगत रूप से शामिल होना जरूरी नहीं था, बल्कि इसके अंतर्गत वह व्यक्ति भी आता था, जो रैयतों द्वारा या मजदूर रखकर खेती करवाता था और उसकी देखरेख स्वयं करता था या अपने परिवार के किसी सदस्य के मार्फत करवाता था या तनख्वाह पर मैनेजर रखकर।[20] निजी खेती के नाम पर जमींदारों ने खूब फायदा उठाया। इस प्रावधान के जरिये जमींदारों ने उन हजारों रैयतों, किसानों को कानूनी रूप से बेदखल कर दिया, जो साबित नहीं कर सके कि वह जमीन उनकी थी और पारंपरिक रूप से वे उस जमीन पर खेती करते आए थे। कानूनी रूप से बेदखल करने के अलावा जमींदारों ने ताकत के आतंक से भी रैयतों को यह कहने के लिए मजबूर किया कि वे दिहाड़ी मजदूर या नौकर के रूप में उस जमीन पर खेती कर रहे थे। इस तरह निजी जमीन के प्रावधान का फायदा उठाते हुए जमींदारों ने अपनी जमीन का दायरा और बढ़ा लिया। बिहार सरकार के राजस्व विभाग के आकलन

के अनुसार ऐसी जमीन का रकबा 15 लाख एकड़ था।[21]

सन् 1950 के आंकड़ों के मुताबिक उस समय राज्य में 739 जमींदार घराने थे, जबकि स्थायी बंदोबस्त वाले इस्टेट की संख्या 21772 थी। ये इस्टेट सरकार को सलाना भू-राजस्व के रूप में एक करोड़ आठ लाख रुपये देते थे। मालूम हो कि आजादी मिलने के बाद भी इसकी सीमा नहीं बढ़ायी गयी थी।

आर्थिक विषमता पर जमींदारी उन्मूलन का सबसे प्रमुख प्रभाव यह पड़ा कि रैयत और जोतदार, विशेषकर छोटे रैयत, जोतदार रातोंरात भूमिहीन मजदूर में तब्दील हो गए।[22] जहां ऐसा नहीं हुआ वहां भी रैयतों की स्थिति कोई अच्छी नहीं रही। जमींदारों ने केवल उसी जमीन को रैयतों के पास रहने दिया, जिससे उन्हें कोई आर्थिक नुकसान नहीं था।

भूमि हदबंदी कानून

भूमि सुधार (यदि कहा जाए तो) का दूसरा चरण था—भूमि हदबंदी कानून। बिहार में भूमि हदबंदी कानून 1961 में बना और इसके साथ ही बना फाजिल जमीन अधिग्रहण अधिनियम। लेकिन कानून में इतने छिद्र थे कि जमींदारी जाने के बाद भी जमींदारों ने अपनी जमींदारी बचा ली। लचीले प्रावधानों का फायदा उठाकर वे काफी जमीन पर अपना अधिकार रखने में सफल रहे। कुछ खास तरह की जमीन को हदबंदी से बाहर रखा गया था। उदाहरण के लिए—जिस जमीन पर चाय, कॉफी और रबर की खेती हो, बाग-बगीचे हों, पशुपालन होता हो या वहां पर डेयरी हों। इस कानून में हिंदू परिवार के प्रत्येक सदस्य को जमीन रखने का हक दिया गया। इसके अलावा 22 अक्टूबर, 1959 के पहले किए गए जमीन के सारे हस्तांतरण वैध घोषित कर दिए गए। बिहार के जमींदारों ने अपने बेटे-बेटी, नाती-पोते और अन्य सच्चे-झूठे संबंधियों के नाम जमीनें करवा लीं। इस दौरान गाय-भैंस, नौकर-चाकर, घोड़े, कुत्ते, अजन्मा बच्चे और यहां तक कि देवी-देवताओं के नाम पर भी जमीनें लिखायी गयीं।[23] एक आकलन के अनुसार 1952.62 के दौरान छह लाख एकड़ जमीन का बेनामी हस्तांतरण हुआ।[24]

जमींदारों की इस सफलता में उनके धन और चतुराई के अलावा बिहार की नौकरशाही ने भी बहुत बड़ा भूमिका निभायी। मंत्रियों और अफसरों के साथ साठगांठ के बिना जमींदारों के लिए ऐसा करना संभव नहीं था। राजनेता और अफसरों में से ज्यादा सामंती पृष्ठभूमि के ही थे। कानून बनाने वाले और उसका पालन करने वाले दोनों ही एक वर्ग से थे। इसलिए यह अन्यथा नहीं कि उनमें एकता थी। भूमि सुधारों के प्रति राज्य की सरकारें कितनी प्रतिबद्ध रही है इसका अंदाजा इसी तथ्य से लगाया जा सकता है कि मार्च 1984 तक कुल खेती योग्य जमीन का 1.26 प्रतिशत हिस्सा ही कानून के अंतर्गत अधिग्रहण किया जा सका और इसका 63.14 प्रतिशत ही भूमिहीनों में वितरित हो सका। यानि मार्च 1984 तक कुल खेती योग्य भूनि का 0.80 प्रतिशत

हिस्सा ही वितरित हुआ। वर्ष 1983-84 तक मध्य बिहार के कुछ चुनिंदा जिलों में फाजिल भूमि के अधिग्रहण और वितरण का ब्यौरा इस प्रकार रहा—

तालिका-1.1

जिलों के नाम	अधिग्रहित भूमि (एकड़ में)	वितरित भूमि (एकड़ में)	कुल भूमि में फाजिल भूमि का प्रतिशत
पटना	2638	1780	0.25%
नालंदा	461	398	0.10%
गया	9167	6267	0.98%
नवादा	2444	1733	0.72%
औरंगबाद	2539	1339	0.49%
भोजपुर	4099	2424	0.50%
रोहतास	4738	2018	0.46%

इसका मतलब यह नहीं निकाला जाना चाहिए कि जमींदारी उन्मूलन व्यर्थ था। यह सही है कि बेनामी लेनदेन के जरिये भूस्वामी अपनी ज्यादा जमीन बचाने में कामयाब रहे, लेकिन इसके कुछ स्पष्ट प्रभाव भी देखने को मिले। कमजोर और छोटे जमींदार बदली परिस्थिति में अपने साम्राज्य पर नियंत्रण रखने में अक्षम और असफल रहे और वे स्वेच्छा से शहरी आबादी का हिस्सा बन गए। रोजगार की तलाश में पुलिस, फौज में भर्ती हो गए या शहर में जा बसे। इनकी जगह मजबूत और संपन्न रैयतों के अलावा धनी और मध्यम किसानों ने ले ली। जाति के लिहाज से देखा जाए तो विस्थापित होने वालों में सबसे ज्यादा संख्या राजपूतों और कायस्थों की थी और इनका स्थान लिया यादव, कुर्मी और कोइरी जैसी मध्यवर्ती जातियों ने। ऊंची जातियों में भूमिहारों ने इस प्रक्रिया में अपनी जमीन का दायरा व रकबा बढ़ाया। जाति प्रधान समाज में इस परिघटना का बहुत बड़ा राजनीतिक महत्व था। शायद यह कहना गलत नहीं होगा कि बिहार में नक्सलवादी आंदोलन और उसके खिलाफ खड़ी निजी सेनाएं बहुत हद तक इसी परिघटना की पैदाइश हैं।

उधर इस पूरी प्रक्रिया से समाज के सबसे निचले पायदान पर खड़े भूमिहीन कृषि मजदूरों, दूसरे शब्दों में दलितों की स्थिति में कोई बदलाव नहीं आया। शायद भूमि सुधार का यह उद्देश्य भी नहीं था। जमींदारी उन्मूलन के गर्भ से मध्यवर्ती जातियों में पैदा हुए नव धनी किसानों की स्थिति स्थिर और मजबूत होने के साथ ही भूमिहीन खेतिहर मजदूरों के साथ उनके संघर्ष शुरू हो गए। कहने की आवश्यकता नहीं कि ऊंची जातियों के भूस्वामियों के साथ-साथ मध्यवर्ती जातियों के नव कुलकों ने भी दलित भूमिहीन मजदूरों का शोषण करना शुरू कर दिया। इस तरह हम देखते हैं कि भूमि सुधार प्रक्रिया से भूमिहीन मजदूरों को न सिर्फ अलग रखा गया, बल्कि उनके लिए वह एक नई विपत्ति लेकर आया।

संदर्भ

1. अरविंद नारायण दास, 'एग्रेरियन अनरेस्ट एंड सोसियो-इकॉनामिक चेंज, 1900-1980', पृ. 22
2. एस. नूरुल हसन, 'ऑर्गनाइजेशन ऑफ अग्रेरियन इकॉनामी' थॉट्स ऑन एग्रेरियन रिलेशंस इन मुगल इंडिया, पीपुल्स पब्लिकेशन हाउस, नई दिल्ली, 1973, 1983, पृ. 17
3. एच.टी. कोलब्रुक, 'रिमार्क्स ऑन दी हस्बैंड्री एंड इंटरर्नल कामर्स ऑफ बंगाल', कोलकता, (1904) पृ. 44
4. ए.टी. एम्ब्री, 'चार्ल्स ग्रांट एंड ब्रिटिश रूल इन इंडिया', लंदन, 1962, पृ. 115
5. सिसन रिपोर्ट, 2 अप्रैल, 1815 (राजस्व संकलन) खंड-1, पृ 331
6. उपेंद्रनाथ सिंह, 'सम आस्पेक्ट्स ऑफ रूरल लाइफ इन बिहार', पृ. 71
7. डब्ल्यू.सी. नील, 'लैंड रिफॉर्म इन उत्तर प्रदेश', इंडिया (एजेंसी फार इंटरनेशनल डेवलप्मेंट, स्प्रिंग रिव्यु) 1970, पृ. 42
8. अरविंद नारायण दास, 'रिपब्लिक ऑफ बिहार' पृ. 35 और पीजेंट अनरेस्ट एंड सोसियो-इकॉनामिक चेंज, 1900-1980, पृ. 186
9. अरविंद नारायण दास, 'रिपब्लिक ऑफ बिहार'
10. सर्चलाइट, पटना, 13 सितंबर, 1947
11. बकाश्त जमीन उसे कहा जाता था जिसका लगान देने में विफल होने के कारण जमींदार रैयतों से वापस ले लेते थे।
12. सर्चलाइट, 9 जनवरी, 6 अक्टूबर, 1947
13. देखें अरविंद नारायण दास, 'एग्रेरियन अनरेस्ट...'
14. देखें, एफ.टी. जान्नुजी की पुस्तक 'एग्रेरियन क्राइसिस इन इंडिया : ए केस ऑफ बिहार'
15. वही...
16. सर्चलाइट, 10 जनवरी, 1948
17. हूंकार, पटना, 29 मार्च, 1947
18. डेनियल थार्नर, 'दी एग्रेरियन प्रॉस्पेक्ट इन इंडिया' (दिल्ली, 1956) पृ0 19 और जान्नुजी, 'लैंड रिफार्म इन बिहार', 1970, पृ. 23.24
19. डेनियल थार्नर, पृ. 24
20. देखें, संयुक्त प्रांत में जमींदारी उन्मूलन कमेटी, खंड-1, (इलाहाबाद, 1948)
21. जी. ओझा, 'लैंड प्रॉब्लम एंड रिफॉर्म', नई दिल्ली, पृ. 58
22. आनंद चक्रवर्ती, 'सम आस्पेक्ट्स ऑफ इनइक्वालिटी इन रूरल इंडिया : ए सोसियोलाजिकल पर्सपेक्टिव (संपादित) आंद्रे बेते, 'इक्वालिटी एंड इनइक्वलिटी' दिल्ली, पृ. 156
23. उर्मिलेश, 'बिहार का सच' प्रकाशन संस्थान, दिल्ली, 1991, पृ. 39
24. जी. ओझा, पृ. 125

अध्याय–3

हरित क्रांति

स्वतंत्रता आंदोलन के दौरान रियासतों एवं बड़े जमींदारों को छोड़कर कांग्रेस में समाज के सभी तबकों की भागीदारी रही थी। अपने निहित स्वार्थों के चलते जमींदारों ने अंग्रेजों का खुलेआम साथ दिया था। सही है कि गांधी जी के नेतृत्व में कांग्रेस ने किसानों को संगठित किया था, लेकिन उनका आंदोलन मुख्य रूप से अंग्रेजों के खिलाफ था, जमींदारों के खिलाफ नहीं। जमींदारों के ब्रिटिश समर्थक और कांग्रेस के किसान समर्थक होने के चलते आजादी के बाद कांग्रेस ने जमींदार विरोधी नीतियां बनायीं। आजादी के पहले समाजवादी और कम्युनिस्ट पार्टियों के नेतृत्व में चले अनेक किसान आंदोलनों का भी इसमें योगदान था। भूमि सुधार के रूप में सामने आई जमींदार विरोधी नीति का एक प्रमुख उद्देश्य ग्रामीण विकास था।[1] बिचौलियों को समाप्त करने और काश्तकारों को भूमि का वास्तविक मालिक बनाने के उद्देश्य के साथ भूमि सुधार का वास्तविक चरित्र प्रगतिशील था।[2] यह अलग बात है कि वह विफल रहा। भूमि सुधार कानून बनाने वाला पहला राज्य होने के बावजूद न तो जमींदारी उन्मूलन और न भूदान आंदोलन (यद्यपि बिहार में भूदान आंदोलन का सबसे ज्यादा प्रभाव और प्रसार था।) ग्रामीण बिहार के भूमि संबंधों को बदलने में कामयाब हुए। आज भी वहां बड़े भूस्वामियों का वर्चस्व बना हुआ है। बटाईदारों और भूपतियों के बीच संबंधों में कोई खास परिवर्तन नहीं आया है। आज भी कमोबेश पुरानी स्थिति कायम है।[3]

सन् 1947 के बाद के प्रारंभिक वर्षों में कृषि में आम रूप से ठहराव के बावजूद उत्पादन में वृद्धि हुई। इसके लिए कई महत्वपूर्ण कारक जिम्मेदार थे–मसलन कृषि में सरकारी पैसे (Public Fund) की आवक, कृषि में निजी निवेश, जमींदारी उन्मूलन से अर्द्ध-सामंती संबंधों में ढीलापन और द्वितीय विश्व युद्ध के बाद भू–राजस्व की बोझ में कमी।[4] लेकिन भारतीय बुर्जुआ के बढ़ते प्रभाव के कारण भारतीय कृषि की प्रवृत्ति कायम नहीं रह सकी, क्योंकि उनकी रुचि उद्योग के विकास में थी। यही कारण था कि

प्रथम पंचवर्षीय योजना के बाद कृषि के बदले उद्योग को तरजीह दी गयी। प्रथम पंचवर्षीय योजना में वृहद् और लघु सिंचाई योजनाओं पर जहां कुल 16 प्रतिशत खर्च किया गया था, वहीं द्वितीय पंचवर्षीय योजना में उसका अनुपात आधा कर दिया गया। सामूहिक विकास कार्यक्रम और राष्ट्रीय विकास सेवा जैसी ग्रामीण विकास की दूसरी रणनीतियां भी अपेक्षित परिणाम हासिल करने में विफल ही रहीं। सरकार द्वारा पोषित आकलन संगठनों ने भी उक्त कार्यक्रमों की विफलता के संकेत दिए। इन विकास कार्यक्रमों की विफलता के लिए कृषि अर्थव्यवस्था की असमान संरचना को जिम्मेवार पाया गया। कृषि कोऑपरेटिव और कृषि योजना के क्षेत्र में चीन ने जो सफलता हासिल की थी, उसका अध्ययन करने के लिए 1956 में जो दो उच्च स्तरीय शिष्टमंडल वहां भेजे गए थे, उसने भी इस तथ्य की ओर इशारा किया।[5] इस असमान विकास द्वारा निर्मित आर्थिक संकट के परिणामस्वरूप अन्न और विदेशी मुद्रा दोनों की तंगी हुई और साम्राज्यवादी ताकतों पर भारत की निर्भरता बढ़ी। इसके चलते भारत को अपनी मुद्रा का 1960 में अवमूल्यन भी करना पड़ा।[6]

बहरहाल, यह स्थिति न तो भारत के हितों के अनुकूल थी और न विदेशी साम्राज्यवादी बुर्जुआ के। उद्योग का विकास बहुत हद तक कृषि उत्पादों पर ही निर्भर करता है, क्योंकि कच्चा माल उसे वहीं से मिलता है। इसका एहसास भारतीय बुर्जुआ को जल्दी ही हो गया और अब वे देहाती आबादी के हितों की अनदेखी नहीं कर सकते थे। परिणामस्वरूप कम जमीन वाले किसानों की खेती पर जोर दिया गया। यह समझदारी इस अवधारणा पर आधारित थी कि उत्पादन, कुशलता और बाजार को अतिरिक्त अनाज मुहैया कराने के लिहाज से छोटी खेती ज्यादा उपयुक्त होती है। खेती प्रबंधन अध्ययनों में भी यह बात सामने आई। लेकिन वास्तविक व्यवहार में यह रणनीति असफल ही रही।

पांचवें दशक के दौरान एक तरफ भारतीय और विदेशी बुर्जुआ और दूसरी तरफ भूस्वामियों एवं सामंतों के हितों के आपसी विलय ने इस दिशा में अंतिम प्रेरक तत्व की भूमिका निभायी।[7] 1951 में व्यापक मताधिकार के लागू होने के बाद सत्ताधारी वर्ग को भूपतियों एवं सामंतों पर निर्भर करना था, क्योंकि ग्रामीण इलाकों के वोट बैंक पर उन्हीं का वर्चस्व था। इसके अलावा जिस सामंती वर्ग ने अंग्रेजों की सेवा की थी, वे अब कांग्रेस के नए मालिकों के अधीन काम करने के लिए तैयार थे। इस तरह दूसरी पंचवर्षीय योजना के संकट के बाद भारत में अमरीका का प्रभाव बढ़ने लगा।

अमरीका के इस बढ़ते प्रभाव का जो सबसे पहला शिकार बनी वह थी—कृषि विकास की रणनीति। आधुनिक तकनीक, रासायनिक खाद और अधिक उपज देने वाले बीज के उपयोग द्वारा कृषि की उपज बढ़ाने की अमरीकी योजना को भारत में लागू

किया गया। विडंबना यह कि इसके लिए कायम भूमि संबंधों में तबदीली की कोई जरूरत नहीं समझी गयी। पैकेज प्रोग्राम के नाम से मशहूर इस योजना के दो उद्देश्य थे—(1) कृषि उपज को बढ़ावा देना तथा (2) रोजगार के अवसर और मजदूरी में वृद्धि कर खेतिहर मजदूरों की आम हालत में सुधार करना। इसके अलावा गुप्त उद्देश्य भी था और वह यह कि कृषि आधारित अर्थव्यवस्था के विकास से देश में औद्योगिक आधार को भी बल मिलेगा।

इसमें कोई संदेह नहीं कि हरित क्रांति अपने फौरी उद्देश्य यानि कृषि उपज बढ़ाने में सफल रही। एक आकलन के अनुसार 1961-65 की तुलना में 1967-73 में कृषि उत्पादन में 19.1 प्रतिशत का इजाफा हुआ।[8] लेकिन जहां तक दीर्घकालीन उद्देश्य यानि खेतिहार मजदूरों की हालत में सुधार की बात है तो हरित क्रांति ऐसा करने में पूर्णतया विफल रही। हरित क्रांति का फायदा सिर्फ धनी किसानों को ही मिला। छोटे और गरीब किसानों के लिए यह निरर्थक साबित हुआ। गरीब किसानों के पास खेती के आधुनिक महंगे उपकरणों को खरीदने की हैसियत नहीं थी। इसलिए पंपिंग सेट, ट्रैक्टर और खाद वे कहां से खरीदते। इसके बावजूद किसानों का एक हिस्सा इन सुविधाओं का मूल्य चुकाने में सक्षम था और उसने हरित क्रांति से फायदा उठाने में कोई चूक नहीं की। हरित क्रांति की सारी योजनाएं अंततः धनी किसान समर्थक ही साबित हुईं। खेती में आधुनिक उपकरणों की घुसपैठ का एक महत्त्वपूर्ण परिवर्तन यह हुआ कि बहुत से लोग अचानक बेरोजगार हो गए। बेरोजगार होने वाले लोगों में खेतिहर मजदूर ज्यादा थे जो भूमिहीन होने के साथ-साथ 'वर्णहीन' भी थे। खेती में आधुनिक संसाधनों के इस्तेमाल का एक प्रभाव यह भी हुआ कि मजदूरों की मजदूरी में इजाफा हुआ लेकिन आम मूल्य वृद्धि के चलते मजदूरों को इसका कोई फायदा नहीं हुआ।[9] इस संदर्भ में आंद्रे गुंदर फ्रैंक का कहना सही लगता है कि हरित क्रांति शब्द ही गलत शब्द रचना है, इसलिए उसकी उद्देश्य रचना भी गलत होनी थी। हरित क्रांति अपने पूरे स्वरूप और इरादे में 'प्रति-क्रांतिकारी' ही रही।[10] इसने क्षेत्रीय असंतुलन तो पैदा किया ही इससे सार्वजनिक क्षेत्र के उद्योगों के विस्तार का भी अवसर कुंद हुआ। आम लोगों की क्रयशक्ति में चूंकि कोई इजाफा नहीं हुआ, इसलिए औद्योगिक उत्पादों की मांग भी घटी।

दूसरी तरफ ग्रामीण समाज में इसका अनर्थकारी प्रभाव देखने में आया। खेती के आधुनिक उपकरणों और संसाधनों के इस्तेमाल से पूर्णकालिक रोजगार के अवसर कम हुए, जिसका परिणाम यह हुआ कि बड़े पैमाने पर बटाईदारों को भूस्वामियों ने जमीन से बेदखल कर दिया। जमीन से बेदखल होकर उनके पास जीने का कोई साधन नहीं था। इसलिए उनके पास जो भी थोड़ी-बहुत जमीन थी, उसे भी वे बेचने को मजबूर हुए। इस तरह 'गरीबी के दुश्चक्र' में वे फंसते चले गए। छोटे किसानों के गरीबीकरण की जो प्रक्रिया शुरू हुई, वह आज भी जारी है। लेकिन मध्यम किसानों को उसका काफी फायदा हुआ, विशेषकर पिछड़ी जातियों के। पूर्णकालिक रोजगार में कमी तो जरूर आयी

लेकिन मौसमी रोजगारों यानि फसल बोने और काटने के समय मजदूरों की मांग तेजी से बढ़ी। खेती का काम मौसमी होता है और उसकी विशेषता होती है कि उसे अकेले पूरा नहीं किया जा सकता। इसलिए आधुनिक संसाधनों के बावजूद खेतो में मजदूरों की जरूरत पड़ती ही है। इस स्थिति से मजदूरों के मोलभाव की क्षमता मे वृद्धि हुई।

तालिका-2

बिहार में उपयोग होने वाले कृषि के साधन

वर्ष	हल	बैलगाड़ी	ईख कोल्हू	घानी	ईख कोल्हू (बिजली)	इंजिन (डीजल)	पंप (बिजली)	ट्रैक्टर
1968	4017	797	458.8	424.45	24.17	38.98	58.54	21.32
1970	4017	797	458.8	424.45	24.27	38.98	58.54	21.32
1975	4319	775	502	159	24	42	53	56
1980	4319	775	502	160	24	42	53	101
1985	4612	714	441	72	43	132	93	105

स्रोत : स्टैटिस्टिकल ऐब्स्ट्रैक्ट, भारत, सेंट्रल स्टैटिस्टिकल आर्गनाइजेशन (सीएसओ), भारत सरकार

हरित क्रांति के परिणामस्वरूप कृषि उत्पादन में संलग्न शक्तियों के आपसी संबंधों में काफी परितर्वन आया है। तालिका 2 में दिए गए आंकड़ों से साफ पता चलता है कि खेती में आधुनिक उपकरणों का इस्तेमाल बढ़ गया है। खेती में हालांकि पारंपरिक औजारों का इस्तेमाल आज भी होता है, लेकिन झुकाव आधुनिक उपकरणों के इस्तेमाल में वृद्धि की तरफ ही है। इसी तरह का झुकाव सिंचाई के पारंपरिक और आधुनिक तरीकों को लेकर भी रहा। हरित क्रांति के पहले और बाद (1967-68 और 1979-80) के सिंचाई के स्रोतों पर नजर डालें तो साफ पता चलता है कि बिहार में नहर से सिंचाई में 58 प्रतिशत की वृद्धि हुई। इसी तरह ट्यूब वेल से सिंचाई वाले क्षेत्रों में 281 प्रतिशत की वृद्धि हुई, जबकि देश के पैमाने पर इसमें केवल 104 प्रतिशत की वृद्धि हुई।

तालिका-2.1

बिहार और भारत में विभिन्न साधनों द्वारा सिंचित कुल जमीन

वर्ष	नहर		तालाब		ट्यूब वेल		दूसरे स्रोत		कुल	
	राज्य	देश	राज्य	देश	राजय	देश	राज्य	देश	राज्य	देश
1967-68	632	10958	175	4285	289	2475	1991	26344		
1968-70	728	12939	180	4112	408	11887	695	2266	3011	31103
1974-75	922	13767	111	3982	673	14363	572	2379	2278	34491
1979-80	996	15292	132	3198	1102	17734	2581	38805		

स्रोत : स्टैटिस्टिकल अब्सट्रैक्ट, भारत, सीएओ, भारत सरकार।

सिंचित जमीन में वृद्धि, आधुनिक उपकरण और रसायनिक उर्वरक के इस्तेमाल के परिणामस्वरूप खेती योग्य जमीन का बेहतर उपयोग हुआ। इससे बिहार प्रमुख फसलों की उपज में भी वृद्धि हुई। इन परिवर्तनों का बिहार के खेतिहर मजदूरों की मजदूरी पर भी प्रत्यक्ष प्रभाव पड़ा। 1961 में खेतिहर मजदूरों की संख्या में 9.7 प्रतिशत की वृद्धि हुई और 1971 और 1891 में 8 प्रतिशत की वृद्धि हुई। लेकिन 1971 की तुलना में 1981 में उनकी संख्या में 1.7 प्रतिशत की कमी आयी। संक्षेप में कहा जा सकता है कि स्वंतत्रता के बाद, विशेषकर हरित क्रांति के बाद उत्पादन, उसकी शक्तियां और खेतिहर मजदूरों की संरचना यानि उत्पादन के संबंधों में परिवर्तन तो आया है, लेकिन इसके साथ ही उपज की वृद्धि में ठहराव, खेती में पारिवारिक श्रम, बंधुआ मजदूर तथा बटाईदारी का चलन आज भी कायम है, जिसके चलते ग्रामीण क्षेत्रों (खेती) में पूंजीवाद का विकास नहीं हुआ।

बिहार की राजनीतिक अर्थव्यवस्था (Political Economy) में इस प्रकिया से जो बदलाव आया, वह वर्ग निर्माण और विभिन्न वर्गों के बीच तालमेल के रूप में परिलक्षित होता है। जैसा कि पहले कहा गया है कि हरित क्रांति से गरीब किसानों एवं खेतिहर मजदूरों को फायदा नहीं हुआ। लेकिन मध्यवर्ती जातियों (यादव, कुर्मी, कोइरी) के किसानों को इसका पर्याप्त लाभ मिला। जमींदारी उन्मूलन के बाद इन जातियों के जो अर्द्ध-रैयत (Sub-Tenants) थे, वे रैयत हो गए। इसके अलावा शारीरिक श्रम से उन्हें परहेज नहीं होने और जीवन-यापन में ऊंची जातियों की तुलना में खर्च कम होने के कारण उनकी बचत में वृद्धि हुई। परिणामस्वरूप उनकी क्रय शक्ति में वृद्धि हुई और वे अनुपस्थित भूस्वामियों (Absentee Landlords) की जमीन खरीदने में सक्षम हुए, जो अपनी अतिरिक्त जमीन बेचने लगे थे। ऐसे भूस्वामी मध्यवर्ती जातियों को जमीन बेचना बेहतर भी समझते थे क्योंकि वे जमीन के बेहतर इस्तेमाल के साथ-साथ बेहतर भुगतान की हैसियत भी रखते थे।[11] बाद में छोटे किसानों के लिए बनी सरकारी योजनाओं के अलावा हरित क्रांति से भी उन्हें काफी फायदा हुआ। उनकी आर्थिक स्थिति में सुधार और संख्या अधिक होने से बिहार की राजनीति में भी वे आगे आए। 1967 तक आते-आते वे एक ऐसी रजानीतिक ताकत के रूप में उभर चुके थे कि राज्य की सत्ता-राजनीति में उन्हें अनदेखा नहीं किया जा सकता था।

उपरोक्त द्वंद्वात्मक परिवर्तन से समाज का निम्न तबका, जिसमें गरीब किसान के अलावा अति पिछड़ी जातियां तथा दलित भूमिहीन खेतिहर मजदूर थे, बुरी तरह प्रभावित हुआ। हरित क्रांति ने फौरी तौर पर भूपतियों एवं किसानों के बीच अंतर्विरोध को तो छिपा दिया, लेकिन साथ ही दोहरे अंतर्विरोध को जन्म भी दिया। बिहार के ग्रामीण इलाकों में इस अंतर्विरोध को एक तरफ भूपतियों एवं खेतिहर मजदूरों तथा दूसरी तरफ पिछड़ी जातियों में पैदा हुए नव-धनाढ्य किसानों तथा दिहाड़ी मजदूरों के बीच देखा जा सकता है।[12] यही कारण है कि खेतिहर मजदूरों पर ऊंची जातियों के भूपतियों एवं

मध्यवर्ती जातियों के धनी किसानों के आक्रमण बढ़ते जा रहे हैं। यह अलग बात है कि मध्यवर्ती जातियों के अधिकांश किसान ऊंची जातियों के भूपतियों द्वारा अत्यधिक और अतिरिक्त भुगतान की मांग से स्वयं भी परेशान हैं। कहने की आवश्यकता नहीं कि ऊंची जातियों के भूपतियों को राज्य का समर्थन भी प्राप्त है।[13]

इस दोहरे अंतर्विरोध के कारण ही बिहार के ग्रामीण इलाकों में हिंसा बढ़ रही है। नरसंहारों की पुनर्रावृत्ति और हत्याओं से शोषण और बदले की प्रवृत्ति ही जाहिर होती है।[14] ऐसी हत्याओं के कारण आर्थिक और अनार्थिक दोनों तरह के शोषण हैं।[15] यह शोषण कृषि के उस संरचना से पैदा हुआ है जो जाति पर आधारित सामंती व्यवस्था की बाधाओं को तोड़ने की कोशिश कर रहा है, इसलिए इसे जाति युद्ध कहना गलत है।[16] इसके पीछे जाति की भूमिका दिखाई पड़ सकती है, लेकिन वास्तविक कारण बिहार के ग्रामीण इलाकों में लोगों की आर्थिक स्थिति से ही जुड़ा हुआ है।

अपने पुराने सामाजिक-आर्थिक वर्चस्व को कायम रखने के लिए पुराने और नए भूस्वामी सम्मिलित रूप से दलित खेतिहर मजदूरों को निशाना बना रहे हैं। भूमिहीनों पर अत्याचार के मामले में 'नए भूस्वामियों' ने पुराने भूस्वामियों को भी पीछे छोड़ दिया है। डेनियल थॉर्नर ने काफी पहले इसका संकेत दिया था कि परिवर्तन का सबसे संगठित विरोध संभवतः नए मालिक बने धनी किसानों की तरफ से ही होगा, क्योंकि नए अर्जित विशेषाधिकार को छोड़ने के लिए कोई जल्दी तैयार नहीं होता।[17]

भूदान

बिहार में भूमि सुधार के सरकारी प्रयास के अलावा गैर सरकारी प्रयास भी किए गए। भूदान आंदोलन इसमें सबसे प्रमुख था। भूमि वितरण को अपेक्षाकृत समान बनाने के उद्देश्य से विनोबा भावे के नेतृत्व में भूदान आंदोलन की शुरुआत हुई। वैसे कुछ विद्वानों का मानना है कि 'लाल उत्पात' के प्रसार को रोकने के उद्देश्य से इसे शुरू किया गया था।[18] 'शांतिपूर्ण क्रांति' लाने के एक तरीके के रूप में विनोबा भावे ने भूदान को अपनाया था। इसके पीछे चाहे जो भी उद्देश्य रहा हो, लेकिन इस बात में काफी दम है कि कम्युनिज्म के प्रसार को रोकने के उद्देश्य से भूदान आंदोलन शुरू हुआ था, क्योंकि आंदोलन शुरू होने के ठीक पहले पूरे देश में कम्युनिस्ट आंदोलन का बड़े पैमाने पर प्रसार होने लगा था। तेलंगाना में तो कम्युनिस्टों की अगुआई में हथियारबंद क्रांति की शुरुआत भी हो चुकी थी और बिहार में भी उसकी जमीन लगभग तैयार होने को थी। मालूम हो कि विनोबा भावे ने भूदान आंदोलन की शुरुआत तेलंगाना से ही की थी।

विनोबा भावे को भूदान आंदोलन पर काफी विश्वास था। उन्होंने कहा कि था कि अगर भूदान आंदोलन से सिर्फ कहीं-कहीं राहत और सहायता मिलती है तो इसका मतलब होगा कि न्याय पर आधारित नई सामाजिक व्यवस्था की रचना करने के अपने उद्देश्य में वह असफल रहा है।[19] उन्होंने सोचा था कि भूदान के जरिये वे बिहार की भूमि समस्या को समाप्त करने में सफल होंगे। उन्होंने यहां तक कह डाला कि जब तक बिहार

की भूमि समस्या का समाधान नहीं हो जाता तब तक वे बिहार छोड़कर नहीं जाएंगे। उनका मानना था कि बिहार की भूमि समस्या को हल करने के लिए उन्हें और उनके अनुयाइयों को 32,00,000 एकड़ भूमि इकट्ठा करनी होगी।

बिहार में भूदान आंदोलन की शुरुआत सितंबर 1952 में हुई। सोचा गया था कि अतिरिक्त जमीन देने के लिए जमींदारों को राजी कर लिया जाएगा और उसे भूमिहीनों में बांट दिया जाएगा। लेकिन दो वर्षों के अथक प्रयास के बाद 1954 में आंदोलन के प्रमुख स्तंभ जयप्रकाश नारायण ने घोषणा की कि आंदोलन लक्ष्य प्राप्त करने में असफल रहा है। उन्होंने कहा ''मैं शर्मिंदा हूं। अपने राज्य की भूमि समस्या को समाप्त करने के लिए 32,00,000 एकड़ जमीन बटोरने की हमने शपथ ली थी। भावे (विनोबा) हमारे साथ अट्ठारह महीने तक रहे, लेकिन शपथ पूरी नहीं हुई''।[20]

अगस्त 1954 में भूदान आंदोलन के कार्यकर्ताओं ने दावा किया कि वे 21,02,000 एकड़ जमीन दान में पा चुके हैं। इस समय तक विनोबा भावे शांतिपूर्ण क्रांति की जमीन की तलाश में बिहार छोड़ चुके थे। इसके बाद भूदान आंदोलन कमजोर ही पड़ता गया। 31 मार्च 1966 में भूदान यज्ञ कमेटी ने स्वयं स्वीकार किया कि जमीन बटोरने में कमी आई है। बहरहाल, भूदान यज्ञ कमेटी के अनुसार आंदोलन मार्च 1966 तक 21,32,727 एकड़ जमीन पाने में कामयाब रहा। इसमें 11,82,000 एकड़ जमीन खेती के काबिल नहीं थी। राजा रामगढ़ ने जो पांच हजार एकड़ जमीन दान दी थी, वह या तो जंगल था या ऐसी जमीन थी, जिस पर मुकदमा चल रहा था। जहां तक जमीन बांटने की बात है तो उसकी स्थिति और भी विद्रूप रही। सन् 1966 तक कुल प्राप्त जमीन में से केवल 3,11,032 एकड़ जमीन ही भूमिहीनों में बांटी जा सकी।

इस तरह कुल मिलाकर यह आंदोलन बिहार के भूमि संबंधों को बदलने में नाकायमयाब ही रहा।

संदर्भ

1. डॉ. पी.सी. सिंह, 'मोड ऑफ प्रोडक्शन इन इंडियन एग्रिकल्चर', रावत प्रकाशन (जयपुर-दिल्ली) 1992, पृ. 100
2. हमजा अल्वी, 'इंडिया एंड कालोनियल मोड ऑफ प्रोडक्शन' 'ईपीडब्ल्यू, खंड 10, पृष्ठ 33.35 तथा स्पेशल नंबर, अगस्त, सितंबर, 1975, पृ. 1236
3. विस्तृत जानककारी के लिए देखें, एफ.टी. जान्नुजी, 'एग्रेरियन क्राइसिस इन इंडिया : दि केस ऑफ बिहार' 1974 तथा आर.ई. फ्राइकेनबर्ग द्वारा संपादित 'एन एकाउंट ऑफ दी एग्रेरियन रिफार्म्स एंड दी ग्रोथ ऑफ एग्रेरियन टेंशन्स इन बिहार', 1947-1970
4. प्रधान एच. प्रसाद, 'एग्रेरियन वायलेंस इन बिहार' इपीडब्ल्यू, खंड 13 नंबर 22, मई 30, 1987, पृ. 847
5. हमजा अल्वी, पृ. 1236
6. प्रधान एच. प्रसाद, पृ. 847
7. हमजा अल्वी, पृ 1239

8. डी.एन. धांगरे, 'ग्रीन रिवोल्युशन एंड सोसल इनइक्वालिटिज इन रूरल इंडिया' इपीडब्ल्यु, खंड-12, नं. 19, 20 और 21, वार्षिक अंक, 1987, पृ. एएन-137
9. अशोक रूद्र 'दी ग्रीन एंड ग्रिडी रिवोल्युशन', सोसल एशियन रिव्यू, खंड 4, जुलाई 1971, पृ. 291-305
10. आंद्रे गुंदर फ्रैंक, 'रिफ्लेक्शन ऑफ ग्रीन, रेड, एंड व्हाइट रिवोल्युशंस', 'इपीडब्ल्यू, जनवरी 21,1973, पृ. 120
11. दास ए.एन. 'क्लास इन इट्सेल्फ, कास्ट फॉर इट्सेल्फ : सोसल आर्टिकुलेशन इन बिहार' ईपीडब्ल्यू, खंड 19, नंबर 37, सितंबर 15,1984, पृ. 1616-1619
12. डी.एन. 'प्रॉब्लम ऑफ यूनिटी इन एग्रेरियन स्ट्रगल : केस ऑफ बिहार' ईपीडब्ल्यू, खंड 23, नंबर 19, मई 7, पृ. 1988 941-43
13. वही...
14. प्रधान एच. प्रसाद, 'एग्रेरियन वायलेंस इन बिहार' पृ. 851-52
15. यह तथ्य अनेक स्रोतों से साबित होता है। उदाहरण के लिए (1) पीपुल्स रिप्रेशन इन बिहार-ए शॉर्ट रिपोर्ट (अप्रकाशित), लोक संग्राम मोर्चा, बिहार, (2) मैसेकर इन बिहार : एन इंक्वाइरी इंटु दी किलिंग्स ऑफ टेन पीपुल इन ए हरिजन विलेज, कैथी बिगहा, बिहार (अप्रकाशित) पीपुल्स यूनियन फॉर डेमोक्रेटक राइट्स-दिल्ली, (3) बी.के.एस. सुब्रमन्यम, सिनॉप्सिस ऑफ ''एग्रेरियन टेंशन : दी एडमिनिस्ट्रेटिव डाइमेंशन', नेहरू मेमोरियल म्युजियम एंड लाइब्रेरी, तीनमूर्ति हाउस (4) बर्नार्ड डी मेलो, अरवल मैसेकर : रिपोर्ट ऑफ पीपुल्स ट्रिब्युनल, ईपीडब्ल्यू, खंड 13, नंबर 35, अगस्त 29, 1987, पृ. 1486-87
16. अरुण सिन्हा—'क्लास वार : नॉट एट्रोसिटिज एगेंस्ट हरिजन', अरविंद नारायण दास संपादित 'अग्रेरियन मुवमेंट इन इंडिया : स्टडीज इन ट्वेंटिएथ सेंचुरी बिहार' फ्रैंक कास, लंदन, 1982
17. डेनियन थॉर्नर 'एग्रेरियन प्रॉसपेक्ट इन इंडिया', पृ. 76
18. दास, अरविंद नारायण, 'एग्रेरियसन अनरेस्ट एंड सोसियो-इकॉनामिक चेंज', 1900-1980, पृ. 205
19. भावे विनोबा, 'भूदान यज्ञ' पृ. 111
20. टेनीसन, 'इंडियाज वाकिंग सेंट' पृ. 141

अध्याय-4

कृषि असंतोष और किसान आंदोलन

स्थायी बंदोबस्त ने बिहार में जिस नए कृषि संबंधों को जन्म दिया, उसके परिणामस्वरूप 19वीं सदी के प्रथम पूर्वार्द्ध में बिहार की आम स्थिति बहुत हद तक बिगड़ चुकी थी, लेकिन इसके साथ ही कृषि क्षेत्र में थोड़ा-बहुत विकास भी दिखाई दिया। पोश्ता व अफीम की खेती में विस्तार और वृद्धि के साथ-साथ जमीन का पुनराधिग्रहण भी होने लगा और ब्रिटिश सरकार ने उत्तर तथा मध्य बिहार में अपने विश्वासपात्रों के हाथों जमीन की बंदोबस्ती की। उल्लेखनीय है कि किसानों ने अफीम की खेती को स्वेच्छा से नहीं अपनाया था, बल्कि इसके लिए अंग्रेजों ने उन्हें बाध्य किया था। इसी काल में बिहार में आलू की खेती की भी शुरुआत हुई। शुरुआत में किसानों के बीच यह लोकप्रिय नहीं था, लेकिन बाद में चलकर इस क्षेत्र के लिए एक महत्त्वपूर्ण नगदी फसल बन गया।[1]

लेकिन इससे आम किसानों को शायद ही कोई फायदा हुआ, क्योंकि पोश्ता या अफीम जैसी नगदी फसलों का वे स्वयं व्यापार नहीं कर सकते थे। दूसरी तरफ अंग्रेजों ने बिहार को औद्योगिक रूप से विकसित करने का कोई प्रयास नहीं किया। इसके विपरीत ब्रिटेन की फैक्ट्रियों में बने माल भारतीय बाजार में आने से देशी उद्योग चौपट हुए। परिणामस्वरूप पारंपरिक उद्योगों से जुड़े लोग अचानक बेरोजगार हो गए और इस तरह जमीन पर जीविका का भार बढ़ गया। पोश्ता और अफीम की खेती का सीधा संबंध औपनिवेशिक व्यापार से था। वास्तव में इन नगदी फसलों में वृद्धि ने खाद्यान्न के उत्पादन को कुंद किया। दूसरी तरफ स्थानीय उद्योग को विकसित करने का भी कोई प्रयास नहीं किया गया, जिससे आगे चलकर नगदी फसलों का उत्पादन भी बाधित हुआ। उदाहरण के लिए पूर्णिया और तिरहुत में पटसन की अच्छी-खासी खेती होती थी, लेकिन वहां कोई भी जूट कारखाना नहीं खोला गया। इसी तरह पूरे मध्य बिहार (पटना, गया, भोजपुर आदि) में धान की अच्छी फसल होती थी। लेकिन इन इलाकों में चावल मिल लगाने का प्रयत्न नहीं किया गया। विदेशी चीनी ने स्थानीय चीनी उद्योग को पनपने नहीं दिया, जबकि उत्तर बिहार में ईख की खूब खेती होती थी।

चूंकि नगदी फसलों का उत्पादन स्थानीय मांग-आपूर्ति के अनुसार नहीं, बल्कि औपनिवेशिक बाजार की जरूरतों के हिसाब से होता था, इसलिए इन फसलों की कीमतों तथा क्षेत्रफल में वृद्धि या कमी भी उसी के अर्थशास्त्र से तय होती थी। लिहाजा इन फसलों को उपजाने वाले किसान हमेशा अनिश्चितता की स्थिति में रहते थे। उदाहरण के लिए प्रथम विश्व युद्ध के समय ईख की खेती के रकबे में कमी आई, क्योंकि भूमि के एक अच्छे-खासे हिस्से पर नील की खेती की जाने लगी। लेकिन 1920 के बाद ईख की खेती में सुधार आया और 1922 के आते-आते बिहार में चीनी उद्योग बहुत हद तक स्थापित हो गया। मालूम हो कि स्वतंत्रता के समय बिहार में करीब 30 चीनी मीलें थीं। द्वितीय विश्व युद्ध के दौरान मूल्य वृद्धि और मुद्रास्फीति के चलते गरीब किसानों, भूमिहीन मजदूरों और अन्य कमजोर तबकों पर भारी आर्थिक बोझ पड़ा, जबकि जमींदारों, भूस्वामी-पूंजीपतियों और धनी किसानों की आर्थिक स्थिति उसी अनुपात में सुदृढ़ हुई।

उपरोक्त तथ्यों के आलोक में स्पष्ट है कि बिहार में कृषि का जो थोड़ा-बहुत व्यापारीकरण भी हुआ, वह स्थानीय जरूरतों के हिसाब से नहीं हुआ, बल्कि मुख्य रूप से वह बाहरी तत्त्वों पर भी निर्भर था। जो लोग कृषि कार्यों से विस्थापित हुए उनमें बहुत से लोग कलकत्ता जैसे शहरों में सर्वहारा बनने को बाध्य हुए। लेकिन इसके बावजूद यदि खेतिहर मजदूरों की संख्या में कमी नहीं आई तो इसके लिए जिम्मेदार था—शोषण पर आधारित वह भूमि संबंध, जिसके चलते गरीब किसान लगातार कृषि मजदूर में तब्दील होते जा रहे थे। सन् 1931 और 1951 के बीच राज्य की जनसंख्या में हुई वृद्धि का केवल 50 प्रतिशत लोग ही गैर कृषि कार्यों में संलग्न हुए और इस तरह कृषि पर निर्भर आबादी का प्रतिशत बढ़कर 1951 में 87.3 प्रतिशत हो गया, जबकि 1931 में यह 78.8 प्रतिशत था। परिणामस्वरूप एक तरफ जहां खेतिहर मजदूर सस्ते हुए, दूसरी तरफ वहीं भूस्वामियों, साहूकारों और सूदखोरों की शक्ति में बढ़ोत्तरी हुई। धीरे-धीरे रैयत और गरीब किसानों की जमीन सूदखोरों के हाथों में पहुंचने लगी। यह तबका जमींदारों को लगान देने तथा अपनी दैनिक आवश्यकताओं के लिए सूदखोरों से कर्ज लेने के लिए अभिशप्त था। स्थायी बंदोबस्त के शुरुआती दिनों में ही फ्रांसिस बुकानन ने पाया था कि अपनी अन्य वित्तीय जरूरतों को पूरा करने और जमींदार को लगान देने के लिए पटना, गया और शाहबाद के किसानों के लिए कर्ज लेना आमतौर पर आवश्यक था।[3] स्थिति यह थी कि पटना के कमीश्नर मेटकाफ ने 17 सालों के भ्रमण के बाद निष्कर्ष निकाला कि किसान बिना महाजन वाले गांव को असमान्य स्थिति समझते हैं।'

ऐसी स्थिति में महाजनों एवं जमींदारों के खिलाफ किसानों में असंतोष उपजना स्वाभाविक ही था। तीस के दशक में विश्व आर्थिक संकट से स्थिति और भी बिगड़ी। रैयतों में कर नहीं देने की प्रवृत्ति का भी विकास हुआ। उनकी यह मानसिकता जितना लगान न दे पाने की मजबूरी उपजी थी, उससे ज्यादा वे ऐसा जानबूझ कर रहे थे। इधर

आर्थिक संकट के चलते महाजनी का धंधा भी कमजोर हुआ। कर्जदारों की आर्थिक स्थिति खराब होने के कारण महाजन अपने कर्ज वसूल करने में आंशिक रूप से ही कामयाब हो रहे थे। इससे महाजनों में असुरक्षा की भावना बढ़ी। दो तत्त्वों ने इस असुरक्षा को और भी बढ़ाया। पहला, कर्ज के विवादित मामलों में राज्य द्वारा कानूनी और प्रशासनिक हस्तक्षेप और दूसरा, किसान आंदोलन का उद्भव, जिसने जमींदारों और सूदखोरों की कड़ी आलोचना की। कई मौकों पर सूदखोरों की हत्या भी हुई। दूसरी तरफ कुछ सूदखोर किसान आंदोलन में भी शरीक हुए। यह अलग बात है कि जल्दी ही वे आंदोलन से अलग हो गए।

महाजनों और सूदखोरों का किसान आंदोलन में शिरकत कोई पूर्व विचारित नहीं था, बल्कि उनके मिश्रित चरित्र के कारण ऐसा हुआ था। ये महाजन, सूदखोर बहुधा कोई बाहरी व्यक्ति नहीं होते थे, बल्कि उसी कृषि समाज के हिस्सा होते थे। ग्रामीण महाजन आम रूप से एक सफल किसान के रूप में भी पहचाने जाते थे।[5] आंकड़े बताते हैं कि 1885 से 1895 के बीच जितने रैयतों ने जमीन बेची, उसका 80 प्रतिशत अपेक्षाकृत संपन्न रैयतों ने ही खरीदा। सच तो यह है कि विश्व आर्थिक संकट के शुरुआती दिनों में ही रैयतों के सूदखोर बनने की रिपोर्ट आने लगी थी। महाजन या सूदखोर की कोई अलग से पहचान नहीं थी, बल्कि उसकी पहचान एक साथ कई रूपों में की जा सकती थी। वह एक साथ किसान, व्यापारी, धनी रैयत आदि का मिलाजुला रूप होता था।

चूंकि यह मिलीजुली गतिविधि एक गांव या कुछ गांवों के स्तर पर होती थी, इसलिए कर्जदारों पर उनका नियंत्रण और भी मजबूत रहता था। कर्जदार अपनी गतिविधियों में स्वतंत्र नहीं था और न वह स्वतंत्र बाजार की ओर मुखातिब हो सकता था। महाजन के हाथों से उन्हें छुटकारा नहीं क्योंकि जरूरत पड़ने पर वह उन्हें अनाज देता था और फसल कटने के समय उसे वापस ले लेता था। यूं तो कर्ज और सूद का हिसाब-किताब पैसे के संदर्भ में होता था लेकिन लेनदेन अनाज के संदर्भ में किया जाता था जिससे महाजन न सिर्फ अपना सूद पा लेता था, बल्कि अनाज की खरीद-बिक्री से होने वाला मुनाफा भी प्राप्त करता था। अमूमन रैयत किसी एक व्यापारी के हाथ में होता था और वह अपनी इच्छा से खरीददार नहीं बदल सकता था। इतना ही नहीं, वह खरीददार द्वारा तय कीमत पर प्रश्न भी नहीं उठा सकता था।''

इस तरह किसानों की अधिकांश आय महाजनों की जेब में चला जाता था। महाजन रैयतों को एक बार में ही बर्बाद नहीं करते थे क्योंकि इससे उन्हें विशेष फायदा नहीं होनेवाला था। इसलिए वे कर्ज के जाल में उन्हें फंसाए रखते थे, ताकि ज्यादा-से-ज्यादा मुनाफा कमाया जा सके। मजदूरों के लिए तो यह स्थिति और भी प्रतिकूल साबित हुई। इस प्रक्रिया से बंधुआ मजदूर की परंपरा शुरू हुई जो आज तक जारी है। उक्त तत्त्वों ने मिलकर एक ऐसी स्थिति का निर्माण किया जहां किसानों के लिए उनके विरुद्ध लड़ने

के सिवा कोई रास्ता नहीं रह गया था।

बिहार के इतिहास में किसान आंदोलन कोई बीसवीं सदी की घटना नहीं है। 19वीं सदी में ही बिहार के किसानों ने अनेक जबर्दस्त आंदोलन किए थे। 1855-56 का संथाल विद्रोह और 1899-1901 के मुंडा विद्रोह के अलावा 1867, 1877 और 1907 का निलहों का व्रिदोह इसी पंरपरा की कड़ी थे। लेकिन किसान विद्रोह की ये अलग-अलग घटनाएं थीं, जिसका नेतृतव स्थानीय किसान नेताओं ने किया। इन नेताओं के पास न तो राष्ट्रीय दृष्टि थी और न आधुनिक विचार। इसके विपरीत 20वीं सदी के किसान आंदोलन का स्वरूप अलग निखरा।

चंपारण सत्याग्रह

बिहार में नए कृषि आंदोलनों की शुरुआत 1917 के चंपारण सत्याग्रह से हुई। यह पहला अवसर था जब बिहार के पारंपरिक किसान आधुनिक नेतृत्व में आंदोलन में शरीक हुए। गांधी जी के नेतृत्व में इस आंदोलन को व्यापक समर्थन मिला, क्योंकि निलहों से समाज का हर तबका किसी-न-किसी कारण से असंतुष्ट था। खेतिहार मजदूर इसलिए असंतुष्ट थे कि उन्हें वर्तमान दर से मजदूरी नहीं मिलती थी और उनसे बेगार लिया जाता था। 'तीनकठिया' व्यवस्था के चलते रैयतों में असंतोष था। इस व्यवस्था के तहत रैयतों को एक बिगहा में से तीन कट्ठा जमीन में नील की खेती करना अनिवार्य बनाया गया था, वह भी कम मूल्य पर। इसके अलावा निलहे उनसे अबवाब और दस्तूरी तो लेते ही थे, साथ ही उनके अमले उन्हें परेशान भी करते थे। चमड़ा निकालने एवं सुखाने के अधिकार छिन जाने से चमारों में भी गुस्सा था, जबकि छोटे दुकानदारों को इस बात का गुस्सा था कि उन्हें स्वतंत्र रूप से काम नहीं करने दिया जाता था और उनके उपर गैरकानूनी कर लगाए जाते थे। महाजनों एवं व्यापारियों के असंतोष का कारण यह था कि नील की खेती को वे व्यापार के रूप में बढ़ाने के लिए स्वतंत्र नहीं थे। निलहे उनकी राह में रोड़ा बनकर खड़े थे। निलहों ने धनी किसानों और महाजनों द्वारा रैयतों को सूद पर पैसा दिये जाने से रोका भी, ताकि वे उनकी जमीन लेने में कामयाब न हों। दूसरी तरफ निलहे रैयतों को अग्रिम भुगतान भी देते थे, वह भी बिना सूद के। इस तरह स्थानीय धनी किसानों और निलहों के बीच प्रतिस्पर्द्धा ने जन्म लिया।

चंपारण सत्याग्रह आंदोलन में समाज के विभिन्न तबकों ने भागीदारी निभायी। लेकिन नेतृत्व मुख्य रूप से धनी किसानों, महाजनों, धनी रैयतों, वकीलों एवं शिक्षकों के हाथों में ही रहा। चंपारण सत्याग्रह के एक प्रमुख नेता राजकुमार शुक्ला, जिन्होंने गांधी जी को चंपारण बुलाने में महत्वपूर्ण भूमिका निभायी, स्वयं एक महाजन थे।[8] लौकरिया के खेंदर राय, मोतीहारी के साहा और बेतिया के मारवाड़ियों जेसे आंदोलन के नेता और समर्थक महाजन, व्यापारी ही थे। अनेक ऐतिहासिक तथ्यों से यह साबित हो चुका है कि सत्याग्रह आंदोलन को गरीब और खेतिहर मजदूरों से कोई खास तेना देना नहीं था। अगर आंदोलन के नेतृत्व के वर्ग चरित्र का विश्लेषण करें तो स्पष्ट हो जाता है कि यह

एक मिथक ही है कि मध्यम किसान एसे कृषि आंदोलनों की अगुआई कर सकते हैं। वास्तव में चंपारण सत्याग्रह स्थानीय धनी किसानों का आंदोलन था, जिसका उद्देश्य बाहरी निलहों को भगाना था और इसके लिए उन्होंने तब के राष्ट्रवादी उफान का इस्तेमाल किया।[9]

चंपारण सत्याग्रह के संदर्भ में एक बात भुला दी जाती है कि इसकी सफलता में आंदोलन से ज्यादा महत्वपूर्ण भूमिका कृत्रिम नील बनाने की विधि के आविष्कार की थी।[10] नील की खेती बाजार की मजबूरियों के कारण बंद हुई। इसके बदले ईख की खेती ज्यादा मुनाफे वाली साबित होने लगी। जो किसान पहले नील की खेती करते थे, वे अब ईख की खेती करने लगे। सत्याग्रह आंदोलन का लक्ष्य शोषण खत्म करना नहीं था और शोषण खत्म हुआ भी नहीं। सिर्फ शोषण करने वाले बदल गए। पहले निलहे शोषण करते थे, बाद में स्थानीय धनी किसान करने लगे। इसकी अनुगूंज वहां के लोकगीतों में भी सुनाई पड़ती है। उदाहरण के लिए एक गीत में कहा गया है कि 'निलहे गए, मिलहे आए'। इसका इशारा चीनी मिलों की तरफ है।

किसान सभा के गठन की पृष्ठभूमि

चंपारण सत्याग्रह कुल मिलाकर किसानों का व्यापक समर्थन जुटाने में असफल ही रहा। मुख्य रूप से वह नील की खेती और निलहों के खिलाफ ही सीमित रहा। उधर बिहार के अन्य भागों में कृषक असंतोष पनपता रहा। किसानों के प्रतिरोध को बर्बर तरीके से दमन करने के कई मामले सामने आए। लगान प्रणाली पर अधारित आर्थिक शोषण के अलावा जमींदार किसानों का कई तरह से गैर आर्थिक शोषण भी करते थे। उदाहरण के लिए कोई जमींदार अपने इलाके में यदि किसी को जमीन के हस्तांतरण की इजाजत देता था तो इसके एवज में उस व्यक्ति को सलामी देनी पड़ती थी। इतना ही नहीं, छोटी जातियों को कई बार पक्का मकान बनाने के लिए भी जमींदारों को सलामी देनी पड़ती थी।[11] यह परंपरा मध्यवर्ती जातियों के नव धनाढ्यों को परेशान करने वाली थी, क्योंकि वे जल्दी-से-जल्दी और ज्यादा-से-ज्यादा जमीन हासिल करना चाहते थे और सलामी देने की परंपरा इसमें बड़ी बाधा थी। इसी तरह ऊंची जातियों के जमींदारों ने छोटी जातियों के लिए कतिपय संस्कारों पर प्रतिबंध लगा रखा था। उदाहरण के लिए छोटी जातियों के लोग जनेऊ धारण नहीं कर सकते थे या उनकी औरतें जमींदारों के घरों में काम करने से मना नहीं कर सकती थीं। इन सब कारणों से छोटी जातियों के नव धनाढ्यों सहित अन्य लोगों में भी गुस्सा था, जिसके चलते तनाव की स्थिति बनने लगी थी। **यह कहना गलत नहीं होगा कि किसान आंदोलन के उद्भव और विकास में जमींदारों के आर्थिक शोषण से ज्यादा महत्वपूर्ण भूमिका उनके उदंड और अपमानजनक व्यवहार की रही है।** छोटी जातियों के किसान अपनी कमजोर आर्थिक स्थिति से उतना विचलित नहीं होते थे जितना ऊंची जातियों के जमींदारों के अपमानजनक व्यवहार से। ऐसा नहीं था कि ऊंची जातियों के रैयत जमींदारों के अपमानजनक व्यवहार

का शिकार नहीं होते थे। राहुल सांस्कृत्यायन ने तो लिखा है कि अपनी बेटियां बेचना ही ऊंची जातियों के कई रैयतों की जीविका का मुख्य स्रोत था।[12] कहने की आवश्यकता नहीं कि वे लोग बेटियां जमींदारों को ही बेचते थे। सामाजिक और आर्थिक रूप से तो छोटी जातियों के रैयतों की स्थिति जरूर खराब थी लेकिन उनमें जो अपेक्षाकृत संपन्न थे, वे उच्च संस्कारों में सहभागी होने की चाह करने लगे थे। धन में वृद्धि के साथ सामाजिक प्रतिष्ठा की चाह कोई अन्यथा नहीं थी। सर्वविदित है कि सामाजिक प्रतिष्ठा की चाहत ने ही फ्रांस की क्रांति को जन्म दिया था। यह इच्छा छोटी जातियों में यादव, कोइरी और कुर्मी और बड़ी जातियों में भूमिहारों में सबसे ज्यादा थी।[13] ये तीनों ही खेतिहर जातियां हैं। बड़ी जातियों में सिर्फ भूमिहार ही ऐसी जाति है. जो यादवों और कुर्मियों की तरह जमीन से जुड़ी है।

यादव एक खेतिहर जाति है, लेकिन इसकी आय के स्रोत में पशुपालन और दुग्ध उद्योग भी शामिल है। ये अपने को भगवान कृष्ण का वंशज मानते हैं और अपने को राजपूतों के बराबर समझते हैं। शहरीकरण की प्रक्रिया तेज होने के साथ-साथ इनके दुग्ध उद्योग का भी विकास और प्रसार हुआ। इससे इन्हें अच्छी आमदनी हुई और इनकी आर्थिक स्थिति मजबूत हुई, लेकिन जिस अनुपात में उनकी आर्थिक स्थिति मजबूत हुई, उस अनुपात में उन्हें सामाजिक प्रतिष्ठा हासिल नहीं हुई। आज भी ये पिछड़ी जातियों में ही शामिल हैं। अधिकांश यादव रैयत थे, इसलिए सामाजिक अपमान सहने के साथ-साथ उनका आर्थिक शोषण भी होता रहा। आज भी मध्य बिहार में सबसे ज्यादा बटाईदारी खेती वही करते हैं।

यादवों एवं अन्य हिंदुओं के बीच पहले पटना में तनाव पैदा हुआ। यादवों ने जनेऊ धारण करने के साथ-साथ बेगार करने एवं अपनी औरतों को बाजार में दूध बेचने जाने से मना कर दिया। यादवों द्वारा जनेऊ धारण करने का विरोध हिंदू समाज के सभी वर्गों ने किया। वैसे जमींदारों ने बेगार नहीं करने को सबसे ज्यादा बुरा माना। एक तरह से यादव विरोधी वातावरण बना और उनके विरुद्ध आंदोलन शुरू हो गया। जिन यादवों ने बाजार में दूध बेचने से मना किया, उनका हिंदू समाज के अन्य तबकों ने बहिष्कार किया। उदाहरण के लिए नाइयों ने उनके बाल काटने बंद कर दिये और धोबियों ने कपड़ा धोना। जमींदारों ने अपनी जमीन पर उन्हें पशु चराने से मना कर दिया। लेकिन इसके बावजूद यादवों ने सामाजिक प्रतिष्ठा पाने का अपना संघर्ष जारी रखा। इस प्रक्रिया में यादवों व अन्य जातियों के बीच कई बार संघर्ष की स्थिति भी पैदा हुई, जिसे बड़ी कठिनाई से रोका गया।[14]

उक्त तथ्यों के आलोक में कहा जा सकता है कि प्रत्यक्ष रूप से यादवों का आंदोलन सामाजिक श्रेष्ठता हासिल करने और जनेऊ धारण करने जैसे धार्मिक संस्कार के अधिकारी होने तक सीमित था, लेकिन जमींदारों ने जिस बात का सबसे बुरा माना वह था बेगारी से इनकार तथा जमींदारों द्वारा तय मूल्य पर अनाज बेचने से मना करना।

यादवों का यह शुरुआती आंदोलन यदि वर्ग संघर्ष का रूप नहीं ले सका तो इसलिए कि यादवों और अन्य शोषित जातियों के बीच फूट डालने में जमींदार सफल रहे। किंतु जल्दी ही इसमें अन्य पिछड़ी जातियां भी शामिल हो गईं और सामाजिक-धार्मिक आंदोलन राजनीतिक आंदोलन का रूप अख्तियार करने लगा।[15]

पिछड़ी जातियों में सामाजिक हैसियत पाने की जो ललक उठी, उसके परिणामस्वरूप उनके बीच जातीय संगठन बनने लगे और जगह-जगह सभाएं होने लगीं। इन सभाओं में अमूमन आत्म-संयम, शैक्षणिक विकास, जनेऊ धारण के अधिकार तथा बेगार नहीं करने की बातें होती थीं। ऐसी सभाओं के सिलसिले से बड़ी जातियों के जमींदारों में काफी रोष था और स्थिति ऐसी बनने लगी थी कि कोई छोटी उत्तेजनापूर्ण बात भी बड़ी घटना को अंजाम दे सकती थी। सन् 1926 के अप्रैल में ऐसी ही एक घटना हुई। राजपूतों और यादवों के बीच सिर्फ इतनी-सी बात पर तनाव पैदा हो गया कि किसी यादव के पशु ने किसी राजपूत का महुआ बर्बाद कर दिया था। अप्रैल में ही सारण जिले में भी इन दोनों जातियों के बीच तनाव पैदा हो गया था, जिसे पुलिस हस्तक्षेप से टाला गया। इसी तरह यादवों एवं भूमिहारों के बीच बाढ़ (पटना) में तनाव हुआ। यह तनाव तब और बढ़ गया, जब ग्वाला समुदाय का एक सदस्य रहस्यपूर्ण ढंग से गायब हो गया। किउल में तो भूमिहारों ने यादवों की सभा पर घातक हथियारों से हमला भी किया। कहने का अर्थ कि सामाजिक अपमान एवं आर्थिक शोषण के खिलाफ छोटी जातियां जहां संगठित होने लगीं, वहीं ऊंची जातियां अपने सामाजिक-आर्थिक वर्चस्व को कायम रखने के लिए दमन पर उतरने लगीं। सरकार ने भी माना कि इन तनावों के लिए सामाजिक अपमान एवं आर्थिक शोषण जिम्मेदार है लेकिन उसकी सहानुभूति भूस्वामियों, जमींदारों के साथ ही बनी रही।[16] मध्यवर्ती जातियों के बीच पैदा हुई इस तरह की यह वर्ग चेतना जाति चेतना से मुक्त नहीं हो सकती थी और इसलिए जातीय ढांचे में ही कैद होकर रह गयी। इसके विपरीत इसी काल में भूमिहारों के बीच पैदा हुए जातीय सवाल ने रैयतों एवं जमींदारों के बीच वर्ग संघर्ष का रूप अख्तियार किया, जो आगे चलकर बिहार किसान प्रांतीय सभा के रूप में किसानों का पहला वर्ग संगठन बना।

भूमिहार एक खेतिहर जाति है लेकिन यादवों की अपेक्षा उनके अंदर विभिन्नताएं ज्यादा हैं। यूं तो भूमिहारों में अनेक जमींदार और भूस्वामी थे, लेकिन अधिकांश धनी रैयत थे। अगर आर्थिक संदर्भ में कहें तो उनमें अधिकांश मध्यम और कई धनी किसान थे। सामाजिक रूप से वे ब्राह्मण के करीब समझे जाते हैं। स्थानीय भाषा में उन्हें बाभन कहा जाता है, जो ब्राह्मण का ही अपभ्रंश रूप है। लेकिन उन्हें ब्राह्मणों जैसा धार्मिक संस्कार का अधिकार नहीं था, क्योंकि वे मूल रूप से खेतिहर थे। उन्हें यज्ञ कराने एवं दान लेने का अधिकार नहीं प्राप्त था। 20वीं सदी की शुरुआत में आर्थिक स्थिति में सुधार के साथ ही भूमिहारों ने ब्राह्मणों वाले अधिकार पाने के लिए आंदोलन शुरू किया और प्रारंभ में सर गणेश दत्त जैसे बड़े भूस्वामियों ने उनका नेतृत्व किया। इन मुद्दों को

आवाज देने के लिए भूमिहारों ने 'भूमिहार ब्राह्मण महासभा' का गठन किया। बिहार और उत्तर प्रदेश के विभिन्न शहरों में इसका सलाना सत्र आयोजित होता था। इन जलसों में सभा के नेता भूमिहारों को ब्राह्मण साबित करने की कोशिश करते थे। इस प्रयास में भूमिहार महासभा से जुड़े एक महत्वपूर्ण कार्यकर्ता स्वामी पूर्णानंद सरस्वती संन्यासी बन गए, जो बाद में चलकर बिहार में त्रिदंडी स्वामी के नाम से मशहूर हुए। इन्होंने ही भूमिहार महासंघ से जुड़े गाजीपुर के नवरंग राय को संन्यास की दीक्षा दी। संन्यासी बनकर यही नवरंग राय स्वामी सहजानंद सरस्वती के नाम से जाने गए। स्वामी सहजानंद सरस्वती का जन्म जुजौतिया नामक ब्राह्मण खानदान में हुआ था। यद्यपि भूमिहारों के साथ इनका रोटी-बेटी का संबंध था, किंतु समाज में वे ब्राह्मण ही माने जाते थे, भूमिहार नहीं। इसके बावजूद जब नवरंग राय संन्यासी बने तो रूढ़िवादी ब्राह्मणों ने यह कहकर ब्राह्मण समुदाय में गलतफहमी फैलाने की कोशिश कि एक जुजौतिया भूमिहार हिंदू धर्म के सबसे ऊंचे ओहदे पर कैसे बैठ सकता है।[17] स्वामी सहजानंद सरसवती ने इसके विरुद्ध कड़ी प्रतिक्रिया जाहिर की। भूमिहारों को ब्राह्मण साबित करने के लिए उन्होंने हिंदू धर्म के प्राचीन ग्रंथों का अध्ययन किया और बिहार तथा उत्तर प्रदेश के अनेक हिस्सों में भूमिहार जाति का सामाजिक-सांस्कृति सर्वेक्षण कराया। अपने शोध से संतुष्ट होकर भूमिहारों द्वारा अपने को ब्राह्मण कहे जाने के दावे को उन्होंने सही ठहराया और पुरोहित बनने के लिए उन्हें प्रोत्साहित किया। उन्होंने भूमिहारों को धार्मिक कर्मकांडों की दीक्षा देने के लिए अनेक पुस्तकें भी लिखीं।[18]

सहजानंद सरस्वती ने जब भूमिहारों को पुरोहिती करने के लिए प्रोत्साहित करना शुरू किया तो भूमिहार महासभा के अनेक नेताओं ने इसे अनुचित बताया। इन नेताओं ने सर गणेश दत्त से शिकायत भी की कि सहजानंद महासभा के उद्देश्यों के साथ घालमेल कर रहे हैं और अपने राजनीतिक रुझान के कारण महासभा के कार्यकर्ताओं को असहयोग आंदोलन में शामिल होने के लिए उकसा रहे हैं और उन्हें राजनीति में घसीट रहे हैं। भूमिहार जमींदारों का इससे चिंतित होना स्वाभाविक ही था, क्योंकि वे भी अंग्रेजों के प्रति उतने ही निष्ठावान थे, जितने अन्य जातियों के जमींदार। इसलिए महासभा सहजानंद सरस्वती पर अंकुश लगाने की कोशिश करने लगी। सहजानंद सरस्वती ने उनके अंकुश को कभी स्वीकार नहीं किया। परिणाम यह हुआ कि 1926 में भूमिहार ब्राह्मण महासभा में विभाजन हो गया। अंग्रेजों के परम भक्त सर गणेश दत्त उदारवादियों के नेता बने, जबकि सहजानंद सरस्वती ने भूमिहारों के गैर जमींदार तबके का साथ देना निश्चित किया और उनके बच्चों को संस्कृत पढ़ाने के लिए बिहटा (पटना) में एक आश्रम खोला। सहजानंद सरस्वती को यहां रहकर आम भूमिहार किसानों से मिलने तथा उनकी स्थिति जानने का मौका मिला। धीरे-धीरे सहजानंनद सरस्वती अपने कार्यक्रम में छोटे किसानों की समस्याओं को उठाने लगे और देखते ही देखते बिहटा किसान आंदोलन का मुख्यालय बन गया। अब सहजानंद की पैठ भूमिहारों तक ही

सीमित नहीं रही, बल्कि दूसरी जातियों के रैयत भी अपनी समस्याएं और उसके समाधान की योजनाएं लेकर पहुंचने लगे।[19] किसानों का साथ देने के कारण भूमिहार जमींदार उनसे इतना खफा हुए कि उन्होंने आश्रम को चंदा देना भी बंद कर दिया। इस तरह किसानों के लिए एक संगठन की आवश्यक शर्तें पूरी हो चुकी थीं। यदि जरूरत थी तो एक करिश्माई नेतृत्व की, जिसे प्रदान किया सहजानंद सरस्वती ने।

किसान सभा का उद्भव

कांग्रेस पार्टी जमींदारों के खिलाफ किसानों की लड़ाई को आगे बढ़ाने में सर्वथा असफल रही, यद्यपि स्वराज पार्टी ने रैयती कानून में संशोधन का प्रस्ताव भी किया था। इससे किसानों को थोड़ी आशा भी बंधी थी कि कांग्रेस उनकी लड़ाई लड़ेगी, लेकिन अंततः उन्हें निराशा ही हाथ लगी। उधर किसान आंदोलन के मुद्दे ठोस रूप अख्तियार करते जा रहे थे बेगार और अबवाब का सवाल किसानों एवं रैयतों के बीच तनाव का एक स्थायी मुद्दा बना हुआ था। जमींदरों एवं रैयतों के बीच तनाव का दूसरा कारण कतिपय छोटी जातियों द्वारा अपनी सामाजिक हैसियत में सुधार का प्रयास था। इसके अलावा उत्पादन लगान को नगदी लगान में परिवर्तित करने से भी तनाव में वृद्धि हुई।

लेकिन तनाव का सबसे बड़ा कारण बना बकाश्त जमीन। बकाश्त जमीन उस जमीन को कहा जाता था, जिसका वास्तविक मालिक रैयत होता था, लेकिन लगान न दे पाने के एवज में जमींदार उसे वापस ले लेते थे। जमींदार स्वयं खेती करने के नाम पर ऐसा करते थे, लेकिन वास्तव में वे बटाईदारों से ही खेती करवाते थे। खेती करने वाले ऐसे बटाईदार बहुधा जमीन के वास्तविक मालिक होते थे। रैयती कानून में ऐसा प्रावधान था कि यदि रैयत साबित कर दे कि वह जमीन कम-से-कम एक साल के लिए भी उसके पास थी तो वह जमीन उसे वापस मिल जाएगी। इसलिए जमींदार रैयतों को ऐसी जमीन की लगान रसीद ही नहीं देते थे, जबकि रैयत उसकी लगान रसीद मांगते थे। रैयतों का आत्मविश्वास बढ़ने और राजनेताओं द्वारा कृषि संबंधी मुद्दों को उठाए जाने के कारण बकाश्त जमीन का मुद्दा कृषि विवाद का केंद्र बन गया। इस तरह दूसरे दशक का अंत होते-होते उक्त तत्वों के सम्मिश्रण से एक विस्फोटक स्थिति बन चुकी थी, या कहें कि उक्त सभी मुद्दों के मिल जाने से किसान आंदोलन की उपजाऊ जमीन तैयार हो चुकी थी। इसी जमीन पर 1927 में किसान सभा ने जन्म लिया, जो 1929 में सारे बिहार में फैल गई और 1936 तक आते-आते पूरे देश में।

किसान सभा का प्रारंभिक उद्देश्य ग्रामीण इलाकों में तनाव के गुबार को कम करना था। स्वामी सहजानंद सरस्वती ने स्वयं लिखा है : ''किसान सभा बनाने का मेरा एकमात्र उद्देश्य सिर्फ आंदोलन एवं प्रोपगंडा द्वारा किसानों की शिकायतों का प्रतिकार करना था ताकि जमींदारों एवं किसानों के बीच किसी भी तरह के झगड़े की संभावना को समाप्त किया जा सके, क्योंकि स्वतंत्रता प्राप्ति के लिए यह आवश्यक था। इस तरह मैंने संगठित किसान सभा की शुरुआत एक खास वर्ग के समर्थक के रूप में की''।[20]

लेकिन किसान सभा का यह चरित्र जल्दी ही बदल गया। पटना जिले के मसौढ़ा में जमींदारों के साथ प्रथम संवाद में ही उन्हें पता चल गया कि वे उनकी बात सुनने के लिए तैयार नहीं हैं। इसके बाद सहजानंद सरस्वती ने तय किया कि वे अब सामंजस्य की बात नहीं करेंगे। इतना ही नहीं, किसानों की चौतरफा गुलामी को खत्म करने के लिए वर्ग संघर्ष के बारे में भी वे गंभीरता से विचार करने लगे।[21]

किसान सभा के गठन के साथ जहां पटना के रैयत संगठित होने लगे और उनकी शिकायतें व पीड़ा का प्रचार होने लगा, वहीं बिहार के अन्य हिस्सों के किसानों में भी आंदोलन का जज्बा पैदा होने लगा। इसी बीच काउंसिल में रैयती कानून में संशोधन के लिए विधेयक पेश हुआ, जिसका उद्देश्य जमींदारों को लाभ पहुंचाना था। काउंसिल में जमींदारों के वर्चस्व को देखते हुए इस बात में शंका की कोई गुंजाइश भी नहीं थी कि विधेयक पारित हो जाएगा। इसलिए रैयत नेताओं ने अखिल बिहार किसान सभा के गठन का निर्णय लिया ताकि विधेयक को खारिज करने के लिए बाहर से दबाव डाला जा सके। कांग्रेसी व अन्य दलों के नेताओं से बातचीत के बाद स्वामी सहजानंद सरस्वती को नेतृत्व स्वीकार करने के लिए राजी किया गया। तय हुआ कि सोनपुर में किसानों के सलाना जलसे के दौरान बिहार प्रांतीय किसान सभा का गठन किया जाएगा। इस तरह 27 नवंबर, 1929 को बिहार प्रांतीय किसान सभा का गठन हुआ। आश्चर्य है कि जयप्रकाश नारायण और रामवृक्ष बेनीपुरी जैसे समाजवादी नेताओं ने भी इसका विरोध किया। विरोध करने वाले नेताओं का तर्क था कि चूंकि कांग्रेस के अधिकांश लोग या तो किसान हैं या उसी परिवार से हैं, इसलिए कांग्रेस ही असली किसान सभा है। उनका यह भी कहना था कि भविष्य में किसान सभा कांग्रेस की दुश्मन भी बन सकती है। बहरहाल, कुछ सालों बाद कांग्रेस के समाजवादी न सिर्फ किसान सभा में शामिल हुए, बल्कि जबर्दस्त उग्र तेवर भी दिखलाए और उन कांग्रेसियों की जमकर आलोचना भी की, जो कह रहे थे कि कांग्रेस ही असली किसान सभा है और इसीलिए किसानों को अलग से संगठन की कोई जरूरत नहीं है। किसान सभा ने रैयती कानून में संशोधन के खिलाफ इतना जबर्दस्त आंदोलन किया कि अंततः सरकार उसे खारिज करने के लिए बाध्य हो गई। इसके बाद कांग्रेस के राष्ट्रीय नेताओं ने भी किसान सभा का समर्थन किया। इससे और कुछ हुआ हो या नहीं, लेकिन किसान सभा से जुड़े स्थानीय नेताओं और कार्यकर्ताओं का मनोबल जरूर बढ़ा। यही मनोबल आगे चलकर उन्हें सामाजिक मुद्दों से क्रांतिकारी किसान आंदोलन तक का सफर तय करने में सहायक बना। किसान सभा वास्तव में जन आंदोलन बन गया। स्थानीय स्तर पर किसान सभा की अगुआई करने वाले प्रमुख नेताओं में जमुना कर्जी, जदुनंदन शर्मा, कार्यानंद शर्मा, धनराज शर्मा, किशोरी प्रसाद सिंह, इंद्रदीप सिन्हा, भोगेन्द्र झा, शीलभद्र याजी आदि थे। दो साल बाद इन नेताओं और सभा की प्रतिष्ठा तब और बढ़ गई, जब राहुल सांकृत्यायन और नागार्जुन जैसे बुद्धिजीवियों और कांग्रेस सोशलिस्ट के जयप्रकाश नारायण, रामवृक्ष

बेनीपुरी, गंगा शरण सिंह, अवधेश्वर प्रसाद सिन्हा, रामनंदन मिश्र आदि नेता किसान सभा में शामिल हुए। लेकिन संगठन की धुरी स्वामी सहजानंद सरस्वती और उनके पक्के समर्थक जदुनंदन शर्मा, जमुना कर्जी, कार्यानंद शर्मा और धनराज शर्मा आदि ही बने रहे।

किसान सभा के संघर्ष

किसान सभा के गठन के साथ सहजानंद और उनके सहयोगियों ने किसानों में राजनीतिक चेतना पैदा करने के उद्देश्य से न सिर्फ बिहार के विभिन्न जगहों का दौरा किया और भाषण दिए, बल्कि रैयतों को अपना अधिकार पाने के लिए संघर्ष के लिए भी प्रेरित किया। परिणामस्वरूप समूचे बिहार में किसान आंदोलनों का सिलसिला शुरू हो गया। किसान सभा ने कुछ बड़े ही महत्वूपर्ण आंदोलन किए। उदाहरण के लिए 1938-39 में डालमिया चीनी मिल बिहटा के खिलाफ संघर्ष, 1933 और फिर 1938 में रेवरा (गया) संघर्ष, बड़हिया टाल, रेवरा, मझियावां और अमवारी का बकाश्त आंदोलन। इसके अलावा शाहबाद जिले के बड़गांव और दरिगांव, सारन जिले के छितौली और परसादी, दरभंगा जिले के राघोपुर, देकुली आदि, पटना जिले के बेलदारीचक और जलपुरा के अलावा भागलपुर और चंपारण में अनेक जगहों पर किसान सभा ने जबर्दस्त आंदोलन किए।[22] सरकार और जमींदारों ने बर्बर तरीके से आंदोलन को दबाने की कोशिश की। अनेक जगहों पर पुलिस ने लाठी, गोलियां चलायीं और हजारों कार्यकर्ताओं को गिरफ्तार किया। राहुल सांकृत्यायन, कार्यानंद शर्मा, पंचानन शर्मा आदि किसान सभा के नेताओं पर मुदकमे भी चलाए गए। इन सभी आंदोलनों में बड़हिया टाल का बकाश्त आंदोलन सबसे जबर्दस्त रहा था। यह आंदोलन न सिर्फ सबसे लंबे समय तक चला, बल्कि रैयतों की जीत भी हुई जो आगे चलकर बिहार में कम्युनिस्ट पार्टी के गठन का अधार बना।

इसी बीच 1934 में सहजानंद गांधी जी और कांग्रेस से अलग हो गए। गांधी जी और कांग्रेस के समन्वयवादी नीतियों से सहजानंद का मोहभंग होना स्वाभाविक ही था। कांग्रेस के नेता जमींदारों और रैयतों के बीच सामंजस्य और समझौते के हिमायती थे, जबकि स्वामी सहजानंद सरस्वती जमींदारों को फूटी आंखों भी देखना नहीं चाहते थे। वे कहा करते थे "हमें मिट्टी का जमींदार भी गवारा नहीं क्योंकि वह भी उतना ही अत्याचारी होगा"। इसके बाद तो कांग्रेस किसान सभा की दुश्मन बन गयी और उसके प्रसार में हर तरह से अड़ंगा लगाने लगी। इधर किसान सभा किसानों को संगठित कर उन्हें आंदोलन के लिए तैयार कर रही थी, जबकि कांग्रेस पार्टी उधर 1937 में सत्ता में आने के बाद जमींदारों से समझौता के लिए बातचीत करने में मशगूल थी। मौलाना अब्दुल कलाम आजाद और बाबू राजेंद प्रसाद इस समझौते में प्रमुख भूमिका निभा रहे थे। यह अलग बात है कि इस बात को कभी सार्वजनिक नहीं किया गया कि समझौता की शर्तें क्या हैं या बातचीत का नतीजा क्या निकला?

कांग्रेस पार्टी ने किसान सभा को कमजोर करने के लिए इसी बीच एक नई चाल चली। इस बात से इनकार नही किया जा सकता कि किसान सभा रैयतों और छोटे किसानों की समस्याओं में इस कदर उलझी रही कि भूमिहीन खेतिहर मजदूरों की समस्याओं पर खास ध्यान देने में असफल रही। कांग्रेस पार्टी ने इसका फायदा उठाते हुए इन खेतिहर मजदूरों को किसान सभा कि खिलाफ खड़ा कर उसे कमजोर करने की कोशिश की और अनुसूचित जाति के नेता जगजीवन राम को प्रोत्साहित कर 1937 में बिहार प्रांतीय खेत-मजदूर सभा का गठन करवाया। कई जगह तो जमींदारों ने भी खेतिहर मजदूरों के नाम पर संगठन बनाए। कांग्रेस और जमींदारों की इन कोशिशों के बावजूद किसान सभा दिनोंदिन मजबूत होती गयी। सन् 1935 में बिहार प्रांतीय किसान सभा की सदस्य संख्या जहां 80,000 थी, वहीं 1938 में वह बढ़कर 2,50,000 हो गई।

सन् 1936 के अप्रैल में अखिल भारतीय किसान सभा का गठन किया गया और बिहार प्रांतीय किसान सभा उसकी सांगठनिक इकाई बनी रही। इसकी पहल कांग्रेस सोशलिस्ट पार्टी के नेता एन.जी. रंगा ने की थी। अखिल भारतीय किसान सभा की पहली बैठक लखनऊ में हुई और सहजानंद सरस्वती को इसका अध्यक्ष बनाया गया। अखिल भारतीय किसान सभा को लेकर सहजानंद के मन में पहले से ही इस बात की शंका बनी हुई थी कि पूर्ण विकसित प्रांतीय इकाइयों के अभाव में राष्ट्रीय संगठन कोई प्रभावी भूमिका निभा पाएगा भी या नहीं। इसके बावजूद एक बार इससे जुड़ जाने के बाद सहजानंद ने अखिल भारतीय किसान सभा को अपना पूर्ण सहयोग और समर्थन दिया, लेकिन उनका शक अंततः सही निकला। स्वामी सहजानंद सरस्वती ज्यादा दिनों तक कांग्रेस की नीतियों के साथ तालमेल नहीं बिठा सके। उन्हें महसूस होने लगा कि बिहार के अधिकांश कांग्रेसी नेता या तो स्वयं जमींदार हैं या जमींदारी से उनके हित प्रगाढ़ रूप से जुड़े हुए है। 1936 में राजेंद्र बाबू ने बिहार कांग्रेस कमेटी को इस बात के लिए राजी कर लिया कि किसान इंक्वाइरी कामेटी में सहजानंनद को न रखा जाए।[23] सहजानंद सरस्वती और कांग्रेस के बीच विभाजन का यह सबसे बड़ा आधार साबित हुआ।

इसके तुरंत बाद फैजपुर कृषि कार्यक्रम आया, जिसके आधार पर कांग्रेस ने 1937 का चुनाव लड़ा और सत्ता में आई। इसके बाद कांग्रेस ने सहजानंद और किसान सभा को नीचा दिखाने का प्रयत्न शुरू किया और इस प्रयत्न की शुरुआत की स्वयं जवाहरलाल नेहरू ने। उन्होंने सहजानंद सरस्वती पर अप्रत्यक्ष रूप से आरोप लगाया कि वे किसानों को गलत तरीके से लुभाने की कोशिश कर रहे हैं। इसके बाद एक गुमनाम पुस्तिका वितरित की गई, जिसके मुखपृष्ठ पर जवाहरलाल नेहरू की तस्वीर छपी हुई थी और उन्हीं के हवाले से उस पुस्तिका में कहा गया था कि कुछ लोग पार्टी में ओहदा नहीं मिलने से नाराज होते हैं और किसान सभा बनाते हैं तथा उनके नाम पर निजी स्वार्थ साधते हैं। ऐसे चीजों को बर्दास्त नहीं किया जाएगा।[24] इससे बल पाकर बिहार किसान सभा विरोधी तत्त्वों ने सहजानंद के खिलाफ अपना अभियान और भी तेज कर दिया,

लेकिन इससे प्रभावित हुए बिना सहजानंद ने भूमि सुधार और मालगुजारी कम करने के लिए अपना अभियान जारी रखा। सरकार पर दबाव डालने के लिए उन्होंने पटना में अनेक प्रदर्शन आयोजित किये। कांग्रेस के सत्ताधारी गुट ने आरोप लगाया कि इन सभाओं में "कैसे लोगे मालगुजारी, लट्ठ हजारा जिंदाबाद" का नारा लगाकर किसानों को हिंसा के लिए उकसाया जा रहा है। किसान सभा की बैठक नहीं होने देने के लिए कांग्रेस सरकार ने कई जगह निषेधाज्ञा भी लगाई। दरअसल कांग्रेस की परेशानी यह थी कि किसान सभा के आंदोलनों से उसके और जमींदारों के बीच समझौते की बातचीत में खलल पड़ रही थी। यही कारण था कि बिहार प्रदेश कांग्रेस कमेटी ने एक प्रस्ताव पारित कर कांग्रेस कार्यकर्ताओं को किसान सभा की गतिविधियों से अलग रहने को कहा। सारण, चंपारण और मुंगेर के जिला कांग्रेस कमेटियों ने सहजानंद के वहां प्रवेश पर प्रतिबंध लगा दिये। जयप्रकाश नारायण जैसे कांग्रेस के प्रगतिशील तत्वों ने प्रदेश और जिला कांग्रेस कमेटियों के प्रस्तावों की जमकर निंदा की। इस तरह यह स्पष्ट हो गया कि कांग्रेस और किसान सभा साथ-साथ नहीं चल सकते। सहजानंद ने इसके बाद फारवर्ड ब्लाक के साथ सहयोग किया और अंग्रेजों एवं कांग्रेस के बीच समझौते के विरोध में सम्मेलन आयोजित किया। इसके बाद सहजानंद ने कम्युनिस्टों के साथ मिलकर भी काम किया लेकिन यह भी ज्यादा दिन तक नहीं चल सका। द्वितीय विश्व युद्ध में कम्युनिस्टों ने अंग्रेजों का साथ दिया, जबकि सहजानंद ने फासीवाद के विरोध में लड़ाई का समर्थन तो किया लेकिन अंग्रेजों के अत्याचार का भी उतना ही तीव्र विरोध जारी रखा। युद्ध समाप्त होने के बाद कम्युनिस्ट पार्टी औपचारिक रूप से किसान सभा से अलग हो गई। सहजानंद सरस्वती ने इसके बाद भी वाम एकता कायम करने का प्रयास किया लेकिन उसमें वे सफल नहीं हुए और किसान सभा धीरे-धीरे अनेक गुटों में विभाजित हो गई।

स्वतंत्रता के बाद किसान आंदोलन

किसान सभा में अनवरत विभाजन, सहजानंद सरस्वती का निधन, भूमि सुधार कानूनों से उपजा मधुर संदेश और जयप्रकाश नारायण के सर्वोदय लाने के प्रयास और किसानों में अपेक्षाकृत संतोष के चलते स्वतंत्रता के काफी दिनों बाद तक ऐसा लगता रहा कि बिहार की कृषि समस्या का समाधान हो गया या होने के करीब है। ग्रामीण दृश्य को 'किसानों की उदासीनता' के रूप में देखा जाने लगा।[25] लेकिन छठे और सातवें दशक के आते-आते एक बार फिर किसानों में असंतोष पनपने लगा और असंगठित ही सही, अनेक जगहों पर किसान आंदोलन पर उतारू हो चले। बिहार के ग्रामीण इलाके एक बार फिर अशांत हो उठे।

स्वतंत्रता पूर्व के किसान आंदोलनों की तरह इस बार के किसान आंदोलन के मुद्दे भी बहुधा अनार्थिक ही थे, जैसे जातीय और सामाजिक उत्पीड़न।[26] लेकिन इस बार का आंदोलन स्वतंत्रता पूर्व के आंदोलन से कुछ मायने में अलग भी था। इस बार के

आंदोलन में शरीक होने वाले मध्यवर्ती जातियों के रैयत किसान नहीं थे, बल्कि गरीब किसान, बटाईदार और भूमिहीन खेतिहर मजदूर थे और मुख्य रूप से चमार, दुसाध, डोम, मुसहर आदि दलित जातियों के थे।[27] ये किसी अनुपस्थित बिचौलिए के खिलाफ नहीं लड़ रहे थे, बल्कि नव धनाढ्य किसानों के खिलाफ खड़े हुए थे, जो जमींदारी उन्मूलन की कब्र पर पैदा हुए थे। कहने की आवश्यकता नहीं कि जमींदारी उन्मूलन ने धनी रैयतों को शोषक बना दिया था। इसलिए इस बार के किसान आंदोलन का सामना जमींदारों को नहीं, बल्कि उसकी कब्र पर पैदा हुए इन नव कुलकों को करना पड़ा।

छठे दशक के मध्य में वर्तमान गंभीर सामाजिक-आर्थिक असमानता के अनुरूप संपन्न एवं छोटे किसानों और खेतिहर मजदूरों के बीच बढ़ती खाई स्पष्ट रूप से दिखाई देने लगी थी। चौंकाने वाली बात यह है कि हरित क्रांति की तथाकथित सफलता के बावजूद यह परिघटना पैदा हुई थी। ऐसे में यह कहना गलत नहीं होगा कि कुछ हद तक हरित क्रांति ही इसका कारण है। कई अध्ययनों से यह साबित भी हो चुका है कि हरित क्रांति ने कुल मिलाकर सामाजिक-आर्थिक विषमता को बढ़ाने में ही योगदान दिया। यहां तक कि सरकार ने भी स्वीकार किया कि हरित क्रांति के क्रियान्वयन से बहुधा धनी किसानों को ही लाभ मिला। बटाईदारों और भूमिहीन मजदूरों के लिए यह निरर्थक ही साबित हुआ। परिणामस्वरूप विषमताएं बढ़ीं और सामाजिक तनाव पैदा हुआ।[28]

ये सामाजिक तनाव यत्र-तत्र किसान विद्रोह के रूप में सामने आने लगे। इसमें कोई संदेह नहीं कि कहीं-कहीं इन विद्रोहों का कम्युनिस्ट पार्टी ऑफ इंडिया (एम.एल.) के गुटों ने वैचारिक और राजनीतिक पथ प्रदर्शन किया, जैसे मसौढ़ी, पूर्णिया और भोजपुर; लेकिन कुल मिलाकर यही कहा जा सकता है कि ये आंदोलन स्वतःस्फूर्त और स्थानीय मुद्दों के परिप्रेक्ष्य में उभरे। जहां तक इन आंदोलनों के किसी राजनीतिक दल से जुड़ाव की बात है तो कम-से-कम किसी स्थापित राजनीतिक दल से उनका जुड़ाव नहीं था। किसी राजनीतिक दल से जुड़ाव नहीं होने और विद्रोह का आधार स्थानीय मुद्दे होने के कारण पूरे राज्य में विद्रोह समान रूप से भले ही न उभरे हों, लेकिन एक बात के मामले में उसमें जरूर समानता देखी गयी और वह यह कि सरकार और भूस्वामियों ने इन आंदोलनों का बड़ी कठोरता से दमन किया।

भूमि हड़पो आंदोलन

तीसरे और चौथे दशक में हुए रैयतों के आंदोलन को यूं तो सफलता आंशिक ही मिली, किंतु उसने गरीब किसानों में जमीन की जो भूख जगायी उस भूख को शांत करने में न तो कानून और प्रशासन और न भूदान या हरित क्रांति ने ही कोई ठोस सफलता पाई। बिहार सरकार भूमि हदबंदी कानून को लागू करने की बात कौन करे, उसे बनाने में ही पहले आनाकानी करती रही। के.बी. सहाय बड़ी कठिनाई से "बिहार खेतिहर जमीन विधेयक, 1955" बिहार विधानसभा में पेश कर पाए थे।[29] इसे लेकर सत्ताधारी कांग्रेस के अंदर काफी विवाद भी हुआ था। यह विधेयक पांच सालों तक विधानसभा

की धूल फांकता रहा और इस बीच भूस्वामियों ने अपनी जमीन बचाने के उपाय खोंज लिए। काफी हिलोहुज्जत के बाद 1961 में बिहार हदबंदी और फाजिल जमीन अधिग्रहण कानून बना। कानून बन जाने के बाद भी सरकार ने इसके क्रियान्वयन में तेजी का कोई प्रयास नहीं किया। 1964 तक स्थिति यह थी कि प्रत्येक अनुमंडल के लिए केवल एक अपर डिविजन क्लर्क और एक लोवर डिविजन क्लर्क की व्यवस्था ही की जा सकी थी।[30] किसी बड़े अफसर को नियुक्त करने की बात सोची भी नहीं गई। सरकार ने भूमि सर्वेक्षण का कोई काम नहीं किया और यह भूस्वामियों के उपर ही छोड़ दिया गया कि वे अपनी जमीन और उससे होने वाली आय का विवरण दें। भूस्वामियों ने इसका जमकर नाजायज फायदा उठाया। दूसरी तरफ इस कानून ने भूस्वामियों को अधिकार दे दिया कि वे निजी खेती के लिए उस जमीन को रैयतों से वापस ले सकते हैं जिस पर वे पीढ़ियों से खेती करते आ रहे थे, लेकिन उसका मालिकाना हक उनके पास नहीं था। चूंकि रैयतों को भूस्वामी कोई रसीद या किसी भी तरह का लिखित कागज नहीं देते थे, इसलिए रैयतों के पास ऐसा कोई साक्ष्य नहीं था जिसके आधार पर वे साबित कर सकें कि उस जमीन पर वे खेती करते रहे थे। जमींदार हदबंदी की सीमा में यह तय कर सकते थे कि वे किस प्रकार की तथा कितनी जमीन अपने पास रखेंगे। ऐसे में भूस्वामी काश्तकार को जमीन से बेदखल कर सकते थे और यदि बहुत जरूरी हुआ तो अतिरिक्त बेकार जमीन उन्हें दे देते थे। इसका नतीजा यह हुआ कि बड़े पैमाने पर काश्तकार जमीन से बेदखल कर दिए गए। कहा जाए तो एक नए तरह का बकाश्त मुद्दा उठा खड़ा हुआ। 1974 तक भूमि हदबंदी कानून के प्रभाव को यदि संक्षिप्त में कहा जाए तो इससे किसी रचनात्मक उद्देश्य में सफलता नहीं मिली। कानून का पालन नहीं होने से उन लोगों को मौका मिल गया जो उसके प्रावधानों के अतिक्रमण का इरादा रखते थे। इसके अलावा ग्रामीण क्षेत्रों में रैयतों को बेदखली का भय सताने लगा। दूसरी तरफ इस कानून के बनने से भूमिहीनों में आशा जगी।[31]

भूमि सुधार कानून बनने से रैयतों और भूमिहीन किसान-मजदूरों में आशा तो जगी लेकिन सरकार ने उसे पूरा करने का कोई प्रयास नहीं किया। परिणामस्वरूप छठे दशक के आते-आते बेदखली रैयतों और भूमिहीन मजदूरों में इतना असंतोष पैदा हुआ कि वह देखते-ही-देखते भूमि हड़पो आंदोलन में तब्दील हो गया। इस आंदोलन के आर्थिक कारण तो थे ही, बिहार के कई स्थानों पर चल रहे स्वतःस्फूर्त आंदोलनों से भी किसानों को इसकी प्रेरणा मिली। मालूम हो कि मुजफ्फरपुर के मुसहरी और मुंगेर के सुरजगढ़ा में किसानों ने स्थानीय स्तर पर ऐसा आंदोलन पहले से ही छेड़ रखा था और अनेक माध्यमों से इसकी सूचना राज्य के अन्य ग्रामीण इलाकों में रहने वाले भूमिहीन किसान, मजदूरों को मिलने लगी थी। 1967 में कांग्रेस की हार के बाद बिहार में संयुक्त मोर्चे की सरकार बनी जिसमें पिछड़ी जातियों के कई मंत्री थे तथा कुछ अनुसूचित जातियों से भी मंत्रिमंडल में प्रतिनिधि रखे गए थे। इस सरकार में शामिल दलों ने अपने अस्तित्व को

कायम रखने के लिए ग्रामीण इलाकों के आर्थिक रूप से कमजोर तबके को संगठित किया था, जिसमें पिछड़ी और अनुसूचित जातियों की बहुतायत थी। नई सरकार किसानों में बढ़ती नई चेतना के मद्देनजर कृषि संबंधों में कानूनी परिवर्तन करने की कोशिश कर रही थी। सरकार यह संकेत देना चाहती थी कि वह वास्तव में एक जिम्मेदार सरकार है। ऐसा करने का दूसरा कारण यह था कि सरकार को इस बात का भय सता रहा था कि कहीं मुसहरी और सुरजगढ़ा की तरह बिहार के सभी भूमिहीन किसान असंवैधानिक रास्ते से कृषि संबंधों को बदलने की कोशिश न करने लगें। इसलिए फटाफट कुछ और नए भूमि सुधार कानून बनाए गए। उदाहरण के लिए टाटा जमींदारी को समाप्त कर दिया गया। इसी तरह मुकदमेबाजी को नियंत्रित कर रैयतों को सुरक्षित करने का प्रयास किया गया। लेकिन सबसे बड़ा काम यह किया गया कि गैरमजरूआ जमीन पर भूमिहीनों के अधिकार को मान्यता दी गयी। ग्रामीण गरीबों को घर बनाने के लिए जमीन देने का प्रावधान भी किया गया। बिहार सरकार ने अपने अनेक आदेशों में इस बात को स्पष्ट किया कि चूंकि भूमि सुधारों के क्रियान्वयन में देरी के चलते ही बहुधा किसानों में असंतोष पैदा होता है, इसलिए इन कानूनों को अमली जामा पहनाना सबसे जरूरी है। इसके बावजूद भूमि सुधार कानूनों का क्रियान्वयन नहीं किया जा सका।

सातवें दशक के मध्य तक आते-आते किसान जमीन पर जबर्दस्ती अधिकार करने लगे। गैर मजरूआ और धनी किसानों की फाजिल जमीन पर उन्होंने अपनी फसल उगानी शुरु कर दी। पूर्णिया, मुजफ्फरपुर और मुंगेर में इस आंदोलन का सबसे ज्यादा जोर था। इसमें से कुछ आंदोलन नक्सलियों के दिशानिर्देश पर किए गए थे। स्थापित राजनीतिक दलों ने इसके विरोध में बयान जारी करना शुरू किया और ग्रामीण इलाकों में शांति स्थापना के लिए अपील भी। तब बिहार के मुख्यमंत्री महामाया प्रसाद ने इस आंदोलन को अनुचित, असंवैधानिक और राष्ट्र विरोधी करार दिया। यहां तक कि जमींदारी उन्मूलन के हीरो के.बी. सहाय ने भी इसकी आलोचना की और कहा कि इससे सिर्फ हिंसा और अराजकता बढ़ेगी न कि भूमिहीनों को जमीन हासिल होगा। उन्होंने यह भी कहा कि जमीन इतनी पर्याप्त है ही नहीं कि हिंसात्मक या अहिंसात्मक किसी भी तरीके से जमीन की इच्छा रखने वाले सभी को जमीन बांटी जा सके।[32] इसके बाद सरकार ने सार्वजनिक रूप से हथियार लेकर चलना प्रतिबंधित कर दिया और सभी जिलाधिकारियों को कड़ाई से कानून-व्यवस्था बनाए रखने के निर्देश दिए।

इसके बावजूद किसानों को जबर्दस्ती जमीन लेने से रोका नहीं जा सका। उन्होंने हदबंदी से ज्यादा जमीन पर कब्जा करना जारी रखा। इससे बाध्य होकर सरकार को 125 बड़े भूस्वामियों की सूची जारी करनी पड़ी, जिनके पास सैकड़ों, यहां तक कि हजारों एकड़ जमीन थी। इनमें पूर्व जमींदार और नव धनी रैयत दोनों थे। इसके साथ ही सरकार ने यह भी स्पष्ट किया कि इन लोगों को तुरंत भूमि हदबंदी कानून के अंतर्गत

लाया जाएगा और सारे मामलों को एक बारगी ही निपटा दिया जाएगा। इसके बाद सरकार ने घोषणा की कि राज्य के सभी 587 ब्लाक के पांच बड़े किसानों को भूमि हदबंदी कानून के तहत नोटिस जारी किये जा रहे हैं। सरकार के इस प्रयास से इतना जरूर हुआ कि भूमि हड़पो आंदोलन की रफ्तार कम हो गयी। इसी दौर में प्रजा सोशलिस्ट पार्टी, संयुक्त सोशलिस्ट पार्टी, कम्युनिस्ट पार्टी ऑफ इंडिया (सीपीआई), आदि भी आंदोलन में शामिल हो गए; लेकिन विडंबना यह रही कि उनके शामिल होने से आंदोलन तेज होने के बदले कमजोर ही पड़ा, क्योंकि इनके शामिल होने से बिहार की असमान भूमि संरचना पर किसानों का वास्तविक हमला प्रतीकात्मक हमले में तब्दील हो गया। आंदोलन को औपचारिक बना कर उक्त राजनीतिक दलों ने अंततः आंदोलन को ही समाप्त कर डाला।[33]

प्रजा सोशलिस्ट पार्टी, संयुक्त सोसलिस्ट पार्टी एवं कम्युनिस्ट पार्टी ऑफ इंडिया ने 1970 में 9 अगस्त से 15 अगस्त तक पूरे देश में भूमि हड़पो आंदोलन चलाने का निर्णय लिया। इसी बीच धनी किसानों ने भूमि हड़पो आंदोलन को रोकने के लिए संगठन बनाना शुरू कर दिया। उदाहरण के लिए पूर्णिया में किसान सभा और और चंपारण में जनसंघ के नेतृत्व में कृषक सभा का गठन किया गया। अभी निजी सेनाओं का गठन तो नहीं हुआ था, लेकिन धनी किसान उस रास्ते निकल तो पड़े ही थे।[34] इसके बावजूद वे किसानों और यहां तक कि अपने कार्यकर्ताओं को भी आंदोलन की अपनी घोषित तिथि तक इंतजार के लिए रोक नहीं पाए और दरभंगा, चंपारण आदि जगहों पर जबरन कब्जा की घटनाएं हुईं। दरअसल, वामंपथी दलों ने निजी जमीन से ज्यादा गैमजरुआ जमीन पर ही ध्यान केंद्रित किया। सीपीआई ने सार्वजनिक रूप से कहा कि उसका उद्देश्य सीमित है और प्रतीकात्मक। संघर्ष को आगे बढ़ाने में अक्षम साबित होने के बाद सीपीआई ने 18 अगस्त, 1970 को घोषणा कर दी कि वह भूमि हड़पो आंदोलन से अलग होने का निर्णय कर चुकी है, और भूमि सुधार की दिशा में बिहार सरकार के प्रयासों का आकलन करने के बाद ही वह अपना अगला कार्यक्रम तय करेगी। सोशलिस्ट आंदोलन बिना घोषणा किए ही समाप्त हो गया।

संदर्भ

1. आर.आर. दिवाकर, (संपादित) 'बिहार थ्रू दी एजेज', पटना, 1959
2. बिनय भूषण चौधरी, 'स्ट्रगल फॉर प्रोड्युस रेंट इन बिहार, 1793 से 1930', अनुग्रह नारायण सिन्हा इंस्टिच्युट ऑफ सोसल स्टडीज, पटना, मार्च 1976
3. फ्रांसिस बुकानन, 'रिपोर्ट ऑन शाहाबाद डिस्ट्रिक्ट'
4. अरविंद नारायण दास, 'एग्रेरियन अनरेस्ट एंड सोसियो-इकॉनॉमिक चेंज, 1900-1980'
5. बी.बी. चौधरी, 'दी प्रॉसेस ऑफ डीपिजेंटाइजेशन', पृ. 129
6. बिहार एंड उड़ीस रेवेन्यु प्रॉग्रेस, नंबर 3, 12 अक्टूबर, 1923

7. तीनकठिया व्यवस्था के तहत लीज पर जमीन लेकर खेती करने वाले किसानों के लिए प्रति बिगहा तीन कट्ठा जमीन (0.15) पर नील की फसल लगाना अनिवार्य था।
8. 'रिपोर्ट फ्रॉम दी फ्लेमिंग फिल्ड ऑफ बिहार' ए सीपी आई (एम.एल.) डक्युमेंट, पृ. 16
9. अरविंद नारायण दास पृ. 68
10. दी न्यू इनसाइक्लोपीडिया ब्रिटानिका, खंड 5, 15 वां संस्करण, शिकागो, 1977, पृ. 1099
11. संदेश थाना के अभयपुरा गांव में तेलियों को पक्का दालान (जहां पुरुष रहते हैं) बनवाने के लिए बाबू साहेबों (राजपूतों) से इजाजत लेना पड़ी थी और उन्हें सलामी के रूप में 50 रुपये देने पड़े थे। अभयपुरा गांव एक खुदकाश्त जमींदारी थी। यह गांव अपने आप में एक जमींदारी थी, कोई व्यक्ति विशेष जमींदार नहीं था।
12. राहुल सांकृत्यायन, 'नए भारत के नए नेता' खंड-1, इलाहबाद, 1973, पृ. 140
13. अरविंद नारायण दास, पृ. 70
14. एच.सी. प्रायर, 'बिहार एंड उड़ीसा इन 1922, पृ. 13-14'
15. वही...पृ. 27
16. ग्राहम लेसी, 'बिहार एंड उड़ीसा इन 1926-27', पृ. 28-29
17. स्वामी सहजांद सरस्वती, 'मेरा जीवन संग्राम', पृ. 135-36
18. सहजानंद सरस्वती 'ब्राह्मण समाज की स्थिति और कर्म कलप'
19. सहजानंद सरस्वती, पृ. 285-295
20. सहजानंद सरस्वती 'किसान मुवमेंट इन इंडिया', सीताराम आश्रम, बिहटा (पटना)
21. वही....
22. सहजानंद सरस्वती 'मेरा जीवन संग्राम', पृ. 496-97
23. वही... पृ. 478
24. ऑल इंडिया कांग्रेस कमेटी (एआईसीसी) पंफ्लेट, फाइल न. जी-98, नेहरू मेमोरियल म्युजियम एंड लाइब्रेरी, नई दिल्ली।
25. एफ. थामसन जान्नूजी, 'एग्रेरियन क्राइसिस इन इंडिया : ए केस ऑफ बिहार', पूना 1974, पृ. 100
26. अरुण सिन्हा, 'बेलछी रिविजिटेड', इकॉनामिक एंड पॉलिटिकल वीकली (ईपीडब्ल्यु), 6 अगस्त, 1977
27. आर.एस. जोशी, 'डार्क वर्ल्ड ऑफ हरिजन एंड आदिवासी', लिंक, 5 जून, 1977
28. इंडिया, मिनिस्ट्री ऑफ होम एफेयर्स, 'दी कॉजेज एंड नेचर ऑफ करेंट एग्रेरेयन टेंसन', दिल्ली, 1967
29. अधिक जानकारी के लिए देखें अध्याय-जमींदारी उन्मूलन
30. जान्नूजी, पृ. 72
31. वही..., पृ. 85
32. इंडियन नेशन, 31 जुलाई, 1970
33. अरविंद नारायण दास, पृ. 238
34. वही...

अध्याय-5

राजनीतिक हिंसा के सैद्धांतिक पहलू

मध्य बिहार के ग्रामीण अंचलों में जारी हिंसा को समग्र रूप से समझने के लिए हिंसा, विशेषकर राजनीतिक हिंसा के विभिन्न सैद्धांतिक पहलुओं का विश्लेषण आवश्यक है। वहां जारी हिंसा को राजनीतिक हिंसा के संदर्भ में देखना इसलिए भी जरूरी हो जाता है कि राजनीतिक हिंसा बहुधा सामाजिक आंदोलनों की चेरी होती है।

परिभाषा की खोज

प्रतिरोधी सामाजिक या राजनीतिक आंदोलन और हिंसा के बीच चोली-दामन का संबंध है। आम रूप से ऐसे आंदोलन में हिंसा एक रणनीति के रूप में अपनाई जाती है, लेकिन कभी-कभी गैर इरादतन भी हिंसा हो जाती है। समाजशास्त्र और राजनीतिशास्त्र में ऐसे आंदोलनों को बहुधा उनके गैर पारंपरिक और ढीला सांगठनिक संरचना को ध्यान में रखकर परिभाषित किया गया है। इन विषयों से संबंधित अध्येयताओं के लिए इसी रूप में परिभाषित करना एक तरह की परंपरा-सी बन गयी है। ऐसे शोधों की संख्या बहुत कम है जो राजनीतिक हिंसा की व्याख्या सामाजिक या राजनीतिक आंदोलनों के संदर्भ में करते हैं। मैंने राजनीतिक हिंसा की व्याख्या सामाजिक आंदोलनों से जोड़कर करने की कोशिश की है।

वास्तव में उक्त परंपरा का कारण यह है कि शुरुआती दौर में ऐसे प्रतिरोधी आंदोलन मुख्यतः स्वतःस्फूर्त होते थे और इसीलिए उसका सांगठनिक स्वरूप भी लचीला होता था, लेकिन प्रतिरोधी आंदोलों की उक्त दोनों विशेषताओं में अब काफी अंतर आ गया है। स्वतःस्फूर्त आंदोलनों के संदर्भ में यह व्याख्या सही हो सकती है, लेकिन आंदोलन बढ़ने के साथ जब संगठन ठोस रूप ले लेता है तो यह व्याख्या अपूर्ण हो जाती है, क्योंकि तब स्वरूप के साथ-साथ उसकी रणनीतियां भी बदल जाती हैं। छठे और सातवें दशक के दौरान न सिर्फ भारत में, बल्कि पूरे विश्व में प्रतिरोधी संगठनों की शुरुआत हुई। भूमिगत संगठनों के बनने के साथ-साथ हिंसा भी संगठित रूप से होने लगी। ऐसे संगठन बहुधा सैनिक संघर्ष की ओर मुखातिब हुए।

राजनीतिक हिंसा को परिभाषित करना एक अत्यन्त कठिन कार्य है, क्योंकि हिंसा

की अवधारणा एक ऐसी अवधारणा है जो न तो तटस्थ है और न स्पष्ट। ऐसी हिंसा के बारे में विद्वानों में मतैक्य नहीं है। राजनीतिक हिंसा किसी के लिए समाज और लोकतंत्र विरोधी है तो किसी के लिए सामाजिक परिवर्तन का साधन और लोकतंत्र को जमीन पर उतारने का प्रयास। आम बोलचाल की भाषा में हिंसा का जो मतलब समझा जाता है, उसका वैज्ञानिक या समाजशास्त्रीय अध्ययन की दृष्टि से कोई विशेष महत्व नहीं है। दूसरी बात कि आपराधिक हिंसा और राजनीतिक हिंसा के बीच की दीवार इतनी पतली है कि दोनों में घालमेल होने की गुंजाइश बनी रहती है। सही है कि किसी भी देश, समाज का कानून हिंसा को जायज नहीं ठहराता लेकिन सिर्फ इसीलिए उसे सर्वथा नाजायज करार नहीं दिया जा सकता, क्योंकि तब शोध के तिए बहुत कम जगह बच जाएगी और सही परिप्रेक्ष्य में उसका विश्लेषण करना मुश्किल हो जाएगा। राजनीतिक हिंसा को परिभाषित करना इसलिए भी मुश्किल है कि इसमें विचारधारा आम रूप से सन्निहित रहती है। इसके अलावा सामाजिक-राजनीतिक समूह, भौगोलिक क्षेत्र और समय के साथ-साथ इसका अर्थ भी बदलता रहता है।[1] संस्कृति, परंपरा उद्देश्य की विभिन्नता भी इसमें बड़ी बाधा है।

आम रूप से हिंसा शब्द का इस्तेमाल शारीरिक ताकत (Physical Force) के संदर्भ में किया जाता है, जिसका उद्देश्य मनुष्य या संपत्ति को क्षति पहुंचाना होता है। शारीरिक ताकत के इस्तेमाल द्वारा किसी को घायल करना, क्षति पहुंचाना और बर्बाद करना या करने की कोशिश करना हिंसा है। इसके अलावा ताकत का गैरकानूनी और निर्दय इस्तेमाल भी हिंसा है।[2] इस तरह दूसरे को क्षति पहुंचाने के उद्देश्य से किया गया ताकत का इस्तेमाल हिंसा है। इसी तरह हिंसा की मानक समाजशास्त्रीय परिभाषा भी वैसे व्यवहार को हिंसा बताती है, जिसका उद्देश्य लोगों को चोट पहुंचाना या संपत्ति को बर्बाद करना होता है[3] या कोई ऐसा स्पष्ट संवाद जिसकी प्रक्रिया में व्यक्ति या सामान को बंधक बनाया जाता है या प्रतिरोध के बावजूद शारीरिक क्षति पहुंचाई जाती है।[4] इस परिभाषा के अनुसार तब राजनीतिक हिंसा का मतलब राजनीतिक विरोधियों को शारीरिक क्षति पहुंचाना हो जाता है। यदि राज्य की या राज्य समर्थित हिंसा को अलग कर दें तो राजनीतिक हिंसा का मतलब किसी राजनीतिक समूह द्वारा किसी राज्य सत्ता के खिलाफ सामूहिक हमले करना है।[5] ऐसी स्थितियों में हिंसा गैर इरादतन या दुर्घटनावश भी पैदा हो सकती है, यथा राजनीतिक उद्देश्यों को हासिल करने के लिए जानबूझकर किसी को क्षति पहुंचाई जा सकती है या उग्र राजनीतिक संघर्षों के दौरान भी हिंसा होती है।[6] साधारणतया राजनीतिक हिंसा का मतलब सामूहिक कार्रवाई में शामिल उन लोगों से है जो राजनीतिक उद्देश्यों के लिए अपने विरोधियों के खिलाफ बल प्रयोग करते हैं या उन्हें क्षति पहुंचाते हैं और उनके ऊपर अपने राजनीतिक उद्देश्यों को थोपते हैं या थोपने की कोशिश करते हैं।

उक्त परिभाषा में भी अध्ययन की दृष्टि से कुछ व्यावहारिक कठिनाइयां हैं।

उदाहरण के लिए 'क्षति' और 'अधिक ताकत का इस्तेमाल' एक सापेक्ष अवधारणा है, जबकि वैज्ञानिक ढंग से अध्ययन के लिए उसका निरपेक्ष होना आवश्यक होता है। सामूहिक कार्रवाइयों में ताकत का इस्तेमाल थोड़ा-बहुत होता ही है—चाहे-अनचाहे, लेकिन उसे हिंसक कृत्य कहना हमेशा उचित नहीं कहा जा सकता। हिंसा की परिभाषा को व्यावहारिक शोध के धरातल पर उतारने के लिए एक सीमा रेखा तय करना आवश्यक है, ताकि यह निश्चित किया जा सके कि शारीरिक ताकत के इस्तेमाल के परिणामस्वरूप हुई क्षति को हिंसा कहा जा सके। हालांकि वेब्स्टर्स शब्दकोश इस समस्या का कुछ हद तक समाधान प्रस्तुत करता है। उल्लेखनीय है कि उसकी परिभाषा के अनुसार ताकत का गैर कानूनी और निर्दय इस्तेमाल हिंसा है। साधारणतः राजनीतिक हिंसा का अर्थ उस व्यवहार को समझा जाता है, जो वैध राजनीतिक कार्रवाइयों के स्थापित व मान्य परिभाषा का अतिक्रमण करता है। लेकिन यहां भी एक दिक्कत है और वह यह कि वैधता की सीमा रेखा क्या है, या क्या होनी चाहिए। यदि ताकत के निर्दय इस्तेमाल को अवैध मान लिया जाए तो गैर कानूनी गतिविधियों पर भी प्रश्नचिह्न लगाया जा सकता है, क्योंकि कोई भी प्रतिरोधी कार्रवाई स्थापित कानून का आवश्यक रूप से उल्लंघन करती है। सिर्फ इसलिए कि कोई प्रतिरोधी आंदोलन स्थापित कानून व मान्यता का उल्लंघन करती है, उसे हिंसा करार देना उचित नहीं कहा जा सकता। वैसे भी आधुनिक राजनीतिक संस्कृति हर प्रतिरोधी आंदोलन (Protest Movement) को हिंसक नहीं मानती।

राजनीतिक हिंसा को सामाजिक आंदोलनों से काटकर नहीं देखा जा सकता और इसीलिए मैंने राजनीतिक हिंसा की व्याख्या सामाजिक प्रतिरोध आंदोलनों के संदर्भ में ही करने का प्रयास किया है। सामाजिक आंदोलन को व्यक्तियों, समूहों और संगठनों द्वारा जनता की प्रतिरोधक कार्रवाइयों के जरिए सामाजिक परिवर्तन को बढ़ाने या उसे रोकने के लिए किए गए प्रयासों के रूप में परिभाषित किया जा सकता है। जाहिर है कि इसमें सामाजिक परिवर्तन के लिए किए जा रहे सरकारी प्रयासों को शामिल नहीं किया गया है और ऐसा करना मेरा उद्देश्य भी नहीं है। मैंने हिंसा के उन्हीं अभिकर्ताओं को इसमें शामिल किया है, जो या तो सामाजिक परिवर्तन के लिए काम कर रहे हैं या उसे रोकने का प्रयास कर रहे हैं। किताबी भाषा में इन्हें क्रांतिकारी और प्रतिक्रांतिकारी ताकतें कही जा सकती है। कहा जा सकता है कि राजनीतिक हिंसा वह सामूहिक कार्रवाई है, जिसमें ताकत का इस्तेमाल आवश्यक रूप से शामिल होता है और जिसे समय और स्थान विशेष की राजनीतिक संस्कृति की व्यापक मान्यता प्राप्त नहीं होती।

राजनीतिक हिंसा के अभिगम (Approaches to political Violence)

आधुनिक समाजशास्त्र में राजनीतिक हिंसा के अध्ययन की दो परंपराएं हैं : आतंकवाद अध्ययन और सामाजिक आंदोलन अध्ययन। देखने में आता है कि आतंकवाद अध्ययन (Terrorism Studies) ने जहां अपने अध्ययन क्षेत्र का विस्तार किया है और

कम हिंसक राजनीतिक आंदोलनों को भी अपने अध्ययन का विषय बनाया है, वहीं सामाजिक आंदोलन के समाजशास्त्र ने आतंकवादी गतिविधियों को अपने अध्ययन से करीब-करीब अलग ही रखा है। अकादमिक स्तर पर यूं तो अध्ययन की इन दोनों विधियों में कम ही संवाद है, लेकिन सच्चाई यह है कि दोनों के बीच विभाजक रेखा बहुत पतली है। बहुधा राजनीतिक हिंसा और राजनीतिक उग्रवाद एक-दूसरे से इस तरह जुड़े हुए होते है कि उनके बीच फर्क करना मुश्किल है। अति क्रांतिकारी दल बहुधा उग्रवादी गतिविधियों को ही राजनीतिक गतिविधियां कहकर प्रचारित करते हैं।

आतंकवाद अध्ययन—इस अध्ययन का विकास अंतर्राष्ट्रीय आतंकवाद के परिप्रेक्ष्य में हुआ। सातवें दशक की शुरुआत में हुई कुछ आतंकवादी घटनाओं ने समाजशास्त्रियों का ध्यान इस ओर खींचा। धीरे-धीरे आतंकवाद के अध्येयताओं का ध्यान घरेलू राजनीतिक हिंसा की तरफ भी गया और इस तरह उनके अध्ययन क्षेत्र का विस्तार होता गया। अध्ययन की इस परंपरा की दिक्कत यह है कि यह राजनीतिक हिंसा को एक असमान्य राजनीतिक व्यवहार मानकर उसका विश्लेषण करता है, जबकि कई मनोवैज्ञानिक अध्ययनों से यह साबित हो चुका है कि आतंकवादी भी उतने ही सामान्य व्यक्ति होते हैं, जितने अन्य लोग। यदि मान भी लिया जाए कि राजनीतिक हिंसा एक असामान्य व्यवहार है, तब भी इतना तो मानना ही पड़ेगा कि वह सामाजिक, आर्थिक, राजनीतिक और सांस्कृतिक असुंलन की उपज है। कुछ विद्वान इसके लिए अंतरमाध्यमिक (Intermediate) आर्थिक विकास, आधुनिकीकरण का संकट, अप्रभावी राज्य दमन (State Repression) और तीव्र सांस्कृतिक परिवर्तन को उत्तरदायी मानते हैं।[7]

आतंकवादी अध्ययनों में राजनीतिक हिंसा को लोकतंत्र विरोधी बताने का चलन व्याप्त है। उनका मानना है कि चूंकि राजनीतिक हिंसा वैयक्तिक स्वतंत्रता का दमन करती है, इसलिए वह मूल रूप से लोकतंत्र विरोधी है। राजनीतिक उग्रवादी वैध तरीके से लोगों को अपने उद्देश्य के लिए राजी नहीं कर सकते, इसलिए वे हिंसा का सहारा लेते हैं, ताकि लोकतांत्रिक संस्थाओं को कमजोर किया जा सके।[8] इस तरह वे लोकतांत्रिक संस्थाओं को राजनीतिक हिस्सेदारी द्वारा आम सहमति कायम करने से रोकते हैं। टार्ग जैसे कुछ लेखक राजनीतिक हिंसा का कारण क्रांतिकारी विरोध के अवसर की कमी बताते हैं।

सामाजिक आंदोलन अध्ययन—सामाजिक आंदोलनों के माध्यम से राजनीतिक हिंसा का विश्लेषण करने का जो प्रयास किया गया है, वह आतंकवादी अध्ययन से बेहतर समझदारी प्रस्तुत करता है। ठीक है कि ऐसे अध्ययनों में भी हिंसा के लिए राज्य और सामाजिक विषमता को कम और आंदोलनों को ज्यादा जिम्मेदार बताने की प्रवृत्ति दिखाई देती है, लेकिन हिंसा को सर्वथा निरर्थक और बकवास नहीं बताया गया है। सामाजिक परिवर्तन की प्रक्रिया में हिंसा से इनकार नहीं करता है—सामाजिक आंदोलन अभिगम।

राजनीतिक हिंसा का मनोवैज्ञानिक विश्लेषण

कुछ विद्वानों ने वैयक्तिक राजनीतिक भागीदारी को उग्रवादियों के मनोवैज्ञानिक विशेषताओं के परीक्षण द्वारा सूक्ष्म स्तर पर विश्लेषण किया है।[9] डेविड और गुर्र का तर्क है कि उग्रवादी संगठनों के कार्यकर्ता उस सामाजिक तबके से आते हैं, जो अपनी आकांक्षाओं और उसे पूरा करने की अपनी क्षमता के बीच कायम खाई के कारण असंतुष्ट महसूस करते हैं। कार्नहाउजर का मानना है कि राजनीतिक हिंसा में शामिल होने वाले लोग समाज से कटे होते हैं। लीबॉन और हॉफर के विश्लेषण के अनुसार उग्रवादी या राजनीतिक हिंसा करने वाले लोग कुंठित होते हैं, अंधे होते हैं और नेताओं के आज्ञापालक होते हैं। आतंकवाद अध्ययनों के मनोवैज्ञानिक विश्लेषण में बहुधा यह साबित करने का भाव अंतर्निहित है कि राजनीतिक हिंसा का सहारा लेने वालों में बचपना होता है, वे मानसिक परेशानी के शिकार होते हैं और बाहरी दुनिया से डरे होते हैं। ये हारे हुए लोगों का जमावड़ा है, जो अपनी हार की क्षतिपूर्ति बदले की कार्रवाई से करना चाहता है।

लेकिन उक्त तर्क शुद्ध मनोवैज्ञानिक शोधों पर खरा नहीं उतरता है। प्रोफेसर जाल्ड ने उग्रवादियों पर व्यापक शोध किया है और बताया है कि राजनीतिक हिंसा करने वाले लोग मनोवैज्ञानिक रूप से कोई बीमार नहीं होते। इसी तरह क्रेन्सॉ ने पाया कि अधिकांश उग्रवादी मनोवैज्ञानिक रूप से बड़े ही सामान्य प्राणी होते हैं।

हिंसा की राजनीति नकारात्मक और सकारात्मक दोनों प्रकार होती है, लेकिन वह आवश्यक रूप से हिंसक राजनीति को ही जन्म देती है। यह राजनीति अपने विकास की प्रक्रिया में हिंसा का एक ऐसा दुश्चक्र बनाती है, जिससे छुटकारा पाना स्वयं उसके विनाश या विघटन से ही संभव होती है। सामाजिक दुराव की संस्कृति भी हिंसा को जन्म देती है, क्योंकि सामाजिक वर्गीकरण के निचले पायदानों पर खड़े तबके अपने को उपेक्षित महसूस करते हैं। कुछ मानव समूह अपमानित महसूस कर अन्य समूह के विरुद्ध हिंसा के लिए प्रेरित होते हैं।[10] माओवादी संगठनों के साथ दलितों एवं अन्य कमजोर वर्गों के जुड़ाव का यह एक महत्वपूर्ण कारण है। लेकिन यह प्रक्रिया एकतरफा नहीं है। प्रबल और सक्षम समूह भी अपने वर्चस्व को बनाए रखने के लिए कमजोर वर्गों के विरुद्ध हिंसक रवैया अपनाते हैं। बिहार में निजी सेनाओं के उद्भव को इसी रूप में समझा जाना चाहिए।

यदि स्थान विशेष या समूह विशेष की संस्कृति हिंसा का समर्थन करती है तो उस स्थान विशेष में हिंसा ज्यादा होती है और वह समूह विशेष अपेक्षाकृत ज्यादा हिंसक होता है। कई बार समाज विशेष हिंसा को वैधता प्रदान करता है, यानि वहां हिंसा को सामाजिक स्वीकृति प्राप्त होती है। इसी प्रकार जब हिंसा, हिंसक समूह के सामने नैतिक प्रश्न नहीं खड़ा करती है या जब हिंसा करने वालों को पश्चाताप नहीं होता तो हिंसा वीभत्स और नंगा स्वरूप अख्तियार कर लेती है।[11] जैसा कि सैमुअल क्लाउजर ने कहा

है—"दंगा, हत्या, और नरसंहार करने वालों को पश्चाताप नहीं होता, क्योंकि उन्हें यह काम करते हुए ऐसा महसूस होता है जैसे वे सही काम कर रहे हों। कुछ लोग तो हिंसा सिर्फ इसलिए करते हैं कि ऐसा करके ही वे अपने अस्तित्व की सार्थकता सिद्ध करते हैं। ऐसे लोग आम रूप से भीरू होते हैं और कुंठित भी। उनका डरपोक स्वभाव और कुंठा ही उन्हें हिंसा के लिए प्रेरित करते है। अपनी कुंठा की तुष्टि के लिए व हिंसा का सहारा लेते हैं।"

संस्कृति, परंपरा और धर्म की पवित्रता को पुनर्स्थापित करने के लिए भी हिंसा का सहारा लिया जाता है। यह अजीब विडंबना है कि इस तरह की हिंसा सिर्फ धार्मिक कठमुल्ले ही नहीं, बल्कि तथाकथित वामपंथी झुकाव वाली कई राजनीतिक पार्टियां भी करती हैं।[12] विचारधारा की पवित्रता के नाम पर अपने ही साथियों की हत्या का खेल वामपंथी दलों में एक पुरानी परंपरा है। मध्य बिहार में नक्सली समूहों के बीच जारी हिंसा-प्रतिहिंसा की जंग में भी इस परिघटना को देखा जा सकता है।

पहचान का खतरा भी हिंसा को बढ़ावा देता है। यह कोई जरूरी नहीं कि पहचान का खतरा वास्तविक ही हो, बल्कि छद्‌म भी हो सकता है। पहचान का खतरा अन्य कारणों के अलावा राज्य द्वारा भेदभाव किए जाने के एहसास से भी किसी समूह विशेष में पैदा हो सकता है। यहां तक कि किसी सांस्कृतिक प्रतीक के प्रति अवमानना की भावना से भी कोई समूह अपनी पहचान का खतरा महसूस कर सकता है। ऐसी भावना और ऐसा एहसास हिंसा की जमीन तैयार करते हैं।

राजनीतिक हिंसा को बढ़ाने में वाग्जाल (Rhetoric) की महत्त्वपूर्ण भूमिका होती है। उग्रवादी या अतिक्रांतिकारी संगठनों के नेताओं के भाषण, संगठनों के पम्फलेट, पर्चे आदि में जिस भाषा का प्रयोग होता है, उसे देखकर इसका सहज ही अंदाजा लगाया जा सकता है।[13]

राजनीतिक हिंसा को दो भागों में बांटा जा सकता है : 1. पारंपरिक युद्ध या हस्तक्षेप यानि वे कार्रवाइयां जो राष्ट्रीय उद्देश्यों से संबंधित हैं और 2. गैर पारंपरिक जिसमें युद्ध से लेकर तोड़फोड़ और गुरिल्ला युद्ध तक शामिल है। ऐसी गतिविधियों में शामिल लोग सन-शू की 'दी आर्ट ऑफ वार', कौटिल्य के 'अर्थशास्त्र', क्लाउजविज के 'ऑन वार', लेनिन के 'पार्टीजन वारफेयर', माओ-त्से-तुंग के 'ऑन दी प्रॉक्ट्रैक्टेड वार', टी.ई. लारेंस के 'सेवन पीलर्स ऑफ विज्डम', और कार्लोस मेरिगेला के 'मिनी मैनुअल ऑफ दी अर्बन गुरिल्ला', आदि जैसे अनेक स्रोतों में प्रेरणा लेते हैं।

एक राजनीतिक हथियार के रूप में आतंकवाद का प्रयोग पहली बार 12वीं, 13वी सदी में अरब के एक विद्रोही मुस्लिम संगठन 'एसैसिन्स' (Assassins) द्वारा किया गया। यह शब्द अरबी भाषा से लिया गया है, जिसका अर्थ हशीश (चरस) का सेवन करने वाला होता है।[14] अपने धार्मिक नेता के आदेश पर इस संगठन के कार्यकर्ता ईसाइयों और दूसरे धार्मिक शत्रुओं की हत्या कर आतंक फैलाते थे। अंततः मंगोल

आक्रमणकारियों ने उन्हें समाप्त कर डाला, लेकिन राजनीतिक हथियार के रूप में हत्या की वह परंपरा आज के आधुनिक समाज में भी कायम है।[15] बताने की आवश्यकता नहीं कि Assassination का आधुनिक अर्थ राजनीतिक हत्या है।

अत्याचारी शासकों के खिलाफ हत्या को एक राजनीतिक हथियार और विचारधारात्मक बयान के रूप में प्रयोग का इतिहास भी बहुत पुराना है। फ्रांस के फ्लोरेंटाइनों में अत्याचारी शासक की हत्या का चलन सर्वमान्य था और उसे वाजिब ठहराया जाता था। 16वीं सदी में कानूनी और नैतिक तर्क के रूप में अत्याचारी शासक की हत्या का सिद्धांत सार्वजनिक रूप से प्रचारित किया गया। इस सिद्धांत का सबसे प्रबल समर्थक जुआन डी मारियाना था, जिसकी पुस्तक 'दी रेजिस इंस्टिच्यूशन' को फ्रांस की तत्कालीन सरकार ने प्रतिबंधित कर दिया था।[16] इसके आधी शताब्दी बाद अंग्रेज कवि और राजनीतिक सिद्धांतकार जॉन मिल्टन ने इसी सिद्धांत का अनुसरण करते हुए चार्ल्स प्रथम की हत्या को जायज ठहराया। मिल्टन के अनुसार अत्याचारी शासक की जान लेना न सिर्फ कानूनी है, बल्कि प्रशंसनीय भी।

आधुनिक क्रांतिकारी आतंक की विशेषताओं एवं संभावनाओं को पहली बार नाशेव, बाकुनिन, क्रोपोटकिन आदि रूसी अराजकतावादी चिंतकों के लेखन से समझा गया। बाद में ट्राट्स्की ने भी लाल आतंक की बात कहने में कोई असुविधा महसूस नहीं की।[17] नाशेव लिखता है ''हम लोगों की तरफ से आए हैं, वर्तमान सत्ता द्वारा हम घायल किए गए हैं...हमारे पास एक पूर्ण नकारात्मक योजना है, संपूर्ण बर्बादी की योजना, जिसमे कोई संशोधन नहीं कर सकता''।[18] क्रांतिकारी आतंकवाद ने 19वीं सदी में रूस में 'सोसायटी ऑफ लैंड एंड लिबर्टी' (1876) और 'पिपुल्स विल' (1879) जैसे संगठनों के बनने के साथ अपना शास्त्रीय स्वरूप अख्तियार किया। सोशलिस्ट क्रांतिकारी पार्टी के गठन ने हत्या को एक राजनीतिक प्रतिरोध के रूप में संस्थागत स्वरूप प्रदान किया। आधुनिक समाज में क्रांतिकारी और प्रति-क्रांतिकारी दोनों तरह के आतंकवाद कायम हैं।

यह एक ऐतिहासिक सच्चाई है कि जब भी कभी राज्य व्यक्तियों के विरुद्ध हिंसा की कार्रवाई करता है तो उसका जवाब भी हिंसात्मक तरीके से ही मिलता है। वैसे एक सच्चाई यह भी है कि राजनीतिक उद्देश्यों के लिए व्यक्ति विशेष को चिह्नित कर उसे खत्म करने का चलन क्रांतिकारी संगठनों के उद्भव के साथ ही शुरू हुआ। राज्य की हिंसा के खिलाफ ही गुरिल्ला युद्ध की शुरुआत हुई। चे गुआरा ने कहा है कि गुरिल्ला युद्ध जनता का युद्ध है और वह नारा आज भी स्वतःस्फूर्त हथियारबंद आंदोलनों का मूलमंत्र बना हुआ है।

संदर्भ

1. डोनाटेला डेला पोर्टा, 'सोसल मुवमेंट्स, पॉलिटिकल वायलेंस एंड दी स्टेट : ए कम्परेटिव एनालिसिस ऑफ इटली एंड जर्मनी', कैब्रिज यूनिवर्सीटी प्रेस (1955), पृ. 2

2. वेब्स्टर्स न्यु वर्ल्ड डिक्शनरी ऑफ दी अमेरिकन लैंग्वेज, द्वितीय कॉलेज संस्करण, 1979।
3. ग्राहम ह्युग डी. और टेड आर. गर्र (संपादित), 'वायलेंस इन अमेरिका : हिस्टोरिकल एंड कम्परेटिव पर्सपेक्टिव' पृ. 27।
4. टिल्ली चार्ल्स, 'दी एनालिसिस ऑफ ए काउंटर रिवोल्युशन : हिस्ट्री एंड थ्योरी' पृ. 176।
5. गुर्र टेड राबर्ट, 'न्यू एरर कंपनसेटेड मेजर्स फॉर कम्पेयरिंग नेशंसः सम कोरिलेट्स ऑफ सिविल वायलेंस', प्रिंस्टन, पृ. 3-4।
6. विल्किंसन पाल, 'पालिटिकल टेररिज्म', लंदन मैकमिलन, 1986, पृ. 30।
7. टैरो, पृ. 614।
8. डोनाटेला डेला पोर्टा, पृ. 5।
9. डेविड डोनाल्ड एम. 'टेररिज्मः मोटिव्स एंड मीन्स।
10. सुधीर कक्कड़, 'दी कलर्स ऑफ वायलेंस' वाइकिंग (1995), पृ. 140।
11. सैमुअल जे. क्लाउजनर, 'इनसाक्लोपीडिया ऑफ रेलिजन' पृ. 267.71।
12. एंड्रयु सैमुअल्स, 'दी पालिटिकल साइकी' पृ. 11-12।
13. बिहार के ग्रामीण इलाकों में परस्पर संघर्षरत माओवादी संगठनों एवं निजी सेनाओं के पंफ्लेटों, पर्चों में इसकी झलक देखी जा सकती है।
14. ऑक्सफोर्ड इंग्लिस शब्दकोश।
15. विस्तृत जानकारी के लिए देखें—हॉग्सन की पुस्तक 'दी आर्डर ऑफ एसैसिन्स', और हरवुड की 'सोसायटी एंड दी एसैसिन्सः ए बैकग्राउंड बुक ऑन पालिटिकल मर्डर।
16. कुटनर, 'ड्यु प्रासेस ऑफ रिबेलियन' पृ. 5-7 तथा डुरांट, 'दी एज ऑफ रिजन्स बिगीन्स' पृ. 627-629।
17. ट्राट्स्की, 'टेररिज्म एंड कम्युनिज्म', 1961।
18. वेन्चुरी, 'रूट्स ऑफ रिवोल्युशनः ए हिस्ट्री ऑफ दी पापुलिस्ट एंड सोशनिस्ट मुवमेंट्स इन नाइंटिएथ सेन्चुरी रुस' 1966, पृ. 373।

अध्याय-6

बिहार में नक्सलवादी आंदोलन

स्वतंत्र भारत के इतिहास में नक्सलवादी आंदोलन एक महत्त्वपूर्ण किसान आंदोलन है। यह पहला ऐसा आंदोलन है जिसमें गरीब किसानों के साथ-साथ भूमिहीन खेतिहर मजदूरों ने हिस्सा लिया और बहुत हद तक उसे नेतृत्व भी प्रदान किया। मार्क्स, लेनिन और माओ त्से-तुंग के विचारों से प्रेरित इस आंदोलन की शुरुआत मई 1967 में पश्चिम बंगाल के सिलिगुड़ी सब डिविजन के नक्सलवाड़ी में हुई। नक्सलवाद से प्रेरित बिहार में पहला किसान विद्रोह मुजफ्फरपुर के मुसहरी ब्लाक में हुआ, लेकिन सरकारी दमन एवं सर्वोदयी नेता जयप्रकाश नारायण के शांतिपूर्ण समाज सुधार और अनुदान के हथियार ने उसे जल्दी ही ठंढा कर दिया। उल्लेखनीय है कि पुलिस और प्रशासन 'अहिंसक क्रांति' के रहनुमाओं के हस्तक्षेप को भी अपने नक्सल विरोधी अभियान का पूरक हिस्सा मानती रही। नक्सलियों से निपटने के लिए तैनात डीआईजी बीएन सिन्हा के इस बयान से कि 'सामाजिक-सांस्कृतिक धरातल पर बदलाव लाने के लिए तमाम क्षेत्रों के उत्साही और समर्पित समाज सुधारकों को नियोजित करना प्रतिविद्रोही कार्रवाइयों का उतना ही महत्त्वपूर्ण अंग है जितना कि पुलिस द्वारा की गई कार्रवाइयां''[1] ऐसे प्रयासों की असलियत आसानी से समझी जा सकती है।

मध्य बिहार में नक्सली संगठनों के नेतृत्व में जो किसान-खेत मजदूरों का आंदोलन चल रहा है, उसकी शुरुआत भोजपुर से होती है। सहार थाने में सोन के किनारे बसे एक गांव एकवारी में इसकी पहली चिंगारी फूटी और देखते-ही-देखते न सिर्फ पूरे भोजपुर बल्कि सोन नदी को पार कर पटना, जहानाबाद, गया और औरंगाबाद तक पहुंच गई। भोजपुर का नक्सली आंदोलन पूर्ण रूप से एक स्वतःस्फूर्त आंदोलन था, जो वहां की जमीनी परिस्थितियों से पैदा हुआ था और इसके सूत्रधार थे मास्टर जगदीश महतो। जब बिहार सरकार मुसहरी में अपनी नक्सल विरोधी अभियान की सफलता पर जश्न मना रही थी तभी सहार के एकवारी गांव में नक्सलवादी गतिविधियां वेगवान हो भड़क उठीं। यह आंदोलन ऐसे समय में शुरू हुआ, जब बंगाल में नक्सली आंदोलन सरकारी दमन, अपनी वैचारिक अंतर्विरोधों एवं फूट के कारण समाप्त हो चुका था। भोजपुर में नक्सली

आंदोलन की शुरुआत किसी नक्सली संगठन के नेतृत्व में नहीं हुई थी, बल्कि स्थानीय लोगों के नेतृत्व में हुई थी और इसके असली किरदार भूमिहीन खेतिहर मजदूर थे। दूसरी महत्वपूर्ण बात यह थी कि यह आर्थिक कारणों के साथ-साथ सामाजिक कारणों से भी प्रेरित था। प्रकारांतर से कहा जा सकता है कि भूमिहीन खेतिहर मजदूरों को हिंसा की राह पर ला खड़ा करने में आर्थिक शोषण के साथ-साथ सामाजिक अपमान की भी अहम भूमिका रही है। जैसे-जैसे आंदोलन का विस्तार होता गया, वैसे-वैसे इसमें राजनीतिक मुद्दे भी शामिल होते गए। भोजपुर में नक्सली आंदोलन के विस्फोट को समझने के लिए वहां की सामाजिक-आर्थिक और ऐतिहासिक पृष्ठभूमि का अवलोकन करना आवश्यक है।

भोजपुर : ऐतिहासिक पृष्ठभूमि

नक्सली बनाम निजी सेनाओं के बीच हिंसा-प्रतिहिंसा की लड़ाई का सबसे वीभत्स रूप भोजपुर और जहानाबाद जिले में मौजूद है, इसलिए इन दो जिलों की ऐतिहासिक पृष्ठभूमि को समझना अति आवश्यक है। मध्य बिहार के अन्य जिलों की स्थिति भी कमोबेश यही है। इन दो जिलों की स्थिति से तुलना कर अन्य जिलों की स्थिति को समझा जा सकता है।

भोजपुर जिला पुराने शाहाबाद जिले के विभाजन के बाद 1974 में अस्तित्व में आया। इसका मुख्यालय आरा है। यूं तो इस जिले में बड़े जमींदारों की संख्या कम रही है लेकिन डुमरांव और जगदीशपुर जैसे दो बड़े जमींदार घराने रहे हैं। इसके अलावा केसठ, चौगाई, कसाप आदि अनेक छोटे-छोटे जमींदार घराने भी रहे हैं। खुदकाश्त जमींदारी[2] का तो इस जिले में जाल बिछा हुआ था। यह जिला स्वतंत्रता के पहले से ही किसान आंदोलन का एक तरह से गढ़ रहा था। 1857 के प्रथम स्वतंत्रता संग्राम में यहां के किसानों ने जगदीशपुर के जमींदार बाबू कुंअर सिंह और उनके भाई अमर सिंह और उनके सहयोगी हरकिशन सिंह तथा निशान सिंह के नेतृत्व में अंग्रेजों के खिलाफ विद्रोह का बिगुल बजाया था।[3] अंग्रेजों ने इस विद्रोह को दबा तो दिया किंतु किसानों के असंतोष को रोकने के लिए उन्हें कुशल प्रशासन देने एवं कृषि को विकसित करने की नीति भी अपनानी पड़ी। यही कारण है कि बिहार में सबसे पहले भोजपुर में ही अंग्रेजों ने भारतीय दंड-विधान को लागू किया[4] और 19वीं सदी के उत्तरार्ध में सोन नहर व्यवस्था द्वारा खेती को आधुनिक बनाने का प्रयास किया।[5]

सन् 1873 में स्थायी बंदोबस्त के तहत लार्ड कार्नवालिस ने जिस जमींदारी व्यवस्था की शुरुआत की थी, उसके दुष्परिणाम के बारे में लार्ड हेस्टिंग्स ने 31 दिसंबर 1891 को लिखा कि इससे पूरे प्रदेश में कमजोर वर्गों का बेइंतहा शोषण हो रहा है और प्रशासन उसे दूर करने में सर्वथा अक्षम साबित हो रहा है।[6] इस व्यवस्था का रैयतों पर सबसे बुरा प्रभाव पड़ा। मालूम हो कि इनमें अधिकांश पिछड़ी जातियों के थे। स्थायी बंदोबस्त के प्रावधानों के तहत जमींदार रैयतों से लगान तो वसूल करते ही थे, इसके अलावा अबवाब

और सलामी भी लेते थे। सही है कि भोजपुर के रैयतों की स्थिति पटना और गया के रैयतों से अपेक्षाकृत बेहतर थी, लेकिन उत्पाद-लगान (Produce-rent) व्यवस्था के चलते उनकी स्थिति बद से बदतर होती गयी।[7] व्यवस्था रैयतों के लिए इतनी शोषणकारी थी कि 1930 तक आते-आते रैयतों उसके ने उसके बदले नकदी लगान व्यवस्था लागू करने के लिए आवाज उठानी शुरू कर दी। इस व्यवस्था के तहत जमींदारों को पानी की आपूर्ति के लिए पूंजी लगानी होती थी, लेकिन व्यवहार में वे ऐसा नहीं करते थे, जिसके चलते जमींदारों और रैयतों के बीच कई बार संघर्ष की स्थिति पैदा हो जाती थी।

सोन नहर प्रणाली का 75 प्रतिशत हिस्सा शाहाबाद में ही पड़ता है। इसमें कोई शक नहीं कि इस व्यवस्था से कुछ हद तक कृषि का बाजारीकरण हुआ और वह मुनाफे का सौदा बनी। इसके दो परिणाम हुए—एक तरफ जहां लगान के रूप में जमींदारों को अधिक आय हुई,[8] वहीं दूसरी तरफ आबादी के एक बड़े हिस्से को आर्थिक स्थायित्व मिला। आर्थिक स्थायित्व प्राप्त करने वाला यह नया तबका जमींदारी उन्मूलन की कब्र से पैदा हुआ था। जमींदारी उन्मूलन के बाद पुराने बटाईदार जिनमें अहीर, कुर्मी और कोइरी जैसी पिछड़ी जातियों के अलावा भूमिहार भी काफी संख्या में थे, अब स्वयं भूस्वामी बन चुके थे। लेकिन भूमिहारों को छोड़कर अन्य पिछड़ी जातियों को वह सामाजिक प्रतिष्ठा प्राप्त नहीं थी जिसका वे अपने को हकदार समझते थे। विडंबना है कि यही तबका आगे चलकर अंग्रेज विरोधी बना। खेती के बाजारोन्मुख होने के दो अन्य परिणाम भी सामने आए। पहला यह कि रैयत—खेतिहर, जो मुख्य रूप से पिछड़ी जातियों से आते थे, बिहार किसान सभा के झंडा तले जमींदार विरोधी आंदोलन से जुड़े तथा त्रिवेणी संघ बना कर अपने सामाजिक सुधार आंदोलन की शुरुआत भी की। दूसरा परिणाम यह हुआ कि खेती के बाजारीकरण के चलते किसानों में वर्ग विभेद बढ़ा तथा निचले स्तर पर लोग कृषि कार्यों से दूर हुए। जो किसान भूमिहीन बन गए थे, वे तो हरवाहा-चरवाहा या मजदूर बन कर कृषि कार्यों से जुड़ गए, लेकिन अधिकांश वाह्य सर्वहारा (External Proletariate) बनने के लिए बाध्य हुए। अपनी जीविका की तलाश में यह तबका कलकत्ता में या तो कुली बना या वहां के चटकलों में मजदूर। आज भी कलकत्ता के अधिकांश कुली भोजपुर के ही हैं। बड़ी जातियों के जो किसान विस्थापित हुए वे बंगाल पुलिस और अन्य सशस्त्र सेनाओं में भर्ती हुए।[9] इस परिघटना का परिणाम यह हुआ कि भोजपुर में हथियारों की आमद हुई और एक लंपट किस्म की संस्कृति का प्रार्दुभाव हुआ। भोजपुर निवासियों के मुंह से आज भी सुना जा सकता है कि ''आरा जिला घर बा त कवन बात के डर बा'' या ''तसलवा तोर ह कि मोर''।

भोजपुर मुगल काल से ही मिलिट्री लेबर मार्केट का सबसे बड़ा केंद्र था। बक्सरिया सिपाहियों की तब बड़ी मांग थी। कोल्फ ने अपनी पुस्तक 'नौकर, राजपूत एंड सिपाही' में विस्तार से बताया है कि अंग्रेजों के आने के पहले तक बक्सर सैनिकों की भर्ती का देश का सबसे बड़ा केंद्र था। तब किंवदंती प्रचलित थी कि 'व्याघ्रसर' तालाब में स्नान

करने से व्यक्ति में बाघ जैसी शक्ति आ जाती है और इसलिए हर रंगरूट (Recruite) को उस तालाब में स्नान करना आवश्यक था। मालूम हो कि बक्सर में 'ब्याघ्रसर' तालाब आज भी मौजूद है। शेरशाह अपने आरंभिक दिनों में 'मिलिट्री लेबर मार्केट' का बड़ा और सफल दलाल था। भोजपुरिया सिपाहियों की तब बड़ी प्रतिष्ठा थी। अकबर काल के समय की एक घटना का जिक्र करते हुए लेखक बताता है कि अकबर ने सौराष्ट्र (महाराष्ट्र) के किले को फतह करने के लिए एक महीने तक घेरा डाले रखा लेकिन कोई नतीजा नहीं निकला—किले को फतह करने में अकबर की फौज नाकामयाब रही। तब भोजपुरिया सिपाहियों को बुलाया गया। उनकी संख्या मात्र 700 थी लेकिन 24 घंटे के अंदर ही उन्होंने किले को फतह कर लिया। मेदिनी राय 'पुरूबिया' तो एक ऐसा सिपाही निकला जो मालवा के सुल्तान का सिपहसालार बना और जब सुल्तान से अनबन हो गयी तो उसकी सेवा छोड़ अपनी सेना लेकर चितौड़ के राणा सांगा (कर्नल टॉड ने राणा सांगा को 'सिपाही का भग्नावशेष' कहा है) की फौज में काम करने लगा। शिवाजी की सेना में भी भोजपुरिया सिपाहियों की अच्छी-खासी संख्या थी। मालूम हो कि शिवाजी का राज्याभिषेक करने से स्थानीय ब्राह्मणों ने जब इंकार कर दिया था तो बनारस के पंडितों ने उनका राज्याभिषेक कराया था। कहना न होगा कि बनारस एक भोजपुरी प्रदेश है। अंग्रेजों की पहली बटालियन बंगाल राइफल्स भोजपुरिया सिपाहियों के बल पर ही खड़ी हुई थी। भोजपुर का समाज वास्तव में एक कृषक-फौजी समाज रहा है। फौज और जमीन से यहां के ब्राह्मण भूमिहार, राजपूत आदि ऊंची जातियों का पुराना रिश्ता रहा है। मुगलों की भांति अंग्रेजों ने भी अपनी फौज में ऊंची जातियों से रंगरूट भर्ती करने की नीति का परिपालन किया।[10]

अभयपुरा गांव के सेवानिवृत्त सिपाही सरजुग सिंह बताते हैं कि अंग्रेज एस.पी. जाति पूछकर सिपाहियों की भर्ती करते थे।[11] इतना ही नहीं, बिहार पुलिस में जातीय पूर्वाग्रह इस कदर भरा हुआ है कि वहां हर जातियों के अलग चुल्हे-चौके हैं। बैरक में रहने वाले विभिन्न जातियों के सिपाही, हवलदार अपना अलग-अलग चौका रखते हैं। ऊंची जातियों के सिपाही तो एक-दूसरे के चौके में खा सकते हैं, लेकिन उनके चौके में किसी पिछड़ी जाति के सिपाही का प्रवेश सर्वथा निषिद्ध होता है। एक चौके में भोजन करने वाले सिपाही आपस मे एक-दूसरे को 'रोटिहा' कहते हैं। हद तो यह है कि एक ही जाति के सिपाही 'बड़ी पांत' और 'छोटी पांत में बंटे होते हैं। बड़ी पांत वाले छोटी पांत के सिपाहियों को अपने चौके का सदस्य नहीं बनाते हैं। बंदूक की संस्कृति भोजपुर में बहुत पहले से विद्यमान रही है और कहना न होगा कि ये बंदूकें सवर्णों की थीं। इस संस्कृति से वे भी नहीं बच पाए जिन्होंने एक समय में इस संस्कृति के खिलाफ सबसे मुखर लड़ाई लड़ी थी। यादव, कुर्मी और कोइरी जैसी पिछड़ी खेतिहर जातियों ने त्रिवेणी संघ और बिहार किसान संघ के बैनर तले ब्राह्मण, राजपूत और भूम्हिार जमींदारों के जुल्म व उत्पीड़न के खिलाफ एक लंबी लड़ाई लड़ी थी, लेकिन अब वे स्वयं वही करने

लगी हैं—कम-से-कम दलितों पर जुल्म ढाने के मामले में वे राजपूत, ब्राह्मण और भूमिहार जातियों के भूस्वामियों से कतई पीछे नहीं हैं। ब्रह्मर्षि सेना, कुंअर सेना, सनलाइट सेना, सवर्ण लिबरेशन फ्रंट और रणवीर सेना जैसी ऊंची जातियों की सेनाओं से भूमि सेना, लोरिक सेना आदि कुर्मी-यादवों की सेनाओं की बर्बरता कहीं भी कम नहीं रही है। यह महज इत्तफाक नहीं कि सभी सेनाओं की बंदूकें दलितों की ओर ही तनी हुई हैं। साफ है कि प्रभु जातियां, पुरानी भी और नयी भी, सामाजिक-आर्थिक वर्चस्व व विशेषाधिकार को कायम रखने के लिए ही ऐसा कर रही हैं। उचित मजदूरी, इज्जत के साथ जिंदगी जीने का अधिकार, भूमि सुधार आदि की मांग भूमिहीन किसान-मजदूर कर रहे हैं। भूस्वामियों के लिए यह समझना मुश्किल नहीं है कि ये मांगें उनके वर्चस्व व विशेषाधिकार में खलल हैं।

स्वतंत्रता के बाद भूमि सुधार की सारी घोषणाओं और प्रयासों के बावजूद स्थिति में कोई विशेष परिवर्तन नहीं आया है। यहां की कुल खेती योग्य जमीन के 15.2 प्रतिशत हिस्से पर 1.5 प्रतिशत धनी किसान और भूपतियों का प्रत्यक्ष कब्जा है। यद्यपि कि 84.8 प्रतिशत भूमि के मालिक छोटे किसान हैं, लेकिन नहर के पानी का ऊंचा रेट और आधुनिक कृषि औजार व अन्य सुविधाओं के महंगा होने के कारण स्थिति ऐसी बन गयी है, जहां छोटे किसान बड़े किसानों के पास अपनी जमीन रेहन (Lease) रखने के लिए बाध्य हैं। इस तरह हम देखते हैं कि बड़े किसान जितनी जमीन रखते हैं, वास्तव मे वे उससे कहीं ज्यादा जमीन के मालिक हैं।

तीसरी पंचवर्षीय योजना के तहत सन् 1960 के अक्टूबर महीने में भोजपुर में आईएडीपी (इंटेन्सिव एरिया डेवलप्मेंट प्रॉजेक्ट), जिसे पैकेज प्रोग्राम भी कहते हैं, शुरू किया गया। सोन नदी से पानी की गारंटी को देखते हुए यह स्वाभाविक ही था। लेकिन जल्दी ही इस बात के संकेत मिलने लगे कि हरित क्रांति लाल क्रांति में बदल सकती है।[12]

काश्तकारों और भूस्वामियों के बीच संघर्ष की स्थिति बनी रही। काश्तकारों की स्थिति में कोई परिवर्तन नहीं हुआ और वे भूस्वामियों की दया पर जीने के लिए बाध्य थे। भूस्वामी उन्हें जो जमीन देते थे उसका कोई रिकार्ड नहीं होता था और न काश्तकारों को कोई लिखित रसीद दिया जाता था। स्वयं खेती करने के नाम पर भूस्वामी जब चाहते, अपनी जमीन वापस ले सकते थे। आज भी कमोबेश यही स्थिति है। विश्व बैंक के एक अधिकारी वुल्फ लैजिंस्की ने 1963 में ही बिहार सरकार से शिकायत की थी कि रैयतों को सत्र की सुरक्षा (Security of Tenure) नहीं होने के कारण पैकेज प्रोग्राम का सारा उद्देश्य ही पराजित हो रहा है।[13]

हदबंदी कानून बनने के बाद भूस्वामी बड़े पैमाने पर अपनी जमीन रैयतों से वापस लेने लगे, जिसके परिणामस्वरूप रैयतों का बड़े पैमाने पर विस्थापन हुआ और वे खेतिहर मजदूर में तब्दील हुए। सरकार द्वारा तय न्यूनतम मजदूरी महज एक निर्मम मजाक के सिवा कुछ नहीं था। इसी तरह बटाईदारों की स्थिति भी काफी दयनीय थी।[14] भोजपुर

में मुख्य रूप से दो तरह की बटाईदारी व्यवस्था थी—अधिया और तीसरी। पहली व्यवस्था के तहत भूस्वामी और बटाईदार खेती में आनेवाले खर्च को आधा-आधा वहन करते थे, लेकिन इसमें श्रम और सिंचाई का खर्च बटाईदार को वहन करना होता था और उत्पादन में दोनों का आधा-आधा हिस्सा होता था। दूसरी व्यवस्था के अंतर्गत भूस्वामी खेती में आने वाले खर्च का दो तिहाई और बटाईदार एक-तिहाई वहन करते थे और उत्पादन में दोनों का बराबर हिस्सा होता था। यदि फसल नहीं हुई तो बटाईदार को ही घाटा उठाना पड़ता था क्योंकि कानून के अनुसार उसे भूस्वामी को हर साल एक खास रकम या अनाज देना पड़ता था। इसके अलावा रैयतों को सामाजिक अपमान भी सहना पड़ता था।

छठे दशक में यहां समाजवादी आंदोलन का जबर्दस्त प्रसार हुआ और 1967 के विधानसभा चुनावों में शाहाबाद जिले में संयुक्त सोशलिस्ट पार्टी सात सीटें जीतने में कामयाब हुई। समाजवादी आंदोलन ने यूं तो भूमिहीन मजदूरों को, जिसमें अधिकांश दलित थे, लामबंद करने में कोई विशेष सफलता नहीं पायी, लेकिन पिछड़ी जातियों में सवर्ण विरोधी चेतना पैदा करने में वह जरूर सफल रहा। यादव, कुर्मी और कोइरी जाति के पढ़े-लिखे युवक ऊंची जातियों के अपमानजनक व्यवहार को सहने के लिए अब तैयार नहीं थे। उधर ऊंची जातियों के भूस्वामी उनके साथ अपमानजनक व्यवहार करना अपना जन्मसिद्ध अधिकार समझते रहे। इसे एक उदाहरण के हवाले से समझा जा सकता है। सन् 1975 में डोम जाति के लोगों ने ब्रह्मपुर ब्लॉक के नीमज गांव में जब अपनी सभा की तो ऊंची जातियों ने लोगों के पुलिस के साथ मिलकर उन्हें निर्दयतापूर्वक पीटा।[15] अनेक भोजपुरी गीतों में दलितों की दर्दगाथा सुनी जा सकती है।[16]

ऊंची जातियों के भूस्वामियों द्वारा पिछड़ी और भूमिहीन दलित जातियों पर अत्याचार किया जाना वहां की एक स्वीकृत सामाजिक हकीकत थी। इसे पहली बार समाजवादियों ने चुनौती दी। भोजपुर में समाजवादी विचारधारा का प्रसार करने में राम एकबाल, लक्ष्मण सिंह, रघुनाथ गोप और प्रणव चटर्जी की प्रमुख भूमिका रही थी। 1952 में समाजवादी पार्टी में विभाजन के पहले उसके संस्थापक नेताओं में अनेक लोग भोजपुर के थे, जिसमें करथ के धरीछन सिंह, राम एकबाल जो भोजपुर में 'नीरो के गांधी' के नाम से मशहूर हैं, चौराही गांव के कमलकांत वर्मा तथा संदेश ब्लॉक के सुंदरपुर गांव के रामसकल सिंह प्रमुख थे। इसके अलावा समाजवादी विचारधारा को बढ़ाने में तड़ारी ब्लॉक के राम नगीना सिंह, राम सिंहासन सिंह तथा सहार ब्लाक के राधामोहन राय की प्रमुख भूमिका रही थी।

करथ के धरीछन सिंह ने 1957-58 में चमार जाति की एक महिला के साथ बलात्कार के मामले को लेकर लंबी कानूनी लड़ाई लड़ी। उसी गांव के एक राजपूत भूस्वामी ने उस महिला के साथ बलात्कार किया था। इसी तरह तड़ारी ब्लॉक के उरसी गांव में राम एकबाल ने गांव में रहने वाली वेश्याओं को सामाजिक स्वीकृति दिलवाई।[17]

इसके अलावा तीन प्रमुख मध्यवर्ती जातियों कुर्मी, कोइरी और यादवों को एक मंच पर लाकर एक सामाजिक-राजनीतिक ताकत के रूप में एकजुट करने काम भी इन नेताओं ने बखूबी किया। इसमें उनका राजनीतिक लाभ भी था, क्योंकि उनकी सम्मिलित आबादी लगभग 36 प्रतिशत थी।

ऊंची जातियों के भूस्वामियों ने इस परिघटना को अपने लिए एक खतरा के रूप में ही देखा। वैसे भी समाजवादियों को उस समय अहीर-कोइरी-कुर्मी पार्टी के रूप में ही चिह्नित किया जाता था। 1967 के बिहार विधानसभा चुनावों में शाहाबाद में समाजवादी पार्टी की 22 में सात सीटों पर जीत हुई। ऐसा लगने लगा जैसे त्रिवेणी संघ की वापसी हो गई हो। पीरो ब्लॉक के चौराही गांव में तो कमलकांत वर्मा के नेतृत्व में समाजवादियों ने उस समय एक नया इतिहास ही रच दिया, जब गांव के लोगों ने नहर टैक्स देने से इनकार कर दिया। नहर के पानी की अनियमित आपूर्ति से सहार, संदेश, पीरो और जगदीशपुर के रैयत, किसान काफी परेशान थे। यह आंदोलन इतना उग्र हो गया कि जब टैक्स नहीं देने वाले लोगों की संपत्ति जब्त करने के लिए सरकारी अफसर चौराही पहुंचे तो लोगों ने उन पर हमला बोल दिया। यह आंदोलन कई सालों तक चलता रहा। इसी तरह आरा में रामसकल सिंह के नेतृत्व में समाजवादियों ने आटा मिल मालिकों के खिलाफ जबर्दस्त आंदोलन किया। लेकिन इसके बावजूद भूमिहीन खेतिहर मजदूरों की स्थिति में कोई परिवर्तन नहीं आया क्योंकि समाजवादियों ने भी उनकी समस्याओं पर ध्यान नहीं दिया। वे मूल रूप से उपेक्षित ही रहे।

नहर आंदोलन भोजपुर में हमेशा एक प्रमुख मुद्दा बना रहा। सन् 1953 में भोजपुर में कम्युनिस्ट पार्टी की जिला इकाई की स्थापना हुई और उसके बाद 1956 में समाजवादियों और साम्यवादियों ने सम्मिलित रूप से नहर लगान के मुद्दे पर तब आंदोलन चलाया जब सरकार ने प्रति एकड़ उसकी दर पांच रुपये से बढ़ाकर दस रुपये कर दी। सहार, संदेश, पीरो और नावानगर में इस आंदोलन का प्रमुख जोर रहा। इस आंदोलन के दौरान सीपीआई के करीब 300 कार्यकर्ताओं को गिरफ्तार किया गया। उल्लेखनीय है कि बाद में चलकर सीपीआई के कई नेता नक्सली आंदोलन से जुड़े और उसके विस्तार में महत्त्वपूर्ण भूमिका निभाई। रामनरेश दुसाध, महाराज महतो और जगदीश महतो, जिन्होंने भोजपुर में नक्सली आंदोलन को जन्म दिया, पहले सीपीआई के नेता, समर्थक हुआ करते थे। 1964 में कम्युनिस्ट पार्टी में विभाजन के बाद भोजपुर के कई प्रमुख नेता भारतीय कम्युनिष्ट पार्टी (भाकपा) छोड़कर मार्क्सवादी कम्युनिस्ट पार्टी (माकपा) में शामिल हो गए। थोड़े ही अंतराल में केशो प्रसाद सिंह, धीरज ठाकुर और सत्यनारायण सिंह जैसे प्रमुख नेताओं की मृत्यु के बाद माकपा फिर कभी उबर नहीं पाई। बेहतर मजदूरी को लेकर भोजपुर में खेतिहर मजदूरों का पहला आंदोलन माकपा के नेतृत्व में हुआ। संदेश ब्लॉक में इसका नेतृत्व अभयपुरा के बीर बहादुर सिंह ने किया।[18] लेकिन माकपा इस आंदोलन को तार्किक परिणति तक ले जाने मे असफल रही

क्योंकि स्वयं माकपा ही पेकिंग समर्थकों और विरोधियों के बीच बंटने लगी थी।

ऐसी ही स्थिति में एक नए किस्म की राजनीति ने वहां जन्म लिया, जिसे नक्सलवादी आंदोलन कहा जाता है। भारत के इतिहास में पहली बार भूमिहीनों और दलितों को लामबंद करने की प्रक्रिया शुरू हुई और इसी के साथ शुरू हुई लाठी के बल पर दलितों को दबाने की प्रक्रिया भी।

गंगा और सोन नदियों के दोआबे में 1527 वर्ग मील में फैला हुआ भोजपुर जिला पूरी तरह समतल क्षेत्र है। पूरब में सोन नदी इसे पटना, जहानाबाद, औरंगाबाद और गया जिलों से अलग करती है। इसके उत्तर में गंगा नदी है जो इसे छपरा जिले से अलग करती है, जबकि पश्चिम में कर्मनाशा नदी इसे गाजीपुर से अलग करती है। दक्षिण में रोहतास जिला है। पूर्वी रेलवे की मुख्य लाइन जिले को उत्तर व दक्षिण दो भागों में बांटती है, जिसे स्थानीय लोग क्रमशः हेठार और दक्षिणी इलाका कहते हैं

सरकार ने सोचा भी नहीं था कि भोजपुर में नक्सलवादी आंदोलन भड़क सकता है। सरकार की सूची में यह अशांत क्षेत्र भी नहीं था। छठे दशक में इसे हरित क्रांति के मॉडल के लिए चुना गया था। वैसे हरित क्रांति शुरू होने के थोड़े दिनों बाद ही संकेत मिलने लगा था कि हरित क्रांति 'लाल क्रांति' में तब्दील हो सकती है। उस समय वहां लिबरेशन गुट महादेव मुखर्जी से अलग होकर जौहर के नेतृत्व में काम कर रहा था, लेकिन नक्सली आंदोलन को शुरू करने में उसकी कोई भूमिका नहीं थी। हां, आंदोलन को सुचारू रूप प्रदान करने एवं बढ़ाने में लिबरेशन ने अवश्य महत्त्वपूर्ण भूमिका निभाई।

भोजपुर में नक्सलवादी आंदोलन की शुरुआत सहार ब्लाक के एकवारी गांव से हुई। एकवारी एक बड़ा गांव है। इसकी आबादी लगभग 16,000 है। इस गांव में 350 घर भूमिहार हैं, यादव, कोइरी मिलकर 90 घर हैं तथा कहांर, धोबी और चमार 60 घर हैं। इसके अलावा कुछ ब्राह्मण भी हैं। यहां की दो-तिहाई जमीन के मालिक भूमिहार हैं। यादव और कोइरी मध्यम किसान हैं, जबकि दलित आम रूप से भूमिहीन हैं। यहां की जमीन काफी उपजाऊ है। वास्तव में सहार ब्लाक कृषि के मामले में काफी आगे है। इसे 'भोजपुर का हरियाणा' कहा जाता है। एक बिगहा में 40 मन धान की पैदावार वहां सामान्य बात है। इसके बावजूद खेतिहर मजदूरों को काफी कम मज्दूरी दी जाती थी। 1980 तक वहां मजदूरों को सिर्फ तीन सेर कच्ची यानि सवा किलो चावल और खेती के समय रात का खाना दिया जाता था। वैसे यह कोई अकेले एकवारी की बात नहीं थी, बल्कि सभी गांवों में यही हाल था। हरवाहे को दो सेर कच्चा चावल रोज का तथा 10-12 कट्ठा जमीन खेती के लिए दिया जाता था। हरित क्रांति से भूपतियों की आमदनी में वृद्धि हुई लेकिन वे मजदूरी बढ़ाने के लिए तैयार नहीं थे। छोटी जातियां एक तरह से उनका दास थीं। हालत यह थी कि वहां के जमींदार हरिजनों की बहू-बेटियों की इज्जत कभी और कहीं भी लूट लेते थे और कोई चूं तक नहीं कर सकता था।

ऐसे में मास्टर जगदीश ने हरिजनों को जगाने का प्रयास किया। उनके प्रयास का

वहां के जमींदारों ने काफी मजाक उड़ाया। 1967 के चुनाव में जब उन्होंने वहां के जमींदारों द्वारा किए जा रहे बूथ कैप्चरिंग का विरोध किया तो उनकी निर्मम पिटाई की गई। महीनों उन्हें अस्पताल में रहना पड़ा। इसके बाद जगदीश मास्टर की जिंदगी ही बदल गई। नक्सलवादी विचाराधारा के प्रभाव में वे लगातार आते गए और जब चारु मजूमदार ने भोजपुर का दौरा किया तो वे उनके संपर्क में आए। इसके बाद एकवारी में जनवरी 1971 से मार्च 1971 के बीच एक के बाद एक पांच सफाए हुए। एकवारी मे पहली हत्या शिवपूजन सिंह की हुई जो स्वयं तो छोटे किसान थे लेकिन जमींदारों के लठैत थे। रामेश्वर अहीर, रामनरेश दुसाध ने इस चिंगारी को ज्वाला बना दिया।

एकवारी की घटना से प्रेरित होकर आसपास के अनेक गांवों के हरिजनों ने भी भूपतियों के अत्याचारों के खिलाफ सर उठाना शुरू कर दिया। एकवारी के आसपास के गांवों अगिआंव, बेरथ, बरुही और चंवरी में भी नक्सली गतिविधियां शुरू हो गईं। 26 जनवरी, 1973 को नक्सलियों की अगुवाई में करीब सौ भूमिहीन किसान-मजदूरों ने चंवरी गांव के एक व्यापारी का चावल जब्त कर लिया। न्यूनतम मजदूरी के सवाल पर इस गांव में दो साल से आंदोलन चल रहा था और इस संघर्ष के मुखिया थे गणेशी दुसाध। गणेशी दुसाध नक्सलवादी बनने के पहले साधुओं की शरण में भी गए थे लेकिन एकवारी की घटनाओं ने उन्हें नक्सलवाद की तरफ खींचा। 30 नंवबर, 1972 को रामनाथ राम नामक एक महाजन को मौत के घाट उतार दिया गया। 9 अप्रैल, 1973 को एकवारी के मुनीनाथ राय की चार बिगहा जमीन जब्त कर ली गई और वहां एक लाल झंडा लगा दिया गया। 19 अप्रैल, 1973 को कारु राय को नक्सलियों ने खलिहान में ही मार दिया।

लेकिन सबसे जबर्दस्त संघर्ष हुआ 6 मई, 1973 को, जब पुलिस और नक्सली आमने-सामने हुए। इस दिन सुबह छह बजे एक पुलिस दल चंवरी पहुंचा। पुलिस खंडेरा दुसाध के घर की तलाशी लेना चाहती थी लेकिन भूमिहीन ग्रामीणों ने उन्हें घुसने नहीं दिया। पुलिस और नक्सलवादियों के बीच दिन में एक बजे से तीन बजे तक संघर्ष चलता रहा। एक तरफ पुलिस की राइफलें थीं और दूसरी तरफ मजदूरों के पारंपरिक हथियार। इस संघर्ष में लाल मोहर दुसाध, गणेशी दुसाध, बालकेसर दुसाध और दीनानाथ तेली पुलिस के हाथों मारे गए। इसके अलावा 36 लोगों को गिरफ्तार किया गया। इस संघर्ष में 19 पुलिस वाले भी घायल हुए। कांग्रेस के एमएलसी रणजीत बहादुर ने राजनीतिक दलों से प्रशासन को पूर्ण समर्थन देने की अपील की ताकि चंवरी जैसी कानून-व्यवस्था की समस्या कहीं और पैदा न हो। उन्होंने नक्सलियों से निपटने के लिए पुलिस की भूरि-भूरि प्रशंसा की।[19] इस कांड की अनुगूंज बिहार की राजधानी पटना में सुनाई दी। विपक्ष के जबर्दस्त मांग पर एक जांच आयोग बिठाया गया, जिसने 18 मई, 1974 से 5 अक्टूबर, 1975 तक सुनवाई करने के बाद फैसला दिया कि पुलिस ने आत्मरक्षा में गोली चलाकर ठीक किया क्योंकि उनके विरुद्ध गुरिल्ला युद्ध में प्रशिक्षित

नक्सली थे।[20]

बिहार सरकार ने भोजपुर के नक्सली आंदोलन को दबाने का पूरा प्रयास किया। 1970 के अक्टूबर महीने में ही मुख्यमंत्री दारोगा प्रसाद राय ने नक्सली विद्रोह की समीक्षा के लिए मंत्रिमंडल की एक विशेष बैठक बुलाई, जिसमें भोजपुर के ग्रामीण इलाकों में पुलिस को विशेष अधिकार देने का फैसला किया गया और नक्सली समस्या से निपटने के लिए एक विशेष प्रकोष्ठ बनाया गया। लेकिन इसका परिणाम उल्टा ही हुआ। पुलिस की दमनात्मक कार्रवाइयों के बावजूद नक्सली आंदोलन हरिजनों, मुसहरों, दुसाधों एवं अन्य पिछड़ी जातियों के गरीब किसानों में लगातार लोकप्रिय होता गया और आज उसकी लहरों से पूरा मध्य बिहार प्रभावित है। भोजपुर में नक्सलवादी विचारधारा के प्रसार एवं पैठ का अंदाजा इसी तथ्य से लगाया जा सकता है कि उसके प्रतिनिधि रामेश्वर प्रसाद आरा संसदीय क्षेत्र का प्रतिनिधित्व भी कर चुके हैं। मालूम हो कि नवंबर, 1989 के आम चुनाव में आईपीएफ के उम्मीदवार रामेश्वर प्रसाद वहां से विजयी हुए थे। सन् 1975 तक आते-आते सरकार भी मानने लगी कि बिहार के कई जिलों में नक्सली गतिविधियों का विस्तार हो गया है। इमर्जेंसी लगने के पहले तक नक्सली सिर्फ भोजपुर में ही 63 'वर्ग शत्रुओं' का सफाया कर चुके थे।[21]

भोजपुर से लेकर मध्य बिहार के अन्य सभी जिलों में इसका सांगठनिक विस्तार कैसे हुआ, इसके बारे में स्वयं सीपीआई (माले) लिबरेशन ने विस्तार से बताया है—"1977-89 के दौरान हमारी पार्टी द्वारा विभिन्न किस्म की नई पहलकदमियां ली गईं, जिनके परिणामस्वरूप बिहार के विभिन्न ग्रामीण अंचलों में स्थानीय स्तर पर किसान संघ, संघर्ष समिति, जनकल्याण समिति जैसे कई जन संगठनों का अभ्युदय हुआ। इन संगठनों की रहनुमाई में किसानों ने अपनी लंबित पड़ी फौरी मांगों को उठाना शुरू किया। वे आम सभाएं और जुलूस संगठित करने लगे और बीडीओ से लेकर क्लेक्टर तक तमाम सरकारी अधिकारियों के समक्ष प्रदर्शन आयोजित करने लगे। यद्यपि प्रतिवाद के मुद्दे और उनके रूप अलग-अलग जगहों पर अलग-अलग थे, फिर भी कुल मिलाकर निम्नलिखित केंद्रीय मुद्दे उभर रहे थे—उत्पीड़ित वर्गों और जातियों पर होने वाले तमाम अत्याचारों की रोकथाम करना तथा अपराधियों को सजा देना, न्यूनतम निर्धारित मजूदरी कानून को लागू करना, भूमिहीन और गरीब किसानों के बीच हदबंदी से फाजिल जमीन तथा गैरमजरुआ जमीन के विरतण के लिए पर्यास्त सुविधाओं की व्यवस्था करना, सस्ती दरों पर बिजली, बीज तथा खाद की नियमित आपूर्ति, जरूरतमंद किसानों के बीच अकाल-राहत सामग्रियों तथा कृषि ऋणों का वितरण, विस्थापन के मामले में उचित मुआवजा और पुनर्वास, तमाम सामुदायिक संपत्ति पर भूस्वामियों के नियंत्रण को कमजोर करना तथा उसे समाप्त करना, सरकारी अधिकारियों और पुलिस के भ्रष्टाचार व दुराचार का विरोध करना आदि। मजदूरी में बढ़ोतरी के लिए हड़तालें की गईं, गैरमजरुआ जमीन पर कब्जा करने के प्रयास किए गए, कुछेक जगहों पर कुछ

कुख्यात चोरों-डकैतों को सजा दी गई और अकाल के दिनों में धनी भूस्वामियों को यह हुक्म दिया गया कि वे गांव के गरीबों के लिए अनाज दें, न मानने पर उन्हें इसके लिए मजबूर भी किया गया''।[22] नक्सलवादियों ने पुलिस के साथ कई जगहों पर जबर्दस्त संघर्ष किए। इसी समय यह भी साबित हुआ कि दमन के बल पर नक्सलवादियों को नहीं दबाया जा सकता क्योंकि इमर्जेंसी के दौरान ही नक्सलवादियों ने सबसे ज्यादा सैनिक कार्रवाइयां कीं और सबसे ज्यादा 'वर्ग शत्रुओं' का सफाया भी किया। लेकिन पुलिस के साथ संघर्ष में नक्सलवादियों की सैनिक शक्ति का भी काफी नुकसान हुआ। जौहर दत्त, रामेश्वर दुसाध, डॉ. निर्मल जैसे उसके अग्रिम पंक्ति के कई नेता पुलिस के साथ में संघर्ष में मारे गए। 1975 के अंत में लिबरेशन गुट के पास सिर्फ एक हथियारबंद दस्ता बच गया था—भोजपुर के सहार ब्लाक में और वह भी घुमंतू बन चुका था जिसे पार्टी के लिए संभालना मुश्किल हो गया था। अंत में पार्टी ने दस्ते के सदस्यों को व्यक्तिगत रूप से संगठनकर्ता के रूप में बिखेर दिया। यही हाल पटना था का। उसके अधिकांश नेता और फौजी या तो मारे जा चुके थे या गिरफ्तार हो चुके थे। इन प्रतिकूल परिस्थितियों के बावजूद 28 जुलाई, 1974 को अस्तित्व में आया लिबरेशन गुट जल्दी ही अन्य जिलों के ग्रामीण अंचलों में दस्तक देने लगा। पटना के पुनपन, नौबतपुर, मसौढ़ी, बिक्रम, पाली, नालंदा के हिलसा, एकंगरसराय, गया-जहानाबाद के काको, कुर्था, मखदुमपुर, घोसी, अरवल और औरंगाबाद के ओबरा, दाउदनगर, हसनपुरा आदि के इलाके गरीब किसान और भूमिहीन दलित खेतिहर मजदूर आंदोलन के केंद बन कर उभरने लगे। सन् 1987 तक आते-आते बिहार के 27 जिलों में नक्सली आंदोलन फैल गया, जिसमें 17 जिले आंदोलन के सशक्त केंद्र थे।

पटना जिले में नक्सलियों ने 'वर्ग शत्रु' का पहला सफाया 1972 में किया। मसौढ़ी ब्लॉक में लहसुना गांव के किशोरी सिंह को नक्सली समर्थकों की भीड़ ने मार डाला। किशोरी सिंह यूं तो कोई बड़े भूस्वामी नहीं थे लेकिन वे क्रूर और सामंती मिजाज के लिए कुख्यात थे। घटना की पृष्ठभूमि यों है। उन्होंने अपने गांव के सुखु साव की पत्नी फेंकनी देवी के साथ बलात्कार किया था। गांव वालों ने जब इसके बारे में उनसे जवाब तलब किया तो वे जवाब देने के बदले ऐंठ दिखाने लगे। स्थिति तनावपूर्ण बनते देख किसी ने पुलिस को खबर कर दी। पुलिस ने पीड़िता को राहत दिलाने के बदले किशोरी सिंह का साथ दिया और सुखु साव और उनकी पत्नी को पकड़ लिया। वैसे पुलिस ने किशोरी सिंह को भी साथ ले लिया था। लेकिन तबतक काफी संख्या में आसपास के गांवों से लोग वहां पहुंच चुके थे। पुलिस का रवैया देखकर लोगों में गुस्सा भड़क उठा और वे दारोगा सहित पुलिस वालों पर टूट पड़े। लोगों ने सुखु साव और फेंकनी देवी को पुलिस से छुड़ा लिया और किशोरी सिंह को मार डाला। कहने का अर्थ कि नक्सलवादियों ने सदियों से दबे-कुचले लोगों को अन्याय का विरोध करना सिखा दिया। भीड़ ने दारोगा और बीडीओ को भी जमकर पीटा इसके बाद उसी गांव के एक भूस्वामी

को मार डाला गया। इन सफायों से भूमिहीन गरीब किसानों का एक हिस्सा नक्सली संगठनों के झंडे तले संगठित होने लगा। दलितों; भूमिहीनों को इन सफायों में पहली बार नीचता की आरोपित संस्कृति से मुक्ति की एक किरण दिखाई पड़ी। अन्यथा क्या कारण है कि पुलिस और भूस्वामियों के डंडे भी उन्हें नक्सलियों के साथ जाने से नहीं रोक पाए।

इमर्जेंसी के दौरान पटना के ग्रामीण इलाकों में भी पुलिस और नक्सलवादियों के बीच संघर्ष होते रहे। तीन जून, 1975 को पुलिस जिसमें अर्द्ध सैनिक बल के जवान भी शामिल थे और नक्सलियों के बीच लड़ाई हुई। इस लड़ाई में कई पुलिस समेत लिबरेशन गुट के तेरह लोग भी मारे गए, जिसमें उसकी अंचल कमेटी के नेता और मुख्य सलाहकार नगेंद्र भी शामिल थे।

सन् 1977 तक आते-आते पटना और भोजपुर के उनके संघर्ष में एक थकान दिखाई पड़ने लगी और तब शुरू हुई आत्ममंथन की प्रक्रिया। 1979 में लिबरेशन गुट ने अपना राष्ट्रीय सम्मेलन किया। यह सम्मेलन 26 अप्रैल से दो मई तक चला जिसमें 11 राज्यों के प्रतिनिधियों ने भाग लिया। काफी बहस-मुबाहिसे के बाद 'वर्तमान परिस्थिति और हमारी पार्टी लाइन' नामक दस्तावेज पारित किया गया, जिसमें पहली बार चारु मजूमदार की कई स्थापनाओं को उन्हीं के किसी समर्थक गुट ने खारिज किया। दस्तावेज में कहा गया ''अतीत में बहुतेरे मामलों में सफाया अभियान एक उद्देश्यहीन उद्देश्य बन गया था और उसमें देहात और शहर के बीच के फर्क को, समाज में वर्ग संघर्ष और पार्टी के अंदर दो लाइन के संघर्ष के बीच के फर्क को भुला दिया गया था और सभी जगह सफाया करने की पैरवी की गई थी''। इसी दस्तावेज में 'चीन के चेयरमैन हमारे भी चेरमैन' के नारे को वापस लिया गया और पार्टी ने यह भी स्वीकार किया कि ''हमारे बीच काफी मात्रा में संकीर्णतावादी तत्त्व मौजूद हैं''। लिबरेशन गुट के जीवन में यह एक महत्त्वपूर्ण पड़ाव था।

पटना के संघर्ष से लिबरेशन ने निष्कर्ष निकाला कि सफाया एक ऐसा हथियार है जिसका इस्तेमाल न किए जाने पर भूस्वामियों में फूट पड़ने के बजाए उनमें एकता हो जाती है। ठीक है कि द्वारिका सिंह, भोला सिंह, रविंद्र सिंह उर्फ खेसारी मास्टर, मिथिला शरण सिंह, दरबारी सिंह आदि जैसे अलोकप्रिय व्यक्तियों के सफाए से आंदोलन को गति मिली लेकिन देवकुली, पथरहट और अकबरपुर में हुए सफायों का उल्टा असर पड़ा। भोजपुर के संघर्ष का उसका अनुभव भी करीब-करीब ऐसा ही रहा।

जहानाबाद की जमीन

भोजपुर की तरह जहानाबाद में भी पिछले दो दशक से नक्सली समूहों और निजी सेनाओं के बीच खूनी जंग जारी है। भोजपुर के बाद सबसे ज्यादा नरसंहार जहानाबाद की धरती पर हुए हैं। कहने की आवश्यकता नहीं कि इसका कुछ-न-कुछ विशेष कारण होगा। इसलिए इस जिले की सामाजिक-आर्थिक स्थिति का अवलोकन जरूरी है। सन् 1986 में

स्वतंत्र जिला बनने के पहले जहानाबाद गया जिले का ही एक हिस्सा था। नक्सली गतिविधियों पर अंकुश लगाना ही इसे अलग जिला बनाने का मुख्य कारण रहा था।

जहानाबाद जिले में सात विकास प्रखंड आते हैं। ये सात प्रखंड हैं–जहानाबाद, मखदुमपुर, कुर्था, करपी, अरवल, काको और घोसी। 1981 की जनगणना के अनुसार जहानाबाद की जनसंख्या 9,88,891 है। इन जनसंख्या का पंचानबे प्रतिशत ग्रामीण आबादी है। यहां 31.01 प्रतिशत लोग शिक्षित हैं। उल्लेखनीय है कि राज्य के स्तर पर यह आंकड़ा छब्बीस प्रतिशत है। दूसरे शब्दों में राज्य के औसत शिक्षा स्तर से यहां की आबादी ज्यादा शिक्षित है। लोगों की जीविका का मुख्य स्रोत कृषि है। जहानाबाद ''औद्योगिक कार्य योजना दस्तावेज–1987-88 और 1990 और 1990-91'' स्पष्ट कहता है कि जहानाबाद में कोई भी औद्योगिक आधार नहीं है। लेकिन ऐसा नहीं समझा जाना चाहिए कि जहानाबाद हमेशा से उद्योग विहीन रहा है। एक समय में जहानाबाद सूत बुनाई का एक प्रमुख केंद्र रहा था और सोलहवीं सदी में यहां का बना कपड़ा 'पटना क्लॉथ' के नाम से लाहौर जैसे दूर-दराज तक प्रसिद्ध था। 18वीं सदी में ईस्ट कंपनी की पटना में जो आठ छोटी शाखाएं थीं, जहानाबाद उसमें एक था। लेकिन अंग्रेजों के शासन काल मे मैनचेस्टर के कपड़ों ने इस उद्योग को यहां से मिटा दिया। परिणामस्वरूप हजारों बुनकर अपना पुस्तैनी धंधा खोकर जीविका के लिए कृषि कार्यों से जुड़ने को बाध्य हुए और उसमें से अधिकांश कृषि मजूदर बनने के लिए अभिशप्त हुए।

बहरहाल, आज जहानाबाद की मुख्य आर्थिक गतिविधि कृषि ही है। कुल कार्य बल (Work Force) का पच्चासी प्रतिशत हिस्सा कृषि कार्यों से जुड़ा है। इसमें से 46 प्रतिशत जोतदार हैं, जबकि 39 प्रतिशत खेतिहर मजदूर हैं। जनसंख्या के घनत्व और बहुलांश आबादी के कृषि कार्यों से जुड़ा है। इसमें से 46 प्रतिशत जोतदार हैं, जबकि 39 प्रतिशत खेतिहर मजूदर हैं। जनसंख्या के घनत्व और बहुलांश आबादी के कृषि कार्यों से जुड़े होने के कारण ऐसी स्थिति पैदा हो गयी है कि प्रत्येक खेतिहर मजदूर के हिस्से में 0.5 हेक्टेयर खेती योग्य जमीन ही आती है, जबकि राज्य के स्तर पर यह 0. 68 हेक्टेयर और देश के पैमाने पर 1.12 हेक्टेयर है।

अधिकतर संपन्न किसान राजपूत और भूमिहार जैसी बड़ी जातियों के हैं, जबकि रैयत-जोतदार और बटाईदार पिछड़ी जातियों के हैं। खेतिहर मजूदर आम रूप से दलित हैं।

जमींदारी उन्मूलन के पहले जहानाबाद का अधिकांश भाग राजा मोदनरायण सिंह की टेकारी जमींदारी के अंतर्गत आता था। इनके अलावा वहां और भी कई छोटे-छोटे जमींदार थे। इन जमींदारों का शोषण किंवदंतियों के रूप में आज भी कुख्यात है। किसानों पर अतिरिक्त लगान लादने के अलावा वे उनसे बेगार लेते थे तथा जबर्दस्ती अबवाब भी लेते थे। न सिर्फ आर्थिक ताकत के जरिये, बल्कि लाठी के बल पर भी जमींदार उनका शोषण करते थे। रैयतों की औरतों का यौन शोषण करना उनके रोजमर्रा का काम था। ऐसा करना वे अपना अधिकार समझते थे। मसौढ़ा जमींदारी का तो यह

हाल था कि दूसरे जगहों के रैयत वहां अपनी बेटियों की शादी करने से भी कतराते थे। इस बात का जिक्र बिहार के प्रथम किसान नेता स्वामी सहजानंद सरस्वती ने अपनी जीवनी 'मेरा जीवन संग्राम' में भी किया हैं। उल्लेखनीय है कि किसान सभा की शुरुआत सन् 1928 में मसौढ़ा से ही हुई थी, जो बाद में चलकर किसानों का सबसे बड़ा आंदोलन बना।

किसान सभा के उद्‌भव के पहले भी रैयतों के कई तबके अपने-अपने जाति संगठनों के माध्यम से अपनी पीड़ा को आवाज देने लगे थे। सन् 1920 के आसपास ही ग्वाला (यादव) रैयतों एवं ऊंची जाति के जमींदारों के बीच तनाव बनने लगा था। इसका कारण यह था कि यादवों ने जनेऊ धारण करने के अपने अधिकार पर जोर देने के साथ-साथ बेगारी करने और अपनी औरतों को जमींदारों के यहां दूध पहुंचाने से मना कर दिया था। ऊंची जातियों के जमींदारों ने इसे अपनी तौहीन समझा और शोषण का अपना शिकंजा उनके उपर और भी मजबूत करने लगे। कुछ जमींदारों ने तो इसका इतना बुरा माना कि उन्होंने अपने लठैतों और गुर्गों को यादवों की लरकोरी औरतों का दूध दूह कर लाने के लिए भेज दिया था।[23]

जमींदारी उन्मूलन के बाद एक परिवर्तन यह आया कि जमींदारों के कारिंदे, मैनेजर और खाते-पीते रैयतों ने अपना दायरा बढ़ा कर जमीन पर अधिकार करना शुरू कर दिया। इस प्रक्रिया में राजपूत और भूमिहारों के अलावा कुर्मी और यादव जैसी मध्यवर्ती जातियों के अनेक रैयत भी अच्छे-खासे जमीन के मालिक बन गए। दूसरी तरफ गरीब किसानों और खेतिहर मजदूरों की स्थिति ज्यों-की-त्यों बनी रही। अब उनका दोहरा शोषण होने लगा, क्योंकि राजपूत, भूमिहारों के साथ-साथ अब यादवों, कुर्मियों में पैदा हुए नव भूस्वामियों ने भी उनका शोषण करना शुरू कर दिया। पटना में शहरीकरण के साथ ही यादवों और कुर्मियों की संपन्नता में भी वृद्धि हुई। पटना की शहरी आबादी को सब्जी और दूध की आपूर्ति का काम इन्हीं जातियों के लोगों ने किया, जिसके चलते उनकी संपन्नता में वृद्धि हुई।[24]

कई लोगों का कहना है कि जहानाबाद में जमीन का बंटवारा, अपेक्षाकृत समान है। लेकिन वास्तव मे ऐसी बात नहीं है। नवें दशक के पूवार्द्ध में "जहानाबाद में कृषि और वर्ग तनाव" नामक एक शोध में पाया गया कि यद्यपि औसतन एक परिवार के पास 2. 22 एकड़ ही जमीन है। कुल जमीन का पचहत्तर प्रतिशत औसत से नीचे के तबके के पास है लेकिन कुल खेती योग्य जमीन का यह 26.48 प्रतिशत ही बनता है। दूसरी तरफ 2.47 एकड़ से 9.88 एकड़ जमीन रखने वालों का कुल जमीन के 23.85 प्रतिशत पर कब्जा है, जो कुल खेती योग्य जमीन का 51.58 प्रतिशत है। इसी रिपोर्ट में यह भी कहा गया है कि 143,998 एकड़ जमीन में से 13,369 एकड़ जमीन पर भूस्वामियों का बेनामी कब्जा है।[25] सिंचाई, खाद व अन्य सुविधाओं के मामले में जहानाबाद दूसरे जिलों से आगे जरूर है, लेकिन उत्पादन के मामले में अभी भी बहुत पीछे है। वास्तव में उत्पादन

घटता ही गया है। इसका सबसे बड़ा कारण है कि पानी के पारंपरिक स्रोत, जैसे आहर, पइन सिमटते चले गए क्योंकि धनी किसान उस पर कब्जा कर उस पर खेती करने लगे।

कृषि उत्पादन की दर में गिरावट ने कृषि क्षेत्र में काफी हद तक तनाव पैदा किया; भूस्वामी कम उत्पादन का बहाना लेकर सरकार द्वारा तय न्यूनतम मजदूरी देने को तैयार नहीं थे। कई जगह तो भूस्वामियों ने पहले से भी कम मजूदरी देना चालू कर दिया। इसी तरह उत्पादन में बटाईदारों का हिस्सा भी कहीं-कहीं कम किया गया। कम मजदूरी पर काम करने के लिए भूस्वामियों ने मजदूरों को बाध्य किया और ऐसा नहीं करने पर न सिर्फ उन्हें मारा-पीटा गया, बल्कि उनकी झोंपड़ियां भी जलाई गईं। भूमिहीन; मजदूरों की औरतों का शोषण पहले की भांति ही जारी रहा। न्यूनतम मजूदरी कानून यूं तो बिहार में 1948 में ही बन गया था, लेकिन उसके क्रियान्वयन में वहां की सरकार पूर्णतया विफल रही। उल्लेखनीय है कि 1988 में गुरुदास दासगुप्ता संसदीय सब-कमेटी ने अपनी रिपोर्ट में स्वीकार किया था कि सरकार द्वारा तय न्यूनतम मजूदरी जीवन जीने के लिए न सिर्फ कम है, बल्कि मजदूरों को वह भी नहीं मिलता[26] यहां तक कि जहानाबाद प्रशासन स्वयं भी स्वीकार कर चुका है कि जिले के 933 गांवों में से 378 गांवों में मजदूरों को न्यूनतम मजदूरी नहीं दी जा रही है।[27]

भूमि हदबंदी कानून के क्रियान्वयन की भी यही स्थिति रही। सन् 1961 में बने इस कानून के पालन में नहीं, बल्कि उसे तोड़ने में ज्यादा निरंतरता दिखती है। सन् 1980-81 में जहानाबाद में 160 ऐसे भूस्वामी थे, जिनके पास औसत 87.24 एकड़ जमीन थी। यदि भूमि हदबंदी कानून का पालन किया जाए तो इसमें कम-से-कम 4930 एकड़ जमीन को अतिरिक्त जमीन घोषित किया जा सकता है और उसे भूमिहीनों में बांटा जा सकता है। लेकिन 1986-87 तक केवल 581 एकड़ जमीन को अतिरिक्त जमीन घोषित किया गया। उसमें से भी वास्तव में 428 एकड़ जमीन का ही अधिग्रहण किया जा सका, जिसे 516 भूमिहीन परिवारों में बांटा गया। विडंबना तो यह है कि उसमें से 82 एकड़ जमीन खेती के योग्य थी ही नहीं।

भूमि सुधार के तहत भूमिहीनों के बीच गैरमजरुआ और सरकारी जमीन बांटने की योजना भी अपनी दयनीय स्थिति पर रोती ही रही। एक तरफ ऐसी जमीन पर गांवों के संपन्न और दबंग लोग कब्जा करते गए और दूसरी तरफ चमार, दुसाध, मुसहर और डोम जैसी दलित जातियां अपनी झोपड़ी डालने भर जमीन के लिए तरसती रहीं—अपने शोषित कांधे पर पूरी ग्रामीण अर्थव्यवस्था का बोझ उठाए हुए। सन् 1986-87 में 40,870 एकड़ जमीन गैरमजरुआ घोषित की गयी थी। इसमें से 19,515 एकड़ गैरमजरुआ आम और 21,354 एकड़ गैरमजरुआ मालिक (सरकारी) जमीन थी। लेकिन 1987 तक केवल 14,932 एकड़ गैरमजरुआ मालिक (करीब सत्तर प्रतिशत) और 657 एकड़ (करीब तीन प्रतिशत) गैरमजरुआ आम जमीन ही भूमिहीनों में बांटी जा सकी। यदि दोनों को जोड़ भी दिया जाए तो वह जहानाबाद में मौजूद कुल गैरमजरुआ जमीन

का 38 प्रतिशत ही होता है।

विद्रूप स्थिति यह है कि भूमिहीनों में जमीन बांटने का जो काम हुआ, वह सिर्फ कागज पर ही हुआ। भूमिहीनों को जमीन का मालिकाना हक तो मिल गया, लेकिन उस पर वास्तविक कब्जा बहुत ही कम लोगों का हुआ। मालिकाना हक मिल जाने के बावजूद उस जमीन पर भूस्वामियों का ही कब्जा रहा। पैसे और बाहुबल के सहारे वे भूमिहीनों में वितरित जमीन पर कब्जा जमाए रहे। भूमि सुधार कानून ने वहां के गरीबों के मन में एक आशा जगायी थी और जब उन्होंने देखा कि उनकी आशाओं पर पानी फेर दिया गया तो उनमें असंतोष की आग भड़क उठी और मजदूर आंदोलन की जमीन पकने लगी।[28] राजनीतिक दलों ने भी धनी समर्थक की भूमिका ही निभायी। यहां तक कि कम्युनिस्ट पार्टियों ने भी गरीब समर्थक होने के अपने घोषित उद्देश्य के बावजूद अंतिम रूप में धनी समर्थक की भूमिका ही निभाती रहीं। यही कारण है कि भूमिहीन दलित खेतिहार मजदूरों को अपना आंदोलन चलाने के लिए एक वैकल्पिक राजनीतिक मंच की तलाश के लिए बाध्य होना पड़ा। यह मंच मिला उन्हें माओवादी नक्सली संगठनों के रूप में, जिसने उन्हें अपने हक के लिए लड़ना सिखाया और सशस्त्र संघर्ष की शिक्षा दी। अब भूस्वामी भी उनके गुस्से का शिकार होने लगे। नक्सली बने ये भूमिहीन खेतिहर मजदूर सरकार और सामंतों की आंखों में कांटा बन खटकने लगे। भूस्वामियों ने उन्हें औकात में रखने के उद्देश्य से अपनी जातीय सेनाएं बनानी शुरू कर दी। इस परिघटना में अब तक काफी परिवर्तन आ चुका है, लेकिन जहानाबाद में उक्त परिप्रेक्ष्य में जो हिंसा की जंग छिड़ी, वह आज भी जारी है।

वर्तमान समय में मध्य बिहार में मुख्य रूप से तीन नक्सली समूह काम कर रहे हैं–कम्युनिष्ट पार्टी ऑफ इंडिया (माले) लिबरेशन, पार्टी यूनिटी (अब पीपुल्स वार ग्रुप) और माओवादी कम्युनिस्ट सेंटर (एमसीसी)। लिबरेशन गुट भोजपुर के अलावा पटना, जहानाबाद, औरंगाबाद, गया रोहतास, सिवान, चतरा, बक्सर और मुजफ्फरपुर में सक्रिय है, जबकि पार्टी यूनिटी (अब पीपुल्स वार ग्रुप) का कार्यक्षेत्र जहानाबाद, औरंगाबाद, पटना, गया, पलामू, रोहतास, गढ़वा, लोहरदग्गा और खगड़िया है। इसके अलावा भोजपुर मे भी वे पैठ जमाने की कोशिश कर रहे हैं। गया, जहानाबाद, औरगांबाद, गिरीडीह, बोकारो, हजारीबाग, पलामू, चतरा, गढ़वा और रांची में एमसीसी काफी मजबूत है।

मुख्यतः तीन मुद्दों को लेकर उनका संघर्ष चल रहा है–

(1) खेतिहर मजदूरों की मजदूरी में वृद्धि को लेकर नक्सलवादी अपने प्रभाव क्षेत्र में जबर्दस्त आंदोलन जारी रखे हुए हैं। मध्य बिहार में भूमिहीन कृषि मजदूरों की आबादी लगभग 40 प्रतिशत है। भूस्वामियों का एक बड़ा हिस्सा स्वयं खेती नहीं करता क्योंकि एक तो सामंती परंपरा उन्हें इसकी इजाजत नहीं देती और दूसरा कि यहां मजदूर सस्ते है।[29] ऐसी स्थिति में आंदोलन को व्यापक आधार तो मिल रहा है लेकिन इसके

साथ ही यह भूस्वामियों में एकता भी पैदा कर रहा है, जो जातीय सेनाओं के रूप में सामने आ रही है।

(2) नक्सली आंदोलन का दूसरा महत्त्वपूर्ण मुद्दा है हदबंदी से फाजिल जमीन पर कब्जा करना। हदबंदी से फाजिल जमीन पर वहां के भूस्वामियों ने बेनामी और जबर्दस्ती कब्जा कर रखा है। नक्सलवादी ऐसी जमीन को उनके कब्जे से छीनकर गरीबों और भूमिहीनों में वितरित करने का दावा करते हैं। बड़े किसानों के अलावा ऐसी जमीन पर कुछ मध्यम किसानों का भी कब्जा है क्योंकि बड़े भूस्वामियों ने ऐसी कुछ जमीनें उनके नाम कर रखी हैं। ऐसे में हदबंदी से फाजिल जमीन पर कब्जा करने के संघर्ष का दायरा विस्तृत हो जाता है और परिणामस्वरूप संघर्ष हिंसक हो उठता है। हालांकि नक्सली संगठन अपने आंदोलन के इस मुद्दे को काफी सफल बताते हैं लेकिन सच्चाई यह है कि जब्त जमीन पर खेती करने में बहुधा वे नाकामयाब ही रहे हैं। वास्तविक कब्जा तो तभी हो सकता है जब उस जमीन का पट्टा भी हासिल हो जाए, पर ऐसा होता कम ही है।

(3) नक्सली आंदोलन का तीसरा मुद्दा दलितों एवं भूमिहीनों की इज्जत का है। चूंकि यह मुद्दा सामाजिक अपमान से जुड़ा हुआ है और दलित जातियां इसका स्वाभाविक शिकार होती हैं, इसलिए इज्जत के सवाल पर उन्हें संगठित करना आसान हो जाता है। वर्ण और अर्थ (धन) से विहीन चमार, दुसाध, मुसहर आदि जातियों की औरतों का बड़ी जातियों द्वारा शोषण एक ऐतिहासिक-सामाजिक सच्चाई है। उनकी बहू-बेटियों की इज्जत से खिलवाड़ करना बड़ी जातियों का पुराना शगल रहा है। यही कारण है कि इस आंदोलन के निशाने पर स्वाभाविक रूप से सभी बड़ी जातियां आ जाती हैं। यह एक ऐसा मुद्दा है जिस पर पिछड़ी जातियां भी गोलबंद होने लगती हैं। लेकिन हमेशा ऐसा संभव नहीं होता क्योंकि आंदोलन में कई मुद्दे शामिल होते हैं और शामिल रहते हैं कुछ स्वार्थी तत्त्व भी।

संदर्भ

1. सर्चलाइट, पटना, 13 जून, 1987
2. खुदकाश्त जमींदारी एक ऐसी व्यवस्था थी जिसके तहत किसी गांव को जमींदार गांव का रुतबा दे दिया जाता था। भोजपुर में राजपूतों के ऐसे अनेक गांव हैं जहां खुदकाश्त जमींदारी थी। उदाहरण के लिए अभयपुरा, डिहरा, लभुआनी, दुलहपुर आदि। इन गांवों के राजपूत सम्मिलित रूप से जमींदारी टैक्स सीधे सरकार को देते थे
3. के.के. दत्ता, 'बायोग्राफी ऑफ कुंवर सिंह एंड अमर सिंह'
4. देखें जॉन बीम्स की 'मेम्वायर्स ऑफ ए बंगाली सिविलियन'
5. कल्याण मुखर्जी, ''भोजपुर : ए सोसल एंड इकॉनामिक सर्वे' नेशनल लेबर इंस्टिच्युट, नई दिल्ली (अप्रकाशित)
6. कल्याण मुखर्जी और राजेंद्र सिंह यादव, 'भोजपुर : नक्सलिज्म इन दी प्लेन्स ऑफ बिहार' राधा कृष्ण प्रकाशन, नई दिल्ली, 1980, पृ. 14

7. वही..., पृ. 51
8. अरविंद नारायण दास, 'एग्रेरियन अनरेस्ट एंड सोसियों-इकॉनामिक चेंज, 1900-1980', मनोहर, 1983, पृ. 245
9. कल्याण मुखर्जी और मंजु कला, 'भोजपुर : दी लांग वार', 'मेनस्ट्रीम, नई दिल्ली, खंड 16, नंबर 45 और 46, 8 और जुलाई, 1978
10. कोल्फ, डी.एच.ए.; 'नौकर राजपूत एंड सिपाही' : दी एथनोहिस्ट्री ऑफ दी मिलिट्री लेबर मार्केट इन हिंदुस्तान—1450-1850' कैंब्रिज 1990
11. स्वतंत्रता पूर्व सिपाही में भर्ती होने वाले सेवानिवृत्त राजपूत एवं अन्य बड़ी जातियों के अनेक सिपाहियों ने इस बात की पुष्टि की
12. कल्याण मुखर्जी, 'भोजपुर : नक्सलिज्म इन दी प्लेन्स ऑफ बिहार' पृ. 34
13. वुल्फ लेजेंस्की, 'एग्रेरियन रिफार्म ऐज अनफिनिस्ड बिजनेस' 1070, पृ. 337
14. कल्याण मुखर्जी, पृ. 34
15. वही..., पृ. 40
16. (दलितों के दर्द से संबंधित कतिपय गीत)—देखें परिशिष्ट-1
17. कल्याण मुखर्जी, पृ. 40
18. बीर बहादुर सिंह संदेश ब्लॉक के अभयपुरा गांव के रहने वाले थे। संदेश और सहार के दलितों भूमिहीनों को जगाने में उनकी बड़ी महत्त्वपूर्ण भूमिका रही थी। खेतिहर मजदूरों की मजदूरी में वृद्धि को लेकर संदेश में सबसे पहला आंदोलन बीर बहादुर सिंह के नेतृत्व में ही 1966 में हुआ था। अभयपुरा के राजपूतों ने उन्हें जीवन भर के लिए जाति से बहिष्कृत कर दिया था, क्योंकि वे हमेशा दलितों-पिछड़ों के साथ रहते थे। औपचारिक शिक्षा नहीं मिलने के बावजूद उन्होंने लगभग आधा दर्जन नाटक लिखे और अनेक गीतों की रचना की। उनके लिखे गीतों को आज भी लोग गाते हैं। गांव-गांव जाकर वे स्वयं नाटक भी करते थे। आज भी संदेश के नक्सली संगठन उनके लिखित नाटकों का मंचन करते हैं, परंतु वे स्वयं किसी नक्सली संगठन के सदस्य नहीं थे। वे माकपा से जुड़े थे। दलितों का साथ देने के चलते ही गांव के राजपूतों ने उनकी हत्या कर दी। सच तो ये है कि संदेश में उन्हीं की बनाई जमीन पर नक्सलियों ने अपने पांव पसारे। संदेश ब्लॉक में वे नेताजी के नाम से जाने जाते थे।
19. इंडियन नेशन, 11 मई, 1973
20. मंजू कला, आर.एन. महाराज और कल्याण मुखर्जी, 'पीजेंट अनेरस्ट इन भोजपुर' (संपादित) 'एग्रेरियन स्ट्रगल्स इन इंडिया आफ्टर इंडिपेंडेंस' आक्सफोर्ड, 1986, पृ. 267-73
21. देखें परिशिष्ट-2
22. बिहार के धधकते खेत-खलिहानों की दास्तान (भाकपा, माले का दस्तावेज) पृ. 57-58
23. अरविंद नारायण दास, 'रिपब्लिक ऑफ बिहार' पेंग्विन, पृ. 123।
24. वही...पृ. 29
25. वही...
26. वही...पृ. 124
27. वही...पृ. 125
28. देखें टी.एफ. जान्नुजी, 'एग्रेरियन क्राइसिस इन इंडिया : ए केस ऑफ बिहार'।
29. पंजाब व अन्य राज्यों में मजदूरों के पलायन के चलते अब मजदूर सस्ते नहीं रहे।

अध्याय-7

भूस्वामियों की प्रतिक्रिया और निजी सेनाओं का उद्भव

बिहार में नक्सली आंदोलन के इतिहास के साथ ही जातीय निजी सेनाओं के इतिहास की शुरुआत होती है। यह अपने तरह की एक अनोखी परिघटना है। जातीय पंचायतों या सभाओं के गठन के ऐतिहासिक प्रमाण तो मिलते हैं, लेकिन उनके गठन का उद्देश्य अपनी जाति की समस्याओं को दूर करना या ज्यादा-से-ज्यादा आपसी संघर्षों को खत्म करना होता था। भूमिहार महासभा, कायस्थ महासभा, यादव महासभा, वैश्य समाज आदि जैसी अनेक जातीय सभाएं 19वीं और 20वीं सदी के पूर्वाद्ध में बनी थीं, लेकिन उनका उद्देश्य सामाजिक सोपान में ऊंची जगह की तलाश करना था न कि किसी अन्य जातियों का दमन करना। उक्त उद्देश्य से ही यादव, कुर्मी और कोइरी जातियों ने 1934 में त्रिवेणी संघ का निर्माण किया था। ये सारी सभाएं सामाजिक गतिशीलता या एम.एन. श्रीनिवास के शब्दों में संस्कृतिकरण की प्रक्रिया के संदर्भ में गठित हुई थीं।

निजी सेनाओं का वर्तमान स्वरूप 1980 के बाद ही उभरना प्रारंभ हुआ, लेकिन ऐतिहासिक स्रोतों से पता चलता है कि विगत में भी निजी सेनाओं का अस्तित्व रहा था। जब चंपारण के किसानों ने ब्रिटिश शासन की दमनात्मक नीतियों के खिलाफ विद्रोह किया तो 1940 की शुरुआत में अंग्रेजों ने 'दी बिहार लाइट हॉर्स' नामक निजी सेना का गठन किया था। इस सेना का एकमात्र उद्देश्य था अफीम उपजाने वालों के हितों की रक्षा करना और किसानों के असंतोष और विद्रोह का दमन करना।[1] लेकिन जाति के आधार पर निजी सेनाओं का गठन निश्चित रूप से एक नई परिघटना है। अब तक दर्जन भर से भी ज्यादा निजी सेनाएं बन चुकी हैं। उल्लेखनीय है कि ये सारी सेनाएं उन्हीं इलाकों में बनीं, जहां नक्सली आंदोलन का ज्यादा जोर रहा। जाहिर है कि दोनों के बीच कोई-न-कोई जरूर संपर्क सूत्र है। आखिर क्या है वह संपर्क सूत्र? नक्सली आंदोलनों की शुरुआत गरीब और भूमिहीन खेतिहर मजदूरों को उचित मजदूरी और सामाजिक प्रतिष्ठा दिलाने के लिए हुई थी। सामंतों के शोषण और अत्याचार का प्रतिकार उसका सबसे अहम उद्देश्य था। नक्सलियों ने अपने आंदोलन के शुरुआती दौर में अनेक क्रूर और अत्याचारी सामंतों का सफाया किया था। नक्सली 'आतंक' से मुक्ति पाने के नाम पर ही निजी सेनाओं का निर्माण हुआ।

दरअसल, यह परिघटना विगतकाल में सामंतों के नियंत्रण और वर्चस्व से जुड़ी हुई है। इसका जन्म जमींदारों के लठैत रखने की परंपरा से हुआ है। सामंती व्यवस्था और समाज में अपना दबदबा कायम रखने के लिए जमींदार और भूस्वामी बहुत पहले से ही लठैत रखते रहे हैं। अपना हुक्म मनवाने के लिए लठैत रखना सामंतों की पुरानी परंपरा रही है। किसानों एवं रैयतों से लगान वसूल करने एवं दबदबा कायम रखने के लिए हर जमींदार अपने पास लठैतों की फौज रखता था। इन लठैतों का इस्तेमाल वे अदालती फैसलों को लागू करने के लिए भी करते थे।[2]

अब तक बिहार में दर्जन भर से भी ज्यादा सेनाएं बन चुकी हैं। वर्तमान में सिर्फ रणवीर सेना और थोड़ा-बहुत सनलाइट सेना सक्रिय हैं। बाकी सेनाएं अपने अंतर्विरोध और नक्सली संगठनों के सफाया अभियान के कारण या तो समाप्त हो गईं या अप्रासंगिक होकर गुमनामी के अंधेरे में खो गईं। नक्सली आंदोलन को दबाने के लिए बनीं कतिपय सेनाओं की जानकारी आवश्यक है।

किसान सुरक्षा समिति और भूमि सेना

मध्य बिहार के पटना, गया और जहानाबाद के कुर्मियों का एक बड़ा तबका धनी भूस्वामियों का है। संख्या की दृष्टि से भी ग्रामीण इलाकों में उनका प्रभुत्व है। संख्या और धन जब दोनों ज्यादा हो तो वर्चस्व की कामना स्वाभाविक है। राजपूत और भूमिहार जैसी उच्च जातियों के विपरीत उन्हें शारीरिक श्रम से परहेज नहीं है। अवधिया कुर्मी को छोड़कर अन्य कुर्मियों की महिलाएं भी खेती के काम में हाथ बंटाती हैं। यह जाति कुशल खेती और कड़ी मेहनत के लिए जानी जाती है। जमींदारी काल में कुर्मी ज्यादातर रैयत थे लेकिन जमींदारी उन्मूलन के बाद इनमे से एक बड़ा तबका भूस्वामी बन कर उभरा। पटना के पिपरा जैसे कई गांवों के मुस्लिम भूस्वामी 1947 में देश विभाजन के बाद पाकिस्तान चले गए और उनकी जमीन पर कुर्मियो ने कब्जा कर लिया।[3] आर्थिक संपन्नता आने के बाद दलित जातियों के मजदूरों के प्रति उनका व्यवहार एकदम बदल गया, जबकि जमींदारी काल में वे उन्हीं दलित मजदूरों के साथ स्वयं भी श्रम करते थे। जमीन के मालिक बनने के बाद वे दलित मजदूरों से अपेक्षा करने लगे कि, वे उन्हें जमींदार समझें न कि कल का साथी। वे स्वयं जमींदारों जैसा व्यवहार करने लगे यानि मजदूरों के शोषण में ऊंची जातियों के भूस्वामियों के साथ वे स्वयं भी शामिल हो गए। नक्सली संगठनों ने सातवें दशक में उनके व्यवहार के विरुद्ध चमार, मुसहर और दुसाध जैसी दलित जातियों के खेतिहर मजदूरों को संगठित करना शुरू किया। तीनों नक्सली गुटों-लिबरेशन, पीपुल्स वार ग्रुप और एमसीसी ने अपने-अपने ढंग से उन्हें संगठित करना शुरू किया। सातवें दशक के अंतिम वर्षों में मध्य बिहार में जबर्दस्त अकाल पड़ा। इस अकाल ने पहले से ही कम मजदूरी पा रहे भूमिहीन मजदूरों के सामने और भी कठिन परिस्थिति पैदा कर दी। ये मजदूर नक्सली संगठनों के नेतृत्व में संगठित होने लगे। चूंकि अकाल ने उनके सामने भूखमरी की स्थिति पैदा कर दी थी,

इसलिए वे जमींदारों के विरुद्ध सीधी कार्रवाई के लिए विवश थे। नक्सली संगठनों के लिए उन्हें संगठित करना इसलिए भी आसान हुआ कि सदियों से शस्त्र, शास्त्र और संपत्ति विहीन दलित जातियों को इसमे अपनी पीड़ा से मुक्ति की किरण दिखायी पड़ी। उनकी तरफ से लड़ने वाला पहली बार कोई आया और उसने उनके मन में बेहतर जीवन की चाह जगायी। सामाजिक-आर्थिक शोषण और अपमान का प्रतिकार करने का साहस उनमें नक्सली संगठनों ने ही पैदा किया।

इमर्जेंसी के दमन के बाद नक्सली संगठनों ने एक बार फिर अपने जनाधार को संगठित करना शुरू किया। पटना जिले के पुनपुन और मसौढ़ी के इलाके में संगठन को पुनर्जीवित करने के लिए नक्सलियों ने इस बार जन सहयोग से वर्ग शत्रुओं के खिलाफ सीधी कार्रवाई की नीति अपनायी। ऐसे जमींदारों और भूस्वामियों जिन्होंने पहले पुलिस के साथ मिलकर नक्सलियों को मारा था या पुलिस को सूचना देकर उन्हें पकड़वाया था, को स्पष्ट चेतावनी दी गयी कि वे पुलिस का साथ न दें। उनसे यह भी कहा गया कि वे नक्सलियों की समिति के सामने उपस्थित हों। इस प्रक्रिया में नक्सलियों ने देवकुली गांव के द्वारिका सिंह की हत्या कर दी। लिबरेशन गुट के दस्तावेज के अनुसार द्वारिका सिंह एक अत्याचारी भूस्वामी था जिसने विगत में दलित जातियों के नक्सली कार्यकर्ताओं, समर्थकों के बारे में पुलिस को सूचना देकर पकड़वाया था और अपने गांव के कई दलितों को गांव छोड़ने के लिए मजबूर किया था। नक्सलियों ने जब उन्हें चेतावनी दी तो संभलने और अपने को बदलने के बदले वे नक्सली विरोध में और भी ज्यादा सक्रिय हो गए। परिणामस्वरूप नक्सलियों ने उनकी हत्या कर दी। इसी बीच इलाके में सूखा पड़ गया। लोगों ने सभा, रैली और प्रदर्शन किए और मांग की कि इलाके को सूखा क्षेत्र घोषित किया जाए। मजदूरी तो पहले से ही कम थी, उस पर सूखे की मार ने दलित खेतिहर मजदूरों को बेहाल कर दिया। इन्हें संगठित कर नक्सलियों ने भूस्वामियों के विरुद्ध सीधी कार्रवाई का निर्णय लिया। सैकड़ों की संख्या में गरीब मजदूर भूस्वामियों और धनी किसानों के पास जाते थे और अनाज की मांग करते थे। अधिकांश किसान स्वेच्छा (इस स्वेच्छा में भय शामिल था, यह निर्विवाद है) से अनाज दे देते थे और जो नहीं देते, उनका अनाज लूट लिया जाता था।

चूंकि पटना के ग्रामीण इलाकों में कुर्मी भूस्वामियों की संख्या अधिक है, इसलिए स्वाभाविक रूप से वही सबसे ज्यादा नक्सली हिंसा के शिकार हुए। इस दौर में नक्सलियों ने कई चरित्रहीन और अलोकप्रिय भूस्वामियों का सफाया भी किया। इन घटनाओं से कुर्मी जाति के धनी किसानों में दहशत फैल गई और वे सचेत हो उठे। जाति के नाम पर धनी किसानों ने कुर्मियों को संगठित करने का प्रयास शुरू कर दिया। बहरहाल संगठित करने के उनके प्रयास से गरीब और मध्यम किसान अलग ही रहे, लेकिन कांग्रेस-ई, लोकदल और सीपीआई के प्रभावशाली नेताओं[4] के इस प्रयास में शामिल होने के बाद स्थिति बदली और 1979 में **'किसान सुरक्षा समिति'** का गठन

किया गया। इसके गठन करने वालों में नवल किशोर सिंह, रामशरण सिंह, विपिन बिहारी सिंह, गोधन सिंह, और लड्डू सिंह, जो बाद में पिपरा नरसंहार के मुख्य अभियुक्त बने, प्रमुख थे। जाति के नाम पर कुर्मी जाति के गरीब और मध्यम किसानों को संगठित करने में भी उन्हें कुछ हद तक सफलता मिली।

हालांकि **किसान सुरक्षा** समिति लगभग एक साल तक ही अस्तित्व में रही, लेकिन उसके कार्यकर्ताओं ने इस अंतराल में अनेक भूमिहीनों की हत्या की। नक्सली संगठनों ने भी इस बीच उनके कई कार्यकर्ताओं को मार गिराया। नक्सली संगठनों के सामने सबसे बड़ी परेशानी धनी कुर्मियों को अलग-थलग करने की थी। इसके लिए उन्होंने उन कुर्मी नेताओं को चिह्नित किया और उनके नाम प्रसारित किये जो धनी थे और किसानों की सुरक्षा के नाम पर भूमिहीन मजदूरों की हत्या करते थे। ऐसा कर नक्सली यह साबित करना चाहते थे कि वे आम कुर्मियों के खिलाफ नहीं हैं। कुर्मी समूह से उन्होंने अपील भी की कि वे किसान समिति का समर्थन न करें। इस बीच नक्सलियों ने किसान सुरक्षा समिति के कई नेताओं को अपना निशाना भी बनाया।

लिबरेशन गुट के अनुसार उनकी यह रणनीति काफी सफल रही। वे कुर्मियों के धनी किसानों को अलग-थलग करने में काफी हद तक कामयाब हुए। इस रणनीति का नतीजा यह हुआ कि कुर्मी किसानों का व्यापक हिस्सा किसान सुरक्षा समिति के प्रति उदासीन बना रहा और उसका बहुत छोटा हिस्सा ही उससे जुड़ पाया। लिबरेशन के दस्तावेज के अनुसार किसान सुरक्षा समिति वास्तव में कुर्मी जाति के जमींदारों, धनी किसानों और भ्रष्ट मध्यम वर्ग का एक संयुक्त मोर्चा थी, जिसका उद्देश्य नक्सलियों को समाप्त करना था लेकिन उसके लिए यह एक दिवास्वप्न ही साबित हुआ। अपने अंतर्विरोध और नक्सलियों की चोट से किसान सुरक्षा समिति जल्दी ही समाप्त हो गई। यहां उल्लेख करना समीचीन होगा कि किसान सुरक्षा समिति के गठन के पहले ही कुर्मी सामंतों के हथियारबंद गिरोह ने बेलछी में 11 हरिजनों को जिंदा जला दिया था। इस घटना के बारे में कुछ पत्रकारों ने लिखा कि यह घटना दो अपराधी गिरोहों की आपसी लड़ाई का नतीजा थी।[5] लेकिन हकीकत यह है कि न्यूनतम मजूदरी मांगने और अपने घरों की औरतों की इज्जत-आबरू के लिए आवाज उठाने के एवज में ही वहां के सामंतों ने उन्हें सजा दी थी। इसी तरह रोहतास के विश्रामपुर में भी कुर्मियों ने विश्रामपुर कांड किया, जिसमें कई हरिजनों को मार दिया गया तथा उनकी झोपड़ियों में आग लगा दी गई।

भूमि सेना

किसान सुरक्षा समिति के विघटन के बाद धनी कुर्मियों ने अपराधियों, लंपट तत्त्वों और अपराधी से राजनेता बने अपनी जाति के लोगों के समर्थन से 1982 की शुरुआत में भूमि सेना का गठन किया। दरअसल, भूमि सेना किसान सुरक्षा समिति का ही नया संस्करण बन कर सामने आई। पिपरा नरसंहार के मुख्य अभियुक्त लड्डू सिंह ने पटना

केंद्रीय कारागार से 6 अक्टूबर, 1981 को सभी कुर्मी भूस्वामियों को एक खत लिखकर उनसे संगठित होने की अपील की। करीब 15 दिन बाद यानी 22 अक्टूबर, 1981 को इलाके के भूस्वामियों ने पटना में एक हथियारबंद रैली आयोजित की। हाथी-घोड़े पर सवार भूस्वामियों ने अपने शौर्य का प्रदर्शन किया। इस रैली में कांग्रेस, सीपीआई और भाजपा के कई नेताओं ने भी शिरकत की। रैली में 'नक्सलवाद मुर्दाबाद' और 'झोपड़ी में आग लगाएंगे, सड़कों पर लाश बिछाएंगे' आदि जैसे नारे लगाए जा रहे थे।

यह सत्य है कि भूमि सेना का गठन कुर्मी जाति के बड़े भस्वामियों, धनी किसानों, अपराधियों एवं लंपट तत्त्वों ने किया लेकिन इसके साथ ही यह भी सत्य है कि यदि नक्सली संगठनों ने कुछ रणनीतिक भूलें नहीं की होतीं तो इसे फलने-फूलने का मौका नहीं मिलता। लिबरेशन ने स्वयं भी स्वीकार किया है कि भूमि सेना ने उनकी कई गलतियों से फायदा उठाया।

पिपरा नरसंहार

1980 के फरवरी में कुर्मियों के हथियारबंद गिरोह ने पिपरा में दलित भूमिहीन मजदूरों का नरंहार किया। कुर्मियों की इस सेना ने 14 दलितों को मार डाला तथा उनकी झोपड़ियों में आग लगा दी। हिंसा का यह तांडव सेना ने पांच घंटे तक जारी रखा। राजधानी पटना से मात्र 15 किलोमीटर की दूरी पर पिपरा गांव है। 349 घरों के इस गांव में कई जातियां है। सबसे ज्यादा संख्या दलितों की है, लेकिन आर्थिक रूप से सबसे संपन्न कुर्मी हैं। ऊंची जातियां मसलन राजपूत, भूमिहार, ब्राह्मण आदि जातियां इस गांव में नहीं हैं। इसलिए न सिर्फ आर्थिक रूप से बल्कि सामाजिक रूप से भी सबसे ऊंची जाति वहां कुर्मी ही है। फरवरी, 1980 की एक चांदनी रात में करीब दो सौ हथियारबंद कुर्मियों ने पिपरा गांव के हरिजनों पर हमला बोल दिया और 14 दलितों को मौत के घाट उतार दिया।

पिपरा में हरिजनों की जो हत्या हुई, उसके अनेक कारण बताए गए हैं। कुछ लोग बताते हैं कि यह एक जातीय संघर्ष था, किंतु यह व्याख्या इतनी सतही और सरलीकृत है कि इससे घटना का कोई विश्लेषण ही नहीं होता। कुछ लेखकों का कहना है कि चूंकि वहां के चमार भूस्वामियों द्वारा अपनी औरतों के दैहिक शोषण के खिलाफ खड़े होने लगे थे इसलिए उन्होंने नरसंहार किया। नरसंहार होने के कुछ दिन पहले चमारों की जातीय पंचायत ने कल्याणचक गांव के राधिका सिंह नामक एक कुर्मी जाति के भूस्वामी को कहा था कि वे तारामती से विवाह कर लें। मालूम हो कि इस हरिजन महिला के साथ राधिका सिंह पिछले 20 सालों से रह रहे थे। जब उन्होंने शादी करने से मना कर दिया तो चमारों की पंचायत ने सुझाया कि वे अपनी जाति बदल लें। यह बात राधिका सिंह को इतनी नागवार गुजरी कि उन्होंने चमारों को सबक सिखाने का निश्चय कर लिया। इस अवैध संबंध के चलते चमार भी अपमानित महसूस कर रहे थे। इसलिए एक दिन उन्होंने तारामती को गांव से निकाल दिया। राधिका सिंह इस बात से इतने क्षुब्ध और

क्रोधित हुए कि उन्होंने पूरे गांव को जला देने की धमकी दे डाली। स्थानीय लोग बताते हैं कि स्वयं ताराती ने ही नरसंहार की वकालत की थी क्योंकि राधिका सिंह के चलते ही चमारों ने उसे गांव से निकाला था, जबकि तारामती राधिका सिंह को दिलोजान से चाहती थी और राधिका सिंह भी उसके प्यार में पागल था। बताते हैं कि नरसंहार के बाद भी दोनों के संबंध बने रहे। वास्तव में वहां के समाज में दलित महिला और ऊंची जाति के पुरुष के बीच प्रेम संबंध कोई अजूबा नहीं है। ऐसे संबंधों के बारे में कई लोक कथाएं प्रचलित है, जिन्हें आज भी नाटकों के रूप में देखा जा सकता है। उदाहरण के लिए, 'जालिम सिंह और डोमनी उर्फ मुहब्बत के फूल।' लेकिन पिपरा नरसंहार का यह एक तत्कालिक कारण था, वास्तविक कारण ऐतिहासिक था। आजादी के पहले इस गांव में 'कमिअउती व्यस्था' थी जिसके अंतर्गत हरिजन और कुर्मी दोनों रैयत का काम करते थे, जबकि जमीन के मालिक मुसलमान थे। वास्तव में वे सुषुप्त मालिक थे और रैयतों से जो उन्हें मिलता था उससे संतुष्ट थे। बंटवारे के समय गांव में सांप्रदायिक तनाव बनने लगा। कल्याणचक के कुर्मियों ने दंगे की योजना बनाई लेकिन वह योजना सफल नहीं हो सकी क्योंकि गांव के हरिजनों ने कुर्मियों का साथ नहीं दिया। गांव के चमारों ने मुसलमान जमींदारों और उनके परिवारों को योजना को कार्यरूप देने के एक दिन पहले ही सुरक्षित स्थान पर पहुंचा दिया। उसके बाद से पिपरा और आसपास के गांवों के कुर्मी हरिजनों को लगातार परेशान करते रहे थे। कुर्मियों का पारा सातवें आसमान पर तब चढ़ गया जब हरिजनों ने मजदूरी में वृद्धि की मांग कर दी। मजदूरी बढ़ाने के बदले उन्होंने 14 हरिजनों की दिन-दहाड़े हत्या कर दी।[6]

भूमि सेना ने पुनपुन में अपना मुख्यालय बनाया और पटना के अलावा नालंदा और गया में भी अपनी हिंसक गतिविधियों का विस्तार किया। नक्सली सूत्रों के अनुसार भूमि सेना ने 1982-85 के बीच 65 दलित भूमिहीन मजदूरों की हत्या की, जिसमें 35 लोगों की हत्या उसने सिर्फ पुनपुन में ही की। इसके अलावा उसने दलित बस्तियों के 216 घरों में आग लगाई और पुनपुन, नौबतपुर और मसौढ़ी ब्लाक के 13 गांवों से 325 भूमिहीन मजदूरों को पलायन के लिए मजबूर किया।[7]

भूमि सेना की गतिविधियां मुख्य रूप से ग्रामीण इलाकों में ही केंद्रित थीं, लेकिन शहरी क्षेत्रों में भी उन्होंने कुछ वैसे लोगों की हत्याएं कीं जो नक्सली आंदोलन के समर्थक थे। उदाहरण के लिए भूमि सेना ने पटना विश्वविद्यालय के महासचिव प्रेमचंद सिन्हा की हत्या कर दी। प्रेमचंद नक्सली आंदोलन के समर्थक थे। बाद में भूमि सेना ने उनके भाई की हत्या भी कर दी क्योंकि वे अपने भाई के हत्यारों के खिलाफ कानूनी लड़ाई लड़ रहे थे। बिहार पुलिस भी स्वीकार करती है कि भूमि सेना ने अनेक दलित मजदूरों की हत्या की। पटना पुलिस के अनुसार 15 मार्च, 1984 तक भूमि सेना सिर्फ पटना जिले में ही 36 दलित मजदूरों की हत्या कर चुकी थी, जबकि गया और जहानाबाद में उसने 12 हरिजनों की हत्या की।[8]

बहरहाल, 1984 तक आते-आते भूमि सेना कमजोर पड़ने लगी। नक्सली संगठनों के हथियारबंद दस्तों द्वारा तब तक भूमि सेना के लगभग 80 सदस्य मारे जा चुके थे। भूमि सेना का जनाधार इसलिए भी कमजोर हुआ कि वह सुरक्षा के नाम पर गरीब और छोटे किसानों से भी पैसे उगाहने लगी। पैसा देने के लिए कभी-कभी उन्हें मजबूर भी किया जाता था। इसके अलावा सेना के खिलाफ कुर्मियों में इस बात को लेकर भी असंतोष पनपा कि उसने नक्सलियों से सहानुभूति रखने वाले कुछ कुर्मियों की भी हत्या कर दी थी। भूमि सेना ने लालबाबू सिंह मुखिया, शारदा सिंह और छात्र नेता प्रेमचंद सिन्हा की हत्या इसी आधार पर की। बाद में, भूमि सेना में आपसी वर्चस्व की लड़ाई भी शुरू हो गई। खूंखार अपराधी ललन सिंह की हत्या इसी वर्चस्व की लड़ाई का नतीजा थी। कुछ लोग कहते हैं कि ललन सिंह को भूमि सेना के दबंग नेता और अपराधी लड्डू सिंह ने मरवाया था क्योंकि राजनीति में वह उनसे आगे निकलने लगा था। ललन सिंह यूं तो गरीब पृष्ठभूमि का था, लेकिन अपराध के बल पर वह काफी आगे निकल रहा था। संपन्न तबके के लड्डू सिंह को वह गवारा नहीं हुआ और उसने ललन सिंह को मरवा दिया। लड्डू सिंह स्वयं पिपरा कांड में आजीवन कारावास की सजा भुगत रहे हैं। वास्तव में, वर्चस्व को लेकर भूमि सेना के अंदर ही घमासान मच गया जिसके चलते वे एक-दूसरे की हत्या करने, करवाने लगे। वर्तमान में भूमि सेना के कमांडर अभय सिंह हैं और नक्सलियों से जान बचाते फिर रहे हैं।

ब्रह्मर्षि सेना

रणवीर सेना के गठन के पहले नक्सलियों से निपटने के लिए मध्य बिहार के भूमिहारों ने 1981 में ब्रह्मर्षि सेना का गठन किया था। यह सेना जहानाबाद, गया, नालंदा और पटना के ग्रामीण इलाकों में खास तौर से सक्रिय रही है। इस सेना का गठन कांग्रेस विधायक और बाहुबली सरदार कृष्णा सिंह ने किया था।[9] वर्तमान समय में यह सेना सक्रिय तो नहीं है लेकिन एक समय में इसके पास लगभग 500 हथियारबंद लोगों की फौज थी। ब्रह्मर्षि सेना का सांगठनिक स्वरूप काफी लचीला है। सच तो यह है कि सिर्फ काम के वक्त ही इसमें संगठन दिखाई देता है। बहुत कम लोग जानते हैं कि 1982-84 में भोजपुर के डुमरांव में इसकी एक मजबूत शाखा काम करती रही थी। इसके बावजूद भोजपुर के भूमिहारों में इसकी पैठ नहीं बनी। कुल मिलाकर इस सेना से भूमिहारों का जुड़ाव सिर्फ नैतिक समर्थन तक ही सीमित रहा। इसका सबसे बड़ा कारण यह है कि ब्रह्मर्षि सेना के सुप्रीम कमांडर सरदार कृष्णा सिंह की छवि एक अपराधी की है।

सांगठनिक ढांचा लचीला होने के बावजूद इस सेना की खासियत यह है कि भूस्वामियों के अलावा इसे राजनेताओं, अपराधियों और ठेकेदारों का भी वरदहस्त प्राप्त है, जिसके चलते इसके कार्यकर्ता हत्या और नरसंहार करने के बावजूद पुलिस और कानून से बचे रहते हैं। इस सेना को कतिपय सांसदों का भी समर्थन प्राप्त रहा है। बिंदेश्वरी दूबे के मुख्यमंत्रित्व काल (1985-88) में इस सेना का प्रभाव काफी बढ़ा।

कहने की आवश्यकता नहीं कि इसे राज्याश्रय प्राप्त था। यह कहना शायद गलत नहीं होगा कि बिंदेश्वरी दूबे के काल में ब्रह्मर्षि सेना प्रशासन का एक औपचारिक अंग-सा बन गई थी। मुख्यमंत्री निवास में सेना के खास लोगों का बड़ा महत्त्व था।[10] जिलाधिकारी और अन्य बड़े-बड़े अफसरों के तबादले ब्रह्मर्षि सेना के इशारे पर किये जाते थे।

इस सेना ने लिबरेशन और पार्टी यूनिटी से जुड़े क्रमशः बिहार प्रदेश किसान सभा और मजदूर किसान संग्राम परिषद के दर्जनों कार्यकर्ताओं की हत्या की, लेकिन उक्त दोनों नक्सली संगठनों ने सम्मिलित कार्रवाई कर उनके कई महत्वपूर्ण कार्यकताओं एवं एरिया कमांडरों को मार डाला। इसके बाद ब्रह्मर्षि सेना लगातार कमजोर होती गई और आजकल वह जनाधार के अभाव में अप्रासंगिक होकर निष्क्रिय बनी हुई है। ब्रह्मर्षि सेना की सबसे बड़ी कमजोरी यह रही कि इसे भूमिहारों का भी समर्थन नहीं मिला, क्योंकि एक तो इसका गठन करने वाले अधिकांश आपराधिक पृष्ठभूमि के थे जिनका नेतृत्व स्वीकार करने के लिए भूमिहारों का पढ़ा-लिखा तबका तैयार नहीं था। दूसरा कारण यह है कि अन्य जातियों के धनी किसानों ने भी इसे अपना नैतिक समर्थन नहीं दिया। भूमिहारों के मध्यम और गरीब किसानों को भी साथ लेने में यह सेना असफल ही रही। ब्रह्मर्षि सेना से मुख्य रूप से वही लोग जुड़े जिनका स्वार्थ सधता था। पिछले कई सालों से यह सेना निष्क्रिय पड़ी है।

लोरिक सेना

भूमि सेना से प्रेरित और उत्साहित होकर यादवों ने 1983 में लोरिक सेना का गठन किया और सबसे पहले इसकी गतिविधियां नालंदा जिले के एकंगरसराय और हिलसा ब्लॉक में सामने आईं। लोरिक सेना का मुख्यालय नालंदा जिले के जैतीपुर गांव में है और उसके स्थानीय कमांडर बैजू यादव भी उसी गांव के हैं।

1981 के बिहार विधानसभा के चुनावों में आईपीएफ के उम्मीदवारों को इन इलाकों में अच्छा-खासा वोट मिला था। कहने की आवश्यकता नहीं कि इससे सत्तारूढ़ वर्ग चिंतित हो उठा। सबसे ज्यादा फौरी चिंता सीपीआई के सांसद रामाश्रय सिंह को थी क्योंकि अहीरों का एक बड़ा तबका नक्सलियों के प्रभाव में आ गया था।[11] नक्सली आंदोलनों के बढ़ते प्रभाव से सवर्ण समाज विशेषकर भूमिहार पहले से ही काफी चिंतित थे। लेकिन चूंकि भूमिहारों और यादवों में पारंपरिक अदावत थी, इसलिए नक्सली इसका फायदा उठा रहे थे। नक्सली विरोधी अभियान को मजबूती प्रदान करने तथा सीपीआई का समर्थन पाने के लिए तत्कालीन बिंदेश्वरी दूबे की सरकार ने यादवों और भूमिहारों को संगठित करने का काम किया। उस समय कुछ इलाकों में यादव नक्सलियों एवं लोकदल दोनों के प्रति वफादरी दिखाते थे।

नक्सलियों ने चोरों-डकैतों के खिलाफ जो अभियान चलाया उसका समाज के विभिन्न तबके पर सकारात्मक प्रभाव पड़ा। लेकिन यह अभियान भी अतिवाद के फेरे में फंस गया। नक्सलियों ने अति सर्वत्र वर्जयेत के सिद्धांत का पालन नहीं किया।

छोटी-मोटी चोरी करने वालों को भी उन्होंने नहीं बख्शा और उनकी हत्या की।[12] लिबरेशन के अनुसार ऐसी कार्रवाइयों और कतिपय अन्य दूसरी कार्रवाइयों के चलते यादवों का एक खास तबका विशेष रूप से आहत हुआ। यादव जाति के डकैतों ने इन अंतर्विरोधों का इस्तेमाल नक्सली आंदोलन के खिलाफ किया। कुछ अवसरवादी तत्वों एवं मध्य वर्ग के जातिवादी नेताओं जिनमें से कई लोग पहले नक्सली आंदोलन से जुड़े थे, ने पूरे आंदोलन को यादव विरोधी आंदोलन के रूप में पेश किया। इसका परिणाम यह हुआ कि पहले से खार खाए बैठे धनी यादवों ने हथियारबंद अपराधियों से हाथ मिला लिया।[13] और इस तरह लोरिक सेना का जन्म हुआ। कहा जाता है कि लोरिक सेना के पीछे रामाश्रय सिंह का दिमाग था।

बंदूकों और राइफलों से लैस इस सेना ने दलित भूमिहीन मजदूरों की हत्या के कई कारनामे किए। 1985 के अप्रैल में लोरिक सेना ने कोर्थू गांव के एक दुसाध को मार डाला और उसके घर में आग लगा दी। 30 अगस्त को नइमा गांव में मुन्ना ठाकुर और पोटरी डोम को मार डाला गया। 24 सितंबर को लोरिक सेना ने मंदच्छा गांव के हरिजन टोले पर हमला किया और जमकर उत्पात मचाया। दूसरे दिन इसी गांव के एक और दलित को मार कर लोकायन नदी में फेंक दिया गया। इतना ही नहीं, जब इसी गांव की एक दलित औरत जो कथित रूप से नक्सली समर्थक थी, पुलिस के शिकंजे से छूटकर भाग रही थी तो श्याम यादव के गिरोह ने उसे पकड़ लिया और उसके साथ न सिर्फ सामूहिक बलात्कार किया, बल्कि दिन दहाड़े उसे नंगा कर घुमाया भी। इसी तरह 5 अक्टूबर की सुबह सेना के कार्यकर्ताओं ने खद्दी गांव के एक बच्चे की हत्या कर दी। 27 अक्टूबर को मसाढ़ और सिकंदरपुर गांव में कई दलितों के घर लूट लिए। लोरिक सेना ने सबसे बड़ा नरसंहार किया जहानाबाद जिले के दुमही-खगरी गांव में, जहां बच्चों सहित 11 मुसहरों की हत्या कर दी गई। हमलावर दल का नेतृत्व रामाशीष यादव ने किया था।

लोरिक सेना ने सिर्फ गैर यादवों को ही नहीं मारा, बल्कि उन यादवों को भी मारा जो नक्सली संगठनों से जुड़े थे या उससे सहानुभूति रखते थे। इतना ही नहीं, वे सेना में भर्ती होने के लिए गरीब यादवों पर दबाव भी डालते थे। इसका परिणाम यह हुआ कि लोरिक सेना यादवों के लिए ही बोझ बन गई। इसके चलते धीरे-धीरे लोरिक सेना का जनाधार कम होता गया। रही-सही कसर नक्सली संगठनों के हथियारबंद दस्ते ने पूरी कर दी। नक्सली संगठनों ने चुन-चुनकर लोरिक सेना के नेताओं व सरगनाओं को मारना शुरू किया। 1990 के अगस्त महीने के प्रथम सप्ताह में पार्टी यूनिटी ने जहानाबाद में लोरिक सेना के कमांडर रामानंद यादव को मार गिराया। रामानंद यादव एक कुख्यात डकैत भी था। इसके बाद लोरिक सेना लगातार कमजोर और अप्रासंगिक होती चली गई।

किसान संघ

मध्य बिहार में जातीय सेनाएं तो हैं ही, कुछ ऐसे भी संगठन बने हैं जिनमें एक से ज्यादा जातियों के लोग शामिल हैं। प्रभुत्वशाली जातियां अपने वर्ग हितों की रक्षा के लिए पारंपरिक जातीय शत्रुता को भूलकर साझा मंच भी बनाती रही हैं। एक ऐसे ही संगठन का निर्माण हुआ 1989-90 में और इसका नाम रखा गया किसान संघ। यह किसी एक जाति का संगठन नहीं है, बल्कि इसमें वो सभी जातियां शामिल हैं जिनके पास जमीन है और समाज में जिनका प्रभुत्व है। लेकिन मुख्य रूप से किसान संघ में तीन जातियां—यादव, राजपूत और भूमिहार—शामिल हैं। दिलचस्प तो यह है कि किसान संघ का गठन तब हुआ जब देश में मंडल विरोधी आंदोलन अपने चरम पर था। समझा जा सकता है कि भूस्वामियों ने शुद्ध रूप से एक वर्ग संगठन बनाने का काम किया। यह भी स्पष्ट है कि आर्थिक हित राजनीतिक हित पर भारी पड़ता है।

किसान संघ का गठन रामलखन यादव की पहल पर हुआ था। उस समय वे कांग्रेस-ई के विधायक थे और आगे चलकर जनता दल की टिकट पर सांसद बने। जिस समय किसान संघ का गठन हुआ, उस समय रामलखन सिंह यादव आरा संसदीय क्षेत्र से चुनाव लड़ रहे थे। दिलचस्प यह भी है कि इनके मुकाबले पूर्व प्रधानमंत्री चंद्रशेखर के वरदहस्त प्राप्त सूर्यदेव सिंह चुनाव लड़ रहे थे लेकिन राजनीतिक प्रतिद्वंद्विता आर्थिक प्रतिद्वंद्विता पैदा नहीं कर सकी और आरा के राजपूतों ने सूर्यदेव सिंह का समर्थन करते हुए भी किसान संघ से बेरूखी नहीं दिखाई।

किसान संघ का गठन बड़ा ही नाटकीय अंदाज में हुआ था। करीब 500 लोगों ने बिहार में नक्सली गतिविधियां बंद करने की मांग के साथ राज्य के तत्कालीन मुख्यमंत्री लालू प्रसाद यादव के निवास तक मार्च किया और वहीं किसान संघ के गठन की घोषणा की गई। पटना और भोजपुर में अपने पांव पसारने के बाद किसान संघ ने खूनी बर्बरता का अपना खेल शुरू किया। किसान संघ के सर पर तीन नरसंहारों का इल्जाम है। किसान संघ ने 22 जून, 1991 को सबसे पहला नरसंहार पटना जिले के मसौढ़ी ब्लाक के दरियापुर गांव में किया। इसके बाद 19 फरवरी, 1991 को भोजपुर के देव-सहियारा में उसने 14 दलित भूमिहीनों की हत्या कर डाली। इसी तरह पालीगंज के पास तिसखोरा में भी 15 से 45 साल की उम्र के 14 दलितों की हत्या कर दी।

तिसखोरा पटना से करीब 30 किलोमीटर दूर है। यह इलाका काफी दिनों से नक्सली संगठनों के नेतृत्व में जारी मजदूर-किसान आंदोलन का गढ़ रहा था। 19 मार्च, 1991 को आईपीएफ के कुछ कार्यकर्ता रामलखन पंडित (कुम्हार) के यहां शादी की रस्म के बाद पूजा के समय खड़े थे। अचानक करीब 500 हथियारबंद लोगों ने उनके घर को घेर लिया। प्रत्यक्षदर्शियों के अनुसार वे दरियापुर के अलावा बगल के गांवों मीरापुर, केयोंटा, डुमरी, सिकरिया और चरमा के थे। उन लोगों ने आते ही गोलियों की बौछार शुरू कर दी और दिन-दहाड़े 14 लोगों को मौत के घाट उतार दिया।

किसान संघ का गठन जिस नाटकीय ढंग से हुआ था, उसका विघटन भी उसी नाटकीय ढंग से हुआ। नक्सलियों के डर से राजपूत-यादव एकता की दीवार जल्दी ही दरक गयी। उनमें वर्चस्व की आपसी लड़ाई तो शुरू हो ही चुकी थी। देखते-ही-देखते महज साल दो साल के भीतर यह संगठन बिखर गया। आज इसका कोई नामलेवा भी नहीं बचा है।

सवर्ण लिबरेशन फ्रंट

ब्रह्मर्षि सेना के विघटन के बाद मध्य बिहार के भूमिहार भूस्वामियों ने सवर्ण लिबरेशन नाम की एक दूसरी सेना बनाई। बाद में ब्रह्मर्षि सेना के बचे हुए तत्व भी सवर्ण लिबरेशन फ्रंट में शामिल हो गए। रामाधार सिंह की अध्यक्षता में इसका विधिवत उद्घाटन 21 दिसंबर, 1990 को हुआ। रामधार सिंह को 'डायमंड' के नाम से जाना जाता है। वैसे यह कहना ज्यादा सही होगा कि रामाधार सिंह ने अपने को स्वयं ही डायमंड कहना शुरू किया। डायमंड के नाम से प्रसिद्ध होने के पहले रामाधार सिंह जहानाबाद जिले में कुर्था ब्लाक के लारी गांव के एक निजी कॉलेज में पहले चपरासी और फिर क्लर्क के रूप में बहुत दिनों तक काम करते रहे थे। मूल रूप से वे किंजर ब्लॉक के रघुनाथपुर गांव के रहने वाले हैं। लारी गांव में वे घरजमाई बन कर आए थे, जहां उन्हें 'तड़का'[14] मिला था। लारी गांव के लोग बताते हैं कि तब उन्हे हर कोई नगण्य व्यक्ति समझता था। यह स्वाभाविक ही था, क्योंकि घर जमाई को गांव के लोग हिकारत की नजर से ही देखते हैं। बिहार में घरजमाई के बारे में यह कहावत कही जाती है कि–

'करम फूटा गेहूं का जो गया घुनसार
करम फूटा मरद का जो बसा ससुरार।'

देखने और डीलडौल में भी वे निहायत मामूली हैं। लेकिन तड़का पाने के बाद उनमें गजब का परिवर्तन आया। देखते ही देखते वह मामूली इंसान से एक खौफनाक इंसान में बदल गया। इस परिवर्तन के लिए उन्होंने नक्सलवादियों को जिम्मेदार माना और कहा कि "1989 में नक्सलवादियों ने मेरे गांव पर हमले की योजना बनाई थी। तब मैंने महसूस किया कि मध्य बिहार से नक्सलियों का सफाया करने के लिए मैं अभिशप्त हूं। इसलिए मैं उनके विरोध में कूद पड़ा...मेरा इतिहास मजूदरों की चिता पर लिखा जाएगा"।[15]

सवर्ण लिबरेशन फ्रंट ने अपने नक्सली विरोधी अभियान के दौरान यूं तो अलग-अलग और एकल रूप से कई भूमिहीन मजदूरों की हत्या की, लेकिन उसने तीन नरसंहार भी किए। सन् 1991 में उसने सावन बिगहा, मेन तथा बरसिम्हा गांवों में दलितों की सामूहिक हत्या की। रामाधार उर्फ डायमंड की गिरफ्तारी के बाद सवर्ण लिबरेशन फ्रंट काफी कमजोर हो गया और बाकी कार्यकर्ताओं को या तो नक्सली संगठनों ने मार गिराया या वे उनके डर से निष्क्रिय होते चले गए। सवर्ण लिबरेशन फ्रंट सुप्रीमो रामाधार सिंह वर्तमान में जेल में हैं।

सवर्ण लिबरेशन फ्रंट ने राजपूतों एवं भूमिहारों की पारंपरिक दुश्मनी को मिटाने का काफी प्रयास किया और कुछ हद तक इसमें वह सफल भी रहा। इतना ही नहीं, यह प्रभावशाली मुसलमानों के एक तबके को भी फ्रंट से जोड़ने में कामयाब रहा। लेकिन कुछ मिलाकर फ्रंट का नेतृत्व भूमिहारों के ही हाथों में रहा। सवर्ण लिबरेशन फ्रंट को कांग्रेस के सांसद 'किंग महेन्द्र' का वरदहस्त प्राप्त था। डायमंड और उनके गुरगों ने 1991 के संसदीय चुनाव में किंग महेन्द्र के लिए कई बूथ लूटे थे। वैसे कांग्रेस के एक गुट द्वारा अपने विरोधी गुट को ठिकाने लगाने के लिए भी सवर्ण लिबरेशन फ्रंट का इस्तेमाल किया जा रहा था। विरोधी गुट के नेता मखदुमपुर के विधायक थे। सवर्ण लिबरेशन फ्रंट को ऊंची जातियों के अपराधियों का समर्थन भी मिलता रहा था, यह सावन बिगहा नरसंहार के लिए बिंदु सिंह को जिम्मेदार पाए जाने के बाद स्पष्ट हो गया।

सवर्ण लिबरेशन फ्रंट ने अपनी प्रासंगिकता बनाए रखने के लिए अपनी गतिविधियों में सामाजिक पहलू को भी जोड़ने की कोशिश की। ऊंची जातियों को विधवा विवाह के लिए प्रेरित करना, गरीब परिवारों के बच्चों को शिक्षा मुहैया कराना आदि को फ्रंट ने अपना उद्देश्य तो बताया है, लेकिन वास्तविक रूप में उसके क्रियान्वयन का कोई उदाहरण नहीं मिलता। सवर्ण लिबरेशन फ्रंट का प्रभाव और पैठ कभी व्यापक नहीं हुआ। कुल मिलाकर वह जहानाबाद जिले के मखदुमपुर और कुर्था ब्लाक तथा गया जिले के बेलागंज और टेकारी तक ही सीमित रहा। सावन बिगहा (जहान बाद), मेन तथा बरसिम्हा (गया जिले के बेलागंज ब्लाक में) नरसंहार के लिए फ्रंट का नाम कुख्यात है। इन दोनों नरसंहारों में फ्रंट ने नक्सली संगठन मजदूर-किसान संग्राम समिति के समर्थकों को निशाना बनाया। 1990-92 के बीच नक्सली संगठनों एवं सवर्ण लिबरेशन के बीच एक तरह से खूनी जंग चली जिसमें दोनों तरफ के अनेक कार्यकर्ताओं की हत्या हुई। सिद्धांत और व्यवहार के बीच की दूरी मिट गयी और कई बार नक्सली संगठनों ने भी बदले की भावना से कार्रवाई की—क्रांतिकारी हिंसा आतंकवादी हिंसा में प्रवीण हुई। सावन बिगहा नरसंहार के बाद प्रशासन ने सवर्ण लिबरेशन फ्रंट के खिलाफ जबर्दस्त अभियान चलाया जिसमें 60 लोगों को संलिप्तता के आधार पर गिरफ्तार किया गया। लेकिन फ्रंट के सरगना रामाधार सिंह ऊर्फ डायमंड को गिरफ्तार करने में प्रशासन असफल ही रहा। डायमंड भूमिगत हो गए और इसी के साथ फ्रंट की शक्ति भी भूमिगत हो गई। इसी बीच 12 फरवरी, 1992 को माओवादी कम्युनिस्ट सेंटर (एमसीसी) ने टेकारी ब्लाक के बारा गांव में शुद्ध बदले की कार्रवाई करते हुए 35 भूमिहारों को मौत के घाट उतार दिया। नक्सलवादियों और प्रशासन के दबाव के आगे रामाधार सिंह देर तक ठहर नहीं सके और अंततः उन्हें आत्मसमर्पण करना पड़ा। आजकल वे जेल की रोटी तोड़ रहे हैं।

कुंवर सेना

कुंवर सेना का गठन भोजपुर और रोहतास जिले के राजपूतों ने किया था, लेकिन

सिर्फ कहने के लिए क्योंकि वास्तव में इसका गठन राजपूत जाति के कुछ अपराधियों या अपराधी किस्म के लोगों ने किया था। कुंवर सेना की आड़ में वे आपराधिक कार्य करते थे, जिसमें पैसे लेकर हत्या करना भी शामिल था। कुंवर सेना के जरिये 1857 के प्रथम स्वतंत्रता संग्राम के वीर नायक बाबू कुंवर सिंह का नाम भुनाकर जातीय समर्थन हासिल करने का एक घिनौना प्रयास किया गया था। कुंवर सेना ने किसी नरसंहार को अंजाम तो नहीं दिया, लेकिन राजपूतों के लंपट नवयुवकों का समर्थन हासिल करने में वह निश्चित रूप से कामयाब रहा। इसका गांवों में कोई भी जनाधार नहीं था। यह सेना अपने जन्म के समय से ही आंतरिक कलह से ग्रस्त रही। कुछ लोग कहते हैं कि वास्तव में कुंवर सेना का गठन नक्सलियों के खिलाफ नहीं, बल्कि भूमिहारों के खिलाफ हुआ था।[16] कुवर सेना ने कुछ गरीब भूमिहीन मजदूरों पर इक्के-दुक्के हमले जरूर किए लेकिन किसी नरसंहार को अंजाम नहीं दिया। भोजपुर में नक्सलियों का ठोस जनाधार काफी पहले से ही रहा है। उनकी संगठित शक्ति और हथियारबंद दस्ते के आगे कुंवर सेना के 'सिपाही' ठहर नहीं सके। भोजपुर में कुंवर सेना का प्रभाव कितना था, इसका अंदाजा इसी बात से लगाया जा सकता है कि इससे ज्यादा आतंक बीर बहादुर सिंह का था, जो एक पागल किस्म का अपराधी था। अनेक हत्याओं के अभियुक्त होने के साथ-साथ जेल में रहकर विधानसभा का चुनाव जीतने का सेहरा भी उसके सर पर बंधा था। भोजपुर में गुंडों और अपराधियों की समाज में काफी इज्जत है। अपराधियों के साथ जान-पहचान को वहां इज्जत की निगाह से देखा जाता है।[17] फिलवक्त देवरिया गांव के सुरेन्द्र सिंह कुंवर सेना के चीफ हैं।

सनलाइट सेना

पलामू जिले में नक्सली आंदोलन की शुरुआत भूमिहीन मजदूरों को संगठित कर उन्हें क्रांतिकारी कार्रवाइयों में प्रस्तुत करके नहीं की गई, बल्कि सैनिक कार्रवाइयों की पहल से उन्हें संगठित करने का काम किया गया। आंदोलन के पहले या दौरान कैडरों को उसके उद्देश्य के बारे में उचित जानकारी नहीं दी गई बल्कि प्रतिशोध के हथियार से लैस किया गया। लेकिन इसका मतलब यह नहीं लगाया जाना चाहिए कि वहां आंदोलन की स्थितियां नहीं थीं। मध्य बिहार के जिलों से अलग पलामू जिले में एक साथ बड़े सामंतों की बहुतायत के साथ-साथ मध्यम सामंतों की संख्या भी काफी है। इस तरह भूस्वामियों का दायरा भी काफी बड़ा है। भूमिहीनों की संख्या भी यहां ज्यादा है। आज भी पलामू में नक्सलियों का जोर तो चलता है, लेकिन आंदोलन नाम की चीज नहीं दिखाई देती है।

इस बात से कोई इनकार नहीं कर सकता कि पलामू में भूमिहीन मजदूरों का शोषण अपने विभत्स रूप में मौजूद रहा था और शायद इसीलिए वहां नक्सली हिंसा का रूप भी विभत्स ही रहा है। क्रांतिकारी हिंसा की जगह आतंकवादी हिंसा को नक्सलियों ने ज्यादा प्रश्रय दिया। समाज में सामंती सत्ता के खिलाफ भूमिहीनों को खड़ा करने में

हिंसक कार्रवाइयों की महत्त्वपूर्ण भूमिका रही है, लेकिन यह रणनीति सिर्फ शुरुआती दौर में ही सफल हो सकती है। अपने को प्रासंगिक बनाए रखने के लिए पलामू में सक्रिय नक्सली संगठन भूमिहीन मजदूरों को आंदोलन के लिए गोलबंद करने की बनिस्पत सैनिक कार्रवाइयों पर ही विशेष ध्यान देते रहे हैं। उनकी सबसे बड़ी कमजोरी यह रही कि वे धनी किसानों से जबरन पैसा वूसल करने लगे। वे इलाके के धनी लोगों से सीधे पैसे मांगते थे और नहीं देने पर उसके खिलाफ कार्रवाई करते थे। उनकी इस कार्रवाई से वहां के धनी किसानों में एक तरह से दहशत फैल गई। चूंकि प्रशासन नक्सलियों से निपटने में स्वयं अक्षम था, इसलिए धनी किसानों ने नक्सलियों ने निपटने के लिए स्वयं एक सेना का गठन किया, जो बाद में चलकर सनलाइट सेना के नान से जाना गया।

सनलाइट सेना के बारे में अनेक मनगढ़ंत बातें अखबारों में छपती रही है। उदाहरण के लिए राजपूतों ने सेना का नाम सनलाइट इसलिए रखा कि वे अपने को सूर्यवंशी होने का दावा करते हैं, लेकिन तथ्यात्मक रूप से इसमें कोई सच्चाई नहीं है, क्योंकि पलामू में सूर्यवंशी राजपूतों की कोई खाप (शाखा) नहीं है। पलामू के राजपूतों में खरवार जैसी जनजाति से राजपूत बने लोगों की संख्या अधिक है। इस सेना के गठन में राजपूतों की अहम भूमिका जरूर थी किंतु उसका चरित्र मूल रूप से स्थानीय ही था और अंत तक बना रहा। इसी तरह यह बात भी तथ्यात्मक रूप से गलत है कि सनलाइट सेना का गठन पूर्व केंद्रीय मंत्री और तमिलनाडु के राज्यपाल भीष्म नारायण सिंह के भाई विजय सिंह ने किया था। वास्तव में सनलाइट सेना का गठन विश्रामपुर के मुरगा-मलवरिया गांव के राजपूतों ने किया था, जिसमें मुख्य रूप से रविंद्र सिंह, ललन सिंह, शंकर सिंह, और कृष्णा सिंह शामिल थे। नगर उटारी के राजा धर्मेंद्र बच्चा इसके संरक्षक बने थे। यह सही है कि सनलाइट सेना के लोगों ने विजय सिंह को अपने संगठन में शामिल करने की कोशिश की लेकिन वे उससे नहीं जुड़े। इसे लेकर सनलाइट सेना के लोगों में उनके प्रति रंजिश भी रही थी। मुरमा-मलवरिया गांवों के अलावा सिल्दिली और कर्मडीह गांव के राजपूतों ने भी सनलाइट सेना को अपना समर्थन दिया। गढ़वा और हुसैनाबाद में भी सनलाइट सेना को खड़ा करने की कोशिश की गई किंतु वह असफल रही। दिलचस्प बात यह भी है कि सनलाइट मीडिया का दिया हुआ नाम है। सनलाइट सेना के एक सदस्य ने बताया "हम लोगों को स्वयं आश्चर्य हुआ कि हम लोगों ने नक्सलियों से निपटने के लिए जिस संगठन का निर्माण किया है, उसका नाम सनलाइट सेना है"। वैसे यह नाम उन्हें काफी पसंद आया और इसीलिए उन लोगों ने इस नाम का कहीं प्रतिवाद नहीं किया। स्थानीय लोगों से बातचीत के बाद पता चला कि सनलाइट सेना का नाम देने वाले छतरपुर के जगदेव शर्मा नामक एक पत्रकार थे। चूंकि विजय सिंह से उनकी नहीं पटती थी, इसलिए उन्होंने विजय सिंह का नाम भी सनलाइट सेना के साथ जोड़ दिया। सनलाइट सेना का विस्तार विश्रामपुर थाना से बाहर कभो नहीं हो सका। सनलाइट सेना ने अभी तक दो नरसंहार किए हैं—मलवरिया और कुरपी गांव में।

सनलाइट सेना के हथियारबंद लोगों ने दर्जनों दलित मजदूरों को मार डाला तथा उनके घरों में आग लगा दी। सेना का विस्तार इसलिए नहीं हो पाया कि इसके गठन करने वालों में अधिकांश असामाजिक तत्व थे। छतरपुर के एक राजपूत नौजवान ने बताया कि सनलाइट सेना का नेतृत्व भी उसी तरह के लोगों के हाथ में है जिस तरह के लोगों के हाथ में नक्सली संगठनों का नेतृत्व है। दोनों अपने-अपने निहित स्वार्थों के लिए लड़ रहे हैं। दोनों ही गलत तरीके से अपनी-अपनी तिजोरियां भर रहे हैं।

किसान सेवक समाज : पलामू के राजपूतों ने 1985 में किसान सेवक समाज नामक एक संगठन बनाया। इसके संस्थापक जगेश्वर सिंह त्यागी थे। इसके अलावा विजय सिंह (भीष्म नारायण सिंह के छोटे भाई), अवधेश सिंह (कांग्रेस व बाद में जनता दल के नेता), गंगा प्रसाद (स्वतंत्रता सेनानी) और पाटन थाना के तीसीबार गांव के जगत दूबे इसके प्रमुख नेता थे। सनलाइट सेना के विपरीत किसान सेवक समाज के नेताओं में अधिकांश सार्वजनिक जीवन से आए थे। इसमें कोई संदेह नहीं कि किसान सेवक समाज भी नक्सलियों के प्रतिरोध में ही बना था लेकिन इसके सदस्यों ने कहीं भी हिंसा नहीं की। जगेश्वर सिंह का त्यागी उपनाम वहां के स्थानीय लोगों द्वारा ही दिया गया था। उनकी छवि एक गांधीवादी की थी। नक्सलियों ने उनकी हत्या सिर्फ इसलिए कर दी कि वे किसान सेवक समाज के संस्थापक थे। इसके बाद विजय सिंह की रहस्यपूर्ण स्थितियों में मौत हो गई। कहते हैं कि विजय सिंह का संबंध छतरपुर की ही एक भूइयां जाति की महिला से था, जिसके नाम उन्होंने 14 बिगहा जमीन लिख दी थी और उसके रहने के लिए एक घर भी बनवा दिया था। इस बात को सभी स्थानीय लोग जानते हैं। एक दिन विजय सिंह उसी महिला के घर मृत पाए गए। कहा जाता है कि नक्सलियों ने उस औरत को धमकी दी थी कि वह विजय सिंह को खत्म कर दे अन्यथा उसके बेटे को मार दिया जाएगा। सच्चाई चाहे जो भी हो विजय सिंह एक दिन उसी महिला के घर मृत पाए गए। उनका सारा शरीर नीला पड़ा था। इसके बाद किसान सेवक समाज किसानों की कोई सेवा किए बिना ही समाप्त हो गया।

संदर्भ

1. सिन्हा अरविंद, 'बिहार में निजी सेनाएं' फिलहाल पटना, मई 1998, पृ.3
2. लूई प्रकाश, 'रेडिकल एग्रेरियन मुवमेंट्स इन सेंट्रल बिहार : ऐ सोसियोलॉजिकल स्टडी' अप्रकाशित थिसिस मगध युनिवर्सिटी, बोधगया, पृ. 228
3. भाटिया बेला, 'रिएसर्टिंग डोमिनेंस इन दी फेस ऑफ रेसिस्टेंस : कास्ट सेना एंड दी नक्सलाइट मुवमेंट इन सेंट्रल बिहार (अप्रकाशित) पृ. 5
4. वही...पृ. 6
5. रंजन अरुण, 'बेलछी : गिरोहों का जंग या वर्ग संघर्ष' (संपादन) उदयन शर्मा, 'वायलेंस इरप्ट्स'।
6. विस्तृत जानकारी के लिए देखें प्रसाद नागेश्वर, 'रूरल वायलेंस, वोहरा पब्लिशर्स एंड डिस्ट्रिब्युटर्स, इलाहबाद, 1985

7. बिहार के धधकते खेल खलिहान, सीपीआई (मार्क्सिस्ट-लेनिनिस्ट) दस्तावेज, पृ. 7
8. इंडिया टुडे, 13 मार्च, 1985
9. सरदार कृष्णा सिंह जाति से भूमिहार हैं लेकिन सरदारों की तरह पंच ककार-केश, कंघा, कच्छा, कृपाण और कड़ा धारण करते हैं। वास्तव में वह एक अपराधी हैं जिनके पास अपराधियों का एक संगठित गिरोह है।
10. उर्मिलेश, 'बिहार का सच' प्रकाशन संस्थान, नयी दिल्ली, 1991, पृ. 73
11. बिहार के धधकते खेत-खलिहान, पृ.73
12. वही...।
13. वही...पृ. 79
14. ससुराल समेत किसी भी रिश्तेदारी में संपत्ति के रूप में मिली जमीन को तड़का कहते हैं।
15. चौधरी प्रणव, 'डायमंड डिटरमाइंड टु ड्राइव नक्सल आउट' दी टाइम्स ऑफ इंडिया, 15 फरवरी, 1992
16. साक्षात्कार के दौरान कुंवर सेना के कुछ लोगों ने यह रहस्योद्घाटन किया।
17. भोजपुर में अपराधियों को सामाजिक स्वीकृति प्राप्त है और उन्हें नायक के रूप में पेश करने की लंपट संस्कृति भी पनपी है। बीर बहादुर सिंह जैसे अपराधी को भोजपुरी लोकगीतों में नायक के रूप में प्रस्तुत किया गया है। उदाहरण के लिए यह गीत—''जिला भोजपुर भारत के सिंगार बबुआ, जहां बीर बहादुर सुपर स्टार बबुआ''।

अध्याय - 8

रणवीर सेना

कैसे बनी रणवीर सेना

रणवीर सेना के बारे में आम रूप से यही जाना और माना है कि इसका गठन उदवंतनगर प्रखंड के बेलाउर गांव में हुआ। दूसरे शब्दों में बेलाउर गांव के भूमिहारों ने रणवीर सेना का गठन किया। इसके गठन की पृष्ठभूमि के रूप में एक अत्यंत मामूली घटना का बयान किया जाता है। न सिर्फ मीडिया रिपोर्टों में, बल्कि भाकपा (मार्क्सिस्ट-लेनिनिस्ट, माले) लिबरेशन के दस्तावेजों में भी उसी एक घटना का जिक्र किया गया है। लिबरेशन ने ''यह जंग जरूर जीतें'' नामक अपने एक बुकलेट मे उस घटना के बारे में लिखा है...''लेकिन जिस घटना से चिंगारी भड़की, वह बहुत मामूली-सी घटना थी—एक दुकानदार सिद्धनाथ साह से बेलाउर के ही सुनील चौधरी ने सिगरेट मांगा। सिगरेट का पैकेट इनके लड़के ने कहीं अन्यत्र रख दिया था, इसलिए सिगरेट नहीं मिली। कुछ समय बाद दुकानदार का लड़का आ गया और जब किसी दूसरे ने सिगरेट मांगी तो उसने उसे दे दिया। सुनील चौधरी का पारा इसी बात पर चढ़ गया। फिर क्या था, रात में करीब दस बजे वह पांच-सात लोगों को लेकर आया और दुकानदार तथा उसके लड़के की जमकर पिटाई की। यह घटना 10 अगस्त, 1994 को हुई। अगले दिन सुबह माले नेता बीरबल यादव इस घटना के बाबत पूछने गए। भूमिहारों ने यह कहते हुए कि सारा मन इसी आदमी का बढ़ाया हुआ है, उन्हें पकड़कर खूब पीटा और मरा समझकर फेंक दिया। इसके प्रतिवाद में माले ने रोड जाम किया और यही से बात बढ़नी शुरू हुई।''

दरअसल, हुआ यह कि जब बीरबल यादव वहां के भूमिहारों से बातचीत कर ही रहे थे कि किसी ने बम फोड़ दिया। कोई घायल तो नहीं हुआ लेकिन भूमिहारों को लगा कि माले वालों ने ही बम फोड़ा है। चूंकि बीरबल यादव माले के नेता हैं, इसलिए उनके प्रति बेलाउर के भूमिहारों के मन में पहले से ही गुस्सा भरा हुआ था। वे भूमिहीन मजदूरों की मुखरता के लिए बीरबल यादव को उत्तरदायी भी मानते रहे थे। बम फूटने की घटना ने उन्हें मौका दे दिया और उन्होंने बीरबल यादव की निर्मम पिटाई कर दी। माले का कहना है कि बम फेंकने की बात महज अफवाह है और अपने को सही साबित करने

के लिए बेलाउर के भूमिहारों ने इस अफवाह को जमकर हवा दी। तथ्य यह भी है कि केस दर्ज कराने के बावजूद पुलिस ने बीरबल यादव की पिटाई करने वालों के खिलाफ कोई कार्रवाई नहीं की। उल्टे बीरबल यादव के खिलाफ ही अदालत में मुकदमा दर्ज कराया गया। इस मुकदमे में बीरबल यादव को दो साल बाद जमानत मिली।

बीरबल यादव की पिटाई के बाद बेलाउर गांव में तनाव फैल गया, विशेषकर बजर टोला और चकरडीह में। ये दोनों टोले मुख्य बेलाउर गांव से आधा किलोमीटर दूर आरा-सहार मुख्य मार्ग पर बसे हुए हैं और वहां के निवासी मूलतः दलित भूमिहीन मजदूर हैं। वास्तव में वे बेलाउर गांव के ही मूल बाशिंदे हैं। ये दोनों टोले भाकपा (माले) लिबरेशन के गढ़ माने जाते हैं। वैसे भी भोजपुर के दलित भूमिहीनों में माले की पैठ ही सबसे ज्यादा है। बीरबल यादव की पिटाई की खबर सुनते ही बजर टोला बस पड़ाव पर करीब 500 माले समर्थक जुट गए और आरा-सहार मुख्य मार्ग को जाम कर दिया। करीब दो बजे दिन में धरीछन चौधरी की बस वहां रुकी। माले समर्थकों ने उसके कंडक्टर बाढ़ू चौधरी को बस से बाहर खींच लिया और उसकी हत्या कर दी। हालांकि इस बात को लेकर आज भी भ्रम है कि वास्तव में बाढ़ू चौधरी की हत्या में किसने की, लेकिन माले ने स्वयं इसकी जिम्मेदारी ली और कहा कि बाढ़ू चौधरी जनता के सामूहिक गुस्से का शिकार बना। यह अलग बात है कि बाद में उसके कई नेताओं ने बाढ़ू चौधरी की हत्या के लिए बिजेंद्र यादव पर ऊंगली उठाई।[1]

जहां तक बाढ़ू चौधरी की बात है तो उसकी छवि कोई शरीफ आदमी की नहीं थी। वह लंपट किस्म का व्यक्ति था। वैसे भी बिहार में बस का कंडक्टर अनिवार्य रूप से लंपट ही होता है। बस मालिक ऐसे ही व्यक्तियों को कंडक्टर रखना पसंद करते हैं क्योंकि टिकट काटने का काम वहां हमेशा जोखिम भरा होता है। 1993 में हुई एक चमार की हत्या का वह मुख्य अभियुक्त था। कहा जाता है कि बिजेंद्र यादव के एक आदमी की हत्या में भी उसका हाथ था, जिसके चलते बिजेंद्र यादव उससे खफा था। स्थानीय लोगों के अनुसार बिजेंद्र यादव के किसी आदमी की हत्या करके कोई चैन से नहीं रह सकता। उक्त घटना के करीब एक सप्ताह पहले बेलाउर के भूमिहारों और बिजेंद्र यादव के गिरोह के बीच गोली भी चली थी। इसमें भूमिहारों की तरफ से बाढ़ू चौधरी ने भी गोली चलाई थी। माले ने पार्टी के स्तर पर बाढ़ू चौधरी की हत्या की जांच कराई और उसके बाद दावा किया कि उसके समर्थक तो बाढ़ू चौधरी को सिर्फ दबाव की रणनीति के रूप में पकड़कर अपने पास रखना चाहते थे लेकिन भीड़ में से किसी ने गोली मारकर उसकी हत्या कर दी। इस संभावना से इनकार नहीं किया जा सकता कि बिजेंद्र यादव के ही किसी आदमी ने बाढ़ू चौधरी की हत्या कर दी हो, लेकिन शुरुआत में माले द्वारा जिम्मेदारी ले लिए जाने से भूमिहारों का गुस्सा माले के खिलाफ हुआ, जो अंततः रणवीर सेना के रूप में सामने आया। लेकिन यह पूरा सच नहीं है। यह तो सिर्फ अंजाम की कहानी है, आगाज की नहीं।

दरअसल, रणवीर सेना के बनने की पूरी कहानी यों है—8 अगस्त, 1994 को माले ने संदेश ब्लॉक में तीर्थकौल गांव के देवेंद्र सिंह के खिलाफ एक पर्चा निकाला और उनके विरुद्ध नाकेबंदी की घोषणा की। इसी गांव के देवकुमार सिंह के खिलाफ भी माले ने नाकेबंदी की घोषणा कर रखी थी। नसरतपुर के रामभवन सिंह, कांधरपुर के बृजबिहारी सिंह, सलेमपुर के रामनेह सिंह, चिल्होस के लालबाबू सिंह, रेपुरा के शत्रुघ्न सिंह व चलन सिंह तथा अभयपुरा के भोला सिंह के विरुद्ध माले की नाकेबंदी पहले से ही जारी थी। रामभवन सिंह के खिलाफ जब नाकेबंदी की घोषणा हुई तो इलाके के उंची जातियों के किसानों ने उनके साथ समर्थन और सहानुभूति दिखाते हुए नसरतपुर में एक मीटिंग की। उसी मीटिंग में यह ऐलान किया गया कि माले की नाकेबंदी को किसी भी कीमत पर कामयाब नहीं होने दिया जाएगा। उसी मीटिंग में यह भी फैसला लिया गया कि उन तमाम किसानों को संगठित किया जाए जिनके खिलाफ माले की नाकेबंदी जारी है। इसके बाद आनन-फानन में 'क्रांतिकारी क्षत्रीय मंच, (तापा)[2] नामक संगठन का गठन किया गया। रणवीर सेना के प्रवक्ता ने बताया कि सहार और संदेश ब्लॉक में उस समय शायद ही कोई ऐसा संपन्न किसान था, जिसके खिलाफ माले ने नाकेबंदी न कर रखी थी।[3]

18 अगस्त, 1994 को तीर्थकौल में देवकुमार सिंह के दालान पर किसानों की एक बैठक हुई। इस बैठक में पंडुरा, नसरतपुर, नारायणपुर, बचरी, जलपुरा, सारीपुर, आदि तापा क्षेत्र के राजपूत बहुल गांवों के अलावा अभयपुरा, कांधरपुर, सलेमपुर, चिल्होस—रेपुरा, खंडोल, फुलाड़ी, बरतीयर, एकवारी, गुलजार पुर आदि गांवों की बड़ी जातियों (मुख्यतः भूमिहार) के किसान शामिल हुए। उसी बैठक में यह प्रस्ताव पारित किया गया कि माले के खिलाफ लड़ाई लड़ने के लिए एक संगठन बनाया जाए। उधर माले ने भी ऐलान किया था कि उसी दिन वह देवेंद्र सिंह के दरवाजे पर अपनी सभा करेगा। लेकिन पुलिस ने हस्तक्षेप कर माले की सभा उनके दरवाजे पर नहीं होने दी और उन्हें वहां से भगा दिया। इसके बाद माले के नेताओं और कार्यकर्ताओं ने तीर्थकौल गांव से लगे सोन के किनारे पूरब में बांध पर अपनी सभा की।

आगे की रणनीति और संगठन बनाने के प्रस्ताव को अमल में लाने के लिए आरा स्थित जैन कालेज के होस्टल, जो महाराजा कालेज के पास है, में 26 अगस्त, 1994 की रात को मीटिंग हुई। इसमें सहार ब्लॉक के एकवारी, बड़की खड़ाऊं, कौरन डिहरी तथा गुलजारपुर के अलावा संदेश ब्लॉक के अभयपुरा, तीर्थकौल, नसरतपुर, नारायणपुर, आदि गांवों के लोगों ने भी भाग लिया, लेकिन उनकी उपस्थिति काफी कम रही। बमुश्किल से 25 लोग इस मीटिंग में आए। इस बैठक में यह तय हुआ कि 30 अगस्त, 1994 को एक अनिवार्य बैठक बुलाई जाए, जिसमें संदेश और सहार ब्लाक के सभी पंचायतों के मुखियाओं को भी आमंत्रित किया जाए।

अभी तक ब्रह्मेश्वर सिंह किसी भी मीटिंग में शामिल नहीं हुए थे। प्रस्तावित मीटिंग में भाग लेने के लिए जब देवेंद्र सिंह और एकवारी के अनिल सिंह उन्हें आमंत्रित करने

उनके गांव खोपिरा पहुंचे तो ब्रह्मेश्वर सिंह ने पहले उन लोगों को समझाया और माले से सुलह करने की सलाह दी। यह अलग बात है कि 30 तारीख की मीटिंग उन्हीं की अध्यक्षता में हुई। यह मीटिंग भी जैन कॉलेज के उसी होस्टल में हुई, जिसमें पहली मीटिंग हुई थी। रात के 10 बजे पेट्रोमैक्स की रोशनी में यह मीटिंग संपन्न हुई। उसी मीटिंग में फोरी तौर पर एक कामचलाऊ संगठन का निर्माण किया गया। इस संगठन का भी नामकरण नहीं किया गया और न ही उसे ठोस स्वरूप दिया गया।

इसके बाद लगभग एक महीने तक संगठन के लोग जनसंपर्क करते रहे और 10 अक्टूबर को हरि जी के हाता[4] में स्थित एक प्राइवेट स्कूल में तीसरी सभा हुई, जिसमें करीब दो हजार लोग आए। यहां संगठन के स्वरूप और नामकरण पर चर्चा हुई पर नाम पर मतैक्य नहीं हो पाने के कारण इसे बाद के लिए छोड़ दिया गया।

इसी बीच कृष्णगढ़ थाने के बलुआं गांव में एक घटना हो गई। यह गांव सिनहा के पास पड़ता है। वहां के परशुराम सिंह ने दो मुसहरों की हत्या कर दी थी। हालांकि रणवीर सेना का कहना है कि खेत के विवाद में गोली चली जिसमें दो मुसहर मारे गए। माले ने इसके एवज में परशुराम सिंह के खिलाफ नाकेबंदी की घोषणा कर दी और उनके घर पर आक्रमण भी किया। इसके बाद माले ने एक पर्चा निकालकर अपने समर्थकों को आठ दिनों बाद बलुआं आने के लिए निर्देश दिए। माले को मात देने के लिए वहां के स्थानीय भूस्वामियों ने 'गंगा सेना' नामक एक संगठन बना रखा था। गंगा सेना का गठन करने वालों को पता था कि संदेश, सहार के किसानों ने क्रांतिकारी क्षत्रिय मंच का गठन किया है और उसका उद्देश्य भी माले का विरोध करना है। गंगा सेना के लोगों ने क्षत्रिय क्रांतिकारी मंच को चिट्ठी भेजी कि "आप लोग यहां आएं और हमारी सहायता करें"। दो बसों में भरकर क्षत्रिय मंच के लोग वहां पहुंचे और जमकर माले विरोधी भाषण दिए। गंगा सेना और क्षत्रीय क्रांतिकारी मंच के बीच आपसी विलय और संगठन के लिए एक सर्वमान्य नाम की चर्चा भी हुई और दोनों तरफ के लोगों ने इस बात पर सहमति जतायी कि नए संगठन का नाम गंगा-सोन सेना रखा जाए।[5]

बातचीत के बाद तय हुआ कि संगठन के लिए एक संविधान तैयार किया जाए और अध्यक्ष का चुनाव भी कर लिया जाए। उस समय गंगा सेना के अध्यक्ष सोहरा गांव जो भोजपुर में सोहरा-त्रिभुवानी के संयुक्त नाम से जाना जाता है, के रहने वाले भूवनेश्वरी सिंह थे। लेकिन कुछ दिनों के बाद गंगा सेना के लोगों ने कहा कि वे संगठन का नाम सिर्फ गंगा सेना ही रखना चाहते हैं, इसमें सोन शामिल नहीं होगा। यह क्षत्रिय क्रांतिकारी मंच को स्वीकार नहीं हुआ और इस तरह नामकरण के विवाद में विलय की बात विलीन हो गई।

क्रांतिकारी क्षत्रिय मंच का गठन तो जरूर हो गया था लेकिन उसे न तो कोई जनाधार प्राप्त था और न अभी वह अन्य लोगों को स्वीकार ही था। आम लोगों को इसकी कोई खास जानकारी भी नहीं थी। लेकिन कानोंकान लोगों को यह खबर हो गई

थी कि नक्सलियों के खिलाफ एक संगठन बन चुका है। कम-से-कम उस गांव के लोगों को तो मालूम हो ही गया था, जहां माले की नाकेबंदी जारी थी या जिस गांव में उसका आंदोलन चल रहा था। चूंकि जब देवेंद्र सिंह के खिलाफ माले ने नाकेबंदी की घोषणा की थी तो उनके समर्थन में सहार के कई गांवों के लोग आए थे और वे सभी एक ऐसे संगठन की आवश्यकता महसूस कर रहे थे जो माले को चुनौती दे सके। इसलिए संगठन बनाने का प्रयास चलता रहा। इसी सिलसिले में 10 अक्टूबर, 1994 को एकवारी के भोला सिंह के घर पर बैठक चल रही थी। उस समय मीटिंग में करीब 50 लोग थे और सभी के पास हथियार थे। प्रमुख लोगों में गांधीजी राय-वकील, गुप्तेश्वर दूबे—वकील, अनिल, प्रमोद सिंह, भोला सिंह, ब्रह्मेश्वर सिंह, बिंदेश्वरी राय आदि थे। बैठक चल ही रही थी कि बेलाउर गांव से एक व्यक्ति आया और उसने बताया कि वहां माले और गांव के भूस्वामियों के बीच गोली चल रही है और उस लड़ाई में आपलोगों की आवश्यकता है। बैठक में शामिल लोगों ने तय किया कि यहीं से बेलाउर चला जाए और वे सभी वहां से बेलाउर पहुंचे।

उधर बेलाउर गांव में पहले से जारी तनाव के अलावा एक नया तनाव रास्ते को लेकर दलितों और भूमिहारों के बीच पैदा हो गया था। गांव से निकलने का मुख्य रास्ता दलितों के मुहल्ले से गुजरता है। दलितों का कहना है कि भूमिहारों के मनचले लड़के आते-जाते दलितों की बहु-बेटियों पर फब्तियां कसते थे और उन पर बुरी नजर डालते थे। यह दलितों को बर्दाश्त नहीं था और इसीलिए उन लोगों ने उस रास्ते से भूमिहारों का निकलना बंद कर दिया। उधर भूमिहारों का कहना था कि वे उस रास्ते को कैसे छोड़ सकते हैं क्योंकि उसी राह पर उनके पूजनीय पूर्वज रणवीर बाबा की समाधि है। हर शुभ कार्य का आरंभ वे रणवीर बाबा की पूजा से करते हैं। इस बात को लेकर तनाव बढ़ने लगा और अंततः दोनों ओर से गोलीबारी होने लगी।

वहां वे लोग 9 दिनों तक रहे और भूमिहार किसानों की तरफ से सैनिक बनकर लड़ते रहे। दिन में गोलीबारी रुक जाती थी और शाम होते ही शुरू। रणवीर सेना के एक व्यक्ति, जो उस समय गोली चलाने वाले जत्थे में शामिल था, ने बताया "खेतों की मेड़ की आड़ से हम लोग गोलियां चलाते थे। रात में गांव की औरतें खाना लाती थीं और पानी तो धान के खेतों से ही पी लेते थे। इस पानी में उर्वरक और कीटनाशक भी मिले होते थे।" रणवीर सेना दावा करती है कि उस लड़ाई में करीब 25 माले कार्यकर्ता खेत रहे थे। इसके बाद माले की सशस्त्र टुकड़ी भाग खड़ी हुई। यह घटना अक्टूबर, 1994 के दूसरे सप्ताह की है। माले[6] का कहना है कि बेलाउर के भूमिहार दलितों को वहां से भगाना चाहते थे और इसीलिए उन लोगों ने दलितों पर हमला किया जिसके प्रत्युत्तर में माले के समर्थकों ने भी गोलियां चलाईं। माले का दावा है कि इस जंग में उसकी जीत हुई क्योंकि "दलित आज भी न सिर्फ वहां जमे हुए हैं, बल्कि भूमिहारों का मुख्य रास्ते से निकलना भी बंद हो गया है।"[7]

सेना के नामकरण को लेकर बेलाउर में ही एक बैठक हुई जिसमें आम सहमति बनी कि नामकरण को लेकर अब कोई विवाद नहीं होना चाहिए। आज ही संगठन का नाम रखा जाए। इस बात पर अभी चर्चा चल ही रही थी कि बेलाउर गांव का ही एक लड़का जिसका नाम विजेंद्र है, ने कहा कि हमलोग हर नए काम की शुरुआत रणवीर बाबा की जय बोलकर करते हैं, इसलिए संगठन का नाम रणवीर सेना रखा जाए। चूंकि यह पहले ही तय हो चुका था कि अब नाम को लेकर कोई विवाद नहीं होगा, इसलिए इस नाम को ही सर्वसम्मति से स्वीकार कर लिया गया। यह महज इत्तफाक है कि संगठन को रणवीर सेना का नाम बेलाउर में ही मिला। लेकिन सच यह है कि उस समय तक बेलाउर गांव के भूमिहार संगठन में आने के लिए तैयार ही नहीं थे। इसके पहले क्रांतिकारी क्षत्रिय मंच के लोगों ने बेलाउर गांव के लोगों से कई बार संपर्क किया था और उनसे संगठन में शामिल होने की गुजारिश की थी लेकिन वे तैयार नहीं हुए थे। इसके पहले किसी भी मीटिंग में बेलाउर के लोग शामिल नहीं हुए थे। इस तरह ज्यादा-से-ज्यादा यही कहा जा सकता है कि बेलाउर में सिर्फ सेना का नामकरण हुआ, उसका निर्माण तो पहले ही हो चुका था। रणवीर सेना के गठन की औपचारिक घोषणा 5 जनवरी, 1995 को की गई। उस दिन पूरे भोजपुर जिले से ऊंची जातियों के भूस्वामी बेलाउर में इकट्ठा हुए थे। इसके अलावा भाजपा के कुछ नेता भी इसमें शामिल हुए थे।

यहां बेलाउर गांव और रणवीर बाबा के बारे में संक्षिप्त जानकारी प्रासंगिक होगी। आरा-सहार मेन रोड पर आरा से लगभग 15 किलोमीटर दक्षिण में बसा है यह गांव। यह गांव भोजपुर जिले के उदवंतनगर ब्लॉक में पड़ता है। यह भोजपुर के कुछ बड़े गांवों में शुमार है। यहां की आबादी करीब 20,000 है और परिवारों की संख्या करीब 1,200। करीब 500 परिवार भूमिहारों के हैं। इस गांव का रकबा करीब 72,00 बिगहा है। गांव की जमीन काफी उपजाऊ है और सोन नहर के चलते सिंचाई की समुचित सुविधा भी यहां उपलब्ध है। चूंकि लगभग सारी जमीन के मालिक भूमिहार हैं, इसलिए जीविका के सभी साधनों पर वास्तव में उन्हीं का अधिकार है।

यह गांव अपनी सामंती धाक के लिए कुख्यात रहा है। इस गांव में भूमिहार भूस्वामियों का आलम यह था कि यदि किसी मजदूर ने मजदूरी मांगने की हिमाकत की तो वे पेड़ से बांध कर उसकी पिटाई करते थे। 1993 में दीपा नामक एक मुसहर ने अपने मालिक दीपनारायण चौधरी से जब अपनी मजदूरी मांगी तो उन्होंने मजदूरी देने के बदले उसे दो दिन कमरे में बंद रखा। भूस्वामियों के आगे वहां के दलित अपने घर के सामने भी खाट पर नहीं बैठ सकते थे। उनके मेहमानों के साथ भी वहां के भूस्वामी अपमानजनक व्यवहार करते थे। दलित मजदूरों का सिर्फ आर्थिक शोषण ही नहीं किया जाता था बल्कि उनकी औरतों का यौन-शोषण भी होता था। उस गांव में सामंती धाक का अंदाजा इसी तथ्य से लगाया जा सकता है कि उस गांव में दलित की कोई बेटी प्रथा के अनुसार डोली में बैठकर अपने पिता के घर से पति के घर नहीं जा सकती थी।

भूस्वामियों ने इसकी इजाजत उन्हें नहीं दी थी। इसलिए गांव के बाहर तक उन्हें पैदल ही जाना पड़ता था। इतना ही नहीं, प्रथा यह भी थी कि पुरुष मजदूर की मजदूरी भी उनकी औरतों को ही दिया जाएगा, वह भी दालान[8] पर सूर्यास्त के बाद और अकेले आने पर। यदि दलित का कोई बच्चा नया कपड़ा पहन लिया तो भूमिहारों द्वारा उसकी पिटाई की जाती थी।

कौन थे रणवीर बाबा

बेलाउर गांव में ऊंची जातियों में मुख्य रूप से भूमिहार हैं और कुछ घर ब्राह्मणों के हैं। इस गांव में एक घर भी राजपूत नहीं है। कहा जाता है कि आज से सौ-सवा सौ साल पहले इस गांव में राजपूतों की बड़ी आबादी थी। राजपूतों और भूमिहारों के बीच हमेशा झगड़ा होता रहता था। ब्रिटिश फौज के एक रिटायर्ड फौजी रणवीर ने अपनी ताकत से राजपूतों को गांव से खदेड़ दिया। तब से रणवीर बेलाउर गांव के भूमिहारों के आदर्श बन गए। बेलाउर गांव के भूमिहार किसी भी काम को करने के पहले रणवीर बाबा का नाम अवश्य लेते हैं। इस कथा का सच जानने का मैंने काफी प्रयास किया लेकिन किसी भी स्रोत से इसकी सत्यता साबित नहीं हुई। संदेश प्रखंड के रणवीर सेना के कमांडर[9] ने बताया कि रणवीर बाबा वास्तव में संत प्रकृति के एक बड़े किसान थे। उन्होंने रणवीर बाबा की तुलना संदेश प्रखंड के फुलाड़ी गांव के महंत नीलकंठ बाबा से की। बेलाउर गांव के भूमिहारों को छोड़कर किसी भी गांव के लोगों को इस मिथक के बारे में कोई भी जानकारी नहीं है। यहां तक कि भूमिहार बहुल गांव के लोग भी इस बात को न जानते हैं और न मानते हैं। बहरहाल, बेलाउर गांव में रणवीर बाबा को देवत्व की पदवी मिली हुई है।

रणवीर सेना की उत्पत्ति के कारण

रणवीर सेना की उत्पत्ति ऐसे समय में हुई जब बिहार की अन्य निजी सेनाएं या तो समाप्त हो गई थीं या गुमनामी के अंधेरे में अंतिम सांसें गिन रही थीं। भोजपुर में तीन दशक से भी ज्यादा समय तक जारी नक्सली आंदोलन के दौरान इस तरह की कोई जातीय निजी सेना अस्तित्व में नहीं आई। कुंवर सेना बनी तो जरूर थी लेकिन उसने किसी नरसंहार को अंजाम नहीं दिया और न ही उसे कभी व्यापक समर्थन मिला। सच तो यह है कि कुंवर सेना आरा शहर की चहारदीवारी से कभी बाहर निकल ही नहीं पाई और जिस कमरे में उनका जन्म हुआ, वहीं वह अपनी मृत्यु को भी प्राप्त हुई। मध्य बिहार में कम-से-कम दर्जन भर निजी जातीय सेनाएं बनीं, लेकिन भोजपुर में उसका कभी स्वागत नहीं हुआ, जबकि बिहार में नक्सली आंदोलन का वह सबसे मजबूत गढ़ रहा है। भूमि सेना, लोरिक सेना, ब्रह्मर्षि सेना, किसान सुरक्षा समिति, सवर्ण लिबरेशन फ्रंट आदि सेनाओं को जिंदा रखने एवं मजबूत बनाने के लिए भोजपुर का सवर्ण तबका आवश्यक खाद-पानी देने में आनाकानी ही करता रहा।

रणवीर सेना की उत्पत्ति के कई कारण बताए जाते हैं। नक्सली संगठनों से लेकर बुद्धिजीवी तक इसके उदय के कारणों की खोज अपनी-अपनी समझदारी के अनुसार करते रहे हैं। ''वास्तव में रणवीर सेना समाज में अपने वर्चस्व को कायम रखने के लिए ढहते सामंतवाद की अंतिम सैनिक टुकड़ी है जो नष्ट होने के लिए पैदा हुई है, लेकिन नष्ट होने के पहले यह सेना काफी कुछ नष्ट भी करेगी। भूमिहीन मजदूरों के क्रांतिकारी उभार का दमन करने एवं उनके जनतांत्रिक अधिकारों की मांग करने वाली आवाज को गुम करने के लिए ही रणवीर सेना का गठन किया गया है'' ।[10] दूसरी तरफ ऐसे लोग भी हैं जो रणवीर सेना को लिबरेशन गुट की कमजोरियों एवं भटकाव का नतीजा मानते हैं।

रणवीर सेना की उत्पत्ति के कारणों के उल्लेख के पहले हमें यह जान और मान लेना चाहिए कि इसका गठन सिर्फ भूमिहारों ने नहीं किया था बल्कि उसमें राजपूतों, ब्राह्मणों व समाज के अन्य धनी लोगों की भी काफी महत्वपूर्ण भूमिका रही है। सहार, संदेश, उदवंतनगर, तड़ारी और चरपोखरी ब्लाक के सभी भूमिहार-राजपूत बहुल गांवों के लोगों ने रणवीर सेना के निर्माण में न सिर्फ सक्रिय भूमिका निभाई बल्कि उसे आर्थिक आधार भी प्रदान किया। वैसे रणवीर सेना के गठन में सबसे ज्यादा योगदान संदेश और सहार ब्लाक के भूस्वामियों का रहा है। रणवीर सेना और उसके राजनीतिक मंच राष्ट्रवादी किसान महासंघ के पदाधिकारियों में भूमिहार और राजपूत दोनों जातियों के लोग शामिल हैं। इसमें कोई शक नहीं कि रणवीर सेना से जिस तरह भूमिहारों का जुड़ाव है, उस तरह राजपूतों का नहीं है। रणवीर सेना के हथियारबंद दस्ते में राजपूतों की उल्लेखनीय संख्या भी नहीं है। ऐसा नहीं कहा जा सकता है कि लड़ाकू दस्ते में राजपूत शामिल नहीं हैं फिर भी कुल मिलाकर रणवीर सेना का दारोमदार भूमिहारों पर ही टिका हुआ है। अन्य सवर्ण जातियों के अलावा पिछड़ी जातियों के धनी भूस्वामी भी रणवीर सेना की मदद करते हैं लेकिन उसका असली जनाधार भूमिहारों में ही है। रणवीर सेना की उत्पत्ति के लिए मुख्य रूप से दो तरह के तर्क दिए जाते हैं। पहले तर्क के अनुसार रणवीर सेना की उत्पत्ति के पीछे ऊंची जातियों द्वारा अपने सामाजिक-आर्थिक वर्चस्व को कायम रखने की मंशा है। यानी सवर्ण सामंती धाक को बनाए रखने की कोशिश का परिणाम है रणवीर सेना। दूसरे तर्क के अनुसार रणवीर सेना की उत्पत्ति के लिए लिबरेशन की कार्रवाइयां जिम्मेदार हैं। दूसरे शब्दों में भोजपुर में नक्सली आंदोलन की विसंगतियों की कोख से पैदा हुई है रणवीर सेना। वास्तव में रणवीर सेना की उत्पत्ति के लिए दोनों ही कारक जिम्मेदार हैं। रणवीर सेना की उत्पत्ति के लिए निम्नलिखित कारणों को को उत्तरदायी ठहराया जा सकता।

(1) रणवीर सेना की उत्पत्ति के पीछे ऊंची जातियों द्वारा अपने सामाजिक-आर्थिक और जातीय वर्चस्व को कायम रखने की मंशा एक महत्वपूर्ण तत्व है। पारंपरिक रूप से समाज में ऊंची जातियों का ही वर्चस्व रहा है। न सिर्फ आर्थिक रूप से बल्कि सामाजिक रूप से भी समाज के नियंता वही रहे हैं। पिछड़ी और दलित जातियां शस्त्र और शास्त्र

दोनों के अधिकार से वंचित है। स्वतंत्रता के बाद संसदीय लोकतंत्र के चलते इस स्थिति में परिवर्तन का जो स्वरूप मुख्य उभरा वह रूप से राजनीतिक ही रहा। संख्या बल के चलते पिछड़ी जातियां भी सता में भागीदार बनीं। जमींदारी उन्मूलन का लाभ भी सबसे ज्यादा यादव, कुर्मी एवं कोइरी जैसी मध्यवर्ती जातियों को ही मिला। इसका परिणाम यह हुआ कि कालांतर में ये जातियां भी अपने आचार-व्यवहार में सामंती बन बैठीं। दलित भूमिहीन इस बदलाव की प्रक्रिया से अलग-थलग ही रहे। अलबत्ता आरक्षण के चलते दलितों को सत्ता और प्रशासन में जो हिस्सेदारी हासिल हुई, उसके परिणामस्वरूप उनके बीच अभिजात्य वर्ग पैदा तो हुआ, किन्तु आम दलितों की स्थिति में कोई विशेष परिवर्तन नहीं आया। उल्टे पिछड़ी दबंग जातियां भी उनका शोषण करने लगीं। आर्थिक स्थिति में सुधार और सत्ता में साझीदार बनने से उनकी सामाजिक प्रतिष्ठा में भी इजाफा हुआ और वे दलितों से अपेक्षा करने लगे कि वे उन्हें वही मान और प्रतिष्ठा दें जो जमींदारों को मिलती रही थी। सामाजिक बदलाव की उनकी कोशिश सिर्फ सत्ता की साझेदारी तक सीमित हो कर रह गई। कृषि और भूमि संबंधों को बदलने का उनका प्रयास वहीं समाप्त हो गया और वे यथास्थितिवादी बन गई।

इस यथास्थितिवाद को तोड़ने का सबसे पहला प्रयास नक्सली संगठनों ने शुरू किया। उन्होंने पहली बार दलित भूमिहीन खेतिहर मजदूरों को गोलबंद किया और अपने अधिकारों के लिए तन कर खड़ा होने का उनमें साहस जगाया। भोजपुर में मुख्य रूप से लिबरेशन गुट सक्रिय है। इसने भूमिहीन मजदूरों को संगठित कर तीन मुद्दों के इर्द-गिर्द आंदोलन चलाया—कृषि मजदूरों की मजदूरी में वृद्धि, हदबंदी से फाजिल जमीन पर कब्जा तथा दलित पिछड़ों की सामाजिक प्रतिष्ठा का सवाल। मध्य बिहार के ग्रामीण इलाकों में कृषि मजदूरों की आबादी तीस से चालिस प्रतिशत है। अधिकांश भूस्वामी स्वयं खेती नहीं करते और करते भी हैं तो स्वयं श्रम नहीं करते। इसके मुख्य दो कारण हैं। एक तो सामंती परंपरा उन्हें श्रम करने की इजाजत नहीं देती और दूसरा सस्ते कृषि मजदूरों का उपलब्ध होना। भूमिहीन तथा दलित-पिछड़े ही कृषि मजूदर होते हैं। उनके पास मजदूरी करने के सिवा अपने को जिंदा रखने के लिए कोई दूसरा साधन उपलब्ध नहीं है, इसलिए वे कम मजदूरी पर भी श्रम करने के लिए बाध्य होते हैं। जाहिर है कि ऐसी स्थिति में उनका जबर्दस्त शोषण होता है। नक्सली संगठनों ने जब उन्हें संगठित कर मजदूरी में वृद्धि के लिए आंदोलन किया तो इसके दो परिणाम हुए। पहला इस आंदोलन का विकास काफी तेजी से हुआ और दूसरा यह कि भूस्वामी इसके खिलाफ गोलबंद होने लगे। मजूदरी में वृद्धि की मांग भूस्वामियों के आर्थिक हितों के खिलाफ थी, इसलिए आंदोलन को कुचलने के लिए उन्होंने निजी सेनाओं का गठन करना शुरू किया। चूंकि मध्य बिहार के सभी इलाकों में एक ही जाति का प्रभुत्व नहीं है, इसलिए सभी दबंग जातियों ने अपनी-अपनी निजी सेनाओं का निर्माण किया। रणवीर सेना भी उसी प्रक्रिया की एक कड़ी है।

इसी तरह हदबंदी के फाजिल और गैर मजरूआ जमीन पर कब्जा करने के लिए नक्सलियों ने जो आंदोलन चलाया, उसने भी निजी सेनाओं की उत्पत्ति में महत्त्वपूर्ण भूमिका निभाई। भूमि हदबंदी कानून के अनुसार भूमि हदबंदी की सीमा निम्नलिखित है—

जमीन की प्रकृति	हदबंदी की सीमा
सिंचित या दो फसल देने वाली	15 एकड़
सिंचित (सार्वजनिक नलकूप)	18 एकड़
सिंचित (निजी नलकूप)	25 एकड़
सिंचित (एक फसली)	30 एकड़
नदी तराई	37.5 एकड़
पठारी	45 एकड़

बिहार में भूमि हदबंदी कानून 1973 में बना था। आज बहुत सारे असिंचित इलाके सिंचित हो गए हैं, लेकिन उनकी हदबंदी की सीमा जमीन की पूर्व घोषित प्रकृति के अनुसार ही बनी हुई है। भूस्वामियों ने हदबंदी कानून से बचने के लिए अपनी जमीनें अपने रिश्तेदारों सहित कुत्ते-बिल्लियों और देवी-देवताओं के नाम कर रखे हैं। नक्सली कार्यकर्ता ऐसी जमीन पर लगी फसल लूट लेते हैं जिसके चलते भूस्वामियों और भूमिहीन मजदूरों के बीच खूनी संघर्ष की स्थिति पैदा हो जाती है। इसके अलावा आहर, पोखर, चारागाह और गैर मजरूआ जमीन पर भी भूस्वामियों का कब्जा है जिसके विरुद्ध नक्सली आंदोलन करते रहे हैं। चूंकि भूस्वामी अकेले नक्सलियों का सामना नहीं कर सकते, इसलिए उन्होंने निजी सेनाओं का गठन किया।

लेकिन नक्सलवादियों ने सबसे जबर्दस्त आंदोलन दलित-पिछड़ों की सामाजिक प्रतिष्ठा के सवाल पर चलाया। यह एक ऐसा मुद्दा है जो सामंती व्यवस्था की जड़ पर चोट करता है, इसलिए इस मुद्दे पर चलाया जाने वाला नक्सलियों का आंदोलन भी काफी उग्र रहा। हमें यहां समझ लेना होगा कि हमारी जाति व्यवस्था सामाजिक दुराव के सिद्धांत पर आधारित है। भारतीय सामाजिक संरचना न सिर्फ जाति पर आधारित है, बल्कि उसे धार्मिक वैधता भी प्राप्त है। प्रो.एम.एन. श्रीनिवास के शब्दों में ''जाति भारतीय जीवन शैली का सामान्य मुहावरा है। यह हमारे सामाजिक संबंधों को ही नहीं, वरन आर्थिक, राजनैतिक एवं आध्यात्मिक संबंधों को भी प्रभावित करती रही है''। नीची जातियां आर्थिक कठिनाइयों से उतनी विचलित नहीं होतीं, जितना कि आरोपित नीच की सांस्कृतिक चेतना से।

इतिहास गवाह है कि जाति व्यवस्था की स्थापना और उसका कायम रहना तथाकथित उच्च जातियों के लिए फायदेमंद रहा है, वरना क्या कारण है कि यदि व्यक्तिगत प्रयासों को छोड़ दिया जाए तो ऐसे बिरले ही उदाहरण मिलेंगे जहां उच्च जातियां जनांदोलन का रुख अख्तियार कर जाति व्यवस्था के विरोध में खड़ी हुई हों।

नीच की संस्कृति किसी भी इंसान को सहज गवारा नहीं हो सकती। यही कारण है कि शस्त्र-शास्त्र और धन विहीन दलित जातियां शुरू से ही इस आरोपित नीच की संस्कृति का विरोध करती रही हैं। यह अलग बात है कि विरोध के स्वर और तेवर बदलते रहे हैं। यह स्वाभाविक भी था। बदलते सामाजिक संदर्भों के अनुसार इस विरोध के स्वर में आरोह-अवरोह तो होना ही था।

सवर्ण समाज की सारी मान्यताएं दलितों के विरोध में खड़ी हैं। समाज में प्रचलित मुहावरे और लोकोक्तियां इस बात के आकट्य प्रमाण प्रस्तुत करती हैं। ऐसी अनेक कहावतें प्रचलित हैं, जो दलितों के प्रति घृणा-भाव को दर्शाती हैं। किसी भी व्यक्ति से बात करते समय यह जुमला सुनने को मिल जाता है कि 'क्या मुझे चोर-चमार समझ रखा है'। एक कहावत है कि 'कोदो-सावां अन्न नहीं, डोम-चमार जन नहीं'। इसी तरह की एक अन्य कहावत है कि 'क्वार (आश्विन माह) का घाम और चमार की बोली सही नहीं जाती'। दलित और पिछड़े सदियों से उच्च जातियों के शोषण के शिकार होते रहे हैं। स्वंतत्रता के बाद भी किसी राजनीतिक दल ने उनकी इस पीड़ा को समझने का प्रयास नहीं किया। यह अकारण नहीं कि जब भी हमारे देश में किसी मुक्तिकामी विचारधारा, चाहे वह धार्मिक हो या राजनीतिक, का आविर्भाव हुआ तो उसमें दलितों की भागीदारी सबसे ज्यादा हुई। नक्सली विचारधारा में पहली बार दलितों-पिछड़ों को सवर्णों के शोषण से मुक्ति की किरण नजर आई। कोई राजनीतिक दल पहली बार उनके पक्ष में खड़ा हुआ और उसकी अगुवाई में वे अपने अधिकारों की मांग करने लगे। यह सवर्ण समाज को कैसे गवारा हो सकता था कि कल तक जो उसके सामने खाट पर नहीं बैठ सकता था, वह आज अपने अधिकारों के लिए उसके सामने सीना तान कर खड़ा हो। अब उनकी बहू-बेटियों को कोई राजपूत या भूमिहार खुलेआम उठा कर नहीं ले जा सकता था, उन्हें बेगारी करने के लिए मजबूर नहीं कर सकता था। बिहार में कहीं भी यह सुनने को मिल जाता है कि चमारों का मन बढ़ गया है। चूंकि दलित-पिछड़े भूमिहीन मजदूर अब संगठित हो चुके थे, इसलिए कोई सामंत अपने अकेले दम पर उनका दमन नहीं कर सकता था, इसलिए उन्होंने निजी सेनाएं बनानी शुरू कर दीं। पहले बात-बात पर भूस्वामी दलितों का घर उजाड़ देते थे। अब वैसा करना उनके लिए आसान नहीं रह गया था। यह बात अब स्थापित हो चुकी है कि सामंतों के शोषण से ही नक्सलवाद पैदा हुआ है और अब नक्सलवाद को दबाने के लिए निजी सेनाओं का गठन हो रहा है। प्रसिद्ध रंगकर्मी संजय उपाध्याय का कहना है कि रणवीर सेना वास्तव में सवर्ण मानसिकता का परिचायक है, जो कभी बर्दास्त नहीं कर सकती कि चमार, दुसाध, मुसहर आदि दलित जातियां उनके सामने सिर उठाकर बात करें।

नक्सलियों ने जिन मुद्दों पर आंदोलन चलाया वह सवर्ण और धनी भूस्वामियों के सामाजिक-आर्थिक हितों पर सीधा प्रहार था। इसलिए उनका दमन करना उनकी प्राथमिकता बन गई और तब शुरू हुआ निजी सेनाओं का निर्माण। माले नेता रामेश्वर

प्रसाद के अनुसार ''रणवीर सेना ढहते सामंतवाद के कवच के रूप में पैदा हुई है। समांतवाद की सारी कुप्रवृत्तियां जैसे गरीबों पर अत्याचार, उनका शोषण आदि जारी रखने के उद्देश्य से ही इसका गठन हुआ है''। दलित भूमिहीन किसान-मजदूर वहां सदियों से कायम शोषणकारी और दमनकारी सामंती सामाजिक व्यवस्था को स्वीकार करने के लिए तैयार नहीं हैं। नक्सलियों के नेतृत्व में संगठित होकर अब वे अपनी इज्जत, आजादी, उचित मजदूरी और जमीन के पुराने संबंधों को बदलने के लिए लड़ाई लड़ रहे हैं। दलितों और गरीब किसानों की यह चुनौती भूस्वामियों को क्यों कर बर्दाश्त होगी। इसलिए उनके विरोध और विद्रोह का दमन करने के लिए भूस्वामियों ने रणवीर सेना बनाई।

(2) रणवीर सेना की उत्पत्ति के बारे में सरकार के साथ-साथ बुद्धिजीवियों और यहां तक कि क्रांतिकारियों के एक अच्छे-खासे हिस्से का मानना है कि रणवीर सेना की उत्पत्ति के लिए मुख्य रूप से लिबरेशन की नीतियां और अराजक कार्रवाइयां जिम्मेदार हैं। इसमें कोई शक नहीं कि नक्सली आंदोलन समाज के बड़जनों की आंखों में शुरू से ही खटकता रहा है। लेकिन यदि माले ने समझदारी से काम लिया होता तो आज रणवीर से सेना जैसी खूंखार सेना अस्तित्व में नहीं आई होती। यह बात दीगर है कि लोकतंत्र की विफलता ही हिटलर पैदा करती है। यदि परिस्थितियां हिटलर पैदा करने वाली हों तो उसमें लास्की पैदा नहीं हो सकते। यदि रणवीर सेना के पैदा होने का कोई सबसे बड़ा कारण है तो वह है माले की राजनीतिक विसंगतियां। ठीक है कि यदि माले की रणनीति में ये विसंगतियां नहीं भी होतीं तब भी सवर्ण और धनी किसान उसका विरोध करते, लेकिन उसकी राजनीतिक विंसगतियों ने ही समाज के सामंती और प्रतिक्रियावादी तत्त्वों को गोलबंद होने का मौका दिया।

(3) तर्क यह भी दिया जाता है कि रणवीर सेना हरित क्रांति की विसंगतियों का परिणाम है। ऐसा तर्क देने वालों के अनुसार हरित क्रांति के फलस्वरूप उत्पादन में काफी वृद्धि हुई लेकिन यह भूस्वामियों और भूमिहीन मजदूरों के बीच कायम मूल असमानताओं को मिटाने या कम करने में सक्षम सिद्ध नहीं हुई। इसके उलट बिहार के कृषि समाज में कायम विसंगतियों में इससे वृद्धि ही हुई। जब खेतिहर मजदूर उत्पादन में वृद्धि के हिसाब से अपना हिस्सा मांगने लगे तो भूस्वामियों ने उनकी मांगों को कुंद करने के लिए अपनी निजी सेनाएं बनाईं। यह तर्क सभी सेनाओं की उत्पत्ति के बारे में दिया जाता है।

(4) कुछ लोग रणवीर सेना की उत्पत्ति को लिबरेशन की रणनीति में परिवर्तन से भी जोड़ते हैं। 1970 से 1988 तक लिबरेशन अपने दस्तों के साथ भूमिगत रूप से काम करता था। किंतु 1989 से उसने चुनाव में भाग लेना शुरू कर दिया। इस प्रक्रिया में उसने अपने हथियारबंद दस्तों को तोड़ दिया, जिसके कारण रणवीर सेना के गठन के लिए मैदान साफ हो गया। इस तर्क में काफी दम है क्योंकि यह एक ऐतिहासिक सच्चाई है कि रणवीर सेना का जन्म माले द्वारा अपने हथियारबंद दस्ते को तोड़े जाने के बाद

ही हुआ है। दरअसल हुआ यह कि माले ने अपने हथियारबंद दस्ते को तोड़ तो दिया किंतु उनके हथियारों को जब्त करने में नाकामयाब रहा। इसलिए पहले जिन हथियारों का प्रयोग वर्ग शत्रुओं के सफाए के लिए किया जाता था या भूस्वामियों के लठैतों के खिलाफ किया जाता था, उसका इस्तेमाल व्यक्तिगत दुश्मनी और झगड़े में किया जाने लगा। दूसरे शब्दों में उसका दुरुपयोग होने लगा। जबतक हथियारों का इस्तेमाल एक राजनीतिक रणनीति के तहत पार्टी की देखरेख में होता रहा, तबतक वह मर्यादित रहा, किंतु पार्टी का नियंत्रण खत्म हो जाने के बाद हथियारों का इस्तेमाल राजनीति से इतर कारणों के लिए भी होने लगा। माले की राजनीति का यह विरोधाभास ही रणवीर सेना की मजबूती का कारण बना। रणवीर सेना के लोग इस बात से वाकिफ थे कि माले अब पार्टीगत रूप से या जनसहभागिता के रूप में हथियारों का प्रयोग नहीं करेगा। इतना ही नहीं, स्वयं माले के अंदर भी कार्यकर्ताओं का आग्रह उन्नत किस्म के हथियारों के लिए प्रबल हो उठा। इसके चलते उनकी जनसहभागिता में कमी आई। जहां तक उन्नत किस्म के हथियारों की बात है तो इसके लिए माले के पास न तो आवश्यक धन था और न प्रशासन का सहयोग जिसके जरिये वे उसका लाइसेंस प्राप्त कर सकते थे। एक तरह से हथियारबंद दस्ते पर पार्टी का नियंत्रण खत्म हो गया और दस्ते अराजक हो चले। भूस्वामियों ने इस स्थिति का लाभ उठाकर न सिर्फ माले को कटघरे में खड़ा कर दिया, बल्कि उसके खिलाफ संगठित सैन्य शक्ति भी हासिल कर ली।

कुछ लोग रणवीर सेना की उत्पत्ति को भाजपा के सत्ता में आने से भी जोड़ते हैं। माले के नेता और पूर्व सांसद रामेश्वर प्रसाद का कहना है कि बाबरी मस्जिद विध्वंस के बाद देश में हुए हिंदू पुनरूत्थान के बाद हिंदू समाज की रूढ़िवादी प्रवृत्तियां अपना सिर उठाने लगीं। सामंतवादी और प्रतिक्रियावादी शक्तियां फिर से पुनर्जीवित हो उठीं, जिसका उद्देश्य समाज में ऊंची जातियों के वर्चस्व को कायम करना है। लाल झंडे को मिटाना भाजपा और रणवीर सेना दोनों का घोषित उद्देश्य है। चूंकि भोजपुर में लाल झंडा काफी मजबूती से लहरा रहा है, इसलिए भाजपा की सह से यहां प्रतिक्रियावादी शक्तियों को संगठित कर रणवीर सेना का निर्माण किया गया। उन्होंने इस बात को स्पष्ट करते हुए कहा कि इसीलिए भोजपुर में भी रणवीर सेना वहीं सक्रिय है, जहां लाल परचम लहरा रहा है। बहरहाल, राजनीतिक दलों के साथ रणवीर सेना के रिश्तों की पड़ताल हम बाद में करेंगे।

इस बात में काफी दम है कि रणवीर सेना की उत्पत्ति में माले की राजनीतिक विसंगतियां सहायक रही हैं। ये विंसगतियां राजनीतिक व्यवहार और सिद्धांत दोनों स्तरों पर दिखाई देती हैं। भाकपा (माले) का आंदोलन आज पूरी तरह सैद्धांतिक जड़ता का शिकार हो चला है। छठवें दशक के उत्तरार्द्ध और नौवें दशक के बीच बदली परिस्थितियों पर उसकी नजर नहीं रही। परिस्थितियों के बदल जाने के बावजूद उसकी वर्ग-शत्रु की अवधारणा और कार्यशैली में कोई बदलाव नहीं आया। जब सिद्धांतों को परिष्कृत करने

की जरूरत थी तब भी माले अपने सिद्धांतों को लेकर लकीर का फकीर बना रहा।

रणवीर सेना का जन्म 1994 में हुआ, लेकिन भोजपुर में नक्सली आंदोलन छठे दशक के अंतिम वर्षों में ही शुरू हो चुका था। सवाल है कि भोजपुर के जिस सवर्ण समाज को 34 सालों तक किसी निजी जातीय सेना की जरूरत नहीं पड़ी, उसकी जरूरत अब क्यों होने लगी? जाहिर है कि सामंती धाक को कायम रखने की मंशा से इतर भी कुछ कारण रहे हैं, जिससे रणवीर सेना पैदा हुई। ऐसा नहीं है कि नक्सली पहले दलित भूमिहीनों के पक्ष में लड़ाई नहीं लड़ते थे। सच तो यह है कि सातवें और आठवें दशक में नक्सलियों ने जितना जबर्दस्त आंदोलन क़िया और भूस्वामियों के खिलाफ जितनी उग्र लड़ाई लड़ी, उतनी बड़ी लड़ाई रणवीर सेना के पैदा होने के दौर में भी उसने नहीं लड़ी। लेकिन नक्सलियों की नैतिक सत्ता और सामाजिक परिवर्तन के प्रति जो प्रतिबद्धता थी, उससे भूस्वामी आतंकित रहते थे, उनके मन में नक्सलियों के प्रति एक सम्मान का भाव भी रहता था। नक्सली जिनके विरुद्ध आंदोलन करते थे वे भी इस बात को जानते और मानते थे कि वे अपने स्वार्थ के लिए नहीं लड़ रहे हैं, बल्कि समाज में परिवर्तन के लिए लड़ रहे हैं। आलम यह था कि यदि किसी की हत्या हो जाती थी और उसके गले में सोने का चेन पड़ा हुआ होता था तो लोग कहते थे कि यह किसी नक्सली का काम है, क्योंकि वे चोर नहीं होते। कहने का अर्थ कि तब भूस्वामी नक्सलियों की नैतिक सत्ता के बोझ तले दबे रहते थे। ''हम लोग भी किसी को तंग करने या चिढ़ाने के लिए नहीं लड़ते थे।''[11]

आठवें दशक के पूर्वार्द्ध तक माले के नेताओं, कार्यकर्ताओं में फकीरी का भाव था जिसके चलते आम लोग उनकी इज्जत करते थे। रामाशीष गुप्त बताते है। कि पहले चंदा मांगने पर प्रतिबंध था। ''वैसे लोगों से चंदा लेना हमलोग अपराध समझते थे जो पार्टी के साथ सहानुभूति नहीं रखते थे। यहां तक कि बीमारी के इलाज के लिए भी हमलोग किसी से चंदा नहीं लेते थे''।[12] लेकिन 1990 के बाद पार्टी चंदा उगाहने का काम करने लगी। उसे धनी किसानों से भी चंदा लेने में कोई गुरेज नहीं रह गया। धनी किसान नक्सलियों के भय से चंदा तो दे देते थे लेकिन उनके मन से नक्सलियों की नैतिक सत्ता का भय समाप्त होने लगा। वे मानने लगे कि नक्सली भी अन्य दलों की तरह ही हैं। नक्सलियों की नैतिक सत्ता का यह क्षरण पार्टी के लिए काफी खतरनाक साबित हुआ। सवर्णों में इसका संदेश गया कि पैसे के बल पर नक्सलियों को भी खरीदा जा सकता है। कुछ धनी किसान अपने हितों की रक्षा के लिए हर माह उन्हें एक बंधी-बंधाई रकम देने लगे। कहने की आवश्यकता नहीं कि उनके लिए यह एक आसान सौदा था।[13] यदि कोई धनी किसान चंदा देने में आनाकानी करता था तो उसके खिलाफ आर्थिक नाकाबंदी[14] लगा दी जाती थी। माले के लिए नाकाबंदी धनी किसानों से पैसा वसूल करने का एक कारगर हथियार बन गया। छोटी-सी बात पर भी नाकाबंदी की घोषणा क़रना माले का फैशन बन गया। 1993-95 के बीच सिर्फ भोजपुर में ही माले ने 87 किसानों के खिलाफ आर्थिक नाकेबंदी लगाई। इसमें सहार और संदेश ब्लाक के

किसानों की संख्या सबसे ज्यादा क्रमशः 31 और 16 थी।[15] आर्थिक नाकेबंदी उन किसानों पर भी लगाई गई जिनके खिलाफ माले की कोई प्रत्यक्ष लड़ाई नहीं थी। जिन किसानों के खिलाफ आर्थिक नाकेबंदी लगाई गई उनमें मध्यम और छोटे किसान भी थे। उल्लेखनीय तथ्य यह भी है कि किसी यादव या अन्य मध्वर्ती जाति के किसान के खिलाफ नाकेबंदी नहीं लगाई गई और यदि लगाई भी गई तो अपवाद स्वरूप ही, जबकि भोजपुर में पिछड़ी जातियों विशेषकर यादव और कोइरी जाति में धनी किसानों की संख्या अच्छी-खासी है। माले की नाकेबंदी के सबसे ज्यादा शिकार भूमिहार जाति के किसान बने। कई राजपूत भूस्वामी भी उसकी चपेट में आए। इसका सवर्ण किसानों, विशेषकर राजपूत, भूमिहारों में यह संदेश गया कि माले जानबूझकर उन्हें तंग कर रहा है। सबसे खराब बात यह हुई कि आर्थिक नाकेबंदी लगाते समय स्थानीय कार्यकर्ताओं की राय पर कोई ध्यान नहीं दिया गया। जब स्थानीय कार्यकर्ता नेतृत्व से सवाल करते थे तो उन्हें कहा जाता था कि ऐसा पार्टी का आदेश है। अच्छे कार्यकर्ता होने का एकमात्र पैमाना यह बना दिया गया कि वह किस हद तक पार्टी के आदेशों, निर्देशों का पालन करता है। पार्टी के प्रति अंधभक्ति को ही जनवाद मान लिया गया। सच तो यह है कि माले के कार्यकर्ता पार्टीवादी और जनवादी में विभक्त हो गए। जिन नेताओं, कार्यकर्ताओं ने पार्टी के आदेश पर ऊंगली उठायी उसे पार्टी से निष्कासित कर दिया गया। इससे स्थानीय कार्यकताओं में काफी असंतोष पैदा हुआ जिसके चलते अनेक कार्यकर्ताओं ने पार्टी छोड़ दी। आर्थिक नाकेबंदी या अन्य झगड़ों के निपटारे में लेन-देन की बात की माले के कई कार्यकर्ताओं ने स्वीकार की। उदाहरण के लिए अभयपुरा गांव के भोला सिंह के खिलाफ माले ने आर्थिक नाकेबंदी की घोषणा की। गांव के माले कार्यकर्ता अपने ढंग से इस विवाद का निपटारा करना चाहते थे, लेकिन उन्हें इसकी इजाजत नहीं दी गई। और एक दिन अचानक उनके खिलाफ जारी नाकेबंदी को वापस ले लिया गया। गांव के माले कार्यकर्ता पार्टी के इस निर्णय पर भौंचक रह गए और कई लोगों ने तो पार्टी ही छोड़ दी। अभयपुरा गांव के उपेन्द्र सिंह, विभीषण साव, बबन राम आदि ने पार्टी के रवैये से दुखी होकर पार्टी ही छोड़ दी। ऐसे अनेक उदाहरण हैं। बबन राम फिर से माले में शामिल हो गए हैं और आजकल अभयपुरा पंचायत के मुखिया हैं।

नेताओं का चारित्रिक पतन एवं विलासी रवैया से भी पार्टी की साख में बट्टा लगा। जिला स्तर के नेता जब किसी गांव में रुकते थे तो वे मांस-मछली की मांग करते थे, जिसकी पूर्ति करना पार्टी के गरीब समर्थकों के लिए मुश्किल होता था। इतना ही नहीं, कई बार वे वहीं सोने की जिद करते थे, जहां औरतें सोती हैं। इसके पीछे उनका तर्क होता था कि ऐसा वे सुरक्षा के लिहाज से करते हैं। कई बार सहायता के एवज में भी 'पार्टी टैक्स' मांगा गया। उदाहरण के लिए अहिले गांव के रामभवन सिंह (राजपूत) की जमीन पर यादवों ने कब्जा कर लिया था। रामाशीष गुप्त के नेतृत्व में लगभग 200 आईपीएफ कार्यकर्ताओं ने वहां जाकर उनकी जमीन वापस दिलाई। बाद में राम भवन

सिंह ने रामाशीष गुप्त से शिकायत की कि माले इसके एवज में उनसे 17 हजार रुपये की मांग कर रहा है। पैसे की मांग जज यादव ने की थी। रामशीष गुप्त ने जब पार्टी के इस रवैये का विरोध किया तो माले के लाल दस्ता के कमांडर राम तवक्या सिंह[16] को यह बात नागवार गुजरी और उन्होंने कहा कि रामशीष गुप्त मना करने वाले कौन होते हैं। रामाशीष गुप्त तब आईपीएफ के जिला उपाध्यक्ष थे। सच बात यह है कि राम तवक्या सिंह ने जज यादव का इसलिए बचाव किया कि वह भी उन्हीं की जाति का था।

पार्टी में लंपट तत्वों की घुसपैठ और पार्टी द्वारा उन्हें संरक्षण दिए जाने से भी स्थिति काफी बिगड़ी। जज यादव जैसे अपराधी, जो चोरी-डकैती, हत्या और बलात्कार के दर्जनों मामले का अभियुक्त है, को पार्टी में शामिल करने और उसे संरक्षण देने से माले की छवि काफी खराब हुई। दरअसल, भोजपुर में माले ने यादव जाति के अनेक अपराधियों को न सिर्फ अपनी पार्टी में शामिल किया बल्कि उस जाति के उन अपराधियों को भी संरक्षण दिया जो पार्टी के सदस्य नहीं थे। उदाहरण के लिए कथित रूप से एक बार जज यादव ने भीमपुरा (सहार) गांव में एक डकैती डाली। इसकी जांच की जिम्मेदारी रामाशीष गुप्त को सौंपी गई। जांच में जज यादव की संलिप्तता को उन्होंने सही पाया और उन्हें पार्टी से निकालने की अनुशंसा की, लेकिन माले का यादव नेतृत्व उसे पार्टी से बाहर निकालने की जगह उसके पक्ष में एकजुट हो गया और रामाशीष गुप्त को ही पार्टी से बाहर करने की जुगत भिड़ाने लगा। इसी तरह सहार ब्लाक के बागा गांव में माले ने एक मठ की जमीन पर कब्जा किया लेकिन उसे गरीब भूमिहीनों में बांटने की बजाए जज यादव के सगे-संबंधियों में बांट दिया गया। पांच बिगहा जमीन तो जज यादव ने स्वयं ने ही रख ली।[17] इसी तरह बागा गांव के ही हजाम जाति की एक महिला को जमीन देने की लालच देकर जज यादव ने अपने घर बुलाया और उसके साथ बलात्कार किया तथा धमकी दी कि यदि उसने मुंह खोला तो वह उसे जान से मार डालेगा।[18] बिहार मजदूर किसान संग्रामी परिषद ने अपने पर्चे में माले पर साफ आरोप लगाया है कि माले का दस्ता ''रंगदारी टैक्स वसूलने के लिए विभिन्न गांवों में मनगढ़ंत आरोप लगाकर किसानों की आर्थिक नाकेबंदी कर रहा है और नकली जन अदालत लगा रहा है।'' इन आरोपों को सहज रूप से खारिज नहीं किया जा सकता क्योंकि आरोप लगाने वाला कोई सवर्ण संगठन नहीं है, बल्कि घोषित रूप से गरीबों के पक्ष में लड़ने वाला संगठन है।[19] विडंबना है कि जिस पार्टी ने एक समय चोरों, डकैतों के खिलाफ अभियान चलाया था और अनेक अपराधियों का सफाया किया था, वही उन्हें संरक्षण देने में जुट गई। यहां तक कि बलात्कारियों को भी बचाने का प्रयास पार्टी ने किया। उदाहरण के लिए सहार ब्लॉक के किरकिरी गांव में एक मल्लाह की पतोहू के साथ यादव जाति के कुछ लड़कों ने बलात्कार किया। पार्टी के लोगों ने जब यह बात उठाई तो यादव लोग राम तवक्या सिंह के पास पहुंच गए जो लाल सेना के कमांडर थे और अभी हैं। राम तवक्या सिंह यादवों के साथ एकजुटता दिखाते हुए बलात्कारियों को

धमकाने पहुंच गए कि वह केस वापस ले ले। बाद में तीन लड़के पकड़े गये और उन्हें हाई-कोर्ट से भी जमानत नहीं मिली।

माले द्वारा अनर्गल हिंसा किए जाने से भी सवर्ण भूस्वामियों को गोलबंद होने का मौका मिला। उदाहरण के लिए बिहटा गांव की घटना को लिया जा सकता है, जहां 1989 में माले के दस्ते ने अकारण गोली चलाकर पांच लोगों को मार दिया था। इस गोलीकांड में दो महिलाएं भी घायल हुई थीं। इसमें कोई संदेह नहीं कि बिहटा के राजपूत बूथ पर कब्जा करते रहे थे और उस दिन भी वही कर रहे थे लेकिन दस्ता ने बूथ कब्जा करने वालों पर गोली नहीं चलाई। उस दिन मतदान हो रहा था और माले का दस्ता गांव में ही था ताकि बूथ पर कब्जा करने से राजपूतों को रोका जा सके। पुलिस को इस बात की खबर लग गई कि बिहटा में माले का दस्ता छिपा हुआ है। इस बात से भी इनकार नहीं किया जा सकता है कि पुलिस को इस बात की खबर गांव के राजपूतों ने ही दी होगी। बात खुल जाने के बाद दस्ता के लोग वहां से भागने लगे और जाते-जाते बदहवासी में खलिहान में काम कर रहे राजपूतों पर गोलियां चलाने लगे। यह सर्वथा अकारण था। यदि यह घटना नहीं हुई होती तो 23 नंवबर, 1989 को वहां दलितों का नरसंहार नहीं होता। इस नसंहार में एक बच्ची और एक महिला समेत 17 दलित मारे गए थे। बिहटा गांव के राजपूत अपनी सामंती ऐंठ के लिए कुख्यात रहे हैं और वर्षों से वे बूथ पर कब्जा करते रहे थे लेकिन दस्ता ने उस दिन बूथ पर कब्जा रोकने के लिए गोली नहीं चलाई बल्कि सिर्फ यह दिखाने के लिए गोली चलाई कि हम भी कुछ कर सकते हैं।

अनर्गल हिंसा का सबसे बड़ा उदाहरण नाढ़ी के चंदेश्वरी राय की हत्या है। इसकी पृष्ठभूमि यह है कि नाढ़ी में माले के कार्यकर्ताओं ने सहार की विधायक ज्योति देवी पर हमला किया और उन्हें निर्वस्त्र करने की कोशिश की। ज्योति देवी किसी तरह जान बचाकर भागीं और वहां के एक भूमिहार चंदेश्वरी राय के घर में छिप गईं। माले के लोग ज्योति देवी को मारने के लिए चंदेश्वरी राय के घर पर चढ़ आए, लेकिन चंदेश्वरी राय ने उन्हें अपने घर में घुसने नहीं दिया। उसने कहा कि आप लोगों को ज्योति देवी को मारने के पहले मेरी लाश पर से गुजरना होगा क्योंकि वह मेरी शरण में है और एक शरणागत की रक्षा के लिए मैं अपनी जान भी दे सकता हूं। माले के लोग उस समय तो वापस लौट गए, लेकिन यह बात उन्हें बड़ी नागवार गुजरी। इसलिए माले ने उन्हें जन विरोधी के रूप में चिह्नित कर दूसरे दिन सुबह में पाखाना जाते समय उनकी हत्या कर दी। चंदेश्वरी राय की सिर्फ यही गलती थी कि उन्होंने ज्योति देवी को अपने घर में शरण देकर उन्हें निर्वस्त्र होने से बचाया था। पार्टी की निगाह में यदि यह गलत भी था तब भी उसकी इतनी बड़ी सजा देना कतई उचित नहीं कहा जा सकता। सबसे अमानवीय काम तो माले ने यह किया कि उनकी लाश को तीन दिनों तक किसी को उठाने नहीं दिया। यहां तक कि पुलिस-प्रशासन की कोशिश के बावजूद माले ने तीन दिनों तक

लाश रोके रखा। अंत में काफी चिरौरी और माले के जिला मुख्यालय द्वारा इजाजत दिए जाने के बाद ही चंदेश्वरी राय की सड़ी-गली लाश उठाई गई। यह न तो वर्ग संघर्ष था और न किसी क्रांतिकारी परंपरा की मिसाल थी, बल्कि शुद्ध रूप से सबक सिखाने की एक अभद्र कोशिश थी। सवर्णों, विशेषकर भूमिहारों में इसकी तीव्र प्रतिक्रिया हुई। रणवीर सेना के एक प्रमुख कार्यकर्ता के अनुसार "उसी दिन हमें लगने लगा कि यदि हमने संगठन नहीं बनाया तो माले के लोग हमें जीने नहीं देंगे"।[20] माले के कई कार्यकर्ताओं ने भी इसका विरोध किया था, लेकिन माले नेतृत्व का अहं इसे सुनने के लिए तैयार नहीं हुआ।

इस बात से माले के लोग भी इनकार नहीं कर सकते थे कि जहां-जहां उनका लाल दस्ता है, वहां उनके कार्यकर्ता का आम आदमी के साथ व्यवहार गुंडों जैसा है। माले के एक पूर्व पूर्णकालिक कार्यकर्ताओं ने भी स्वीकार किया कि माले के लोग भी दादागीरी करते हैं। उन्होंने अगिआंव का उदाहरण दिया जहां माले के कार्यकर्त्ता स्थानीय बाजार में दादागीरी करते हैं।

मंडल आयोग के लागू होने के बाद माले की राजनीति का वर्गीय पक्ष जातीय पहलू में तब्दील होने लगा। पहले सवर्ण भी नक्सलियों के साथ रहते थे जिसके चलते आम सवर्णों को लगता था कि नक्सली जातिवादी नहीं हैं। लेकिन उनका यह विश्वास मंडल के बवंडर में उड़ गया क्योंकि माले भी मंडलवाद से राजनीतिक लाभ उठाने की कोशिश करने लगा। तबतक माले संसदीय लोकतंत्र को अपना चुका था और वोट की राजनीति का अंग बन चुका था। मंडलवाद का राजनीतिक लाभ पाने के लिए माले ने भी पिछड़ी दबंग जातियों को अपने से जोड़ने का प्रयास शुरू किया। इसी प्रयास में उसने "यादवों के लिए विशेष नीति", 'कुर्मियों के लिए विशेष नीति" जैसे कार्यक्रम चलाए। पार्टी ने गुण-दोष के आधार पर काम करना बंद कर दिया और इसकी जगह वोट बैंक को ध्यान में रखा जाने लगा। वोट बैंक का ध्यान रखते हुए पार्टी ने वैसे लोगों का भी विरोध करना बंद कर दिया जो जनता की नजर में अपराधी और कुचरित्र थे। सवर्णों में इसकी जबर्दस्त प्रतिक्रिया हुई। उन्हें लगा कि "नक्सली उनके जले पर नमक छिड़क रहे हैं"।

कई बार तो बच्चों के झगड़ों में भी माले पार्टी बनकर उतरने लगा। यदि किसी सवर्ण और छोटी जाति के बच्चे के बीच में झगड़ा हुआ तो माले अपनी वर्ग प्रतिबद्धता दिखाते हुए छोटी जाति की तरफ से लड़ने के लिए आ जाता था। इतना ही नहीं, कई बार तो दो दलित भूमिहीनों के आपसी झगड़े में भी माले ने किसी एक का पक्ष लिया। अपने क्षेत्र अध्ययन के दौरान मुझे कई ऐसे मामले देखने को मिले जहां दो दलित भूमिहीनों के झगड़े में माले ने एक का पक्ष लिया और दूसरे भूमिहीन की झोपड़ी उजाड़ दी। दिलचस्प तो ये है कि दूसरा भूमिहीन रणवीर सेना की शरण में चला गया। तीर्थकौल गांव के चमार माले के साथ हैं और दुसाध रणवीर सेना के साथ जबकि दोनों भूमिहीन है और मजदूरी करके अपना पेट पालते हैं। इसी तरह कलाम और मोहम्मद

अली सहोदर भाई हैं, लेकिन कलाम रणवीर सेना के साथ हैं और मो. अली माले के साथ।

तीर्थकौल गांव में ऐसी ही एक घटना घटी। वहां दो दलितों ललन दुसाध एवं पृथ्वी चमार के बीच झगड़ा हुआ। चूंकि पृथ्वी चमार माले के कार्यकर्ता हैं, इसलिए माले ने उनकी गलती होने के बावजूद उनका साथ दिया और ललन दुसाध का घर ढाह दिया। अब ललन दुसाध रणवीर सेना के साथ हैं और जातीय एकजुटता दिखाते हुए गांव के अन्य दुसाध भी रणवीर सेना के साथ हो गए, जबकि चमार माले के साथ हो लिए।

बड़ी जातियों को तो इसी का इंतजार था। वे तो मौका खोज ही रही थीं और माले की अराजक कार्रवाइयों ने यह मौका उन्हें प्रदान कर दिया। दलितों, भूमिहीनों के क्रांतिकारी उभार को रोकने की कोशिश तो वे पहले से ही करती रही थीं, लेकिन उनकी गोलबंदी के आगे लगातार पराजित होती रही थीं। बड़ी जातियों के मन में शुरू से ही इस बात का मलाल था कि नक्सलियों ने चमार-दुसाधों का मन बढ़ा दिया है। वे उन्हें उनकी औकात बताने का बहाना खोज रहे थे और यह मौका माले की राजनीतिक विसंगतियों ने उन्हें प्रदान कर दिया।

यदि नक्सलवादियों ने छोटे और सीमांत सवर्ण किसानों को आंदोलन से जोड़ने का थोड़ा भी प्रयास किया होता तो आज स्थिति दूसरी होती। लेकिन दुर्भाग्य है कि नक्सलियों ने अपने सिद्धांत को इतना उदार नहीं बनाया कि भूमिहीन और सीमांत सवर्ण किसान भी उससे जुड़ सकें। यह नक्सलवादी आंदोलन की विफलता है कि सवर्ण किसानों का जो तबका उसका स्वाभाविक मित्र हो सकता था, उसे राजनीतिक कारणों से नक्सलवादियों ने वर्ग-शत्रु करार दे दिया। दूसरे शब्दों में वर्ग-शत्रु की उनकी अवधारण जातियों के सदंर्भ तक ही सीमित होकर रह गई। नक्सलवादियों ने उन सवर्ण किसानों को भी सामंत करार दिया जिनके पास पुदीना उगाने भर भी जमीन नहीं है।

यह बहुत हद तक सही है कि भारत में जातियां ही वर्ग हैं। अमूमन जो पिछड़ी और दलित जातियां हैं वे आर्थिक रूप से भी कमजोर हैं लेकिन आज इसे समूचा सच नहीं कह सकते। कल के धनी और संभ्रांत सवर्ण आज कंगाल हो चुके हैं। पांच-सात बिगहा जमीन रखने वाले सवर्ण किसानों की हालत किसी मजदूर से बेहतर नहीं है। उनका जीवन स्तर किसी निम्न जाति से बेहतर नहीं है। भोजपुर के किसी भी गांव में इस स्थिति का अवलोकन किया जा सकता है। लेकिन नक्सलवादियों ने इस बदली हुई परिस्थिति पर ध्यान नहीं दिया और लंगोटी की औकात रखने वाले सवर्णों को भी अपना दुश्मन बना बैठे।

स्वयं लिबरेशन गुट भी मानता है कि रणवीर सेना की मजबूती और सवर्णों की गोलबंदी के लिए कुछ हद तक उसकी अराजक कार्रवाइयां जिम्मेदार हैं। पार्टी अपने एक दस्तावेज में स्पष्ट करती है—''सवर्ण सामंती धाक को ध्वस्त करो के नारे के कारण सवर्ण हमारी पार्टी के खिलाफ गोलबंद हुए। इसके बाद इस नारे को सांप्रदायिक सामंती

धाक के नाम से जारी रखा गया। इस नारे से सवर्णों की गोलबंदी तो यथावत बनी रही, उल्टे गैर सवर्ण भाजपाई ताकतें भी हमारे खिलाफ खड़ी हो गईं। इसके बाद एक से तिहत्तर तक के नारे के तहत आम भूमिहारों की हत्या की गई जिसने रणवीरों की सामाजिक गोलबंदी को और भी पुख्ता किया। आगे चलकर संघर्ष को केंद्रित करने की बात जरूर की गई परंतु भूमिहार जाति के तमाम गणमान्य लोगों को केंद्रित कर दिया गया। इससे उनकी गोलबंदी पुनः बढ़ गई। एक ओर तो इस तरह की अराजक कार्रवाइयां जारी रहीं, दूसरी ओर भूमिहार जाति के एक हिस्से को जीतने का कोई संजीदा प्रयास नहीं किया गया। इसी तरह सामाजिक ध्रुवीकरण के लिहाज से भी गलतियां की गईं। बाढ़ू चौधरी की हत्या को अपने उपर ओढ़ लिया गया, जिससे बिजेंद्र यादव के साथ भूमिहारों के अंतर्विरोध बढ़ने के बजाए संघर्ष हमारी ओर मुड़ गया। इसी बीच बिजेंद्र यादव को पार्टी द्वारा अपराधी कह दिया गया जिससे यादवों के साथ हमारा अंतर्विरोध बढ़ गया। बाद के समय में शांति अभियान, सेमिनार, सोन नदी आधुनिकीकरण बटाईदारों व सब्जी उत्पादकों का कन्वेंशन, अनशन आदि कार्यक्रम लिए गए, परन्तु तब तक सब कुछ लुट चुका था। पार्टी को यह अक्ल काफी देर से आई''।[21] माले यह स्वीकार करता है कि उक्त कार्रवाइयां जातिवादी ओर अराजक थीं जिसके कारण भोजपुर में उनके संघर्ष को काफी धक्का सहन पड़ा।

माले ने अपने दस्तावेज में ये भी स्वीकार किया है कि बिहटा की घटना के बाद उससे कई गलतियां हुईं। दस्तावेज कहता है ''...ज्वाला सिंह के खिलाफ संघर्ष में जीत के बाद आए उभार में हमसे कई गलतियां हुईं। कई जगह छोटे-छोटे मामलों पर भी नाकेबंदी लगा दी गई। कुछ जगह अनेक लोगों पर एक ही साथ नाकेबंदी लागू कर दी गई। कई बार कोई सामंत झुका तो उस पर काफी कड़े शर्त लादने के प्रयास हुए। सिर्फ सामंतों के साथ ही नहीं, जनता की श्रेणी के कुछेक लोगों के साथ भी ऐसी घटनाएं घटीं, जैसे नवादा-पतरिहां की घटना''। यहां बताना जरूरी है कि माले के कुछ जिम्मेदार लोगों ने पार्टी को नवादा-पतरिहां की घटना की आलोचना करने की सलाह दी थी लेकिन पार्टी ने यह सोचकर उसकी आलोचना नहीं की कि कार्यकर्ताओं में इसका गलत संदेश जाएगा।

पार्टी मानती है कि कई कारणों से उसकी जनसक्रियता में कमी आई है। दस्तावेज कहता है—''कई अन्य समस्याओं एवं घटनाओं ने जनसक्रियता को प्रभावित कियां है। बथानी कांड के बाद संगठन के भीतर एक तरह की दिशाहीनता आ गई थी। रणवीर सेना के खिलाफ जनता की स्वतःस्फूर्त प्रतिक्रिया नहीं देखी गई, फिर भी दस्ते के साथियों द्वारा रणवीरों पर हमले की योजना बनाई गई थी। इसे रोकना सही नहीं था। इसके बाद मुख्य निशानों पर हमले की योजना ली गई और घटना की प्रतिक्रिया में जैसे-तैसे किए जाने वाले हमलों को रोका गया। किंतु हम केंद्रित हमले करने में भी असफल रहे। इस बीच रणवीरों का हमला जारी रहा। जवाबी हमले रोकने के फैसले ने

जनता के मनोबल को गिराया। इसके साथ ही कई जिम्मेदार साथियों द्वारा कोर्ट में तथा संदेश के दस्ते का पुलिस के सामने आत्मसमर्पण ने भी जनता के मन पर बुरा असर डाला। कई बार गांव-गांव में संगठन के भीतर मौजूद अंतर्विरोधों ने भी इसमें भूमिका निभाई''।

रणवीर सेना की उत्पत्ति के बारे नक्सली संगठनों की समझदारी

(1) भाकपा (माले) लिबरेशन की समझदारी : लिबरेशन के सिद्धांतकारों का कहना है कि चूंकि उनकी पार्टी ने संघर्ष और संगठन के सभी रूपों का उचित इस्तेमाल कर जनता कि राजनीतिक सक्रियता बढ़ाई और चुनाव में भाग लेकर दुश्मन के समक्ष एक राजनैतिक चुनौती पेश की, इसलिए रणवीर सेना की उत्पत्ति हुई। अपने एक बुकलेट में वे लिखते हैं ''नब्बे का दशक आते-आते जब भाकपा, माले खुले तौर पर राजनीतिक कमान संभालने लगती है, गरीबों का आंदोलन बढ़ता हुआ अपनी राजनीतिक दावेदारी जताने लगता है तो रणवीर सेना जैसी निजी सेना का आविर्भाव होता है। खासकर जब माले 1995 के विधानसभा चुनावों में सहार और संदेश जैसी सामंती वर्चस्व वाली जगहों पर चुनाव जीतकर गरीबों की राजनीतिक दावेदारी को स्थापित करती है तभी भोजपुर में शुरू होता है रणवीर सेना का खूनी तांडव, घटित होने लगते हैं सरथुआ-बथानी टोला-एकवारी जैसे नरसंहार''।[22] अपने एक अन्य दस्तावेज में लिबरेशन रणवीर सेना परिघटना के बारे में कहता है ''यह सेना उस समय पैदा हुई जब हमारी पार्टी संसदीय ताकत के रूप में उभरने लगी। दलित-पिछड़ों ने एक स्वतंत्र राजनीतिक पहचान हासिल की है। इस प्रकार हमारी पार्टी द्वारा सामंतों की राजनीतिक सत्ता पर चोट की पैदाइश है रणवीर सेना''।[23] इसी दस्तावेज में आगे कहा गया है कि 'रणवीर सेना की उत्पत्ति के बीज बिहटा के संघर्ष में ही डाले जा चुके थे'। माले के नेता यह तो मानते हैं कि उनकी कपितय रणनीतिक गलतियों के कारण सवर्ण गोलबंद हुए लेकिन इस बात को स्वीकार नहीं करते कि रणवीर सेना की उत्पत्ति के लिए उनकी नीतियां भी कुछ हद तक जिम्मेदार हैं।[24]

(2) माओवादी कम्युनिस्ट सेंटर (एमसीसी) : एमसीसी का मानना है कि लिबरेशन राजनीतिक भटकाव के संशोधनवादी दलदल में धंस गया है। अपने एक लेख में वह कहता है कि स्वभावतः संशोधनवाद और प्रतिक्रियावाद दो नहीं, बल्कि एक ही सिक्के के दो पहलू हैं, जिनका काम है सही वर्ग संघर्ष से जनता को भटकाना, उसे कमजोर करना और वर्तमान राष्ट्रीय व्यवस्था को टिकाए रखना। एमसीसी जोर देकर कहता है 'क्रांतिकारी वर्ग संघर्ष विरोधी, प्रतिक्रियावादी व संशोधनवादी राजनीति के युग्म-साजिश की उपज है रणवीर सेना'।

(3) पार्टी यूनिटी (अब पीपुल्स वार ग्रुप) : पीपुल्स वार ग्रुप का मानना है कि रणवीर सेना समेत तमाम निजी सेनाओं के उदय के असली कारण यहां के अर्द्ध सामंती संबंध व समाज की जाति आधारित जटिल वर्ग-संरचना और सबसे महत्वपूर्ण भोजपुर

जैसे यहां के कुछ खास इलाकों में जारी वर्ग संघर्ष की तीव्रता में अंतर्निहित हैं। उसकी नजर में "भोजपुर में रणवीर सेना इसलिए बनी कि वहां की बहादुर जनता ने मास्टर जगदीश और जौहर जैसे शहीद क्रांतिकारियों द्वारा दिखाए गए संघर्ष के लंबे रास्ते पर चलते हुए सामंती और प्रतिक्रियावादी तत्त्वों की नींद हराम कर दी थी। इस जिले का संदेश-सहार इलाका सत्तर के दशक की शुरुआत से ही क्रांतिकारी आंदोलन का केंद्र रहा है। चूंकि इस इलाके के सामंती और प्रतिक्रियावादी तत्त्व मुख्य रूप से भूमिहार जाति के हैं और इनका शासक-शोषक वर्गों व उनकी राजसत्ता से सीधा रिश्ता है, इसलिए यहां भूमिहार जाति आधारित सबसे सशक्त व क्रूर गुंडवाहिनी रणवीर सेना का उदय हुआ"।

नक्सली संगठनों द्वारा रणवीर सेना की उत्पत्ति के जो उपरोक्त कारण बताए गए हैं, वे एकांगी और सरलीकृत तो हैं ही, अपनी गलतियों को छुपाने का भाव भी उसमें निहित है। लिबरेशन का यह कहना कि रणवीर सेना के उदय का कारण है गरीबों द्वारा अपनी राजनीतिक दावेदारी जताना, तथ्यात्मक रूप से सही नहीं है। कई दूसरे नक्सलवादी संगठन बिहार के अन्य इलाके और बिहार के बाहर आंध्र प्रदेश में भी चुनाव जीतते रहे हैं, लेकिन वहां ऐसी निजी सेनाएं नहीं बनीं। इसमें कोई शक नहीं कि माले ने आरा संसदीय क्षेत्र से चुनाव जीतकर नई राजनीतिक दावेदारी पेश की। उसका यह कहना भी सही माना जा सकता है कि पहली बार भूमिहीन और गरीबों ने राजनीतिक दावेदारी जताई। लेकिन माले यह तथ्य भूल जाता है कि आरा से रामेश्वर प्रसाद 1989 में चुने गए थे, जबकि रणवीर सेना का गठन 1994 के उत्तरार्द्ध में होता है। उल्लेखनीय है कि दो साल बाद ही जब मध्यावधि चुनाव हुआ तो रामेश्वर प्रसाद तीसरे नंबर पर आए। आखिर यह गरीबों की कैसी राजनीतिक दावेदारी थी जो साल भर बाद ही समाप्त हो गई। माले के लोग भी इस बात को अच्छी तरह जानते हैं कि 1989 के लोकसभा चुनाव में दलित भूमिहीनों के अलावा सवर्णों के एक अच्छे-खासे तबके ने उन्हें समर्थन दिया था। संदश ब्लॉक के सवर्णों, विशेषकर राजपूतों ने माले के समर्थन में वोट दिया था। अभयपुरा, पंडुरा, तीर्थकौल, रामपुर, नसरतपुर, जलपुरा, बचरी, नारायणपुर आदि गांवों के राजपूत नौजवानों ने माले उम्मीदवार रामेश्वर प्रसाद को जमकर समर्थन दिया था। अगर ऐसा नहीं था तो दो साल ही बाद हुए संसदीय चुनाव में वे क्यों नहीं जीत दर्ज कर सके? कहने का मतलब यह कि माले द्वारा रणवीर सेना के उदय का कारण अपनी राजनीतिक दावेदारी बताना सही नहीं है और अगर सही है भी, तो आंशिक रूप से ही। दूसरी बात यह कि रणवीर सेना का जन्म 1994 में हुआ और उस समय कम-से-कम बिहार की राजसत्ता से सवर्णों का कोई सीधा रिश्ता नहीं था, क्योंकि तब वहां लालू यादव की सरकार थी और सवर्णों, विशेषकर भूमिहारों से उनकी कभी नहीं बनी। 'भूरा बाल' साफ करो का नारा लालू ने ही दिया था। इसलिए माले का यह कहना तथ्योचित नहीं है कि "चूंकि इस इलाके के सामंती और प्रतिक्रियावादी तत्त्व मुख्य रूप से भूमिहार जाति के हैं और इनका शासक-शोषक वर्गों व उनकी राजसत्ता से सीधा रिश्ता है,

इसलिए यहां भूमिहार जाति आधारित सबसे सशस्त्र व क्रूर गुंडावाहिनी रणवीर सेना का उदय हुआ।

इसी तरह एमसीसी का यह कहना कि रणवीर सेना लिबरेशन की प्रतिक्रियावादी ओर संशोधनवादी राजनीति की युग्म साजिश की उपज है, तथ्य और तर्क दोनों के अनुसार गलत है। यदि ऐसी बात है तो निजी सेनाओं की पैदाइश एमसीसी और पीपुल्स वार के इलाकों में भी क्यों हुई? निजी सेनाओं का उदय न सिर्फ भोजपुर में बल्कि जहानाबाद, पलामू आदि इलाकों में भी हुआ। क्या ऐसा कहा जा सकता है कि लिबरेशन के इलाकों में पैदा होने वाली रणवीर सेना प्रतिक्रियावादी व संशोधनवादी राजनीति की उपज है और पीपुल्स वार और एमसीसी के इलाकों में पैदा होने वाली निजी सेनाएं क्रांतिकारी राजनीति की उपज है? वास्तव में एमसीसी की समझदारी में रणवीर सेना के बनने के लिए लिबरेशन गुट को जिम्मेदार ठहराने की कोशिश नजर आती है। यदि रणवीर सेना के उदय के लिए सिर्फ लिबरेशन को जिम्मेदार ठहराया जाता है तो फिर भूमि सेना, लोरिक सेना, सवर्ण लिबरेशन फ्रंट, किसान सुरक्षा समिति आदि निजी सेनाओं के उदय के लिए पीपुल्स वार और एमसीसी को भी जिम्मेदार ठहराना वाजिब होगा।

पीपुल्स वार की नजर में रणवीर समेत तमाम निजी सेनाओं के उदय के असली कारण यहां के अर्द्ध-सामंती संबंध व समाज की जाति आधारित जटिल वर्ग-संरचना और भोजपुर जैसे कुछ खास इलाकों में जारी वर्ग-संघर्ष की तीव्रता में अंतर्निहित है। इस समझदारी में सैद्धांतिक व्यापकता नहीं है। आंध्रप्रदेश और कुछ अन्य इलाकों में भी नक्सलवादी आंदोलन काफी तीव्र रहा है लेकिन वहां निजी सेनाएं नहीं बनीं। इतना ही नहीं, जब भोजपुर में नक्सलवादी आंदोलन अपने चरम शिखर पर था तो वहां निजी सेनाओं का उदय नहीं हुआ। उक्त सारी व्याख्याएं इतिहास को जड़ मार्क्सवादी दृष्टि से देखने की एक जिद है। इस समझदारी में आजादी के बाद कृषि संबंधों में आए बदलाव को देखने की कोशिश नहीं की गई है। सच तो यह है कि रणवीर सेना की उत्पत्ति के लिए ऊंची जातियों द्वारा अपने सामाजिक-आर्थिक वर्चस्व कायम रखने की मंशा और नक्सली आंदालने की विसंगतियां दोनों ही कारक जिम्मेदार हैं।

संदर्भ

1. बिजेंद्र यादव वर्तमान में संदेश विधानसभा क्षेत्र से राजद के विधायक हैं। गांजा तस्कर के रूप में वे कुख्यात रहे हैं। इसके अलावा हत्या, डकैती और अपहरण के कई मामले में वे अभियुक्त हैं। माले के एक दस्तावेज के नोट के अनुसार वे बथानी टोला नरसंहार में भी शामिल थे।
2. कोइलवर से लेकर संदेश तक के क्षेत्र को तापा क्षेत्र के नाम से जाना जाता है। कहा जाता है कि बाणभट्ट की तपस्थली होने के कारण ही इसका नाम तापा कहा पड़ा है। संदेश के दक्षिण में आज भी एक गांव है जिसे वाणभट्ट का गांव कहा जाता है।
3. देखें, परिशिष्ट-3।

4. हरि जी डुमरांव राज के दीवान थे। आरा स्थित उनके निवास स्थान को वहां हरि जी के हाता के नाम से जाना जाता है।
5. गंगा-सोन सेना नामकरण इसलिए किया गया कि भोजपुर के उत्तरी इलाके (कृष्णगढ़ और बड़हरा थाने) गंगा नदी के समीप बसे हैं, जबकि दक्षिणी इलाके (संदेश और सहार थाने) सोन नदी के किनारे बसे हुए हैं।
6. भोजपुर में भारतीय कम्युनिष्ट पार्टी (एम.एल.) लिबरेशन को माले के नाम से जाना जाता है। चूंकि स्थानीय लोग माले का प्रयोग पुलिंग के रूप में करते हैं, इसलिए इस पुस्तक में भी ऐसा ही किया गया है।
7. माले के एक पर्चा से।
8. जहां सिर्फ पुरुष रहते हैं, उसे दालान कहते हैं।
9. संदेश के एरिया कमांडर खंडोल गांव के रंगीला सिंह हैं, जिन्हें रणवीर सेना के लोग संत जी के नाम से पुकारते हैं।
10. माले के नेता और पूर्व सांसद रामेश्वर प्रसाद ने साक्षात्कार में बताया।
11. रामाशीष गुप्त संदेश के रहने वाले हैं और नक्सली आंदोलन से इनका 25 सालों का जुड़ाव रहा है। 1974 में ये नक्सलवादी आंदोलन में शामिल हुए। नक्सलवादी गतिविधियों में शरीक होने के कारण अनेक मामलों में अभियुक्त बने, पारिवारिक संपत्ति कुर्क हुई। 1975 में जगदीशपुर में पुलिस के साथ लंबी मुठभेड़ के बाद अत्यंत घायलावस्था में गिरफ्तार हुए और 24 सितंबर, 1975 से लेकर 30 अक्टूबर, 1977 तक जेल (डंडा-बेड़ी सेल) में रहे। 1981 में माले छोड़कर आईपीएफ में शामिल हुए। लाल सेना के राजनीतिक सलाहकार भी रह चुके हैं। इतने दिनों तक साम्यवाद की सेवा का पुरस्कार इन्हें पार्टी से निष्कासन के रूप में मिला।
12. रामाशीष गुप्त ने साक्षात्कार के दौरान बताया।
13. भोजपुर के राजपूत, भूमिहार जाति के कई धनी किसानों ने बातचीत में स्वीकार किया कि वे नक्सली कार्रवाइयों से बचने के लिए माले को नियमित चंदा देते रहे हैं।
14. आर्थिक नाकाबंदी में किसानों को खेती करने से रोक दिया जाता है।
15. देखें परिषिष्ट–2
16. राम तवक्या सिंह नक्सली आंदोलन से जुड़ने से पहले बैंक में नौकरी करते थे। वे सहार-संदेश के लाल दस्ते के कमांडर हैं। एक पूर्व नक्सली नेता के अनुसार भोजपुर में सामूहिक हत्याकांड करने वाले वे पहले व्यक्ति हैं। 1976 में अपनी क्रांतिकारिता का प्रदर्शन करने के लिए उन्होंने सहार ब्लॉक के गोरपा गांव में आग ताप रहे छह भूमिहारों की हत्या कर दी थी।
17. बिहार मजदूर किसान संग्रामी परिषद (आरा इकाई) द्वारा 'लिबरेशन के आतंक राज को ध्वस्त करो' शीर्षक से प्रकाशित एक पर्चे से।
18. वही...।
19. बिहार मजदूर किसान संग्रामी परिषद पीपुल्स वार ग्रुप से जुड़ा संगठन है।
20. एकवारी गांव के भोला सिंह ने बातचीत में यह कहा।
21. माले के नेता और पूर्व सांसद रामेश्वर प्रसाद ने साक्षात्कार के दौरान कहा।
22. 'रणवीर सेना के खिलाफ संघर्ष : एक अनुभव' नामक माले के एक दस्तावेज से।
23. लिबरेशन द्वारा प्रकाशित 'यह जंग जरूर जीतें' बुकलेट पृ. 6।
24. माले के नेता रामेश्वर प्रसाद ने बातचीत में इस बात से सर्वथा इनकार किया है कि रणवीर सेना की उत्पत्ति के लिए माले की नीतियां जिम्मेदार हैं।

अध्याय 9

रणवीर सेना का आधार : जातीय और वर्गीय

बिहार की अन्य निजी सेनाओं की तरह रणवीर सेना भी मूल रूप से एक गैर दलीय सामाजिक-राजनीतिक संगठन है और एक ऐसी आर्थिक-सामाजिक संरचना में जहां भूमिहीन कृषि मजदूर आंदोलन एक महत्वपूर्ण भूमिका निभा रहा है, वहां ये निजी सेनाएं स्वभावतः प्रतिक्रियावादी और प्रति-क्रांतिकारी हैं। कृषि मजदूरों का आंदोलन अपनी तमाम विसंगतियों के बावजूद सामाजिक परिवर्तन की प्रक्रिया को गति प्रदान करने वाला है, जबकि जातीय निजी सेनाएं परिवर्तन की इस प्रक्रिया को कुंद करने का प्रयास कर रही हैं। नक्सली संगठन जहां वर्तमान भूमि व कृषि-संबंधों में परिवर्तन के हिमायती हैं, वहीं जातीय निजी सेनाएं उसे कायम रखने के उद्देश्य से बनाई गई हैं। निजी सेनाओं का गठन मूल रूप से क्रांतिकारी किसान संगठनों का दमन करने के लिए हुआ है।[1] निजी सेनाओं के गठन के बाद ग्रामीण दलित भूमिहीनों की हत्या में वृद्धि से यह बात पूरी तरह सिद्ध होती है। अब किसी एकल जमींदार के बदले जातीय निजी सेनाएं उनका दमन करती हैं। ये सेनाएं किसी जाति विशेष के चौतरफा हितों की सुरक्षा करने के साथ-साथ भूमिहीन और गरीब किसानों का दमन भी करती हैं जो सेनाओं के खिलाफ चलाए जा रहे आंदोलनों में शरीक हैं। मध्य बिहार में 'सेना परिघटना' वास्तव में भूस्वामियों, राजनेताओं, नौकरशाहों अपराधियों और ठेकेदारों की मजबूत साठगांठ का परिणाम है।[2]

रणवीर सेना के सामाजिक आधार को विश्लेषित करने से पहले इस तथ्य की पड़ताल आवश्यक जान पड़ती है कि भूमिहीनों की 'लाल सेना' की तरह समस्त भूस्वामियों की कोई सेना क्यों नहीं है? दूसरों शब्दों में निजी सेनाओं का गठन वर्गीय आधार पर न होकर जातीय आधार पर क्यों होता है? उक्त प्रश्न उठाने का मतलब यह नहीं है कि निजी सेनाओं का वर्गीय आधार नहीं है, बल्कि इसका मतलब सिर्फ इतना है कि निजी सेनाएं क्यों हमेशा जातीय आधार पर ही गठित होती हैं, जबकि वे वर्गीय हितों का भी पोषण करती हैं। इसका सबसे बड़ा कारण यह है कि भूस्वामी कोई वर्ग नहीं है, बल्कि उसमें कई वर्ग शामिल हैं। कार्ल मार्क्स का यह कहना काफी हद तक यहां सही लगता है कि किसान और छात्र स्वयं में कोई वर्ग नहीं होते। इस लिए वर्ग के आधार पर निजी सेनाओं का गठन संभव नहीं है। दूसरा कारण यह है कि मध्य बिहार के ग्रामीण जीवन में जाति वर्ग से ज्यादा महत्त्वपूर्ण अवयव है। वहां जातीय चेतना वर्ग चेतना पर हावी है। सामाजिक-राजनीतिक गोलबंदी का वहां जाति ही सबसे बड़ा चैनल

है। दूसरी बात यह कि ऊंची जातियों में आपसी प्रतिद्वंद्विता इतनी है कि वे चाहकर भी ज्यादा दिनों तक साथ नहीं चल सकतीं। तीसरी वजह यह है कि सभी ऊंची जातियों में समान सैनिक मानसिकता नहीं होती, इसलिए सैन्य हिंसक कार्रवाइयों में उनकी समान सहभागिता नहीं हो सकती, जबकि उनकी एकता की यह एक महत्त्वपूर्ण शर्त है।

जातीय आधार—बिहार में मजदूरों पर प्रभुत्व जमाने और उनका शोषण करने का एक प्रमुख कारक जाति है, इससे कोई इनकार नहीं कर सकता और यही कारण है कि सारी सेनाएं जातीय पहचान के इर्द-गिर्द संगठित हुई है। जाति के लिहाज से रणवीर सेना का सबसे मजबूत जनाधार भूमिहार जाति में है। राजपूतों का समर्थन भी इसे प्राप्त है लेकिन वे भूमिहारों की तरह सक्रिय नहीं हैं। जहां तक नैतिक समर्थन की बात है तो निर्विवाद है कि सभी बड़ी जातियों का समर्थन रणवीर सेना को प्राप्त है। ग्रामीण इलाकों में शायद ही कोई ऐसा सवर्ण होगा जो रणवीर सेना का समर्थक न हो। गरीब और संपन्न सवर्ण दोनों ही रणवीर सेना का समर्थन करते हैं। ऐसे गरीब राजपूत, भूमिहार भी जो बटाई पर खेती करते हैं, रणवीर सेना का समर्थन करते हैं। यह सही है कि भूमि का सवाल बिहार के सामाजिक जीवन के तनाव का एक मुख्य कारण है, लेकिन यह पूरा सच नहीं है क्योंकि इसके पीछे वर्णवादी सोच भी कम महत्वपूर्ण कारक नहीं है। दलितों के प्रति परंपरागत घृणा का भाव सवर्णों में मौजूद है, इससे कोई इंकार नहीं कर सकता। घृणा का यही भाव गरीब राजपूत, भूमिहारों को भी रणवीर सेना के साथ जोड़ता है। वर्चस्व का आर्थिक आधार ढह जाने के बावजूद वे रणवीर सेना के साथ जुड़कर श्रेष्ठता का अनुभव करते हैं। यह उन्हें मनोवैज्ञानिक संतुष्टि देता है और उनकी आर्थिक विपन्नता जाति के छद्म आवरण में ढंक जाती है।

गरीब सवर्णों के रणवीर सेना के साथ जुड़ने का दूसरा कारण भी है। ऊंची जातियों के लगभग सारे लोगों के पास कमोबेश जमीन है, जबकि दलित भूमिहीन खेतिहर मजदूर हैं। गरीब से गरीब सवर्ण किसान भी स्वयं खेती नहीं करता है और न उनकी महिलाएं खेती का काम करती हैं। खेती के काम के लिए उन्हें मजदूर रखना ही पड़ता है। भूमिहीन और खेतिहर मजदूर होने के कारण न्यूनतम मजदूरी की मांग भी दलितों को छोटे-से-छोटे सवर्ण किसान के विरुद्ध खड़ा कर देती है।

किसी निजी सेना का गठन बिहार के भूमिहारों के लिए कोई नया नहीं है। इसके पहले भी उन्होंने ब्रह्मर्षि सेना और सवर्ण लिबरेशन फ्रंट नामक निजी सेनाएं बनाई थीं। लेकिन उन सेनाओं का गठन भोजपुर में नहीं, बल्कि पटना और जहानाबाद में हुआ था। भोजपुर के भूमिहारों ने पहली बार सेना बनाई है। ठीक है कि रणवीर सेना के गठन और उसे मजबूती देने में राजपूतों ने भी महत्त्वपूर्ण भूमिका निभाई, लेकिन अब उसमें भूमिहार ज्यादा सक्रिय हैं। रणवीर सेना को राजपूतों का समर्थन आर्थिक सहायता देने, सेना के लोगों को शरण देने और उसे नैतिक समर्थन प्रदान करने तक ही सीमित रह गया है। राजपूत जाति के वही लोग रणवीर सेना के साथ सक्रिय रूप से जुड़े हुए हैं जिनका माले

के साथ प्रत्यक्ष लड़ाई है। यह व्यक्ति और गांव दोनों से जुड़ा हुआ है क्योंकि जिनके खिलाफ नक्सली कार्रवाई करते हैं वे बहुधा वही लोग होते हैं जो समाज और अपनी जाति में रुतबा रखते हैं। जातीय एकता दिखाते हुए जाति विशेष के वैसे लोग भी नक्सलियों के खिलाफ हो जाते हैं जिनकी उनसे कोई प्रत्यक्ष लड़ाई नहीं है। यही स्थिति कमोबेश छोटी और दलित जातियों की भी है। नक्सली संगठनों के ये समर्थक भी कई बार अपने समूह की गलती जानते हुए भी उसका बचाव उग्र तरीके से करते हैं।

भूमिहारों का समर्थन मिलने के कारण ही रणवीर सेना को जहानाबाद, पटना, गया आदि मध्य बिहार के जिलों में इतनी जल्दी और मजबूती से पसरने का मौका मिला। जहानाबाद में रणवीर सेना के विस्तार में ब्रह्मर्षि सेना और सवर्ण लिबरेशन फ्रंट के बचे हुए लोगों ने भी बड़ी भूमिका निभाई। रणवीर सेना के गठन के बाद वे उससे सहज ही जुड़ गए।

रणवीर सेना के उदय की जड़ें ऐतिहासिक हैं और विशेषकर भूमिहार जाति के सामाजिक-आर्थिक विकास की प्रक्रिया में अंतर्निहितत हैं। भूमिहारों की सामाजिक-आर्थिक स्थिति को दो चरणों में बांट कर देखा जा सकता है—जमींदारी उन्मूलन के पहले और जमींदारी उन्मूलन के बाद। जमींदारी उन्मूलन के पहले यह जाति जमींदारी समर्थकों एवं जमींदारी विरोधियों के बीच बंटी हुई थी। यादव, कुर्मी और कोइरी जैसी मध्यवर्ती जातियों को यदि छोड़ दिया जाए तो रैयतों, काश्तकारों की सबसे ज्यादा संख्या भूमिहारों में ही थी। आजादी से पहले स्वामी सहजानंद सरस्वती के नेतृत्व में बनी बिहार प्रदेश किसान सभा का मुख्य जनाधार भूमिहार जाति के यही रैयत, काश्तकार थे। आजादी के पहले भूमिहार सामाजिक सोपान में अपनी स्थिति ऊंची करने के लिए एकताबद्ध हुए थे, क्योंकि 1901 की जगणना रिपोर्ट में पिछड़ी जाति के रूप में उन्हें सूचीबद्ध किया गया था, जबकि वे अपने को ब्राह्मणों के समकक्ष रखे जाने की मांग कर रहे थे। अपनी एकता के बल पर ही उन्होंने 1931 की जनगणना रिपोर्ट में अगड़ी जाति की सूची में स्थान पा लिया। अपने सामाजिक उत्थान के इसी दौर में भूमिहारों ने राजनीति में भी अपना दबदबा बनाया और 1947 के आते-आते कायस्थों को पीछे धकेलकर वे कांग्रेस कार्यकारिणी में सबसे अधिक स्थान (35.71 प्रतिशत) पाने में सफल हो गए। इसी के बल पर श्रीकृष्ण सिंह मुख्यमंत्री बने और 1961 तक उस पद पर बने रहे। यही वह काल था जब भूमिहारों ने राजनीति और प्रशासन पर अपना वर्चस्व बनाने और उसे कायम रखने में जायज, नाजायज सभी तरह के काम किये। इससे अन्य जातियों, विशेषकर राजपूतों में उनके प्रति विद्वेष पैदा हुआ। जमींदारी उन्मूलन का लाभ सवर्ण जातियों में सबसे ज्यादा भूमिहारों को ही मिला। कल के रैयत अब स्वयं स्वामी बन गए। उनका आचार-व्यवहार सामंती हो गया।

बिहार में भूमिहार एक प्रभुत्वशाली जाति है जिसके पास धनबल और बाहुबल दोनों है। इनके अतिरिक्त, नौकरशाही और राजनीति में भी उनकी अच्छी दखल है। सबसे बड़ी बात यह है कि अपनी सामूहिक पहचान के प्रति वे ज्यादा सचेत हैं। इसी चेतना

के बल पर उन्होंने अगड़ी जातियों में अपनी जगह बनाई थी। उनकी दूसरी बड़ी विशेषता यह है कि वे जमीन और खेती से ज्यादा जुड़े रहे। खेती के मामले में कोई अन्य सवर्ण जाति उनका मुकाबला नहीं कर सकती।

बिहार के जिन क्षेत्रों में नक्सली आंदोलन मजबूत है, वहां अगड़ी जातियों में भूमिहार ही बहुसंख्यक हैं। जहानाबाद, गया, पटना और भोजपुर के दक्षिणी इलाके विशेषकर संदेश और सहार प्रखंड में भूमिहार भूस्वामियों की संख्या ही सबसे ज्यादा है। ऐसे में यह स्वाभाविक है कि नक्सलियों की लड़ाई उन्हीं से ज्यादा होगी। बहुसंख्यक होने के चलते जहां से स्वाभाविक रूप से अगड़ों के नेता बन जाते हैं, वहीं नक्सलियों का पहला निशाना भी बनते हैं। नक्सली उन्हें अपना पहला निशाना इसलिए भी बनाते है कि उनकी समझदारी के अनुसार यदि उन्हें परास्त कर दिया जाए तो अन्य अगड़ी जातियां स्वयं झुक जाएंगी या न्यूनतम प्रतिरोध करेंगी।

जहां तक अन्य अगड़ी जातियों का सवाल है, वे भूमिहारों की तरह न तो संगठित हैं और न ही भूमि से उनका जुड़ाव ही उस तरह का है। संगठन के अभाव में राजपूत और ब्राह्मण जाति के लोग नक्सलियों का प्रतिरोध करने के बजाए नई स्थिति से तालमेल बिठा कर चलने के लिए मजबूर हैं। संगठन और एकता के अभाव में अन्य अगड़ी जातियां चाह कर भी नक्सली विरोधी अभियान को लंबा नहीं खींच सकतीं।

लेकिन सबसे महत्त्वपूर्ण तत्व है जमीन से जुड़ाव। निजी सेनाओं का गठन करने तथा उसे कायम रखने में उन्हीं सवर्ण जातियों का सहयोग ज्यादा होता है जो जमीन से जुड़ी हैं क्योंकि जमीन का स्वामित्व ही ग्रामीण समाज पर उनके प्रभुत्व का आधार है। जमीन छिन जाने के बाद उनका प्रभुत्व स्वतः ही समाप्त जाएगा, इस तथ्य से वे भली-भांति परिचित हैं। दूसरी तरफ नक्सली आंदोलन का एक प्रमुख लक्ष्य है—हदबंदी से फाजिल जमीन को भूस्वामियों से छीनकर भूमिहीनों में वितरित करना। स्वतंत्रता के बाद राजपूत सबसे ज्यादा जमीन से बेदखल (Dispossessed) हुए और उनकी जमीन खरीदी-भूमिहारों ने। संदेश, सहार के भूमिहार बहुल गांवों में ऐसे अनेक लोगों के मुंह से सुना जा सकता है कि राजपूत उनके यहां घोड़े पर पर चढ़कर कर्ज मांगने आते थे। बहुधा वे कर्ज चुका नहीं पाते थे और अंततः उन्हें अपनी जमीन भूमिहारों के यहां रेहन रखनी पड़ती थी या बेच देनी पड़ती थी। यही कारण है कि ऊंची जातियों में राजपूत ही सबसे ज्यादा पुलिस और दरबान की नौकरी करते हैं। जहां तक कायस्थों की बात है तो वे संपूर्ण रूप से शहरी बन चुके हैं। ब्राह्मण किसान सैनिक बनकर नहीं जी सकते। इसके विपरीत भूमिहार बहुत हद तक कृषि पर आश्रित हैं, परंतु जीने के लिए कम और प्रभुत्व कायम रखने के लिए अधिक। यही कारण है कि रणवीर सेना से भूमिहार जाति का विशेष लगाव है।

मंडल की राजनीति ने बिहार में भूमिहारों को ही सबसे ज्यादा प्रभावित किया। आजादी के बाद यह पहला मौका था जब राज्य सत्ता का न सिर्फ उन्हें समर्थन नहीं प्राप्त हुआ बल्कि वह उनके खिलाफ भी खड़ा हुआ। सत्ता में आने के बाद लालू यादव ने

राजपूतों को तो साथ लिया लेकिन भूमिहारों के खिलाफ अपनी कमान ताने रखी। ऐसे में अपने सामाजिक-आर्थिक हितों की रक्षा के लिए रणवीर सेना के रूप में उन्हें एक कवच मिल गया। वे इस कवच को क्यों कर छोड़ना चाहेंगे। आज की स्थिति में राजपूतों के बारे में भी यही कहा जा सकता है। नक्सली आंदोलन से ग्रामीण समाज में कायम उनकी हैसियत को ठेस पहुंचती है क्योंकि वह भूस्वामी और मजदूर के बीच कार्यशील संबंधों को तोड़ता है और नए संबंधों की मांग करता है।

वर्गीय आधार—रणवीर सेना का वर्गाधार जातीय आधार से काफी बड़ा है। रणवीर सेना का सामाजिक आधार ग्रामीण समाज के उच्च वर्गों में है। लेकिन इसका मतलब यह नहीं है कि शहरी आबादी में उसका जनाधार नहीं है। शहरी आबादी और पढ़े-लिखे तबके में भी रणवीर सेना का अच्छा जनाधार है। आरा शहर में तो स्थिति ऐसी है कि वहां शायद ही कोई सवर्ण वकील, प्रोफेसर और शिक्षक होगा जो रणवीर सेना का समर्थक न हो।[3] अनेक पढ़े-लिखे नौजवान रणवीर सेना की गतिविधियों में भाग लेने के कारण जेल में बंद हैं।[4] राजपूतों और भूमिहारों के अलावा मध्यवर्ती जातियों में भी उनका जनाधार है। यादव, कुर्मी और कोइरी जातियों के संपन्न तबके में रणवीर सेना का जनाधार है। यहां तक कि कुछ दलित भी रणवीर सेना के साथ हैं।[5] कुछ संपन्न मुसलमानों का समर्थन भी उसे प्राप्त है। वर्गीय संदर्भ में रणवीर सेना बड़े और मध्यम भूस्वामियों के हितों का प्रतिनिधित्व करती है।

संदर्भ

1. 'एग्रोरियन कनफ्लिक्ट इन बिहार एंड दी रणवीर सेना,' पीयूडीआर रिपोर्ट, 1997, पृ. 23
2. लुई प्रकाश, 'क्लास वार स्प्रेड्स टु न्यू एरिया' ईपीडब्ल्यु, जून 24, 2000, पृ. 2207
3. नाम नहीं छापने की शर्त पर अनेक वकीलों, प्रोफेसरों और शिक्षकों ने अपने को रणवीर सेना का समर्थक बताया।
4. जेलों में बंद रणवीर सेना से जुड़े कुछ पढ़े-लिखे नौजवानों के नाम गांव—संतोष कुमार राय सहार थाने के चासी गांव के रहने वाले बी.ए. पास हैं। अशोक कुमार सिंह जूलॉजी में एम.एस.सी. हैं। प्रोफेसर अभिनंदन सिंह तड़ारी थाने के मुरहा गांव के रहने वाले हैं और 1997 से जेल में बंद हैं। नगरी के रहने वाले श्रीकांत पांडेय राजनीतिशास्त्र में एम.ए. हैं। गजेन्द्र नारायण सिंह लोक प्रशासन में एम.ए. हैं और ये भी नगरी के रहने वाले हैं। ढेकहा नारायणपुर के रहने वाले अशोक सिंह एम.ए. पास हैं। ओमप्रकाश सिंह प्राकृत में एम.ए. हैं, जबकि शेषनारायण सिंह राजनीति शास्त्र में एम.ए. हैं। अरुण कुमार सिंह बी.ए. पास हैं।
5. सहार ब्लाक के महेंद्र पासवान न सिर्फ रणवीर सेना के साथ हैं, बल्कि उसकी राज्य समिति के सदस्य भी हैं। इसी तरह संदेश थाने में खंडोल गांव के भरत राम भी रणवीर सेना के साथ हैं। वे खंडोल के सरपंच भी हैं। इसी तरह तीर्थकौल गांव के दुसाध और अधिकतर मुसलमान रणवीर सेना का समर्थन करते हैं। (रणवीर सेना के एक वरिष्ठ पदाधिकारी जनार्दन राय ने बताया कि वे लोग जानबूझकर दलित समर्थकों के बारे में नहीं बताते हैं क्योंकि नक्सलियों के निशाने पर उनके आ जाने का डर बना रहता है। इसके चलते उनमें जनाधार बनाना मुश्किल होगा।)

अध्याय 10

रणवीर सेना का सांगठनिक स्वरूप

रणवीर सेना का सांगठनिक स्वरूप बहुत हद तक नक्सली संगठनों की तरह ही है। शायद यह कहना अनुचित नहीं होगा कि संगठन का स्वरूप तय करने में रणवीर सेना ने नक्सली संगठनों से ही प्रेरणा ली है। आम उग्रवादी संगठनों की तरह रणवीर सेना का संरचनात्मक ढांचा भी काफी हद तक गोपनीय है और ढीला-ढाला (Loose) भी। सेना का औपचारिक ढांचा तो है लेकिन उस ढांचे का कोई स्थायी स्वरूप नहीं है। ऐसे संगठन का कोई स्थायी औपचारिक ढांचा हो भी नहीं सकता क्योंकि बहुधा उसे गुप्त तरीके से काम करना होता है।

रणवीर सेना के तीन सांगठनिक स्तर हैं—अंचल, जिला और राज्य स्तर। इन्हें अंचल समिति, जिला समिति और राज्य समिति के नाम से जाना जाता है। उल्लेखनीय है कि सेना का अंचल सरकारी अंचल से अलग होता है। अपनी सुविधानुसार सेना किसी खास गांव को अपना अंचल बनाती है। अंचल मुख्यालय उसी गांव को बनाया जाता है जो समर्थन के लिहाज से सबसे मजबूत होता है तथा जहां उसकी स्थायी सैनिक टुकड़ी भी रहती है। अंचल समिति में उस अंचल के प्रत्येक गांव से दो सदस्य लिए जाते हैं। इन दो सदस्यों का चुनाव गांव के कार्यकर्ता करते हैं। अंचल समिति में उन्हीं लोगों को लिया जाता है जिनके पास अपना हथियार हो तथा जो नरसंहार में भाग लेने तथा सेना प्रमुख के आदेश को लागू करने के लिए सदैव तैयार हों। अगर उनकी प्रतिबद्धता में कमी देखी जाती है तो उनकी सदस्यता तुरंत खत्म कर दी जाती है। सदस्यों का नक्सली विरोधी होना आवश्यक होता है। अंचल सदस्यों का चुनाव बहुधा आम सहमति से ही होता है लेकिन आम सहमति नहीं बनने की स्थिति में गुप्त मतदान द्वारा भी उनका चुनाव किया जाता है। अंचल समिति के सदस्य आपसी सहमति से अंचल कमांडर का चुनाव करते हैं। कमांडर ही तय करता है कि नक्सली विरोधी कार्रवाई को अंजाम कब और कैसे दिया जाएगा। अंचल कमांडर बहुधा उस व्यक्ति को बनाया जाता है जो नक्सली संगठन के घोषित निशाने पर होता है।

प्रत्येक अंचल से एक सदस्य जिला समिति के लिए चुना जाता है। उसका चुनाव पूर्ण रूप से आम सहमति से होता है। जिस व्यक्ति के नाम पर विरोध होता है, वह जिला

समिति के सदस्य बनने की पात्रता स्वाभाविक रूप से खो देता है। हां, यदि राज्य कमांडर चाहे तो विरोध के बावजूद उसका चयन कर सकता है, लेकिन अमूमन वह ऐसा नहीं करता है। इसके बाद प्रत्येक जिले से एक-एक सदस्य का राज्य समिति के लिए चयन किया जाता है। प्रत्येक जिले के संगठन को पूर्ण इकाई माना जाता है, जिसका मतलब यह होता है कि वह अपने जिले में कार्रवाइयों को अंजाम देने के लिए स्वतंत्र है। इस समय बिहार के 12 जिलों में रणवीर सेना की पूर्ण इकाइयां हैं और छह जिले में संगठन बनाने की तैयारी चल रही है। ये जिले हैं—भोजपुर, बक्सर रोहतास, पटना, जहानाबाद, गया औरंगाबाद, सारण, सिवान, गोपालगंज, मुजफ्फरपुर और वैशाली। इसके अलावा नालंदा, नवादा, गुमला, हजारीबाग, पलामू और दरभंगा में सेना की अस्थायी इकाइयां काम कर रही हैं।

प्रत्येक जिले से एक-एक सदस्य का चुनाव राज्य समिति के लिए किया जाता है। इस तरह राज्य रणवीर समिति में फिलवक्त 12 स्थायी और 6 अस्थायी सदस्य हैं। इसके अलावा रणवीर सेना की एक सेंट्रल कमेटी भी है जिसमें 11 सदस्य हैं। राज्य समिति के दो अंग हैं—सैन्य और राजनीतिक। सेना का लड़ाकू दस्ता सैन्य समिति के अधीन जरूर होता है लेकिन वह राजनीतिक समिति के निर्देशानुसार ही काम करता है। सैन्य समिति अपनी पहल पर जब किसी कार्रवाई को अंजाम देती है तो उसके खिलाफ अनुशासनिक कार्रवाई की जाती है। अत्यंत आवश्यक होने पर ही वह अपनी पहल पर कार्रवाई कर सकता है लेकिन तब भी उसे राजनीतिक समिति को पूर्व सूचना देना जरूरी है। व्यक्तिगत हत्या और नरसंहार दोनों को अंजाम देने का निर्णय अमूमन आम सहमति से लिया जाता है।

हर जिले में पांच व्यक्तियों की एक अनुशासन समिति होती हैं। तकनीकी रूप से सेना की यही इकाई सबसे महत्त्वपूर्ण है। व्यक्ति की हत्या करनी हो या नरसंहार को अंजाम देना हो, अनुशासन समिति ही इसके बारे में निर्णय लेती है। यद्यपि यह समिति सिर्फ सिफारिश करती है लेकिन उसकी सिफारिश को बहुधा अमल में लाया जाता है। यह समिति वास्तव में रणवीर सेना से जुड़े 'बौद्धिक लोगों' की समिति है जिसका वास्तविक कार्यान्वयन से कुछ लेना-देना नहीं होता।

जब किसी व्यक्ति के खिलाफ कार्रवाई करनी होती है या नरसंहार को अंजाम देना होता है तो सबसे पहले उस पर अनुशासन समिति में बहस होती है। अनुशासन समिति अंचल समिति से रिपोर्ट मांगती है जिसमें इन बातों की जानकारी मांगी जाती है कि जिस व्यक्ति के खिलाफ कार्रवाई करनी है वह व्यक्ति किन-किन 'संगठन'[1] विरोधी गतिविधियों में और कहां-कहां शामिल रहा है। वह किस जाति का है, कहां का रहने वाला है और किस नक्सली संगठन से जुड़ा हुआ है। दूसरे शब्दों में उस व्यक्ति की सारी गतिविधियों के बारे में संपूर्ण जानकारी मांगी जाती है।

जब यह बात पूरी तरह स्थापित हो जाती है कि वह व्यक्ति 'संगठन' विरोधी

गतिविधियों में शामिल है तो सबसे पहले उसे चेतावनी दी जाती है कि वह संगठन विरोधी गतिविधियों में भाग लेना छोड़ दे। रणवीर सेना के लोग यह काम स्वयं भी करते हैं और जब उनके प्रयासों का कोई नतीजा नहीं निकलता है तो उस व्यक्ति को उसके किसी हित-मित्र के जरिये समझाने की कोशिश की जाती है। 'सुधार' के लिए उसे एक महीने का समय दिया जाता है और इस बीच उसकी सारी गतिविधियों पर रणवीर सेना नजर रखती है। इसके बावजूद यदि वह रणवीर सेना विरोधी गतिविधयों में भाग लेना बंद नहीं करता है तो अंचल समिति अनुशासन समिति को रिपोर्ट भेज देती है कि वह 'सुधरने' के लिए तैयार नहीं है, इसलिए उसके विरुद्ध उचित कार्रवाई की जाए। इसके बाद अनुशासन समिति राज्य समिति को लिखती है कि अमुक व्यक्ति 'हमारे समाज' के हित के खिलाफ काम कर रहा है, इसलिए उसकी हत्या अनिवार्य है। अनुशासन समिति की रिपोर्ट मिलने के बाद राज्य कमांडर जिला कमांडर को आदेश देता है कि वह जिला अनुशासन समिति की रिपोर्ट के अनुसार कार्रवाई करे। इसके बाद जिला कमांडर अंचल समिति के एरिया कमांडर को आदेश दे देता है कि उस व्यक्ति की हत्या कर दी जाए और उसकी हत्या कर दी जाती है। हत्या को अंजाम देना मुख्य रूप से एरिया कमांडर का काम है लेकिन यदि टारगेट मजबूत है तो जिला कमांडर और एरिया कमांडर संयुक्त रूप से कार्रवाई करते हैं। अंचल समिति कार्रवाई करने के पहले इस बात को निश्चित करती है कि राज्य कमांडर ने जिला कमांडर को ऐसा करने का आदेश दिया है या नहीं। इसलिए बहुधा राज्य कमांडर स्वयं या अपने किसी आदमी के मार्फत अंचल समिति के एरिया कमांडर को भी सूचना भेजवा देता है कि उसने जिला कमांडर को अमुक आदेश दे दिया है।

नरसंहार का निर्णय—रणवीर सेना के गठन के बाद भी नरसंहार की कोई योजना उसके पास नहीं थी। शुरू-शुरू में वह व्यक्तिगत हत्याएं ही करती थी। रणवीर सेना ने नरसंहार को अपनी कार्रवाई का हिस्सा क्यों बनाया, इसके बारे में संगठन के एक वरिष्ठ पदाधिकारी ने बताया "जब हम लोग संगठित होकर उन किसानों के खेत जोतवाने लगे और फसल बोने लगे जिनके खिलाफ माले ने नाकेबंदी लगा रखी थी तो माले के लोग सवर्ण किसानों की व्यक्तिगत रूप से हत्या करने लगे। ऐसे में संगठन के लिए समर्थन जुटाना मुश्किल होने लगा। हमारे लोग डरने लगे कि यदि उन्होंने रणवीर सेना को समर्थन दिया तो उनकी भी हत्या हो सकती है। इसके बाद सेना से जुड़े बुद्धिजीवियों की एक बैठक हुई। यह बैठक एकवारी में हुई। इसमें तय हुआ कि हम लोग भी माले के नेताओं और कार्यकर्ताओं की एकल रूप से हत्या करें। लेकिन सेना के लड़ाकू दस्ते को यह मंजूर नहीं था। वह मांग करने लगा कि माले को कमजोर करने के लिए सामूहिक हत्या अनिवार्य है क्योंकि सामूहिक हत्या से ही माले समर्थकों में भय पैदा किया जा सकता है। इस निर्णय के पीछे एक और तर्क यह था कि जब तक चमार, दुसाध, मुसहर आदि दलित जातियों की सामूहिक हत्या नहीं की जाएगी तब तक वे माले का

पाला नहीं छोड़ेंगे। इतना ही नहीं, लड़ाकू दस्ते के लोगों ने सेना नेतृत्व को धमकी भी दी कि यदि उनकी बात नहीं मानी गई तो वे संगठन के लिए 'काम' नहीं करेंगे। अंततः तय हुआ कि गलत ही सही, लेकिन नरसंहार किया जाए। इसके बाद कहने की आवश्यकता नहीं रह जाती कि सवर्ण भूस्वामियों की हत्या का बदला लेने और नक्सली समर्थकों में भय पैदा करने के लिए ही रणवीर सेना ने नरसंहार करना शुरू किया।

रणवीर सेना के सुप्रीम कामंडर ब्रह्मेश्वर सिंह उदवंतनगर ब्लॉक के खोपिरा गांव के रहने वाले हैं। रणवीर सेना के लोग ब्रह्मेश्वर सिंह को रणवीर सेना का 'गांधी' कहते हैं। वे कहते हैं कि जिस तरह गांधी किसी पद पर नहीं थे लेकिन कांग्रेस के सर्वेसर्वा थे, उसी तरह ब्रह्मेश्वर सिंह भी रणवीर सेना के किसी औपचारिक पद पर नहीं होते हुए भी रणवीर सेना के सर्वेसर्वा हैं। वैसे रणवीर सेना के औपचारिक अध्यक्ष रामलोचन चौधरी हैं। रणवीर सेना के लड़ाकू दस्ते के जो पांच सबसे प्रमुख कमांडर हैं, उनमें तीन भोजपुर के हैं। यह स्वाभाविक ही है क्योंकि रणवीर सेना की पैदाइश भोजपुर में ही हुई और लड़ाकू दस्ते में अधिकांश भोजपुर के हैं और भूमिहार हैं। यूं तो पूर्ण इकाई वाले सभी जिले स्वतंत्र रूप से काम करते हैं लेकिन संयोजक की हैसियत से ब्रह्मेश्वर सिंह के आदेश के बिना किसी नरसंहार को अंजाम नहीं दिया जा सकता है। इसके अलावा रणवीर सेना के अन्य पदाधिकारियों में मानसांगर सिंह हैं जो भोजपुर जिले के चीफ कमांडर हैं। जहानाबाद के चीफ कमांडर धर्मनाथ शर्मा हैं। ये कामता गांव के रहने वाले हैं। सेना के लोगों में इन्हें 'काका जी' के नाम से जाना जाता है। पटना के ग्रामीण इलाके के एरिया कमांडर का नाम संजीव है जो मसौढ़ा गांव का रहने वाला है। पाली के एरिया कमांडर राम निरीक्षण शर्मा हैं। ये पाली के कल्याणपुर गांव के रहने वाले हैं। इसी तरह संदेश अंचल के एरिया कमांडर संदेश प्रखंड में खंडोल गांव के रंगीला सिंह हैं। वैसे संदेश अंचल का मुख्यालय भटौली गांव है। नक्सलियों ने इसी गांव के जुगेश्वरी सिंह की हत्या कर दी थी। सहार अंचल के एरिया कमांडर संयुक्त रूप से एकवारी गांव के प्रमोद सिंह तथा अरविंद सिंह हैं। सहार अंचल का मुख्यालय भी एकवारी गांव ही है। रणवीर सेना के वकील तारकेश्वर सिंह तथा डाक्टर विजय सिंह हैं जो ज्वाला सिंह के बेटे हैं, जिनकी हत्या नक्सलियों ने कर दी थी। बेलाउर गांव का नाम रणवीर सेना के साथ अभिन्न रूप से जुड़ा हुआ है। अखबारों में वहां के सबसे धनी धरीछन चौधरी को रणवीर सेना का संस्थापक बताया जाता है। लेकिन यह बात सत्य नहीं है। वास्तव में धरीछन चौधरी का नाम इसलिए ज्यादा है कि वे बेलाउर के सबसे धनी आदमी हैं। उनकी कई बसें चलती हैं, लेकिन वे माले के खिलाफ लड़ाई में उतने सक्रिय नहीं हैं। अखबारों में उन्हें रणवीर सेना के संस्थापक के रूप में पेश किया जाता है लेकिन गठन से लेकर आज तक वे कभी सक्रिय नहीं रहे। बेलाउर गांव के वकील चौधरी, विजेंद्र चौधरी, दिनेश चौधरी, रविंद्र राय, श्रीभगवान चौधरी, रामलोचन चौधरी, लोरपोंछन चौधरी आदि उनसे ज्यादा सक्रिय हैं। लेकिन माले ने धरीछन चौधरी को ही अपना

निशाना बना रखा है। रणवीर सेना के लिए यह अच्छा ही है क्योंकि इनसे एक तो वे संगठन से जुड़े रहते हैं और सेना को जब भी आर्थिक सहायता की जरूरत होती है, वह धरीछन चौधरी से ले लेती है।[2]

रणवीर सेना के पास अभी लगभग 3000 हथियारबंद लोग हैं। वैसे रणवीर सेना के लोग सवर्णों के सारे हथियार को अपना हथियार बताते हैं और हर सदस्य को अपना सैनिक। रणवीर सेना के लोग हर सवर्ण परिवार से एक सदस्य सेना के लिए समर्पित करने की मांग करते हैं। जो लोग सेना के हथियारबंद दस्ते के स्थायी सदस्य हैं, उन्हें संगठन की ओर से मुफ्त खाना और 1500 रुपये प्रति माह दिया जाता है। मारे जाने वाले सदस्यों को एक लाख रुपये क्षतिपूर्ति के रूप में दिया जाता है तथा उसके परिवार के भरण-पोषण की जिम्मेदारी भी सेना उठाती है।

रणवीर सेना के सभी पदाधिकारियों का कोई-न-कोई छद्म नाम है। वास्तव में यह क्रांतिकारी और उग्रवादी संगठनों की खास विशेषता है। सरकार और वर्ग शत्रु से अपनी पहचान छिपाने के लिए उनके लिए यह जरूरी भी होता है। रणवीर सेना के तीन प्रवक्ता हैं—शमशेर जंगबहादुर सिंह, सिंह सोमदत्त मलिक और संतोष कुमार आर्य। ये तीनों ही छद्म नाम हैं। इनमें से दो संदेश ब्लाक के रहने वाले हैं और दोनों शिक्षक रहे हैं। तीर्थकौल गांव के देवेंद्र सिंह[3] और बरतियर के जनार्दन राय ही मुख्य रूप से प्रवक्ता का काम करते हैं। संदेश अंचल के एरिया कमांडर को रणवीर सेना में 'संत जी' के नाम से जाना जाता है। आपस में संपर्क करने के लिए रणवीर सेना के पास अत्याधुनिक संचार साधन उपलब्ध हैं।, लेकिन बहुधा व्यक्तियों के माध्यम से ही संपर्क किया जाता हैं, क्योंकि टेलीफोन या वाकी-टाकी से संपर्क करने पर पुलिस द्वारा पता कर लिए जाने का अंदेशा बना रहता है।

जो सदस्य सेना के नियमों की अवहेलना करते हैं उन्हें संगठन दंडित भी करता है। उदाहरण के लिए उप्रेंद सिंह मगहिया को बैठक में बुलाकर डंडे से पिटाई की गई थी। इसी तरह काब गांव के रहने वाले लंगड़ सिंह की भी पिटाई हुई थी। बुटन सिंह तथा संटु सिंह[4] की भी पिटाई की गई थी। लंगड़ सिंह और संटु सिंह इसलिए दंडित किये गये कि ये दोनों रणवीर सेना के नाम पर पैसा उगाही का धंधा करने लगे थे।

अपनी उपादेयता और प्रासंगिकता बनाए रखने एवं पैठ मजबूत करने के लिए रणवीर सेना कतिपय सामाजिक काम भी करती है। विधवा विवाह को प्रश्रय देने से लेकर गरीब भूमिहार, राजपूत (वास्तव मे सिर्फ भूमिहार) परिवारों की लड़कियों की मुफ्त में शादी करवाने का काम रणवीर सेना करती है। वैसे मेरे पूरे क्षेत्र अध्ययन के दौरान मुझे समाज में कहीं इसका प्रमाण नहीं मिला। शादी के अवसर पर नाच-गाना बंद करने का अभियान भी रणवीर सेना ने चलाया किंतु इसमें उसे कोई विशेष सफलता नहीं मिली। सदस्यों से कहा जाता है कि जो पैसा वे नाच-गाना पर खर्च करते हैं, उस पैसे से वे गोली या हथियार खरीदकर सेना में दान करें। रणवीर सेना सवर्ण समाज के

आपसी झगड़ों का निपटारा भी करती है। पुलिस केस करने के बदले आजकल सवर्ण लोग अपने विवादों को रणवीर सेना के पास ले जाते हैं, लेकिन इसमें उसे अपेक्षित सफलता नहीं मिल रही है। चूंकि सवर्णों के आपसी झगड़ों में वह किसी एक पक्ष के साथ खुलकर नहीं खड़ा हो सकती या जोर-जबर्दस्ती नहीं कर सकती, इसलिए उसके हस्तक्षेप के बावजूद सवर्णों के आपसी झगड़े और विवाद कायम हैं। उदाहरण के लिए अभयपुरा गांव के गया सिंह और छोटन सिंह के बीच गली को लेकर दो-तीन सालों से झगड़ा चल रहा है। इस झगड़े का निपटारा करने के लिए रणवीर सेना के लोगों ने कम-से-कम आधा दर्जन बार प्रयास किये लेकिन निपटारा नहीं हुआ। दोनों पक्षों के बीच-मारपीट भी हुई, जिसमें चंद्रशेखर सिंह को गभीर चोट आई। अब मामला अदालत में है।

आय के स्रोत : रणवीर सेना के पास पैसे की कोई कमी नहीं है। इसकी आय के अनेक स्रोत हैं। प्रकृति के लिहाज से रणवीर सेना की आय के दो स्रोत हैं—स्थायी और सामयिक। स्थायी स्रोत के तहत रणवीर सेना के सभी सदस्यों एवं समर्थकों से साल में दो बार चंदा लिया जाता है—भदई और रबी की फसल कटने के बाद। सदस्यों के लिए चंदा देना अनिवार्य है जबकि समर्थकों के लिए स्वैच्छिक। प्रत्येक सदस्य से प्रति बिगहा एक किलो अनाज साल में दो बार लिया जाता है। इसके अलावा प्रत्येक सदस्य को साल में 20 रुपये दो किस्तों में देना होता है। सिंचित इलाकों में चंदे की दर ज्यादा है। वहां प्रत्येक सदस्य को 2 किलो से पांच किलो तक अनाज साल में दो बार देना होता है। सामयिक चंदा जरूरत के अनुसार लिया जाता है।

रणवीर सेना को चंदा उन सवर्ण गांवों से भी मिलता है जहां उसकी कोई सांगठनिक इकाई नहीं है। कई गांवों में यह देखने में आया कि वहां रणवीर सेना की कोई इकाई नहीं है लेकिन गांव के सवर्ण नियमतः रणवीर सेना के लिए चंदा भेजवाते हैं।

न सिर्फ बिहार के अंदर बल्कि बिहार के बाहर से भी रणवीर सेना को काफी पैसे आते हैं। उत्तर प्रदेश के गाजीपुर, आजमगढ़, बनारस आदि जिलों के संपन्न भूमिहार रणवीर सेना को पैसे से मदद तो करते ही हैं, उसके दस्तों को छिपने के लिए शरण भी प्रदान करते हैं। सेना के वैसे लोग जिन्हें बिहार पुलिस पकड़ना चाहती है, वे उत्तर प्रदेश के उक्त जिलों के भूमिहारों के यहां छिप जाते हैं। इसके अलावा धनबाद के कोयला क्षेत्र से भी रणवीर सेना को काफी पैसे मिलते है। उल्लेखनीय है कि बिहार और उत्तर प्रदेश के अनेक लोग उन इलाकों में बड़े-बड़े ठेकेदार हैं और 'रंगदार' हैं। वहां इन राज्यों के सवर्ण धनवानों एवं लंपटों का जबर्दस्त जमघट है। कहने की आवश्यकता नहीं कि वे धन और हथियार दोनों से रणवीर सेना को सहायता देते हैं।

बिहार से बाहर कोलकाता, दिल्ली, मुंबई आदि जैसे बड़े शहरों से भी सेना को पैसे आते हैं। रणवीर सेना के एक वरिष्ठ पदाधिकारी ने बताया कि एक बार कोलकाता से उसने एक सप्ताह के भीतर तीस लाख रुपये इकट्ठा किये थे। अफसरशाही और नौकरी पेशा लोगों में रणवीर सेना का समर्थन करने वाले कुछ लोग ऐसे भी हैं जो अपनी

तनख्वाह का दस प्रतिशत प्रति माह चंदा देते हैं।[5] पटना उच्च न्यायालय के एक न्यायाधीश भी रणवीर सेना की काफी मदद करते हैं। दिल्ली में रणवीर सेना का काम देखने वाले मयूर विहार, फेज-1 में रहते हैं, जबकि कोलकाता में कांग्रेस पार्टी के एक पूर्व विधायक उसके लिए पैसा बटोरने का काम करते हैं। इनका नाम अन्नु गोपाल कृष्ण है और वह दूध का कारोबार करते हैं। पहले वह ब्रह्मर्षि सेना से जुड़े हुए थे।

रणवीर सेना के गठन के शुरुआती दिनों में संगठन को काफी पैसे मिले,[6] जिसका उपयोग रणवीर सेना ने हथियार खरीदने में किया। आज रणवीर सेना के पास अत्याधुनिक हथियार हैं।[7] रणवीर सेना के एक महत्त्वपूर्ण पदाधिकारी के अनुसार उसके पास लाइट मशीनगन भी है। वे तो यहां तक दावा करते हैं कि एक बार उसका प्रयोग (बाथे में) भी किया गया था। रणवीर सेना पैसे को बैंक में बेनामी तो रखती ही है, शेयरों में भी निवेश करती है। रणवीर सेना के कोषाध्यक्ष संदेश प्रखंड के कांधरपुर गांव के देवसिद्ध शर्मा है। वे संदेश के जाने-माने सर्वोदयी रहे हैं, लेकिन उम्र के अंतिम पड़ाव पर रणवीर सेना के साथ हैं। सुधारवादी तरीके से नक्सलवाद को समाप्त करने में असफल होने के बाद बंदूक के बल पर उसे समाप्त करना शायद उन्हें बेहतर प्रतीत हो रहा है।

रणवीर सेना अपने लड़ाकू दस्ते को नियमित प्रशिक्षण भी देती है। प्रशिक्षण देने का काम उत्तरी आरा के हेठार के इलाकों, तापा क्षेत्र में सोन नदी के किनारे तथा रोहतास में दिया जाता है। हथियारों का जखीरा भी इन्हीं इलाकों में छिपाया जाता है, क्योंकि ये अपेक्षाकृत शांत इलाके हैं। मुख्य प्रशिक्षण देने वाले का नाम कृष्णनंदन चौधरी है, जो आरा मुफ्फसिल थाने के बकरी गांव के रहने वाले हैं। यह व्यक्ति पहले भारतीय सेना में सूबेदार था। इसका छद्म नाम मधुकर है। इसके अलावा भूमिहार, राजपूत परिवारों के फौज-पुलिस में काम करने वाले लोग छुट्टी लेकर भी प्रशिक्षण देने के लिए आते हैं। एकवारी के एक रणवीर सेना के सदस्य ने प्रशिक्षण के बारे में बताया ''हमनिए के लड़िकवन जवन मलेटरिया में काम करे ले स, उहे जब छुट्टी में घरे आवे ले स त ट्रेनिंग देले स''। (हमारे ही लड़के जो सेना में काम करते हैं, छुट्टी में घर आने पर ट्रेनिंग देने का काम करते हैं।)

राष्ट्रवादी किसान महासंघ

भोजपुर के सवर्ण किसानों ने नक्सलियों से निपटने के लिए सैन्य संगठन के अलावा राष्ट्रवादी किसान महांसघ नामक एक खुला मंच भी बना रखा है। भूस्वामियों की हत्या, उनकी फसल की लूट एवं नाकेबंदी का विरोध सिर्फ नक्सली समर्थकों की हत्या करके नहीं किया जा सकता था, क्योंकि उसके चलते सेना को अनाश्यक आलोचना का शिकार होना पड़ता था। इसलिए उन्हें एक ऐसे मंच की आवश्यकता थी जिसके जरिये वे नक्सली कार्रवाइयों की खुली आलोचना कर सकें और अपनी बात खुलेआम लोगों के सामने रख सकें। इसके अलावा किसान महासंघ सवर्णों, विशेषकर

भूमिहारों के सामाजिक-आर्थिक-राजनीतिक गतिविधियों का भी संचालन करता है। पहले इसका नाम रणवीर किसान संघ रखा गया, लेकिन रणवीर सेना के साथ स्पष्ट जुड़ाव दृष्टिगोचर होने के चलते इसे बदल दिया गया। इसके बाद इसका नाम किसान कल्याण महांसघ रखा गया लेकिन बाद में इसे भी बदल कर राष्ट्रवादी किसान महासंघ रखा गया।

इस खुले मंच को बनाने की प्रेरण उन्हें नक्सलियों से ही मिली। रणवीर सेना के एक समर्थक ने बताया कि खुला मंच बनाने के कारण लिबरेशन प्रतिबंधित होने से बच गया। वह हिंसा भी करता है और चुनाव भी लड़ता है। इसलिए रणवीर सेना ने भी स्वतंत्र रूप से अपनी गतिविधियां जारी रखने के लिए राष्ट्रवादी किसान महासंघ का गठन किया। एक राजनीतिक मंच के रूप में किसान महासंघ चुनाव भी लड़ता है। पिछले लोकसभा चुनाव में महासंघ ने रंगबहादुर सिंह को आरा संसदीय क्षेत्र से खड़ा किया था। विधानसभा के चुनाव में समता पार्टी के उम्मीदवार सुनील पांडे को रणवीर सेना ने अपना समर्थन दिया था। सुनील पांडे अभी पीरो के विधायक हैं।

रणवीर महिला संघ—औरतों को संगठित करने के लिए रणवीर महिला संघ का निर्माण किया गया है। रणवीर सेना के महिला कैडरों ने भी इस बात की पुष्टि की। इस घटक का कमांड बेलाउर की रेणु कुमारी करती हैं। इन महिलाओं को बकायदा हथियार चलाने का प्रशिक्षण भी दिया जाता है। रणवीर सेना के एक कार्यकर्ता के अनुसार चांदनी रात में किसी बगीचे या बधार (फसल लगा खेत) में उन्हें प्रशिक्षण दिया जाता है। इसका उद्देश्य नक्सली हमलों के खिलाफ आत्मरक्षा करना बताया जाता है।

राष्ट्रवादी किसान महासंघ के गठन की घोषणा 5 जुलाई, 1995 को आरा में हुई एक रैली में की गई। इसमें भोजपुर, पटना, गया, जहानाबाद, छपरा, तथा सीवान के अलावा बिहार के अन्य जिलों के किसानों ने भी भाग लिए। इसकी अध्यक्षता भोजपुर में संदेश थाने के डिहरा गांव के शिवनारायण सिंह ने की और मंच संचालन का काम तीर्थकौल गांव के देवेंद्र सिंह जो संदेश स्थित अंबिका सिंह महाविद्यालय के प्रिंसिपल भी हैं, ने किया। इस सभा में करीब पांच हजार लोगों ने शिरकत, जिनमें औरतें भी शामिल थीं। सभा में नक्सलवादियों के खिलाफ लड़ने का संकल्प लिया गया और उसकी राजनीति की जमकर आलोचना की गई।

उस रैली में सवर्ण समाज की बुराइयों को भी इंगित किया गया। किसान सभा के नेताओं ने स्वीकार किया और कहा "हम मजदूरों के साथ अच्छा व्यवहार नहीं करते हैं, उनके साथ गाली-गलौज करते हैं और अपमानजनक शब्दों से संबोधित करते हैं"।[8] संघ ने अपनी इस बुराई को दूर करने का भी संकल्प लिया। जहां तक उचित मजदूरी की बात है तो संघ ने उस रैली में तय किया कि जो किसान मजदूरों को उचित मजदूरी नहीं देंगे उनके खिलाफ संघ कार्रवाई करेगा और उनके ऊपर मजदूरी देने के लिए दबाव डालेगा। हां, उचित मजदूरी के एवज में काम के घंटे तय करने की बात भी की गई।

रणवीर सेना और राष्ट्रवादी किसान महासंघ सिर्फ कहने के लिए दो संगठन हैं। वास्तव में दोनों मिलजुल कर ही काम करते हैं। यह ठीक है कि राष्ट्रवादी किसान महासंघ नरसंहारों एवं अन्य हथियारबंद कार्रवाइयों में हिस्सा नहीं लेता लेकिन उसे उचित तो ठहराता ही है। वैसे रणवीर सेना और किसान संघ के बीच कतिपय बिंदुओं पर मतभेद भी हैं, जैसे महिलाओं और बच्चों की हत्या पर किसान महासंघ ने आपत्ति उठाई है। रणवीर सेना के ऐसे कार्यों की वह खुले आम आलोचना तो नहीं करता लेकिन इसे लेकर दोनों के बीच मतभेद की बात अखबारों में भी आ चुकी है।

राष्ट्रवादी किसान महासंघ के संविधान की शुरुआत इस श्लोक से होती है–

"नाभिषेको न संस्कारा, सिंहस्य क्रियते मृगैः।
विक्रमार्जित राजस्व, स्वमेव मृगेन्द्रता।"

(सिंह का राजतिलक या गद्दी पर बिठाने का संस्कार हिरणों द्वारा नहीं किया जाता। उसे वन का राज्य अपनी शक्ति के कारण स्वमेव प्राप्त होता है और वह पशुओं का स्वामी कहलाता है।) स्पष्ट है कि सवर्ण और संपन्न लोगों में श्रेष्ठता का भाव जगाने के लिए ही यह कहा गया है। इसी तरह एक दूसरा श्लोक है–

"द्वावम्भसि निवेष्टाव्यै गले बद्धवा दृढ़ां शिलाम।
धनवंत महातारं दरिद्रं चांतपस्विनाम् ॥"

(धनी होकर दानी नहीं और निर्धन होकर तपस्वी नहीं, ऐसे लोग गले में पत्थर बांधकर समुद्र में डुबा देने योग्य होते हैं।) इस श्लोक का चयन भी नक्सलियों को केंद्रित करके ही किया गया है। चूंकि नक्सली आंदोलन के साथ समाज के सबसे गरीब लोग ही जुड़े हुए हैं और तपस्वी नहीं बल्कि अपने हक की लड़ाई लड़ने वाले और अपने बेहतर भविष्य को अपने हाथों से बनाने का सपना देखने वाले हैं, इसलिए किसान महांसघ उन्हें समुद्र में डुबोने के योग्य मानता है। राष्ट्रवादी किसान महासंघ अपने संविधान में नक्सलवाद को मिटाने की बात नहीं करता लेकिन रैली के अवसर पर जो पर्चा निकला था, उससे साफ-साफ पता चलता है कि माले और नक्सलियों का सफाया ही इसके गठन का उद्देश्य है।[9] 1997 से इचरी गांव के रहने वाले रंगबहादुर सिंह राष्ट्रवादी किसान संघ के अध्यक्ष हैं।

राष्ट्रवादी किसान महासंघ और रणवीर सेना यूं तो मिल जुलकर ही काम करते है लेकिन कई बार ऐसे मौके आए जब रणवीर सेना और किसान महासंघ के बीच उभरे मतभेद सतह पर भी आए। पहली बार दोनों संगठनों के बीच बच्चों और महिलाओं की हत्या को लेकर विवाद उठा। रणवीर सेना तथा राष्ट्रवादी किसान महासंघ की 1997 में हुई एक संयुक्त बैठक में इस मुद्दे पर दोनों घटकों के बीच गरमागरम बहस भी हुई, लेकिन नतीजा कुछ नहीं निकला क्योंकि रणवीर सेना के लोग जहां बच्चों और महिलाओं की हत्या को उचित मान रहे थे, वहीं किसान महासंघ ऐसी कार्रवाइयों पर रोक लगाने की मांग कर रहा था। चूंकि दोनों का उद्देश्य नक्सली विरोध है, इसलिए किसान महासंघ

रणवीर सेना की कार्रवाइयों की खुलकर आलोचना करने से बचता रहा। हालांकि इस विवाद को लेकर संगठन के सामने एकाध बार नाजुक स्थिति भी पैदा हुई। हैबसपुर नरसंहार (26.3.97) के पहले दोनों संगठनों की बैठक चल रही थी और इसके बाद संगठन का औपचारिक चुनाव होना था। कायदे से यह बैठक तीन दिनों तक चलने वाली थी लेकिन इसी बीच नरसंहार करने का निर्णय रणवीर सेना ने ले रखा था। सेना के शीर्ष नेताओं के लिए यह एक दुविधाजनक स्थिति थी क्योंकि यदि बैठक तीन दिनों तक चलती रही तो नरसंहार को अंजाम नहीं दिया जा सकता था। इसलिए उन लोगों ने बैठक स्थगित करने का निर्णय लिया और जानबूझकर आपस में लड़ाई की ताकि बैठक को स्थागित किया जा सके। इसकी खबर अखबारों में भी आई कि रणवीर सेना में फूट पड़ी। लेकिन ऐसा कुछ भी नहीं था क्योंकि बैठक को सिर्फ नरसंहार करने के लिए ही स्थगित किया गया था।

रणवीर सेना से अलग होकर कुछ लोगों ने 'किसान सुरक्षा सेना' नाम का एक नया संगठन बनाया है। इसमें दो लेागों की प्रमुख भूमिका रही है। ये दो व्यक्ति वेदव्यास और रविंद्र राय हैं। पहले ये दोनों रणवीर सेना के सक्रिय कार्यकर्ता थे और लगभग सभी नरसंहारों में भाग लेते रहे थे। वेदव्यास रणवीर सेना से अलग होने के पहले तड़ारी थाने का एरिया कमांडर था और अरविंद उसके लड़ाकू दस्ते का एक कुशल निशानेबाज। रणवीर सेना से अलग होने की इनकी कहानी काफी दिलचस्प है।

वेदव्यास वास्तव में एक अपराधी है जो कुख्यात ट्रेन डकैत सोनार गिरोह का सदस्य था। सन् 1999 में सोनार को आरा पुलिस ने एक मुठभेड़ में मार गिराया। तत्कालीन आरा के पुलिस अधीक्षक राजकुमार मलिक[10] ने स्वयं ब्रह्मेश्वर सिंह को बताया गया कि वेदव्यास ट्रेन डकैती करता है। रणवीर सेना के लोग बताते हैं कि उस पर उन्हें पहली बार संदेह तब हुआ, जब वह जाड़े के दिनों में रोज-रोज कोट बदलने लगा। रणवीर सेना के कुछ सदस्यों ने उससे मजाक भी किया कि क्या उसने कोट बनाने की फैक्ट्री लगा ली है। पुलिस अधीक्षक की शिकायत पर ब्रह्मेश्वर सिंह व सेना के अन्य वरिष्ठ पदाधिकारियों ने वेदव्यास से पूछताछ की जिसका उसने बुरा माना। इसी बीच वेदव्यास अंचल कमेटी का 12,000 रुपये गबन कर गया। रणवीर सेना ने जब पैसे देने के लिए उस पर दबाव डाला तो वह संगठन से नाराज रहने लगा। इस पर सेना ने उसक़े घर की कुर्की-जब्ती का आदेश दे दिया। सेना के दबाव के चलते वेदव्यास बैठक में आया और माफी मांगी। रणवीर सेना ने उसके विगत कार्यों को देखते हुए उसे माफी दे दी। लेकिन इसके बाद वह संगठन से कटने लगा और अंततः उसने अपना एक नया संगठन बना लिया। वेदव्यास अपने पर्चों में रणवीर सेना, विशेषकर ब्रह्मेश्वर सिंह की जमकर आलोचना करता है और उन्हें स्वार्थी तथा घटिया करार देता है। रणवीर सेना के एक कमांडर का कहना है कि सिर्फ पुराने दिनों को याद करके सेना उसके खिलाफ कोई कड़ा कदम नहीं उठा रही है, लेकिन यदि वह आगे भी ऐसा ही करता रहा तो अंततः उसे मार

दिया जाएगा। दिलचस्प है कि वेदव्यास का बेटा संजय रणवीर सेना के साथ सक्रिय रूप से जुड़ा हुआ है।

रविंद्र राय के सेना से अलग होने की कहानी भी कम रोचक नहीं है। रविंद्र राय सहार थाना के चक्के गांव के रहने वाले हैं और वहीं एक प्राइवेट कालेज में व्याख्याता हैं। रणवीर सेना से अलग होने के पहले रविंद्र राय उसके एरिया कमांडर तो थे ही, उन्हें सेना का बड़ा ही प्रतिबद्ध कार्यकर्ता माना जाता था। हुआ यह कि सन् 1998 में रणवीर सेना के लोग सहार थाना के गुलजारपुर गांव में फसल काटने गए थे। कटनी करने के बाद जब वे लोग वहां से चले तो कोरन डिहरी गांव के पास माले की तरफ से गोली चलने लगी। इसके जवाब में रणवीर सेना के लोग भी गोली चलाने लगे और दोनों तरफ से गोलियां चलने लगीं। इसी गोलीबारी में रविंद्र राय को गोली लग गई। बड़ा जीवट का आदमी है वह। उसने गोली लगने की बात किसी को नहीं बताई और लगातार गोलियां चलाता रहा। माले के दस्ते के भागने के बाद सेना के लोगों को पता चला कि रविंद्र राय को गोली लग गई है। इसके बाद आरा में उसका इलाज कराया गया। इलाज होने के बाद रविंद्र राय संगठन से दवाई व अन्य खर्चों के लिए पैसा मांगने लगा। संगठन कुछ दिनों तक उसे पैसा देता भी रहा। लेकिन रविंद्र राय को संतोष नहीं था और वह लगातार पैसा मांगता रहा। इसके बाद रणवीर सेना ने उसे पैसे देने इनकार कर दिया। इसी बात से नाराज होकर रविंद्र राय ने वेदव्यास से हाथ मिला लिया।

लेकिन इसका मतलब यह नहीं है कि सेना का अंतर्विरोध समाप्त हो गया। रणवीर सेना में फूट की बात गलत नहीं है। यह अलग बात है कि संगठन को इससे खास परेशानी या खतरा पैदा नहीं हो रहा है। धन की उगाही और उसके बंटवारे को लेकर रणवीर सेना के नेताओं और कार्यर्ताओं में कई बार तनातनी की स्थिति पैदा हो चुकी है। अभी हाल ही में एकवारी के एरिया कमांडर प्रमोद सिंह को चेतावनी दी गई है कि वे जोर-जबर्दस्ती द्वारा धन उगाही करना बंद करें। उनके उपर आरोप है कि आरा के एक वकील समेत कई संभ्रांत लोगों से रणवीर सेना का भय दिखाकर पैसे ऐंठ चुके हैं। यह प्रमोद सिंह और कोई नहीं बल्कि एकवारी गांव के जुल्मी जमींदार शंख सिंह का पोता है। ब्रह्मेश्वर सिंह के खास लेफ्टिनेंट भोला सिंह प्रमोद सिंह के चाचा हैं।

रणवीर सेना और राजनीतिक दल

राजनीतिक दलों से रणवीर सेना का संबंध अन्य सेनाओं की तुलना में ज्यादा प्रगाढ़ है। भारतीय जनता पार्टी और समता पार्टी इसके प्रमुख संरक्षक हैं। बेलाउर में जिस दिन रावीर सेना का गठन हुआ था, उस दिन बिहार के कई भाजपा नेता वहां मौजूद थे। इसके अलावा कांग्रेस, राष्ट्रीय जनता दल (राजद), बिहार पीपुल्स पार्टी (विपीपा) और यहां तक कि सीपीआई जैसे कुछ वामपंथी संगठनों के राज्य स्तरीय और स्थानीय नेता परोक्ष रूप से रणवीर सेना के मददगार हैं।[11] कांग्रेस और राजद के बीच बार-बार पाला बदलने वाले रामलखन सिंह यादव भी रणवीर सेना को समर्थन देते रहे हैं।[12] उनके लिए यह

स्वाभाविक ही है क्योंकि उन्होंने भी नक्सलियों से लड़ने के लिए किसान संघ नामक एक निजी सेना का गठन किया था। सच तो यह है कि नक्सलवादी संगठनों को छोड़कर सभी दल चुनावों में रणवीर सेना की मदद लेते हैं।

1996 के संसदीय चुनाव में रणवीर सेना ने आरा से जनता दल (अब राजद) के उम्मीदवार चंद्रदेव प्रसाद वर्मा को समर्थन दिया था। चुनाव जीतने के बाद चंद्रदेव प्रसाद वर्मा ने रणवीर सेना से मिली सहायता की एवज में उस पर से प्रतिबंध हटाने तथा उसके बदले माले पर प्रतिबंध लगाने की मांग की थी। उसी चुनाव में लालू यादव की चहेती कांति सिंह विक्रमगंज से विजयी हुई थीं और उसके तुरंत बात पीरो में हुए उपचुनाव में तब समता पार्टी के उम्मीदवार और अब राजद के राष्ट्रीय प्रवक्ता शिवानंद तिवारी जीते थे। उनकी इस जीत में रणवीर सेना का भी योगदान था। रणवीर सेना ने शिवानंद तिवारी को प्रत्यक्ष और घोषित समर्थन दिया था। रणवीर सेना ने उन्हें समर्थन देने की बकायदा अपील की थी। इसी तरह 1997 के संसदीय चुनाव में रणवीर सेना ने समता पार्टी के हरद्धार सिंह को समर्थन दिया था।

1999 के संसदीय चुनाव में तो रणवीर सेना ने इचरी गांव के रंगबहादुर सिंह को स्वयं अपना प्रत्याशी बनाया। रंगबहादुर सिंह रणवीर सेना के खुले मंच राष्ट्रवादी किसान महांसघ के अध्यक्ष हैं और पेशे से वकील हैं। इस चुनाव में रणवीर सेना द्वारा हरिद्धार सिंह को समर्थन नहीं दिए जाने का बड़ा ही दिलचस्प कारण है। 1998 में चुनाव जीतने के बाद रणवीर सेना के लोग अपेक्षा कर रहे थे कि हरिद्धार सिंह उन लोगों से मिलने जरूर आएंगे। यह सोचकर रणवीर सेना के लोग अपने आरा कार्यालय में माला लेकर उनके स्वागत के लिए तैयार थे, लेकिन स्वागत की उनकी सारी तैयारियां धरी की धरी रह गईं क्योंकि हरिद्धार सिंह चुनाव जीत जाने के बाद वहां पहुंचे ही नहीं। यही हरिद्धार सिंह चुनाव जीतने के पहले रणवीर सेना को अपना हमसफर बताते रहे थे। इसी बात से खफा होकर 1999 के संसदीय चुनाव में रणवीर सेना ने इचरी गांव के रंगबहादुर सिंह को अपना प्रत्याशी बनाया। रंगबहादुर सिंह को 88,000 मत मिले थे। वैसे हरिद्धार सिंह ने रणवीर सेना को पैसे और हथियार से सहायता की थी।[13]

जहानाबाद के अरुण कुमार को भी रणवीर सेना ने पिछले चुनाव में समर्थन दिया था। सी.पी. ठाकुर तथा जनार्दन शर्मा जेसे भाजपा नेताओं से रणवीर सेना के संबंध जगजाहिर है। नक्सलियों ने जनार्दन शर्मा का तो डायनामाइट लगाकर घर ही उड़ा दिया था। इन दोनों नेताओं के खिलाफ हैबसपुर नरसंहार के मामले में प्राथमिकी भी दर्ज है। हैबसपुर नरसंहार मार्च, 1997 में हुआ था। स्वयं ब्रह्मेश्वर सिंह भी भाजपा से जुड़े रहे हैं। बाथे नरसंहार के बाद रणवीर सेना के राजनीतिक दलों से रिश्ते की जांच के लिए बिहार सरकार ने अमीर दास आयोग भी बिठा रखा है।

रणवीर सेना को सहायता देने के मामले में स्वयं लालू-राबड़ी सरकार भी पीछे नहीं रही है। दरअसल बिहार की राजद दोहरी नीति अपनाती रही है। उसके ऊपर जहानाबाद

में एमसीसी को सहायता पहुंचाने के आरोप भी लगते रहे हैं। यह आरोप किसी नक्सली विरोधी संगठन या राजनीतिक दल ने नहीं लगाया है, बल्कि पार्टी यूनिटी और लिबरेशन ने ही लगाया है। उल्लेखनीय यह भी है कि रणवीर सेना का जन्म लालू यादव के शासन काल में ही हुआ और प्रतिबंधित करार दिए जाने के बावजूद वह लगातार ताकतवर होती गयी। एक बात और है, जिसे अनदेखा नहीं किया जा सकता और वह यह कि रणवीर सेना के गठन के एक साल पहले से ही लालू यादव अपनी सभाओं में नक्सलियों के खिलाफ आग उगलते रहे थे। 11 अक्टूबर, 1993 में भोजपुर के अगिआंव और पीरो की सभा में उन्होंने कहा था ''माले को खत्म करने के लिए मैं नरक की ताकतों से भी हाथ मिला सकता हूं''। सवर्ण भूस्वामियों को जद में शामिल होने का न्योता देते हुए उन्होंने कहा कि ''मैं नहीं रहूंगा तो ये माले वाले छह इंच के बदले नौ इंच छोटा करने लगेंगे''।[14] चर्चा तो यहां तक है कि रणवीर सेना के 'गांधी' ब्रह्मेश्वर सिंह को दो बार गिरफ्तार किया गया लेकिन लालू प्रसाद ने उन्हें दोनों बार छुड़वा दिया। मालूम हो कि बिहार सरकार ने ब्रह्मेश्वर सिंह के सर पर पांच लाख रुपये का इनाम रखा है।

रणवीर सेना के कई वरिष्ठ पदाधिकारियों ने इस बात की पुष्टि की कि वे भाजपा और समता को समर्थन देते हैं। हालांकि वे यह भी बताते हैं कि इन दलों के साथ उनकी कोई राजनीति प्रतिबद्धता नहीं है। चूंकि राजनीतिक मंचों पर वे हमारा बचाव करते हैं, इसलिए ''हम उनकी सहायता करते हैं''। रणवीर सेना के प्रवक्ता के अनुसार भाजपा से जुड़ने जैसी कोई बात नहीं है। भाजपा के साथ रणवीर सेना का यह जुड़ाव वास्तव में भाजपा के वोट बैंक के कारण है। चूंकि भाजपा का वोट बैंक भी सवर्ण ही हैं और रणवीर सेना सवर्ण भूस्वामियों की सेना है, इसलिए उनके बीच जुड़ाव स्वाभाविक हो जाता है। उसने बताया ''यदि भाजपा हमारे हितों को नजरअंदाज करेगी तो हम उसका भी विरोध करेंगे। हम लोग दिखा भी चुके हैं कि हमारे साथ जो विश्वासघात करता है, उसे हम कभी नहीं बख्शते हैं''। प्रवक्ता का इशारा हरिद्वार सिंह की तरफ था, जिन्हें रणवीर सेना ने 1999 के संसदीय चुनाव में हराने के लिए खुद अपना प्रत्याशी मैदान में उतार दिया था, जिसके चलते हरद्वार सिंह चुनाव हार गए।

संदर्भ

1. रणवीर सेना से जुड़े लोग इसे सिर्फ संगठन कहते हैं।
2. रणवीर सेना के एक वरिष्ठ पदाधिकारी के अनुसार।
3. देवेन्द्र सिंह तीर्थकौल गांव के रहने वाले हैं और संदेश स्थित अंबिका सिंह कालेज के प्रिंसिपल हैं। वे लेखक के स्कूली सहपाठी भी रह चुके हैं। सभ्य और शालीन छवि के देवेंद्र सिंह का आजकल माले के साथ विवाद चल रहा है। माले ने उनके खिलाफ 1996 से ही नाकेबंदी लगा रखी है, लेकिन चूंकि गांव के बहुत से दलित उनके समर्थक हैं इसलिए नाकाबंदी के बावजूद उनकी खेती हो रही है।

4. संटू सिंह एकवारी का रहने वाला था, जिसके पिता ज्वाला सिंह की नक्सलियों ने 1989 में उसकी आंखों के सामने टुकड़े-टुकड़े काट कर हत्या कर दी थी। संटू नेतरहाट विद्यालय का छात्र था, लेकिन पिता की हत्या के बाद उसकी मानसिक स्थिति संतुलित नहीं रही, वह एक नशेड़ी और हत्यारे के रूप में जवान हुआ।
5. जनार्दन शर्मा ने बताया।
6. देवेंद्र सिंह ने बताया।
7. लेखक ने स्वयं आंखों से हथियारों का जखीरा देखा।
8. राष्ट्रवादी किसान महासंघ की रैली के टेप किए भाषण से।
9. देखें, परिशिष्ट-3
10. रणवीर सेना के अनुसार राजकुमार मलिक सवर्णों को शह और समर्थन देते थे। इस बात की पुष्टि माले के कई समर्थकों ने की।
11. संजीव (पार्टी यूनिटी, अब पीपुल्स वार ग्रुप के प्रवक्ता हैं), 'रणवीर सेना से निपटने का सवाल', जनवरी 2001
12. रणवीर सेना के वरिष्ठ पदाधिकारियों के अनुसार रामलखन सिंह यादव ने रणवीर सेना को 12 लाख रुपये दिए थे। वैसे उन लोगों ने यह भी कहा कि सेना ने ये पैसे लौटा दिए थे।
13. रणवीर सेना के अनुसार हरिद्वार सिंह ने 'संगठन' को चार एके-47 राइफल और पांच लाख रुपये दिए थे।
14. 'यह जंग जरूर जीतें' नाम माले के एक बुकलेट से।

अध्याय - 11

रणवीर सेना की कार्रवाइयां

रणवीर सेना की कार्रवाइयों के बारे में जानकारी के पहले उसकी कार्यशैली के बारे में जानकारी आवश्यक है। अखबारों और पत्रिकाओं में अक्सर पढ़ने को मिल जाता है कि अमुक गांव के लोगों ने रणवीर सेना को बुलाकर नरसंहार करवाया यानो जिस गांव में नरसंहार होता है उस गांव के रणवीर सेना के समर्थकों को पता रहता है कि वहां नरसंहार होने वाला है। लेकिन यह बात सत्य नहीं है। नरसंहार के बारे में सिर्फ राज्य स्तरीय अनुशासन समिति के सदस्यों और रणवीर सेना के कमांडरों को ही पता होता है। यहां तक कि नरंसहार में भाग लेने वाले आम सैनिकों को भी इस बात की निश्चित जानकारी नहीं दी जाती कि किस गांव में नरसंहार करना है। उन तक सिर्फ यह संदेश पहुंचाया जाता है कि अमुक जगह पहुंचना है। नियत स्थान पर पहुंचने के बाद ही उन्हें बताया जाता है कि किस गांव में नरसंहार करना है। रणवीर सेना जिस गांव को नरसंहार के लिए चुनती है, उस गांव के आसपास ऊंची जातियों के लोगों और गांव के बारे में वह संपूर्ण जानकारी इकट्ठा करती है और आपातकाल में शरण लेने की उपयुक्त जगह का चुनाव भी पहले ही कर लिया जाता है। अंतिम समय में कार्यक्रम में फेरबदल की संभावना कम ही रहती है।[1]

नरसंहार के लिए गांव का चयन करते समय जिन बातों पर ध्यान दिया जाता है, निम्नलिखित हैं—

(1) जब रणवीर सेना नरसंहार के लिए किसी गांव का चयन करती है तो वह सबसे ज्यादा इस बात पर ध्यान देती है कि उस गांव में दलितों की जो आबादी है उसमें कितने नक्सली समर्थक हैं। नक्सली समर्थक दलित बस्तियों को वह अपना पहला निशाना बनाती है। नरसंहार के लिए वैसे गांव का भी चयन किया जाता है जहां नक्सली कार्यकर्ता शरण लेते हैं। इस दृष्टि से नरसंहार में मारे जाने वाले लोग संयोग के शिकार नहीं होते बल्कि वे अपनी राजनीतिक प्रतिबद्धता और उस पर अमल करने की कीमत जान देकर अदा करते हैं। नक्सली समर्थकों में भय पैदा करना रणवोर सेना का एक प्रमुख उद्देश्य है और इसी उद्देश्य की पूर्ति के लिए उसने नक्सली समर्थक गांवों में नरंसहार करने की योजना बनाई। कई बार अखबारों में पढ़ने को मिल जाता है कि जिस

गांव में नरसंहार हुआ, वहां के दलित नक्सली समर्थक नहीं थे। लेकिन यह सच नहीं है। नक्सली संगठन भी जानते हैं कि रणवीर सेना उन्हीं दलित बस्तियों को चुनती है जहां नक्सलियों का जनाधार है।

(2) नरसंहार करने के लिए रणवीर सेना अमूमन किसी जिले के सीमावर्ती गांव को ही चुनती है। रणवीर सेना ने जिन गांवों में नरसंहार को अंजाम दिया है, वे सभी गांव किसी न किसी जिले के सीमावर्ती गांव ही हैं। इससे उन्हें भागने और अपनी पहचान गुप्त रखने में सहूलियत होती है। नरसंहार में शामिल होने वाले हथियारबंद लोगों को हिदायत दी जाती है कि नरसंहार करने के बाद जो सदस्य जहां से आया है, यथासंभव वहीं चला जाए।[2] रणवीर सेना के एक वरिष्ठ कार्यकर्ता का कहना है कि आज तक सेना का दस्ता नहीं पकड़ा गया है। रणवीर सेना के समर्थक जरूर पकड़े गए हैं लेकिन हथियारबंद दस्ता नहीं। उसका कहना है कि नरसंहार करने के बाद दस्ता के सदस्य जहां से आते हैं, वहीं चले जाते हैं, फिर पकड़े जाने का सवाल ही कहां उठता है। दरअसल जो पकड़े जाते हैं वे दस्ता के सदस्य नहीं होते, बल्कि रणवीर सेना के समर्थक होते हैं। रणवीर सेना के प्रवक्ता ने कहा कि पुलिस सवर्ण बेगुनाहों को बेवजह परेशान करती है।

(3) दलित टोले को अपना निशाना बनाने के पहले रणवीर सेना इस बात को निश्चित कर लेती है कि वहां माले या किसी अन्य नक्सली संगठन का दस्ता तो मौजूद नहीं है। एक-दो बार नक्सली दस्ते की उपस्थिति ने रणवीर सेना के इरादे पर पानी फेर दिया था। भोजपुर में सहार ब्लाक के चासी गांव में माले के दस्ते से रणवीर सेना की भिड़ंत हो गई थी।[3] भिड़ंत तो बथानी टोला में भी हुई थी लेकिन माले का दस्ता कमजोर पड़ा और वह भाग गया।[4] दूसरे शब्दों में रणवीर सेना साफ्ट टारगेट चुनती है ताकि आसानी से नरसंहार को अंजाम दिया जा सके।

(4) नरसंहार के लिए समय का चुनाव भी बड़ा महत्त्वपूर्ण होता है। बहुधा नरसंहार के लिए आठ-नौ बजे रात का समय चुना जाता है। इससे एक तो उन्हें देर तक कत्लेआम करने का समय मिल जाता है और दूसरा कि वहां से निकल भागने में उन्हें सहूलियत होती है। सुबह में जब पुलिस कॉम्बिंग ऑपरेशन शुरू करती है, तब तक रणवीर सेना का दस्ता काफी दूर निकल चुका होता है। इस मामले में रणवीर सेना और नक्सली संगठन एमसीसी की कार्यशैली में काफी समानता है। दोनों ही अपनी कार्रवाइयों को अंजाम देने के लिए आठ-नौ बचे रात का समय ही चुनते हैं। दोनों ही साफ्ट टारगेट चुनते हैं। लेकिन उनमें एक बड़ा अंतर भी है और वह यह कि एमसीसी औरतों और बच्चों को अमूमन निशाना नहीं बनाती है, जबकि रणवीर सेना इसका कोई खयाल नहीं करती।

रणवीर सेना के अनुसार वह बच्चों एवं महिलाओं को विशेष रूप से निशाना नहीं बनाती है जैसा कि कहा जाता है। वास्तव में जो भी मिलता है उसे सेना के लोग मार देते हैं। दस्ते के एक सदस्य लोहा सिंह (छद्म नाम) ने बताया कि औरतें वास्तव में

ज्यादा प्रतिरोध करती हैं। वे अपने पुरुषों के आगे खड़ी हो जाती हैं और मारने वाले को पकड़ लेती हैं, इसलिए उन्हें भी मारना जरूरी हो जाता है। वैसे सेना में कुछ लोग ऐसे हैं जो औरतों और बच्चों को विशेषकर निशाना बनाते हैं। संटू एक ऐसा ही हत्यारा था। इसी तरह चांदकेश्वर नाम का एक व्यक्ति है जो महिलाओं और बच्चों की हत्या करने में विशेष रुचि दिखाता है। चांदकेश्वर गोली मार कर हत्या करना भी पसंद नहीं करता। तेज धारदार हथियार से महिलाओं और बच्चों की हत्या करना उसे ज्यादा भाता है। वह कहता है ''चमार-मुसहर की औरतें ही नक्सलाइट पैदा करने की फैक्ट्री हैं इसलिए मैं फैक्ट्री ही उजाड़ देता हूं''।[5] चांदकेश्वर के माता-पिता को नक्सलियों ने मार दिया था। आजकल वह जेल में है।

रणवीर सेना अब तक 29 नरसंहार कर चुकी है और इसमें से अधिकांश नरसंहार उसने प्रतिबंधित होने के बाद किया है। सबसे पहला नरसंहार उसने भोजपुर जिले के खोपिरा गांव में 29 अप्रैल, 1995 को किया और तीन महीने के भीतर ही दूसरा नरसंहार सरथुआं (25 जुलाई, 1995) में किया। उल्लेखनीय है कि रणवीर सेना के सुप्रीम कमांडर ब्रह्मेश्वर सिंह खोपिरा के ही रहने वाले हैं। रणवीर सेना ने एकवारी गांव में हुई अपनी बैठक में निर्णय लिया था कि एक व्यक्ति की हत्या के बदले वह 10 लोगों की हत्या करेगी। सरथुआं नरसंहार की योजना इसी संदर्भ में उसने बनाई थी।

सरथुआं नरसंहार वास्तव में बदले की कार्रवाई थी और बिना किसी विशेष योजना के की गई थी। रणवीर सेना ने यह नरसंहार सिर्फ इसलिए किया था कि उसे जल्दीबाजी में बदले की कार्रवाई करनी थी। हुआ यह कि संदेश ब्लॉक में सलेमपुर गांव के विजेंद्र राय की नक्सलियों ने हत्या कर दी। इसके पहले वे चंद्रमा राय की हत्या कर चुके थे। ये दोनों ही व्यक्ति शरीफ थे। गांव या गांव से बाहर वे किसी भी विवाद में नहीं रहे थे। और न वे माले के विरोध में ही सक्रिय थे। उनका कसूर सिर्फ इतना था कि वे भूमिहार जाति के थे। विजेंद्र राय सुबह में जब पाखाना जा रहे थे तो माले के दस्ते ने उनकी हत्या कर दी। माले का दस्ता बगल के अभयपुरा गांव से आया था। अभयपुरा गांव में माले का ठोस जनाधार है। यह अलग बात है कि वहां अभी तक माले या रणवीर सेना की तरफ से कोई हिंसक कार्रवाई नहीं हुई है। भूस्वामियों और खेतिहर मजदूरों के बीच विवादों का समाधान बहुधा गांव के स्तर पर ही कर लिया जाता है। अभयपुरा एक राजपूत बहुल गांव है। इस गांव में 1966 में राजपूतों एवं दलित-पिछड़ों के बीच जबर्दस्त खूनी संघर्ष हुआ था जिसमें पांच सवर्ण और कुछ दलित बुरी तरह घायल हुए थे। उसके बाद वहां झगड़े की स्थिति तो कई बार बनी लेकिन कभी संघर्ष नहीं हुआ। रणवीर सेना को पता चला कि विजेंद्र राय की हत्या करने वाले अभयपुरा गांव से ही आए थे। इसलिए उसने अभयपुरा गांव में ही नरंसहार करने की योजना बनाई। तय हुआ कि 24 अप्रैल (1995) को नरसंहार किया जाएगा। उस रात रणवीर सेना के करीब 70 हथियारबंद लोग दक्षिण दिशा से गांव की ओर बढ़ने लगे। कहने की आवश्यकता नहीं

कि दलितों का निवास गांव के दक्षिण में ही होता है। उस दिन 'चमरटोली' में **'गवनई'** (संगीत) हो रहा था। रणवीर सेना के लिए यह एक अच्छा मौका था। इस दस्ते में निकट के गांवों के लोग भी थे जो अभयपुरा गांव के भूगोल से अच्छी तरह परिचित थे। वे गांव के लोगों को भी अच्छी तरह पहचानते थे। जब वे नजदीक पहुंचे तो देखा के दलितों के साथ गांव के कई राजपूत भी संगीत मंडली में बैठे हुए हैं।[6] इसके बावजूद रणवीर सेना के अधिकांश 'सैनिक' नरसंहार करना चाहते थे, लेकिन रणवीर सेना के स्थानीय सदस्यों ने किसी तरह उन्हें ऐसा करने से रोका।

इसके बाद उनलोगों ने मनियछ गांव में नरंसहार करने के लिए सोचा और वे मनियछ की ओर चल पड़े। यह गांव अभयपुर से लगभग 10 किलोमीटर दूर पश्चिम में है। वैसे मनियछ एक हार्ड टारगेट था क्योंकि वहां माले का न सिर्फ जनाधार है बल्कि उसका हथियारबंद दस्ता भी रहता है। लेकिन नरसंहार की योजना वहां इसलिए विफल हुई कि गांव के लोगों को रणवीर सेना के आने की भनक लग गई और वे सचेत हो गए। मनियछ में विफल होने के बाद दस्ता के लोग बेलाउर चले गए। विजेंद्र राय की हत्या का बदला वे जल्द-से-जल्द लेना चाहते थे क्योंकि ऐसा नहीं करने से सवर्णों में संदेश जाता कि रणवीर सेना कमजोर पड़ रही है। इसके चलते उसका जनाधार भी खिसक सकता था। इसलिए 25 जुलाई, 1995 को रणवीर सेना ने सरथुआं में नरसंहार किया। रणवीर सेना ने छह मुसहरों की गोली मार कर हत्या कर दी। अखबारी रिपोर्टों के अनुसार रणवीर सेना ने उनकी हत्या तब की जब वे सो रहे थे, लेकिन सरथुआं नरसंहार में शामिल रणवीर सेना के एक सदस्य के अनुसार उन लोगों ने दलितों की हत्या बड़े ही नाटकीय तरीके से की। जिन छह मुसहरों की हत्या की गई वे अपने गांव के एक चबूतरे पर सो रहे थे। रणवीर सेना के सदस्यों ने उन्हें जगाया और लाल सलाम कहा। प्रत्युत्तर में उन्होंने भी लाल सलाम कहा। इसके बाद रणवीर सेना के एक आदमी ने कहा कि तीर्थकौल गांव में गोली चल रही है और नेताजी ने बुलाया है, इसलिए हथियार लेकर चलना है। नक्सली समर्थक वे दलित अपने देशी कट्टे लेकर रणवीर सेना के साथ हो लिए। गांव से बाहर निकलते ही रणवीर सेना ने उनकी हत्या कर दी।[7] सरथुआं कांड के बाद ही ब्रह्मेश्वर सिंह का नाम सुर्खियों में आया। इस नरसंहार में जितने लोगों को नामजद किया गया था उसमें ब्रह्मेश्वर सिंह को छोड़कर सभी अभियुक्त गिरफ्तार हुए थे या उन्होंने कोर्ट में समर्मण किया था, लेकिन ब्रह्मेश्वर सिंह फरार हो गए। इस कांड में अग्रणी पंक्ति के कई रणवीर सेनाई गिरफ्तार हुए थे। सरथुआं नरसंहार में भाग लेने वाले रणवीर सेना के सदस्य ने दावा किया कि जब दूसरे दिन मुख्यमंत्री लालू प्रसाद यादव सरथुआं जा रहे थे तो आरा में वह भी उनके काफिले के साथ हो लिया। उसने बताया "उस दिन मैं सरथुआं कांड के प्रति लोगों की प्रतिक्रिया और पुलिस की सक्रियता का अंदाजा लगाने के लिए आरा शहर में घुम रहा था तभी देखा कि मुख्यमंत्री का काफिला जा रहा है। काफिले में मेरी जान-पहचान का एक आदमी मिल गया और

उसने बताया कि मुख्यमंत्री के साथ वे लोग सरथुआं जा रहे हैं। फिर उसने मुझे भी चलने के लिए कहा और मैं साथ हो लिया''। इस रणवीर सेनानी ने बड़े फख्र से बताया कि उसने लालू यादव की सभा में न सिर्फ शिरकत की, बल्कि सेना के खिलाफ मंच से भाषण भी दिया।

रणवीर सेना अब तक 29 नरसंहार कर चुकी है जिसमें 20 नरसंहार तो उसने सिर्फ भोजपुर में किया है। सभी नरसंहारों का वर्णन न तो उपयोगी है और न वांछनीय लेकिन कुछ क्रूरतम नरसंहारों का जिक्र इसलिए आवश्यक है कि उससे रणवीर सेना की प्रकृति और कार्यशैली समझने में मदद मिलती है। इसलिए सिर्फ उन्हीं नरसंहारों के बारे में जिक्र किया गया है जो रणवीर सेना की चारित्रिक विशेषता के लिहाज से प्रातिनिधिक हैं और जिससे रणवीर सेना की कार्यनीति में आए परिवर्तन का पता चलता है। बथानी टोला नरसंहार के पहले रणवीर सेना इक्के-दुक्के लोगों की हत्याएं अधिक करती थी। यूं तो बथानी टोला नरसंहार रणवीर सेना का दसवां नरसंहार था लेकिन उन नरसंहारों में ज्यादा-से-ज्यादा 5-6 लोग ही मारे गए थे। इसके पहले रणवीर सेना ने महिलाओं और बच्चों को अपना शिकार नहीं बनाया था, जबकि बथानी टोला में महिलाएं ही ज्यादा मारी गई थीं।

बथानी टोला नरसंहार : रणवीर सेना ने पहला बड़ा नरंसहार 11 जुलाई, 1996 को बथानी टोला में किया। इस नरसंहार में औरतों और बच्चों सहित 21 लोग मारे गए थे। चार बच्चे तो तीन साल की उम्र से भी कम थे। यह पहला अवसर था जब रणवीर सेना ने दिन-दहाड़े नरसंहार को अंजाम दिया। दो बजे दिन के आसपास रणवीर सेना के 100-150 हथियारबंद लोगों ने बथानी टोला पर तीन तरफ से हमला किया। अंधाधुंध गोलीबारी करते हुए वे गांव में घुस गए और तीन घंटे तक मौत का जश्न मनाते रहे। उन्होंने टोले में आग लगा दी। बथानी टोला के लोगों ने रणवीर सेना का आंशिक प्रतिरोध भी किया। गांव में माले का दस्ता भी था लेकिन सौ-डेढ़ सौ हथियारबंद लोगों का प्रतिरोध करने की क्षमता उसके पास नहीं थी। इसलिए थोड़ी देर प्रतिरोध करने के बाद माले का दस्ता भाग चला। बड़ी संख्या में हथियारबंद लोगों को देखकर आम लोग निष्क्रिय बने रहे। सबसे ज्यादा कहर मारवाड़ी मल्लाह के घर पर टूटा। बथानी टोला में एकमात्र पक्का मकान मारवाड़ी मल्लाह का ही था और इसी घर में टोले की औरतों और बच्चों ने शरण ले रखी थी। रणवीर सेना ने उनके घर का दरवाजा तोड़ दिया और अंदर आकर महिलाओं और बच्चों को मौत के घाट उतार दिया।

बथानी टोला वास्तव में बड़की खड़ांव गांव का ही एक टोला है। जैसा कि नाम से स्पष्ट है, बड़की खड़ांव एक बड़ा गांव है। इस गांव में करीब 400 घर हैं। इससे थोड़ी दूर पर ही छोटकी खड़ांव है, जहां लगभग सौ घर हैं। इस गांव में संख्या और संपत्ति दोनों के हिसाब से भूमिहार प्रभुत्वशाली हैं। इसके अलावा इसके तीन टोले भी हैं, जो अलग-अलग गांव की शक्ल में बसे हुए हैं। इसके उत्तर-पश्चिम में टांड़ी टोला है, जहां

35 घर दलित परिवार रहते हैं। टांड़ी के दक्षिण-पश्चिम में ओझवलिया टोला है। इस गांव में करीब 100 घर हैं, जिसमें 60 घर ब्राह्मणों के हैं तथा बाकी कहांर, दुसाध और कानू हैं। टांड़ी के दक्षिण में बथानी टोला है, जहां सबसे ज्यादा कानू (30_+) हैं। इसके अलावा 20 घर यादव हैं, 15 घर मल्लाह हैं और पांच घर चमार हैं।

ऐतिहासिक रूप से इन टोलों के बसने की प्रक्रिया मूल गांव में जमींदार एवं भूस्वामियों द्वारा दलित-पिछड़ों पर किए गए अत्याचार के कारण ही शुरू हुई। सामाजिक अपमान और आर्थिक शोषण के चलते ही ऐसे टोले बसते हैं। यह अकारण नहीं कि सवर्णों के लगभग सभी बड़े गांवों के आसपास दलितों और पिछड़ों के टोले होते हैं। कम-से-कम भोजपुर में तो ऐसा ही है। एक तो वे भूस्वामियों की इजाजत के बगैर मूल गांव में बस नहीं सकते, इसलिए उन्हें अपना अलग टोला बसाना पड़ता है और यदि बस भी गए तो उनके अत्याचार और शोषण से त्रस्त होकर उससे बचने के लिए वे अलग टोला बसाते हैं। बथानी टोला के मूल बाशिंदे कानू थे। चमार करीब 20 साल पहले औरंगाबाद के राजपूतों से तंग होकर यहां आए थे। गांव के लोगों ने उन्हें गैर मजरुआ जमीन पर बसने की इजाजत दे दी। यादव और मल्लाह मूल से रूप बड़की खड़ांव के ही रहने वाले हैं, जो भूस्वामियों के डर से बथानी टोला में बस गए हैं।

बड़की खड़ांव भोजपुर के उन कुछ चंद गावों में से एक है, जहां राजपूत और भूमिहार दोनों हैं, अन्यथा एक गांव में ये दोनों जातियां अमूमन नहीं रहतीं। संख्या के लिहाज से भी दोनों जातियों में संतुलन है। राजपूत और भूमिहार दोनों के करीब 60-60 घर हैं। गांव के पूरब में राजपूत बसे हुए हैं, इसलिए उसे पुरवारी पट्टी कहा जाता है, जबकि भूमिहार गांव के पश्चिम में बसे हुए हैं और इसीलिए उसे पछियारी पट्टी कहा जाता है। राजपूतों और भूमिहारों के बाद सबसे ज्यादा आबादी मुसलमानों की (35 घर) है। बथानी टोला में बसने के पहले ये बड़की खड़ांव के राजपूतों के ठीक बगल में रहते थे। इसके अलावा उस गांव में 35 घर यादव, 20 घर कोइरी, 25 घर साव (कानू), 30 घर चमार तथा धोबी सहित अन्य जातियों के 20 घर हैं।

जमीन के मालिक मूल रूप से राजपूत और भूमिहार हैं। लगभग 20 लोगों के पास 60-60 बिगहे जमीन है। इसके अलावा गांव की गैर मजरुआ जमीन पर भी राजपूत, भूमिहारों का ही कब्जा है। कुछ भूस्वामियों ने कर्बला और इमामबाड़ा की डेढ़-दो बिगहे जमीन पर भी कब्जा कर रखा है।

इस गांव में पहली बार तनाव 1988 में तब पैदा हुआ, जब गांव के भूमिहीन खेतिहर मजदूरों ने न्यूनतम मजूदरी की मांग करते हुए हड़ताल कर दी। हड़ताल चार महीने तक चली थी। अंत में भोजपुर के तत्कालीन कलेक्टर मनोज कुमार श्रीवास्तव के हस्तक्षेप से खेत मजदूरों एवं भूस्वामियों के बीच समझौता हुआ। मजदूरों ने हड़ताल वापस ले ली और भूस्वामियों ने न्यूनतम मजदूरी देना स्वीकार कर लिया। तब से लेकर बथानी टोला नरसंहार (11 जुलाई, 1996) के कुछ महीने पहले तक गांव में आम तौर

पर तनाव नहीं था। दलितों और सवर्णों के बीच बातचीत भी होती थी। लेकिन फरवरी 1996 और उसके बाद वहां कुछ ऐसी घटनाएं हुईं जिनसे स्थिति बदलने लगी। पहली घटना फरवरी, 1996 में माले द्वारा आयोजित कर्बला मुक्ति मार्च के अवसर पर हुई, जब माले के लोगों ने बड़की खड़ांव की बड़ी जाति के दो युवकों की हत्या कर दी। माले के अनुसार बड़की खड़ांव के भूस्वामी कर्बला मार्च में हिंसक तरीके से व्यवधान पैदा करना चाहते थे, जिसके चलते माले के साथ उनका संघर्ष हुआ और उसी संघर्ष में वे दोनों लड़के मारे गए। उसके बाद से गांव में तनाव बढ़ना शुरू हो गया। 24 अप्रैल, 1996 को ज्ञानचंद भगत नाम के एक गड़ेरी की लाश खेत में मिली। माले ने जिन युवकों की हत्या की थी, उनकी पहचान जितेंद्र ओझा और अजय सिंह के रूप में की गई। जितेंद्र ओझा ओझवलिया के रहने वाले थे, जबकि अजय सिंह बड़की खड़ाऊं के राजपूत थे। दोनों की उम्र 20-25 साल के बीच थी। जितेंद्र ओझा और अजय सिंह की हत्या का बदला लेने के लिए राजपूतों नें उसी गांव के सुल्तान मियां की हत्या कर दी। इसके बाद हिंसा और हत्या का वहां एक सिलसिला शुरू हो गया। बथानी टोला नरसंहार इसी की एक कड़ी था।

रणवीर सेना के अनुसार बथानी टोला में नरसंहार का फैसला उसने इसलिए लिया था कि माले के लोगों ने वहां के सवर्णों का जीना दूभर कर दिया था। बात-बात पर माले के लोग सवर्णों को अपमानित करते थे और अपनी अनुचित मांगों को पूरा करने के लिए उन पर दबाव डालते थे। बड़की खड़ांव से बस पड़ाव जाने का रास्ता हरिजन टोली से होकर जाता है। दलितों के मनचले लड़के बस पड़ाव तक आती-जाती राजपूत-भूमिहार की बहू-बेटियों पर फब्तियां कसते थे। रणवीर सेना से जुड़े भोला सिंह के अनुसार वहां के सवर्णों ने रणवीर सेना से संपर्क किया और अपनी व्यथा सुनाई। बथानी टोला नरसहार में शामिल रणवीर सेना के एक सदस्य के शब्दों में "हम लोगों ने तय किया कि सवर्णों की बहू-बेटियों पर फब्तियां कसने की उनकी आदत छुड़ा दी जाए"। भोला सिंह के अनुसार वहां तैनात पुलिस ने स्वयं रणवीर सेना से संपर्क किया और कहा "सुना है कि आप लोगों के पास काफी हथियार हैं और आप माले के खिलाफ लड़ भी रहे हैं, तो फिर आप लोग यहां (बथानी टोला) कुछ करते क्यों नहीं"।[8] इसके बाद नरसंहार करने में रणवीर सेना को क्या परेशानी थी। वैसे रणवीर सेना के अनुसार उसने तो नरसंहार किया ही नहीं, क्योंकि वे तो माले के दस्ते को खदेड़ने में लगे हुए थे। नरसंहार तो वास्तव में गांव के ही राजपूत, भमिहारों ने किया। सेना सूत्रों के अनुसार तो राजपूत, भूमिहारों की महिलाओं ने भी नरसंहार में भाग लिया था। वे माले समर्थकों के घरों में आग लगा रही थीं।

बथानी टोला नरंसहार रणवीर सेना द्वारा किया गया ऐसा पहला नरसंहार था, जो न सिर्फ संख्या और क्रूरता के लिहाज से विशाल था, बल्कि इसमें पुलिस की भूमिका पर भी खुलेआम ऊंगली उठाई गई। इसमें कुछ अन्यथा भी नहीं था क्योंकि पुलिस और प्रशासन को पहले से ही इस बात की जानकारी थी कि बथानी टोला और बड़की खड़ांव

में तनाव व्याप्त है। इस बात का अंदेशा कई चैनलों से पुलिस और प्रशासन को जताया जा चुका था कि गांव में कभी भी खून-खराबा हो सकता है। यहां तक कि 7 जून को गांव के मुसलमानों ने जनता दरबार में उपस्थित होकर मुख्यमंत्री लालू प्रसाद यादव से भी गुहार लगाई थी। लालू यादव ने जिला प्रशासन को प्रत्यक्ष रूप से कार्रवाई करने का निर्देश भी दिया, लेकिन इसके बावजूद जिला प्रशासन सक्रिय नहीं हुआ। बथानी टोला के लोगों ने आरा के पुलिस अधीक्षक को लिखित शिकायत की कि उन्हें जन-माल का खतरा है, क्योंकि बड़की खड़ांव पुलिस कैंप के प्रभारी श्याम नारायण तिवारी की रणवीर सेना के साथ साठगांठ है। 4 जुलाई, 1996 को भाकपा (माले) कार्यालय की ओर से भोजपुर कलेक्टर और एस.पी. सत्यनारायण प्रधान को जनसंहार की आशंका भी जताई गई थी, लेकिन भोजपुर प्रशासन कान में तेल डालकर सोता रहा और उधर रणवीर सेना ने 21 लोगों की बर्बर हत्या कर दी।

लक्ष्मणपुर-बाथे नरसंहार

बथानी टोला नरसंहार के बाद रणवीर सेना की कार्रवाइयों में तेजी आने के साथ-साथ उसकी बर्बरता में भी वृद्धि होती गई। बथानी टोला नरसंहार (11 जुलाई, 1996) और लक्ष्मणपुर-बाथे (12 दिसंबर, 1997) नरसंहार के बीच की अवधि में रणवीर सेना ने कम-से-कम आठ नरसंहार किए। इनमें दो एकवारी गांव में तथा नोनौर, खनेट, नाढ़ी, बागर, पुरहरा (ये सभी गांव भोजपुर जिले में हैं) के अलावा पटना जिले के हैबसपुर में भी रणवीर सेना ने नरसंहार किए। इन नरसंहारों में मृतकों की संख्या तीन से दस तक रही। लेकिन लक्ष्मणपुर-बाथे अतीत के सभी नरसंहारों से भयावह और बर्बर था। इस नरसंहार में 59 लोगों को भेड़-बकरियों की तरह काट डाला गया। मृतकों में 3 और 12 साल तक की छह बच्चियां थीं, 15 से 70 साल तक की 26 महिलाएं थीं, एक-डेढ़ साल से 10 साल तक के 9 बच्चे थे और 15 से 60 साल तक के 18 पुरुष थे। मारी गई महिलाओं में 8 गर्भवती थीं।[9] रणवीर सेना की नृशंसता इस बार नंगे रूप में सामने आई।

लक्ष्मणपुर-बाथे नरंसहार की पूरी योजना भोजपुर में बनी थी।[10] बाथे नरसंहार में शामिल होने वालों में अधिकांश लोग भोजपुर से ही थे। वे लोग दो नावों में सवार होकर भोजपुर से गए थे। सोन पार करते ही उन लोगों ने वहां मछली मार रहे पांच मल्लाहों की गर्दन रेत दी और जिन दो मल्लाहों ने उन्हें पार कराया, उनके हाथ-पांव बांधकर वहीं छोड़ दिए। मल्लाहों की हत्या गोली मारकर इसलिए नहीं की गई कि इससे गांव वाले सतर्क हो जाते। बाथे नरंसहार में शामिल रणवीर सेना के एक सदस्य ने भी इस बात की पुष्टि की कि गाँव-वालों के सतर्क होने की आशंका से ही मल्लाहों की हत्या गला रेत कर की गई। उसने कबूल किया कि रणवीर सेना अमूमन गोली मार कर हत्या करती है।

करीब नौ बजे रात में रणवीर सेना ने बाथे गांव पर हमला किया। वे दबे पांव गांव में घुस गए और टुकड़ियों में बंटकर एक साथ 15-20 दलित भूमिहीन खेत मजदूरों के घरों में जबर्दस्ती घुसकर उनकी हत्या करने लगे। उन्होंने किसी को भी नहीं बख्शा।

औरत, मर्द, बच्चा, बूढ़ा जो मिला उसकी हत्या कर दी गई। वे करीब डेढ़ घंटे तक कत्लेआम करते रहे। इस नरसंहार में भोजपुर के अलावा जहानाबाद के कामता, बेलसार, चन्दा-सौहसा, खरसा, कोयल, भूपत, बंसतपुर, परशुरामपुर आदि गांवों के कुछ भूमिहार भी शामिल थे। इस नरसंहार में कामता गांव के धर्मा शर्मा ने सबसे सक्रिय भूमिका निभाई थी। इनका पूरा नाम धर्मनाथ शर्मा है। इसी व्यक्ति ने नरसंहार के लिए ब्रह्मेश्वर सिंह तथा अन्य लोगों से सम्पर्क किया था। भोला सिंह के अनुसार जब धर्मनाथ शर्मा ने रणवीर सेना से सम्पर्क किया तो सेना के लोगों ने उससे कहा कि वे नरसंहार के लिए तैयार हैं, लेकिन वे इस बार उसी गांव में नरंसहार करना चाहते हैं, जहां नक्सली दस्ता उपस्थित हो। रणवीर सेना को सूचना दी गई कि लक्ष्मणपुर–बाथे में एमसीसी का दस्ता रहता है। यही कारण है कि रणवीर सेना ने नरसंहार के लिए जबर्दस्त तैयारी की थी। अधिक लोगों के मारे जाने का कारण उसकी जबर्दस्त तैयारी ही थी।

बाथे नरसंहार अतीत के नरसंहारों से कई मामले में भिन्न था। पहला, इसके पहले किसी भी नरसंहार में इतने ज्यादा लोग नहीं मारे गए थे। दूसरा, हैबसपुर को छोड़कर रणवीर सेना की गतिविधियां अब तक भोजपुर तक ही सीमित रही थीं। बाथे नरसंहार रणवीर सेना के गतिविधि-क्षेत्र के योजनाबद्ध विस्तार को इंगित करता है। नरसंहार के काफी पहले से ही रणवीर सेना के लोग जहानाबाद में अपना पैर पसारने की कोशिश में लगे हुए थे। वहां के सवर्णों, विशेषकर भूमिहारों को नक्सली विरोध में संगठित करने का प्रयास लगभग एक साल पहले से ही चल रहा था। बाथे में नरसंहार करने के पहले लारीगढ़ (रणवीर सेना ने भोजपुर से बाहर इसी गांव से अपना संगठन बनाना शुरू किया था), सलेमपुर, रूपसपुर, अमरसी बिगहा, एकसंडा, बिहिया, केसपा, दौलतपुर, मुरहरा, हरना आदि गांवों में रणवीर सेना की इकाई गठित हो चुकी थी। ये सभी गांव भूमिहार बहुल गांव हैं लेकिन दलित भूमिहीनों की संख्या भी काफी है। दलित और पिछड़े भूमिहीन खेत मजदूरों में मुख्य रूप से पीपुल्स वार ग्रुप और एमसीसी का जनाधार है। चूंकि इस इलाके में भूमिहार ही अगड़ी जातियों में सबसे ज्यादा हैं, इसलिए स्वाभाविक रूप से उनका संघर्ष नक्सलियों के साथ होना ही था। वहां के भूमिहार काफी अर्से से किसी ऐसे मंच की तलाश में थे, जो उन्हें नक्सलियों से सुरक्षा दे सके और यह मंच उन्हें रणवीर सेना के रूप में मिला।

क्रूरता और गतिविधि विस्तार के अलावा बाथे नरसंहार में रणवीर सेना के राजनीतिक जुड़ाव भी परिलक्षित होता है। यूं तो बथानी टोला नरसंहार के समय ही रणवीर सेना के भाजपा के साथ रिश्ते को महसूस किया गया था, लेकिन बाथे में यह पूरी तरह स्पष्ट हो गया। यह अखबारों में काफी चर्चित हुआ। वाम दलों सहित अन्य कई संगठनों ने बिहार के तत्कालीन राज्यपाल से मांग की कि रणवीर सेना के साथ भाजपा और राजद के एक हिस्से के सम्बन्धों की जांच की जाए। बिहार सरकार को बाध्य होकर इसकी जांच के लिए अमीरदास आयोग बिठाना पड़ा।

मियांपुर जनसंहार

मियांपुर जनसंहार रणवीर सेना का सबसे ताजा नरसंहार है। 16 जून, 2000 को हुए इस नरसंहार में 33 लोग मारे गए थे। मृतकों में अधिकांश यादव जाति के थे और गरीब-मध्यम किसान थे। मारे गए लोगों में दलित खेत मजदूरों की संख्या काफी कम थी। कुछ लोग मानते हैं कि मियांपुर नरसंहार मुख्य रूप से लालू यादव के सामाजिक आधार पर चोट था। इसके पहले रणवीर सेना ने सिर्फ गया जिले के सेंदानी गांव में यादवों को अपन निशाना बनाया था। भाकपा (माले) भी ऐसा ही मानती है, लेकिन यह सच नहीं है। मारे गए लोगों में यादवों की संख्या निश्चित रूप से ज्यादा थी, लेकिन राजनीतिक रूप से वे लालू यादव के समर्थक नहीं, बल्कि एमसीसी के समर्थक थे। यह अलग बात है कि स्वयं लालू यादव भी एमसीसी की सहायता लेते रहे हैं। रणवीर सेना के अनुसार मियांपुर में नरसंहार की योजना उसने इसलिए बनायी कि सेनारी नरसंहार की योजना मियांपुर में ही बनी थी और उसमें मियांपुर गांव के लोग भी शामिल थे। मियांपुर नरसंहार के बाद रणवीर सेना ने दावा भी किया था कि उसने सेनारी हत्याकांड का बदला ले लिया। सेनारी में एमसीसी के हथियारबंद दस्ते ने 34 भूमिहारों की हत्या कर दी थी। लेकिन वास्तव में मियांपुर नरंसहार का फौरी कारण नवादा जिले के अपसढ़ गांव में 13 भूमिहारों की हत्या था। यह हत्याकांड मियांपुर नरसंहार के एक सप्ताह पहले हुआ था।

मियांपुर नरसंहार में 20 महिलाएं और 4 बचे मारे गए थे। वयस्क पुरुषों की संख्या केवल 9 थी। जहानाबाद में आम रूप से यादव धनी भूस्वामी नहीं हैं, बल्कि गरीब किसान और खेत मजदूर हैं और नक्सली संगठनों के समर्थक हैं, इसलिए रणवीर सेना ने उन्हें निशाना बनाया। इस नरसंहार के बाद लालू यादव से रणवीर सेना के रिश्ते निश्चित रूप से उतने मधुर नहीं रहे।[11]

रणवीर सेना की विशेषताएं

रणवीर सेना के बारे में अब तक की गई चर्चा के बाद उसकी निम्नलिखित विशेषताएं बताई जा सकती हैं।

1. अतीत की सभी निजी सेनाओं के मुकाबले रणवीर सेना ज्यादा संगठित है। इसका सांगठनिक स्वरूप बहुत हद तक औपचारिक बन चुका है। वैसे रणवीर सेना चाहकर भी पूर्ण रूप से औपचारिक नहीं बन सकती, क्योंकि इससे उसकी गोपनीयता भंग होगी और हमें जानना चाहिए कि गोपनीयता उसकी बहुत बड़ी ताकत है। इसी के चलते उसकी योजनाओं का पता नहीं चलता है। माले का यह कहना कोई खास मतलब नहीं रखता कि उसे बथानी टोला नरसंहार का अंदेशा था। यदि था तो उसने उसे टालने का स्वयं कोई प्रयत्न क्यों नहीं किया? क्या उसके पास इतने हथियारबंद लोग नहीं हैं जो रणवीर सेना का मुकाबला कर सकते थे? पुलिस-प्रशासन के भरोसे वह क्यों बैठी रही? पुलिस-प्रशासन पर उसे अचानक इतना भरोसा क्यों हो गया कि सिर्फ प्रतिवेदन

देकर ही वह बैठी रही? दरअसल, किसी को पता नहीं था कि बथानी टोला में नरसंहार होने वाला है। रणवीर सेना के कार्यकर्ताओं में संगठन के प्रति समर्पण भी है।

2. इसका जनाधार भी अन्य सेनाओं की अपेक्षा ज्यादा है। भूमिहारों एवं राजपूतों के अलावा कुछ अन्य दबंग पिछड़ी जातियों का समर्थन भी उसे प्राप्त है। सच तो यह है कि मध्य बिहार के ग्रामीण इलाकों में शायद ही ऐसा कोई सवर्ण होगा जो रणवीर सेना का समर्थन न करता हो—भले ही वह सिर्फ नैतिक समर्थन हो। किसी भी सवर्ण को कुरेदने पर उसके अंदर का 'रणवीर' तुरंत सामने आ जाता है।[12] वर्ग की दृष्टि से भूस्वामियों समेत प्रतिक्रियावादी ताकतों एवं अपराधियों तक का समर्थन उसे प्राप्त है। सवर्ण बुद्धिजीवियों, वकीलों, प्रोफेसरों और शिक्षकों का समर्थन भी रणवीर सेना को बहुत हद तक प्राप्त है।

3. राजनीतिक रूप से रणवीर सेना बाकी सेनाओं से ज्यादा परिपक्व है और राजनीतिक समर्थन भी उसे ज्यादा हासिल है। भाजपा-समता के साथ उसके रिश्ते अब गुप्त नहीं रहे। रणवीर सेना नक्सलियों के नेतृत्व में चल रहे भूमिहीन मजदूरों के आंदोलन को खेत मजदूरों एवं मालिक किसानों के बीच के संघर्ष के रूप में प्रस्तुत करती है और अपने को 'राष्ट्रवादी किसान महासंघ' के साथ जोड़कर मालिक किसानों का प्रतिनिधित्व करने का दावा करती है।[13]

4. आर्थिक रूप से रणवीर सेना काफी मजबूत है। साल में दो बार सवर्ण किसानों से मिलने वाला नियमित चंदा और अन्य स्रोतों से उसे काफी धन मिलता है।[14] इस धन का उपयोग वे हथियार खरीदने में करते हैं और अपने तबके के नौजवानों को भत्ता देने का सांगठनिक स्तर पर प्रावधान कर उसने हथियारबंद लोगों की एक बड़ी फौज खड़ी कर ली है। माले से किसी भी कारण से खफा लोगों के लिए रणवीर सेना सबसे बड़ा मंच बन गई है। संक्षेप में रणवीर सेना के पास धन और हथियार की कोई कमी नहीं है।

5. अन्य सेनाओं से अलग रणवीर सेना के गठन में अपराधियों की कोई भूमिका नहीं थी। रणवीर सेना में आपराधिक पृष्ठभूमि के लोग जरूर हैं, लेकिन नेतृत्व उनके हाथ में नहीं है। वे मूल रूप से नरसंहारों को अंजाम देने का काम करते हैं। संगठन में अपराधियों की भूमिका को लेकर शुरू में काफी विवाद भी हुआ था। "लेकिन अंततः यही तय हुआ कि अपराधियों का साथ लेना जरूरी है"।[15] इसके विपरीत अतीत की अधिकांश निजी सेनाओं के सरगना आपराधिक पृष्ठभूमि के रहे थे। भूमि सेना के लड्डू सिंह, ब्रह्मर्षि सेना के सरदार कृष्णा सिंह, लोरिक सेना के बैजू यादव या कुंवर सेना के हरेराम सिंह आदि आपराधिक पृष्ठभूमि के ही थे। इसके विपरीत रणवीर सेना के ब्रह्मेश्वर सिंह का कोई आपराधिक इतिहास नहीं रहा है। सच तो यह है कि रणवीर सेना के गठन में सवर्ण समाज के शिक्षकों, वकीलों और प्रोफेसरों का काफी योगदान रहा है। इसका आला नेतृत्व शहरों में ही रहता है।

बथानी टोला, लक्ष्मणपुर-बाथे और मियांपुर में मारे गए लोगों की सूची

बथानी टोला नरसंहार (आयु कोष्ठक के अंदर वर्ष में)

1. सुंदरी देवी (30) 2. कलावती कुमारी (8) 3. रमावती कुमारी (3) 4. मीना देवी (35) 5. रघुनी चौधरी (3) 6. सोनाझारो देवी (30) 7. दूजा देवी (40) 8. फूला कुमारी (18) 9. रामरातो देवी (50) 10 सोनझारो देवी (60) 11. लखिया देवी (25) 12. सत्येन्द्र चौधरी (8) 13. जैगुन खातून (18) 17. सलमा खातून (3 माह) 18. लखिया देवी (70) 19. बालचन्द्र चौधरी (30) 20. सद्दाम हुसैन (8) 21. बेबी (9 माह)

लक्ष्मणपुर-बाथे नरसंहार (आयु कोष्ठक के अंदर वर्ष में)

1. शिवबचन रविदास (35) 2. राजकुमारी देवी (20) 3. जयमंत कुमार (16) 4. समुंदरी देवी 5. छतिया देवी 6. मानती देवी (30) 7. प्रभा देवी (20) 8. जमूरत देवी (50) 9. राजरानो देवी (50) 10. रीता देवी (15) 11. कबूतरी कुमारी (12) 12. रोहन पासवान (10) 13. अमर पासवान (8) 14. कुंवर पासवान (6) 15. मनोज पासवान (4) 16. महेन्द्र चौधरी (40) 17. धनरजिया देवी (30) 18. नन्हक चौधरी (20) 19 उमानाथ चौधरी (8) 20. गरीबचन्द चौधरी (60) 21. शनीचरी देवी (55) 22. सोना देवी (30) 23. सविता कुमारी (5) 24. अनीता कुमारी (3) 25. रजमनिया देवी (60) 26. फूलकुमारी देवी (35) 27. चांदी कुमारी (10) 28. राजकुमारी देवी (40) 29. सरोज कुमारी (11.) 30. विश्वनाथ राजवंशी (10) 31. विजेंद्र ठाकुर (30) 32. एतवरिया देवी (60) 33. रूपकली देवी (60) 34. डोमनी देवी (28) 35. शीला कुमारी (16) 36. सुनीता कुमारी (10) 37. छोटेलाल (1) 38. मटरमल राजवंशी (30) 39. कमलेश राजवंशी (28) 40. सोहर राजबंशी (6) 41. कलावती देवी (25) मोना देवी (26) 43. चुन्नी चौधरी (60) 44. मनमतिया देवी (18) 45. रामपुलिस महतो (20) 46. बसंती देवी (15) 47. तरेगनी देवी (16.) 48. चनारिक चौधरी (60) 49. शिवकलश चौधरी (20.) 50. गोरख चौधरी 20.(51) नरेश चौधरी (35) 52. रामनिवास चौधरी (30.) 53. मुन्नी देवी (70) 54. जगतर चौधरी (15) 55. मीना देवी (30) 56. अरविंद चौधरी (5) 57. अनुज कुमार (1 1/2) 58.सीता कुमार (15) 59. मुन्नीलाल राजवंशी।

मियांपुर नरसंहार (आयु कोष्ठक के अन्दर वर्ष में–

1. सुजान्ती कुमारी (15) 2. वीरेन्द्र प्रसाद (15) 3. शिवकुमारी देवी (30) 4. रीता देवी (25) 5. रामभजन पासवान (60) 6. दुलरिया देवी (60) 7. कांति कुमारी (14) 8. उषा कुमारी (5) 9. बलराम यादव (30) 10. गीता देवी (35) 11. बैजंती (3) 12. शिवभजन यादव (30) 13. पप्पू (5) 14. कुमकुम (5) 15. सुगिया देवी (50) 16. उर्मिला देवी (25) 17. मुन्नी कुमारी (15) 18. देवनंदन यादव (40) 19. अलख मिस्त्री 20. व्यासू (10) 21. अखिलेश यादव (20) 22. बृत यादव (40) 23. रामबचन

यादव (20) 24. रीना देवी (28) 25. लालदेव यादव (50) 26. देवनंदन यादव (35) 27. सुबोध कुमार (18) 28. ललिता देवी (25) 29. देवकलिया देवी (35) 30. सुनयना (15) 31. गीता कुमारी (15) 32. रामबली पासवान की पत्नी 33. रामसागर यादव की पत्नी

संदर्भ

1. रणवीर सेना के एक स्थानीय कमांडर से बातचीत के आधार पर।
2. कई नरसंहारों में भाग ले चुके एक रणवीर सेनाई ने बताया।
3. भाकपा (माले) के नेता और आरा के पूर्व सांसद रामेश्वर प्रसाद ने बताया कि सहार थाने के चासी गांव में माले क़े दस्ते ने रणवीर सेना को सीधी लड़ाई में मार भगाया था।
4. ब्रह्मेश्वर सिंह के एक लेफ्टिनेंट ने बताया।
5. रणवीर सेना के एक वरिष्ठ पदाधिकारी से बातचीत के आधार पर।
6. अभयपुरा गांव में आज भी राजपूत और 'रेयान' (छोटी जातियों को रेयान कहा जाता है) के बीच संवाद है और वे कई बार एक साथ मिलकर गवनई करते है।
7. सरथुआं नरसंहार में शामिल एक रणवीर सेनाई ने बातचीत में बताया।
8. बथानी टोला नरसंहार में भाग लेने वाले रणवीर सेना के एक स्थानीय कमांडर ने बताया।
9. 'यह जंग जरूर जीतें', भाकपा (माले) का एक बुकलेट।
10. भोजपुर के रणवीर सेना के चीफ कमांडर के अनुसार।
11. मियांपुर नरसंहार के बाद लालू यादव रणवीर सेना के एक वरिष्ठ कार्यकर्ता के सहयोग से ब्रह्मेश्वर सिंह को गिरफ्तार करवाना चाहते थे, लेकिन यह कार्यकर्ता इसके लिए तैयार नहीं हुआ। इस कार्यकर्ता के अनुसार लालू यादव ने उसे 10 लाख रुपये की पेशकश भी की थी। इस कार्यकर्त्ता ने बताया कि लालू यादव ने बड़हरा के विधायक राघवेंद्र प्रताप सिंह के जरिये उससे संपर्क किया था।
12. मैंने अपने क्षेत्र अध्ययन के दौरान सवर्ण जाति के अनेक गणमान्य व्यक्तियों से बातचीत की और पाया कि वे अंदर से रणवीर सेना के समर्थक हैं। रणवीर सेना की आलोचना करते ही उनका सवर्ण जाग उठता है।
13. 'रणवीर सेना से निपटने का सवाल', फिलहाल, जनवरी, 2000, अंक 1-2, पटना।
14. अधिक जानकारी के लिए देखें अध्याय 10।
15. रणवीर सेना के गठन में अग्रणी भूमिका निभाने वाले एक पदाधिकारी के अनुसार अपराधियों को संगठन में शामिल करने का निर्णय इसलिए लिया गया कि शुरुआत में आन 'सैनिक' अनजान और बेगुनाहों की हत्या करने के लिए तैयार नहीं हो रहे थे।

अध्याय - 12

रणवीर सेना और राज्य तंत्र

रणवीर सेना भोजपुर में अपने जन्म (1994) से लेकर सन् 2000 तक 29 छोटे-बड़े नरसंहारों को अंजाम दे चुकी है, जिसमें 287 दलित भूमिहीन और गरीब पिछड़े मारे जा चुके हैं। रणवीर सेना ने पहला नरसंहार खोपिरा[1] गांव में किया था और अंतिम नरसंहार मियांपुर में 16 जून, 2000 को। इसी तरह अप्रैल 1995 और 11 जुलाई, 1996 (बथानी टोला नरसंहार इसी दिन को हुआ था) तक भोजपुर में माले और रणवीर सेना के बीच जारी जंग में 46 लोग मारे जा चुके थे। अखबारी रिपोर्टों के अनुसार इन दोनों की खूनी जंग में 1997 में 400 सौ से भी अधिक लोग मारे गए जिनमें अनेक आम नागरिक भी थे।[2] मारे जाने वालों में दलित भूमिहीन मजदूरों की संख्या सबसे ज्यादा है। सरकारी तंत्र नक्सलियों और रणवीर सेना की हिंसा को अलग-अलग नजरिये से देखता है और तदनुरूप ही आचरण करता है। बुद्धिजीवियों के एक बड़े तबके की राय में मध्य बिहार में जारी नक्सलियों और निजी सेनाओं की हिंसा में फर्क है। उनकी राय में नक्सलवादी हिंसा जहां समाज में कायम यथास्थितिवाद को खत्म करने का आग्रह रखती है, वहीं निजी सेनाओं की हत्यारी कार्रवाइयां उसे कायम रखने के लिए की जाती हैं। यदि इस राय को मान लिया जाए तो राज्य स्वयं यथास्थितिवाद को कायम रखना चाहता है। यही कारण है कि भूमि-सुधार कानून बनाने वाला भारत का पहला राज्य होने के बावजूद आज तक उसे लागू नहीं किया गया। कागजों पर बड़े-बड़े दावे जरूर किए गए लेकिन हकीकत में उसे लागू करने का कोई प्रयत्न नहीं किया गया। भूमि-सुधार कानून लागू करने के मामले में बिहार की सभी सरकारों का रवैया समान ही रहा, यानी किसी भी सरकार ने उसे लागू करने का प्रयास नहीं किया। भूमि संबंधों को बदलने का वहां सरकार द्वारा कोई भी ठोस प्रयास नहीं किया गया। यहां तक कि 'गरीबों के मसीहा' लालू यादव और उनकी मुख्यमंत्री पत्नी राबड़ी देवी की सरकार ने भी इस दिशा में कोई खास प्रयास नहीं किया।

रणवीर सेना को राज्य मशीनरी का कितना सहयोग प्राप्त है, इसका अंदाजा सिर्फ इस तथ्य से लगाया जा सकता है कि पुलिस मुठभेड़ में बड़ी संख्या में नक्सली मारे जाते हैं, जबकि एकवारी के संटु सिंह को छोड़कर आज तक रणवीर सेना का कोई कार्यकर्ता पुलिस मुठभेड़ में नहीं मारा गया है। वैसे संटू सिंह के बारे में कुछ लोग यह भी कहते हैं कि उसे रणवीर सेना के लोगों ने ही मरवा दिया। इस बात से सर्वथा इनकार भी नहीं किया जा सकता क्योंकि संटू सिंह के मारे जाने के बाद रणवीर सेना ने कोई प्रतिक्रिया

जाहिर नहीं थी। रणवीर सेना ही क्यों, किसी भी सेना का कार्यकर्ता पुलिस के हाथों नहीं मारा गया है। इसके विपरीत उग्रवाद पर काबू पाने के नाम पर बिहार पुलिस हरिजन बस्तियों को उजाड़ देती है और अपने वाजिब हक के लिए लड़ने वाले दलित भूमिहीन मजदूरों को मुठभेड़ दिखा कर मार डालती है। शंकर बिगहा नरसंहार (25.1.1999) के तुरंत बाद जहानाबाद जिले के एक वरिष्ठ पुलिस अधिकारी को यह कहते सुना गया ''प्रशासन तो खुश होगा यदि वे (रणवीर सेना वाले) असली नक्सल्वादियों की हत्या करते हैं किन्तु वे तो बच्चों, महिलाओं और असुरक्षित लोगों की हत्या कर रहे हैं''।[3] पुलिस जितनी दिलचस्पी और तेजी नक्सलवादियों को पकड़ने और मारने में दिखाती है, उतनी तेजी वह निजी सेनाओं के हथियारबंद गिरोह को पकड़ने में नहीं दिखाती। उदाहरण के लिए रणवीर सेना ने बाथे नरसंहार के चंद दिनों पहले ही घोषणा की थी कि वह जल्दी ही ऐसी कार्रवाई को अंजाम देगी जो राष्ट्रीय और अंतर्राष्ट्रीय हेडलाइन बनेगी।[4] लेकिन इसके बावजूद पुलिस प्रशासन ने दलित भूमिहीनों को सुरक्षा देने का कोई प्रयास नहीं किया।

दरअसल, बिहार के पुलिस बल में मुख्य रूप से राजपूत, भूमिहारों का ही प्रभुत्व रहा है। मध्य बिहार में सवर्णों का शायद ही कोई ऐसा गांव होगा, जहां के लोग बिहार पुलिस में न हों। पुलिस और फौज की नौकरी दलितों एवं पिछड़ों के लिए एक तरह से प्रतिबंधित ही रही थी। अंग्रेजों ने राजपूत, ब्राह्मण और भूमिहार को पुलिस बल में लेने की जो अघोषित नीति बना रखी थी, वह परिपाटी काफी दिनों तक चलती रही। चूंकि फौज और पुलिस के अधिकांश अफसर ऊंची जातियों से ही आते थे (आज भी आते हैं), इसलिए सिपाहियों की बहाली में भी इन्हीं जातियों को प्राथमिकता दी जाती थी। लालू यादव के सत्ता में आने और मंडल आयोग के लागू होने के बाद दूसरी पिछड़ी जातियों का भी पुलिस बल में समावेश हुआ है लेकिन उसमें अधिकांश यादव और कुर्मी हैं। ये जातियां आजादी के बाद, विशेषकर जमींदारी उन्मूलन के बाद नव भूस्वामियों के रूप में उभरी हैं इसलिए दलित भूमिहीनों को सुरक्षा देने में वे भी उतना ही कोताही बरतती हैं, जितना सवर्ण जातियां। फौज और अर्द्ध सैनिक बलों में काम कर रहे सवर्ण घरों के नौजवान तो खैर रणवीर सेना को हथियार का प्रशिक्षण दे ही रहे हैं।

गृह मंत्रालय की रिपोर्ट के अनुसार रणवीर सेना के पास 4,000 बंदूकें हैं जिनमें लाइसेंसी और गैर लाइसेंसी दोनों हैं। इसलिए जब तक वास्तव में वह किसी पर गोली नहीं चलाती तब तक रणवीर सेना सिर्फ भूस्वामियों का एक समूह होती है, जिसके पास बंदूक लेकर चलने का लाइसेंस होता है। ऐसे में रणवीर सेनाई बंदूक लेकर खुले आम घुम सकते हैं और पुलिस कानूनी रूप से उन्हें पकड़ नहीं सकती। इसके विपरीत यदि कोई दलित भूमिहीन बंदूक लेकर चलता है तो वह पुलिस और समाज की आंखों में तुरंत खटकने लगता है क्योंकि उसके पास अमूमन गैर लाइसेंसी बंदूक ही होती है। इस स्थिति के चलते भी पुलिस को दलितों के खिलाफ कार्रवाई करने में आसानी होती है। रणवीर

सेना के हथियारों को पुलिस क्यों नहीं जब्त करती है, इसका कारण आरा के एक वरिष्ठ पुलिस अधीक्षक के इस कथन से कि "वर्तमान कृषि संघर्ष की स्थिति में राज्य सभी भूमिहारों को सुरक्षा नहीं दे सकता, इसलिए उन्हें बंदूक रखने की इजाजत देनी होगी ताकि वे अपनी और अपनी संपत्ति की सुरक्षा कर सकें" स्पष्ट होता है।[5] इस पर पीयूडीआर के सदस्यों ने जब यह सवाल किया कि क्या राज्य दलितों को सुरक्षा देने की स्थिति में है, जिनके पास बंदूकें भी नहीं हैं तो पुलिस अधीक्षक ने भेद भरी चुप्पी साध ली।

रणवीर सेना और नक्सली संगठनों के बीच हिंसा की घटनाओं के बारे में सरकारी नीति चयनित हस्तक्षेप और निष्क्रियता की रही है। कम-से-कम व्यवहार में तो यही दिखता है। पुलिस जब चाहती है तो सक्रिय हो जाती है वरना निष्क्रिय बनी रहती है। ऐसा वह अपनी सुविधा-असुविधा और हितों को ध्यान में रखकर करती है। दरअसल, संपन्न तबके से पुलिस के इतने हित सधते हैं कि वह अमूमन उन्हीं के पक्ष में खेड़ा होती है। एकवारी नरसंहार (10 अप्रैल, 1997) में रणवीर सेना और पुलिस की साठगांठ खुलकर सामने आई। इस नरसंहार में आठ लोग मारे गए थे। स्वयं भोजपुर के तत्कालीन पुलिस अधीक्षक ने भी इस बात को स्वीकार किया था कि पुलिस के लोग अमूमन भोजन और ठहरने की सुविधा भूस्वामियों से ही पाते हैं।[6] इसका व्यावहारिक नतीजा यह होता है कि भूस्वामियों और पुलिसकर्मियों के बीच एक नाजायज संबंध विकसित हो जाता है और इसका फायदा रणवीर सेना को मिलता है क्योंकि वह भूस्वामियों की सेना है। उल्लेखनीय है कि एकवारी नरसंहार रोक पाने की अपनी अक्षमता के बारे में पुलिस का कहना था कि चूंकि उस समय कैंप में ऐसा कोई वरिष्ठ अफसर नहीं था जो कार्रवाई करने का आदेश देता। इसलिए वह नरसंहार रोकने में विफल रही। रणवीर सेना जिस समय एकवारी में नरसंहार को अंजाम दे रही थी, उस समय वहां बगल में ही स्थापित पुलिस कैंप में पर्याप्त पुलिस बल था। एकवारी में पुलिस के दो कैंप हैं और दोनों कैंपों को मिलाकर उस समय वहां 39 पुलिसकर्मी मौजूद थे। इसके बावजूद रणवीर सेना के लोग दो घंटे तक नरसंहार करते रहे और पुलिस मूक दर्शक बनी रही। उसने भूमिहीनों और गरीबों को बचाने का कोई प्रयास नहीं किया।

दूसरी तरफ पुलिस और रणवीर सेना के बीच मधुर संबंध का खुला नजारा भी एकवारी नरसंहार में देखा जा सकता है, जहां पुलिस ने स्वयं दलितों के दरवाजे खुलवाए और रणवीर सेना ने नरसंहार किया। इस नरसंहार को रोकने में विफल होने के कारण सात पुलिस वाले निलंबित भी किए गए थे। वैसे रणवीर सेना भी पुलिस पर यही आरोप लगाती है कि वह बेगुनाह को झूठे केस में फंसाती है और उनसे पैसे वसूल करती है। एकवारी नरसंहार के बारे में उसी गांव के भोला सिंह ने कहा "वोह दिन त लाश के टाल लागि जाइत बाकि पुलिस नु काम बिगाड़ देलस"। पुलिसकर्मियों के निलंबन के बारे में पुलिस कैंप अफसर का कहना है कि दोनों पक्ष राजनीतिक हैं। जब ऐसी कोई घटना होती है तो राज्य सरकार पर दबाव काफी बढ़ जाता है और बढ़ जाता है दबाव जिला

प्रशासन यानी एस.पी., कलेक्टर पर भी। इसलिए उस दबाव को कम करने के लिए कुछ पुलिसकर्मियों को निलंबित कर दिया जाता है।[7] यह एक तरह से रुटीन गतिविधि है।

सिर्फ एकवारी ही क्यों लगभग सही नरसंहारों में पुलिस ने प्रत्यक्ष या अप्रत्यक्ष रूप से रणवीर सेना की मदद की है। उदाहरण के लिए पटना जिले के जलपुरा गांव में रणवीर सेना और पार्टी यूनिटी के समर्थकों के बीच गोलीबारी हो रही थी। चूंकि दोनों पक्षों के पास पर्याप्त हथियार थे, इसलिए यह संघर्ष काफी देर तक चलता रहा। जब पुलिस वहां पहुंची तो दोनों पक्षों के बीच गोलीबारी रोकवाने के बजाए रणवीर सेना के साथ मिलकर वह पार्टी यूनिटी के खिलाफ गोली चलाने लगी।[8] पार्टी यूनिटी और पुलिस-रणवीर सेना के बीच हुई यह मुठभेड़ 18 घंटे तक चली थी। शंकर बिगहा नरसंहार में भाग लेने वाले रणवीर सेना के एक सदस्य ने बताया कि मेहंदिया में पुलिस ने संगठन के सदस्यों को पकड़ लिया था लेकिन अरवल के पुलिस अधीक्षक के हस्तक्षेप के बाद उन्हें छोड़ दिया गया।

गिरफ्तारी से भागने वाले रणवीर सेना के लोगों की कुर्की-जब्ती में भी पुलिस कोताही बरतती है। भारतीय दंड विधान की धारा-83 के तहत पुलिस गिरफ्तारी से भागने वाले अभियुक्तों की संपत्ति कुर्क करने और अपने अधिकार में लेने का कोर्ट से आदेश लेती है। लेकिन पुलिस सिर्फ चल संपत्ति ही कुर्क कर सकती है। कुर्क संपत्ति की एक पूरी लिस्ट घर में रहने वाले किसी दूसरे सदस्य को देनी होती है। यदि भागने वाला अभियुक्त गिरफ्तार कर लिया जाता है या वह कोर्ट में समर्पण कर देता है तो सारी कुर्क संपत्ति ज्यों-की-त्यों पुलिस को वापस करनी पड़ती है। इसके विपरीत हरिज्न टोली या मुसहर टोली में जब पुलिस छापा मारती है या कुर्की जब्ती करती है तो वह किसी नियम का पालन नहीं करती है। यहां तक कि उनके घरों की तलाशी के लिए आवश्यक कोर्ट के आदेश की भी जरूरत नहीं समझती है। कुर्क संपत्ति की लिस्ट देने की तो बात ही नहीं उठती है।

भोजपुर जिले के ननौर मधुबन गांव में तो पुलिस ने नक्सली विरोधी अभियान के तहत हरिजन टोली के एक कुएं में कीटनाशक तक मिला दिया था।[9] हरिजन बस्तियों की तलाशी लेने के नाम पर पुलिस उनकी संपत्ति को लूट लेती है—मुर्गी-बकरियों को उठा ले जाती है। दलित बस्तियों की तलाशी लेते समय पुलिस उनकी औरतों को अपमानित करती है और कई बार बलात्कार भी। सच तो यह है कि अमूमन दलित बस्तियों की ही तलाशी होती है। सवर्ण और संपन्न लोगों के घरों की तलाशी तभी होती है जब उनकी सेना कोई नरसंहार करती है, वह भी यदाकदा ही। इस तरह देखा जाए तो पुलिस और रणवीर सेना दोनों के काम में कोई गुणात्मक अंतर नहीं है। दोनों ही दलितों में आतंक पैदा करते हैं।

बथानी टोला नरसंहार में भी पुलिस की भूमिका संदेहास्पद रही है। हालांकि पुलिस दावा करती है कि नरसंहार में शामिल सभी 61 लोगों को गिरफ्तार किया जा चुका है लेकिन गांव के दलित बताते हैं कि नरसंहार में शामिल अधिकांश लोग छुट्टा घुम रहे

हैं।[10] उदाहरण के लिए छोटकी ओझवलिया के जितेंद्र ओझा को बथानी टोला नरसंहार के मुख्य अभियुक्त होने के बावजूद आज तक गिरफ्तार नहीं किया गया। यहां तक कि उनकी संपत्ति भी कुर्क नहीं की गई है। बथानी टोला नरसंहार 11 जुलाई, 1995 को हुआ था। इसके विपरीत यदि कोई नक्सली समर्थक गिरफ्तारी से भागता है तो न सिर्फ उसकी संपत्ति कुर्क कर ली जाती है, बल्कि उसका घर भी ढाह दिया जाता है। उदाहरण के लिए 1996 में ननौर के रजक धोबी का घर पुलिस ने ढाह दिया था। बथानी टोला नरसंहार के बारे में भोजपुर प्रशासन को जानकारी थी। भारतीय कम्युनिष्ट पार्टी (माले) लिबरेशन की जिला कमेटी ने भोजपुर के कलेक्टर को 4 जुलाई, 1996 को ही नरसंहार की आशंका जताते हुए एक पत्र लिखा था। तीन जुलाई को रणवीर सेना के लोगों ने वहां बेमतलब अंधाधुंध गोली भी चलाई थी। माले ने अपने पत्र में साफ लिखा था कि गांव में तनाव है और नरसंहार की आशंका से वहां के दलित डरे हुए हैं। प्रशासन से जल्द उचित कार्रवाई की मांग भी की गई थी। माले ने इस आशंका को जाहिर करते हुए 26 और 29 जून के अलावा 2 जुलाई, 1996 को भी जिला प्रशासन को पत्र लिखा था। लेकिन जिला पुलिस अधीक्षक एस.एन. प्रधान ने रुटीन बताकर उन पत्रों को खारिज कर दिया और कोई कार्रवाई नहीं की। इतना ही नहीं, पुलिस ने नरसंहार रोकने की भी कोई कोशिश नहीं की, जबकि वहां से पुलिस कैंप मुश्किल से सौ गज की दूरी पर था।[11]

गिरफ्तारी के मामले में भी पुलिस भेदभाव बरतती है। रणवीर सेना के लोगों को वह गांव और घटनास्थल पर गिरफ्तार करने के बजाए अदालत में आत्मसमर्पण करने के लिए छूट दे देती है। जेल के अंदर भी प्रशासन रणवीर सेना और नक्सलवादियों के बीच भेदभाव करता है। रणवीर सेना के लोगों के साथ वह अच्छा बर्ताव करता है जबकि नक्सलियों को बेवजह पीटा जाता है। भोजपुर में सेंट्रल रिजर्व पुलिस की दो कंपनियां तैनात हैं और 38 पुलिस चौकियों में से 31 चौकियां तथाकथित नक्सली प्रभावित इलाकों में स्थापित हैं। इसके अलावा बिहार मिलिट्री पुलिस की दो कंपनियां भी भोजपुर में तैनात हैं। इसके बावजूद रणवीर सेना नरसंहार करने में सफल होती है तो स्वाभाविक है कि ऊंगली पुलिस पर ही उठेगी। रणवीर सेना को पुलिस और प्रशासन का सहयोग प्राप्त है, इसका सबसे बड़ा प्रमाण तो यही है कि रणवीर सेना ने कुल 29 नरसंहारों में से 28 नरसंहार प्रतिबंधित होने के बाद किए।

पुलिस सिर्फ एक मामले में रणवीर सेना और नक्सलवादियों के साथ समान व्यवहार करती है और वह यह कि दोनों पक्षों के मारे गए लोगों की लाशों के साथ अपमानजनक व्यवहार करती है। 5 मई, 1996 को नाढ़ी गांव में जब माले ने भूमिहारों की हत्या की तो परिजनों के विरोध के बावजूद पुलिस उनकी लाशों को जमीन पर घसीटते हुए ले गई और एक मिनी बस की छत पर ढेर लगाकर रस्सियों से बांध दिया। इसी तरह इंडो गांव में एक फर्जी मुठभेड़ के बाद लाशों को पुलिस ने स्थानीय लोगों से जबर्दस्ती उठवाया और जीप के पिछले हिस्से में डालकर उन्हें लाशों पर बैठने के लिए

मजबूर किया। संक्षेप में कहा जा सकता है कि पुलिस भूस्वामियों की सेनाओं की पूरक के रूप में काम करती है। ये तो बस कतिपय उदाहरण हैं, वर्ना वास्तविकता इससे भी वीभत्स हो सकती है।

दरअसल, पुलिस की उक्त भूमिका के लिए बहुत हद तक राज्य की नीतियां ही जिम्मेदार हैं। 1999 में पांच नरसंहार होने के बाद बिहार की मुख्यमंत्री राबड़ी देवी ने एक सर्वदलीय बैठक बुलाई। इस बैठक के बाद राज्य सरकार ने बिहार की स्थिति पर बयान जारी किया। दो पृष्ठ की भूमिका के साथ नौ पृष्ठ के इस बयान में समस्या का वर्णन 'उग्रवाद' के रूप में किया गया है। बड़ी जातियों की निजी सेनाओं के बारे में कहा गया है कि वे नक्सलियों की उग्रवादी गतिविधियों के खिलाफ आत्मरक्षा के लिए गठित हुई हैं। मध्य बिहार में तनाव और संघर्ष के सामाजिक-आर्थिक आधार की पूर्ण उपेक्षा करते हुए इस बयान में कहा गया है कि वहां जारी हिंसा-प्रतिहिंसा का कारण नक्सली संगठनों एवं निजी सेनाओं के बीच जारी वर्चस्व की लड़ाई है। समस्या के बारे में राज्य की यह जो अवधारणा है वही पुलिस की कार्रवाइयों में दिखाई पड़ती हैं

मध्य बिहार में जारी हिंसा के तांडव को राज्य सरकार मूल रूप से कानून-व्यवस्था की समस्या मानती है और इसीलिए वह समाज में किसी संरचनात्मक बदलाव की कोशिश करने के बदले पुलिस कार्रवाइयों, पुलिस व अर्द्धसैनिक बलों की तैनाती और संचार के साधनों को बेहतर बनाने पर जोर देती है। इस सरकारी बयान में यह भी स्पष्ट किया गया है कि पुलिस और अर्द्धसैनिक बलों की कमी के कारण ही नरसंहार होते हैं। राज्य सरकार नहीं मानती कि इस हिंसा की जड़ में वहां व्याप्त सामाजिक-आर्थिक विषमता है। जाहिर है कि वह विषमता को दूर करने का प्रयास नहीं करेगी। हकीकत तो यह है कि वह दूर करना ही नहीं चाहती। जमीन से जुड़े मुद्दों पर इस बयान में सिर्फ इतना कहा गया है कि राज्य सरकार गैर मजरुआ जमीन को भूमिहीनों में बांटेगी।

27 मार्च, 1999 को केंद्र और राज्य सरकार ने मध्य बिहार में हिंसा को रोकने के लिए एक नई नीति की घोषणा की। यह नई नीति बिहार सरकार द्वारा 1988 में चलाए गए 'ऑपरेशन सिद्धार्थ' और 'ऑपरेशन रक्षक', जिसके तहत उग्रवादी गतिविधियों को खत्म करने के नाम पर दलित भूमिहीनों को बेवजह परेशान किया गया था और नक्सली बताकर अनेक लोगों को मार दिया गया था कि तर्ज पर ही यह नीति बनायी गई है। इस नीति के अनुसार केंद्र सरकार ने रोजगार के अवसर उपलब्ध कराने, गरीबों के घर बनवाने और सड़क बनाने के लिए 600 करोड़ रुपये देना स्वीकार किया है। इस नीति में राज्य में राष्ट्रीय सुरक्षा कानून को समग्र रूप से लागू किया जाना भी शामिल है। इसमें सबसे ज्यादा जोर पुलिस बल पर दिया गया है। केंद्र सरकार ने बिहार में केंद्रीय सुरक्षा बल की दस अतिरिक्त कंपनियां भेजना तय किया है। मालूम हो कि राज्य में केंद्रीय सुरक्षा बल की 40 कपंनियां पहले से ही मौजूद हैं। इसके अलावा राज्य में कानून-व्यवस्था को कायम रखने के लिए रैपिड ऐक्शन फोर्स की 4 कंपनियां भी तैनात की जाएंगी।

इतना ही नहीं, पूर्व सैनिकों का भी एक बटालियन गठित होगा और 10,000 पुलिसकर्मियों की बहाली की जाएगी, जिन्हें उग्रवादियों से लड़ने का विशेष प्रशिक्षण दिया जाएगा।

चूंकि राज्य और केंद्र सरकार दोनों ही मध्य बिहार के जिलों में जारी हिंसा को कानून-व्यवस्था की समस्या मानती हैं, इसलिए हिंसा रोकने के नाम पर ग्रामीण इलाकों में पुलिस बल की उपस्थिति और संख्या में लगातार वृद्धि हो रही है। मध्य बिहार के किसी भी इलाके में पुलिस की उपस्थिति देखी जा सकती है। राज्य में इस समय बिहार मिलिट्री पुलिस (बीएमपी) की कुल 135 कंपनियां हैं और प्रत्येक कंपनी में 75 पुलिसकर्मी होते हैं। इसमें से 65 कंपनियां 'उग्रवाद प्रभावित' जिलों में तैनात हैं। शंकर बिगहा नरसंहार के बाद जहानाबाद को दो पुलिस जिलों में बांट दिया गया-जहानाबाद और अरवल। सिर्फ जहानाबाद में ही बीएमपी की 19 कंपनियां और केंद्रीय रिजर्व पुलिस बल की 11 कंपनियां तैनात हैं। इसके अलावा जिला पुलिस फोर्स तो है ही।

इतने पुलिस बल के बावजूद विडंबना यह है कि लोग अपने को सुरक्षित नहीं महसूस करते। शाम होने के पहले सब लोग अपने घरों में लौट आते हैं। रणवीर सेना और माले की हिंसात्मक कार्रवाइयों के डर से लोग रात में चैन से सो नहीं रहे हैं।[12] भोजपुर, जहानाबाद, गया आदि जिलों में टॉर्च और बैट्री की न सिर्फ खपत बढ़ गई है, बल्कि कभी-कभी दुकानदार ग्राहकों से इसकी मुंहमांगी कीमत भी वसूल करते हैं। कई जगह पुलिसकर्मियों को लूटपाट और बलात्कार जैसे संगीन अपराधों में भी लिप्त पाया गया है। कानून के पालन में पुलिस की पक्षपातपूर्ण भूमिका तो पहले से ही बदनाम है। सरकार द्वारा घोषित रूप से दलित भूमिहीनों की रक्षा के लिए जो पुलिस तैनात की जाती है, वही पुलिस उनके ऊपर जुल्म ढाती है, उनकी मान मर्यादा को ठेस पहुंचाती है। विडंबना तो यह है कि दलित जातियों के पुलिसकर्मी भी दलितों के पक्ष में खड़े नहीं होते, बल्कि सवर्णों का ही साथ देते हैं। पुलिस में भर्ती होने के बाद वे भी दलितों के साथ वही व्यवहार करते हैं जो सवर्ण पुलिसकर्मी करते हैं। कोई दलित दारोगा भी बिना रिश्वत लिए उनका केस दर्ज नहीं करता। इस संदर्भ में सासाराम से जनता दल (अब राष्ट्रीय जनता दल) के पूर्व सांसद छेदी पासवान ने बड़ी दिलचस्प बात बतायी। कालेज के दिनों का उनका एक मित्र जो उन्हीं की जाति का भी है पुलिस विभाग में दारोगा है। छेदी पासवान ने यह सोचकर उसका स्थानांतरण अपने जिले में करवाया कि इसके रहने से दलितों को थोड़ी राहत मिलेगी। कम-से-कम उनका केस तो दर्ज होगा। लेकिन थोड़े ही दिनों बाद वहां के दलितों ने उनसे शिकायत की कि आप जिस दारोगा को यहां ले आए हैं वह तो सवर्णों के भी कान काटता है। बिना पैसे लिए तो वह बात भी नहीं करता। दलितों को तो अपने पास भी फटकने नहीं देता। वैसे पुलिस द्वारा बेवजह परेशान किए जाने की शिकायत सवर्ण समुदाय भी करता है। पुलिस की भूमिका के बारे में विपक्ष की आलोचना की बात कौन करे, मंत्री और मुख्यमंत्री तक उसके भेदभावपूर्ण व्यवहार की आलोचना कर चुके हैं। मालूम हो कि हाल ही में सीवान के बाहुबली सांसद

शहाबुद्दीन की 'निजी सेना' और पुलिस के बीच घंटों गोलीबारी हुई थी जिसमें 12 लोग मारे गए थे। राबड़ी सरकार के एक मंत्री शिवानंद तिवारी ने तो यहां तक कहा कि "सीवान की पुलिस को तो वर्दी पहनने का भी हक नहीं है"। दिलचस्प है कि सरकार पुलिस की आलोचना बहुधा तभी करती है जब वह निष्पक्ष काम करती है। 3 अप्रैल, 1999 को बिहार सरकार द्वारा जारी एक दस्तावेज के अनुसार जनवरी 1997-1999 के बीच गया, पटना और भोजपुर में पुलिस ने 22,276 जगह छापे मारे। इसी काल में इन्हीं इलाकों में 2542 लोगों को हिंसा की विभिन्न वारदातों में गिरफ्तार किया गया।[13] इस सरकारी आंकड़े के अलावा छह राजनीतिक दलों-जनता दल, आरएसपी, सीपीआई-एम. एल. (लिबरेशन), सीपीआई, फारवर्ड ब्लाक और एसयूसीआई की एक संयुक्त टीम ने भी उस समय जहानाबाद का दौरा किया था। इस टीम ने ऐसे 50 मामले पाए जिनमें पुलिस ने बेगुनाहों को विभिन्न तरह से प्रताड़ित किया था। कई बेगुनाहों के साथ पुलिस ने थर्ड डिग्री का व्यवहार भी किया था।

पुलिसकर्मियों में नक्सलियों से लड़ने के लिए नक्सल विरोधी संगठनों को प्रोत्साहित करने की आम प्रवृत्ति है, इस बात को बिहार के सर्वोच्च पुलिस अधिकारी ने स्वयं स्वीकार किया है।[14]

संदर्भ

1. खोपिरा और सरथुआं के बारे में रणवीर सेना का कहना है कि वह तो महज एक ट्रायल था।
2. 'बैन सी पी आई – एमएल प्लान्स टु एवेंज मंडे मैसेकर', रेडिफ ऑन दी नेट, 3 दिसंबर, 1997। इस लेख के अनुसार 1996 में 436 लोग मारे गए, जबकि 1995 में 295 लोग मारे गए, जिनमें पुलिसकर्मी भी शामिल थे।
3. टाइम्स ऑफ इंडिया, 28 जनवरी, 1999
4. दी पायनियर, दिल्ली, 12 दिसंबर, 1997
5. 'एग्रेरियन कन्फ्लिक्ट इन बिहार एंड रणवीर सेना', 'पीयूडीआर रिपोर्ट, अक्टूबर, 1997।
6. वही...पृ. 28
7. ह्यूमन राइट्स वाच रिपोर्ट, 1997
8. पीयूडीआर, रिपोर्ट, 1997
9. वही...पृ. 29
10. स्थानीय भूमिहीन दलित मजदूरों से बातचीत के आधार पर।
11. बाथानी टोला नरसंहार के संदर्भ में रणवीर सेना के एक सदस्य जिसने बथानी टोला नरसंहार में भाग लिया था, ने बताया कि स्वयं पुलिस ने ही उन लोगों से कार्रवाई करने के लिए कहा था। इस सदस्य ने चौकी इंचार्ज के सस्पेंड होने पर अफसोस भी जताया।
12. भोजपुर और जहानाबाद के अनेक गांवों में लोग रात भर हथियार लेकर छत पर बैठे रहते हैं। उधर दलित भूमिहीन अपनी झोपड़ियों में रतजगा करते हैं।
13. 'ए टाइम टु किल', पीयूडीआर रिपोर्ट, अगस्त, 1999।
14. 'एक्स्ट्रीमिस्ट एंड सेना एक्टिविटीज इन बिहार', 1986 में जारी नीति दस्तावेज नें बिहार डीजीपी का बयान।

अध्याय - 13

ग्रामीण हिंसा के आयाम

मध्य बिहार में जारी हिंसा को आम रूप से नक्सलियों और निजी सेनाओं के बीच संघर्ष के रूप में चित्रित किया जाता है, लेकिन इसके अन्य आयाम भी हैं। नक्सलियों एवं निजी सेनाओं के बीज चल रही लड़ाई तो सिर्फ रोग का लक्षण है न कि कारण। हिंसा के चरित्र को समग्र रूप को समझने के लिए उन कारणों की व्याख्या न सिर्फ जरूरी है बल्कि अपरिहार्य भी है, जिसके चलते हिंसा-प्रतिहिंसा की जंग जारी है।

सर्वप्रथम यह संघर्ष भूमिहीन और गरीब मजदूर-किसानों तथा भूस्वामियों के बीच है। इस संघर्ष में मजदूरी एक प्रमुख तत्त्व है। नक्सली आंदोलन के चलते खेतिहर मजदूरों की मजदूरी में वृद्धि हुई है। यह वृद्धि उन गांवों में ज्यादा हुई है, जहां किसी नक्सली संगठन का जनाधार है। लेकिन जहां मजदूर संगठित नहीं हैं, वहां मजदूरी में उचित वृद्धि नहीं हुई है। ऐसे गांवों के कृषि मजदूर भी अपनी मजदूरी बढ़ाने की मांग कर रहे हैं और नक्सली उन्हें संगठित कर रहे हैं और नेतृत्व प्रदान कर रहे हैं। जिन गांवों में मजदूरी को लेकर आंदोलन चलता है; वहां स्वाभाविक रूप से तनाव बन जाता है, जो बाद में खूनी संघर्ष में तब्दील हो जाता है। तनाव की स्थिति में कोई छोटी-सी घटना भी बड़े संघर्ष का कारण बन जाती है। जहां नरसंहार हुए हैं उनमें से अधिकांश गांवों में मजदूरी का सवाल किसी-न-किसी रूप में मौजूद रहा था। उदाहरण के लिए बथानी टोला में नरसंहार का यह एक प्रमुख कारण था। बड़की खड़ांव में रणवीर सेना की इकाई गठित होने के बाद भूस्वामियों ने पहले से तय मजदूरी देना बंद कर दिया था। इसी तरह भोजपुर के जमुआंव और मनियछ में भी मजदूरी को लेकर तनाव बना हुआ है। मनियछ में तो रणवीर सेना ने नरसंहार की योजना भी बनाई थी लेकिन माले के जनाधार को देखते हुए उसे स्थगित करना पड़ा था। लेकिन भोजपुर में अब मजदूरी का सवाल नहीं के बराबर रह गया है। माले के नेता और पूर्व सांसद रामेश्वर प्रसाद के अनुसार भोजपुर में मजदूरी का सवाल कहीं-कहीं रह गया है। रणवीर सेना की सारी बर्बरता और आतंक के बावजूद माले मजदूरी की लड़ाई जीतने में कामयाब रहा है।

संघर्ष का दूसरा कारण गैर मजरुआ जमीन है। ऐसी जमीनों पर आम रूप से गांव के धनी भूस्वामियों का कब्जा है। अपना कब्जा बनाए रखने के लिए भूस्वामी ऐसी

जमीनों को अनुपजाऊ बना के छोड़ देते हैं। इसके विपरीत जहां-जहां भी ऐसी जमीन भूमिहीनों को दी गई है, अपनी मेहनत से उन लोगों ने उसे उपजाऊ बना दिया है। चासी, फुलाड़ी, बागा और खंडोल गांव इसके उदाहरण हैं, जहां तथाकथित ऊसर जमीन को दलित भूमिहीनों ने उपजाऊ जमीन में तब्दील कर दिया है। मध्य बिहार के दलित भूमिहीन ऐसी जमीन पर अपने अधिकार के लिए संघर्ष कर रहे हैं, जबकि भूस्वामी उसे छोड़ने के लिए तैयार नहीं हैं। ऐसे में संघर्ष स्वाभाविक हो जाता है। जमीन पर जनसंख्या के बढ़ते दबाव और भूमिहीनों की उसे पाने की अदम्य इच्छा के कारण संघर्ष तीव्र हो उठता है। भूमिहीनों में जमीन पाने की इच्छा स्वाभाविक है क्योंकि इससे एक तरफ जहां उन्हें शोषणकारी व्यवस्था से अपेक्षाकृत राहत मिलती है, वहीं दूसरी तरफ भूमिहीन होने का दंश भी कम होता है। ग्रामीण इलाकों में जमीन का सवाल इज्जत के साथ जुड़ा हुआ है। जिस व्यक्ति के पास जमीन नहीं होती, समाज में उसकी इज्जत भी नहीं होती। इसलिए जमीन के छोटे टुकड़े के लिए भी खूनी संघर्ष होने लगता है।

इस संदर्भ में इस बात को भी रेखांकित करना जरूरी है कि गैर मजरुआ जमीन के लिए हो रहा संघर्ष का कारण सरकार की विफलता है। जमींदारी उन्मूलन, भूमि हदबंदी और रैयती कानून के त्रुटिपूर्ण होने, उनके कार्यान्वयन नहीं होने या आंशिक रूप से होने के चलते ही हिंसा और संघर्ष में इजाफा हो रहा है। उदाहरण के लिए जमींदारी उन्मूलन कानून के तहत जमींदारों को गैर मजरुआ (मालिक) जमीन को रैयतों के साथ बंदोबस्ती का अधिकार दे दिया गया, लेकिन उसके बाद सरकारी नीतियों के तहत उस जमीन को भूमिहीनों के बीच बांटने का प्रावधान किया गया। जमींदारों ने जो बंदोबस्ती की उसका लाभ रैयतों को मिला और वे ही आज के बड़े भूस्वामी हैं। प्रशासन सरकारी नीतियों को अनेदखा कर पूर्व जमींदारों द्वारा किए गए बंदोबस्ती को ही जायज ठहराता है। ऐसी हालत में भूमिहीन मजदूरों द्वारा गैर मजरुआ जमीन को पाने के लिए किया गया आंदोलन गैर कानूनी हो जाता है और प्रशासन उन्हें जमीन दिलवाने के बदले उनके आंदोलन को ही कुचलने का प्रयास करने लगता है। भोजपुर के अखगांव ब्लॉक में करीब 1000 एकड़ गैर मजरुआ जमीन पर भूस्वामियों का कब्जा है। कहने के लिए वह ऊसर जमीन है लेकिन उस पर सरकंडा बहुत उपजता है, जो घर और झोपड़ी बनाने के काम आता है। इस तरह वह सरकंडा उन भूस्वामियों के लिए एक नगदी फसल बन जाता है। इतना ही नहीं, यदि वह जमीन भूमिहीनों में बांट दी जाए तो उसे वे उपजाऊ भी बना देंगे। इसी तरह रामपुर और पंडुरा गांव में भी मठ की फाजिल जमीन को लेकर माले का आंदोलन चल रहा है। कहने की आवश्यकता नहीं कि वहां कभी भी खूनी संघर्ष हो सकता है। जहां तक गैर मजरुआ (आम) जमीन की बात है तो उस पर गांव के दबंग लोगों का ही कब्जा है, जिसे हासिल करने के लिए नक्सली आंदोलन कर रहे हैं।

गैर मजरुआ जमीन को लेकर संघर्ष का एक दूसरा कारण हदबंदी से फाजिल जमीन और गैर मजरुआ जमीन के बंटवारे तथा रैयती कानून के बीच विरोधाभास है।

जिस जमीन को हदबंदी से फाजिल बताया गया या जिस गैर मजरुआ (मालिक) जमीन का सरकार द्वारा अधिग्रहण किया गया वह परती जमीन नहीं थी, बल्कि अधिग्रहण के पहले उस पर खेती होती रही थी। ऐसी अधिकांश जमीन पर बटाईदार काफी पहले से खेती करते रहे थे। रैयती कानून के तहत ऐसी जमीन का वे मालिकाना हक पाने की पात्रता रखते हैं। भूमिहीनों में बांटने के लिए सरकार द्वारा ऐसी जमीन का अधिग्रहण करने और रैयती कानून के लागू नहीं किए जाने के कारण बटाईदारों की बेदखली निश्चित हो जाती है। परिणामस्वरूप पूर्व बटाईदारों एवं लाभान्वित होने वाले भूमिहीनों के बीच तनाव और संघर्ष पैदा हो जाता है। चूंकि अधिकांश बटाईदार पिछड़ी जातियों के हैं, इसलिए दलित भूमिहीनों एवं पिछड़ी जातियों के बीच संघर्ष बढ़ जाता है।

प्रत्यक्ष संघर्ष वास्तव में तब शुरू होता है जब जिला प्रशासन भूमिहीनों को जमीन का पर्चा देती है। चूंकि ऐसी जमीन पर या तो पहले से ही गांव के दबंग भूस्वामियों का कब्जा रहता है या वह जमीन विवादित होती है। पर्चा पाने वाले भूमिहीन जब उस जमीन पर अपना दावा पेश करते हैं तो भूस्वामियों द्वारा उनका विरोध होता है और संघर्ष पैदा हो जाता है। चूंकि भूमिहीनों के पास अदालत में लड़ने की आर्थिक क्षमता नहीं होती, इसलिए वे संगठित होकर आंदोलन के जरिए अपना हक पाने की कोशिश करते हैं। उधर भूस्वामी भी अपना गैर कानूनी कब्जा बरकरार रखने के लिए अपने लठैतों और निजी सेनाओं की सहायता लेते हैं। गैर मजरुआ जमीन के लिए संघर्ष कितना तीव्र है इसका अंदाजा इसी तथ्य से लगाया जा सकता है कि उसके चलते भोजपुर में 4,000 एकड़ कृषि योग्य गैर मजरुआ जमीन परती पड़ी हुई है। कुछ जमीन नक्सलियों ने जबर्दस्ती भूमिहीनों में बांट दी है। भोजपुर जिले के कुल, 1,152 गांवों में करीब 7,000 परिवार ऐसे हैं कि जिनके पास घर बनाने के लिए भी जमीन नहीं है। प्रशासन का दावा है कि उसने 2,300 भूमिहीन परिवारों को घर बनाने के लिए जमीन का पर्चा दे दिया है।[1] भोजपुर में आज जहां कहीं भी नक्सलियों और भूस्वामियों के बीच संघर्ष चल रहा है, उसके पीछे गैर मजरुआ जमीन ही सबसे प्रमुख कारण है।[2]

हिंसा का तीसरा आयाम जाति पर आधारित सामाजिक हैसियत है। हिंदू समाज में जाति ही आदमी की हैसियत तय करती है। कम-से-कम बिहार के ग्रामीण समाज में तो ऐसा ही है। जो व्यक्ति जितनी ही छोटी जाति का होता है, उसकी सामाजिक हैसियत उतनी ही कम होती है। इसीलिए दलितों को सामाजिक अपमान सहना पड़ता है। ऊंची जातियों के लोग उन्हें बराबर की हैसियत देने के लिए आज भी तैयार नहीं हैं। नक्सली संगठन दलितों की मर्यादा को बहाल करने को लेकर आंदोलन चला रहे हैं यह उनके आंदोलन का एक ऐसा पहलू है जो सभी सवर्णों को उनके खिलाफ कर देता है, क्योंकि उनकी यह लड़ाई स्वाभाविक रूप से सभी सवर्णों के खिलाफ हो जाती है। यहां हम देखते हैं कि जाति और वर्ग एक-दूसरे में घुलमिल जाते हैं। दरअसल, सामाजिक प्रतिष्ठा की कोई भी लड़ाई जाति के घरौंदे में कैद होने के लिए अभिशप्त है और नक्सली

आंदोलन भी इसका अपवाद नहीं है। इसलिए चाहे नक्सली हों या भूस्वामी उनकी लड़ाई जाति और वर्ग के दो नावों पर सवार है।

ग्रामीण इलाकों में जारी हिंसा का सिलसिला न तो शुद्ध रूप से वर्ग संघर्ष का नतीजा है और न शुद्ध रूप से जाति संघर्ष का। यह अलग बात है कि इस हिंसा को बहुधा जातीय संघर्ष या वर्ग संघर्ष के रूप में पेश किया जाता है। अगर यह वर्ग संघर्ष होता तो विभिन्न नक्सली संगठनों के बीच लड़ाई नहीं होती। विभिन्न अंतर्विरोधों और प्रभावक्षेत्र बढ़ाने की प्रतिद्वंद्विता के कारण लिबरेशन, पीपुल्स वार और एमसीसी के बीच कई इलाकों में आपसी खूनी जंग होती रही है। कई बार उनमें आपस में हथियारों के आदान-प्रदान और एक-दूसरे के कार्यकर्ताओं को संरक्षण देने पर सहमति भी हुई। विभिन्न नक्सली गुटों के नेताओं ने एक आचरण संहिता भी बनाई और संहिता तोड़ने वालों के लिए सजा भी मुकर्रर की गई लेकिन यह सहमति दूर तक नहीं चल सकी। भोजपुर, पटना, गया, जहानाबाद और औरंगाबाद के ग्रामीण इलाकों में नक्सली संगठनों की आपसी जंग लगातार जारी है। जुलाई 1988 में नोनही-नगवां कांड और फिर अगस्त में दमुखी-खगड़िया कांड में लिबरेशन गुट के कई समर्थकों की हत्या कर दी गई थी। उक्त कांड के कुछ अभियुक्तों को पार्टी यूनिटी ने सरंक्षण दिया था। पार्टी यूनिटी के कुछ नेताओं के दीना यादव और रामजी यादव जैसे लंपट चरित्र वाले लोगों से संबंध होने की सार्वजनिक चर्चा भी हुई थी। इस बात में सच्चाई भी है क्योंकि मजदूर-किसान संग्राम समिति के नेता अरविंद स्वयं स्वीकार कर चुके हैं कि दीना यादव और रामजी यादव समिति से जुड़े रहे थे। इसी तरह पालीगंज के दहिया गांव में रामानारायण सिंह और ललन सिंह गिरोह का पार्टी यूनिटी ने साथ दिया था। पार्टी के प्रखंड कमेटी ने इसे बाद में स्वीकार भी किया कि ''निचले स्तर के कार्यकर्ताओं की निम्न राजनीतिक चेतना के कारण ललन सिंह उनकी पार्टी में घुस गया था''।[3] अखबारी रिपोर्टों के अनुसार 1987 से जुलाई, 1990 तक बिहार में नक्सलियों की आपसी रंजिश में 28 से ज्यादा लोग मारे जा चुके थे। पीपुल्स वार भी लिबरेशन पर आरोप लगाता रहा है कि वह उसके समर्थकों को बेवजह अपनी हिंसा का शिकार बनाता है। उसने आरोप लगाया है कि लिबरेशन उसके कार्यकर्ताओं का अपहरण करता है। उसका यह भी आरोप है कि ''माले बड़े धन्नासेठों तथा समाज के आपराधिक तत्त्वों के बल पर गरीब जनता का लगातार शोषण करते फिर रहा है'।[4] सभी नक्सली संगठन अपने को गरीबों का हमदर्द बताते हैं लेकिन विडंबना यही है कि उनकी आपसी लड़ाई में भी दलित भूमिहीन और गरीब ही मारे जा रहे हैं। दरअसल, अन्य दलों की तरह नक्सली संगठनों की भी आपराधिक तत्वों से मिलीभगत रही है।

कृषि उत्पादन में ठहराव से भी हिंसा को प्रश्रय मिल रहा है। इसके चलते बड़े से लेकर सीमांत किसान तक परेशान हैं। किसानों को अपने उत्पाद का सही मूल्य भी नहीं मिलता। छोटे और सीमांत किसानों की स्थिति तो और भी दयनीय है। खेती में खर्च

लगातार बढ़ता जा रहा है, जबकि अनाज की कीमतें बढ़ने की बजाए कम हो रही हैं। बिजली तो बिहार में एक क्रूर मजाक है ही, डीलज और खाद की कीमतें भी लगातार बढ़ रही हैं। ये सुविधाएं किसानों को सरकारी दर पर उपलब्ध भी नहीं हैं, बहुधा उन्हें काला बाजार से ख़रीदना पड़ता है और वह भी ऊंची कीमत देकर। आज गांवों में किसी भी किसान के मुंह से सुनने को मिल जाता है कि खेती में कुछ नहीं रखा है। यही कारण है कि हजार रुपये की दरबानी करने के लिए भी सवर्ण परिवार के युवक तैयार हो जाते हैं लेकिन खेती से जुड़ने के लिए तैयार नहीं हैं। सबसे विद्रूप स्थिति तो यह है कि कल के धनी किसान आज कंगाल हो चुके हैं। लगातार बंटवारे के कारण जमीन रोटी के आकार में तब्दील हो गई है। ऐसे में जब नक्सली मजदूरी बढ़ाने की मांग करते हैं तो वे उनके खिलाफ हो जाते हैं। नक्सली संगठन मजदूरों की मजदूरी बढ़ाने के लिए तो आंदोलन करते हैं, लेकिन किसानों को उनकी फसल का समर्थन मूल्य दिए जाने के लिए कोई आंदोलन नहीं करते। ऐसे में किसान और मजदूरों के बीच अविश्वास पैदा होता है जो अंततः हिंसा को बढ़ावा देता है। उत्पादन में ठहराव और फसल की उचित कीमत नहीं मिलने से छोटे किसानों के लिए न्यूनतम मजदूरी देना भी भारी पड़ता है। इसलिए वे भी नक्सलियों के खिलाफ लड़ाई में बड़े भूस्वामियों के साथ हो जाते हैं। इससे संघर्ष बढ़ता है।

जातीय भावना भड़का कर राजनेता भी हिंसा को बढ़ावा देते हैं। इसे एक उदाहरण से अच्छी तरह समझा जा सकता है। गहन जांच-पड़ताल के बाद 5 मई, 1986 को बिहार पुलिस अपराध शाखा के पुलिस अधीक्षक शिवचंद्र झा ने पुलिस महानिदेशक और गृह सचिव को पत्र लिखा था कि बिहार सरकार के मंत्री रामाश्रय प्रसाद सिंह, कांग्रेस के सांसद महेंद्र प्रताप सिंह, विधायक जगदीश शर्मा और रामजतन सिंह तथा सीपीआई विधायक आर.पी. सिंह पटना, गया और जहानाबाद में जातीय वैमनस्य को हवा देकर हिंसा को बढ़ावा दे रहे हैं लेकिन सरकार ने उनके खिलाफ कुछ नहीं किया। दिलचस्प बात यह है कि नोनही-नगवां में हरिजनों का नरसंहार होने के बाद जब केंद्रीय गृहमंत्री बूटा सिंह ने घटनास्थल का दौरा किया तो उनके साथ कोई अन्य नहीं, बल्कि 'किंग-महेंद्र' थे। शिवचंद्र झा को उक्त रिपोर्ट देने के एवज में किसी गुमनाम जगह पर स्थानांतरित कर दिया गया था।

संदर्भ

1. पीयूडीआर रिपोर्ट, अक्टूबर, 1997, पृ. 22
2. नक्सली संगठनों और रणवीर सेना के कई नेताओं और कार्यकर्ताओं ने बातचीत में इस तथ्य की पुष्टि की कि गैर मजरुआ जमीन झगड़े का सबसे बड़ा कारण है।
3. मजदूर-किसान संग्राम समिति (पाली प्रखंड) के एक पर्चे से।
4. मजूदर किसान संग्रामी परिषद (संदेश-सहार प्रखंड) के पर्चे से।

संदर्भ ग्रंथ सूची

1. बर्कहार्ट,—दी सिविलाइजेशन ऑफ दी रेनासां इन इटली : ऐन एसे, फैंदों 1965।
2. भावे, विनोबा—भूदानं यज्ञ
3. बीम्स जान, मेम्वायर्स ऑफ ए बंगाली सिविलियन
4. बेते, आंद्रे—इक्वालिटी एंड इनइक्वालिटी
5. दत्ता, के.के.—बायोग्राफी ऑफ कुंवर सिंह एंड अमर सिंह, पटना 1957
6. चौधरी, बी.बी.—दी प्रॉसेस ऑफ डिपीजेंटाइजेशन
7. दास ए.एन.—एग्रेरियन अनरेस्ट एंड सोसियों-इकॉनामिक चेंज, 1900-1980 मनोहर, दिल्ली, 1983
   —एग्रेरियन मुवमेंट इन इंडिया : स्टडीज इन ट्वेंटिएथ सेंचुरी बिहार, फ्रैंक कास, लंदन, 1982
   —रिपब्लिक ऑफ बिहार, पेंग्विन पब्लिकेशन
8. दिवाकर, आर.आर.—बिहार थ्रू दी एजेज, कोलकाता, 1956
9. डोनाटेला, डेला पोर्टा—सोसल मूवमेंट्स, पॉलिटिकल वायलेंस एंड दी स्टेट : ए कम्परेटिव एनालिसिस ऑफ इटली एंड जर्मनी, कैंब्रिज युनिवर्सिटी प्रे, 1995
10. एंब्री, ए.टी.—चार्ल्स ग्रांट एंड ब्रिटिश रूल इन इंडिया, लंदन, 1962
11. फ्राइकेनबर्ग, आर.ई.—एन एकाउंट ऑफ दी फेल्यर ऑफ एग्रेरियन रिफार्न्स एंड दी ग्रोथ ऑफ एग्रेरियन टेंशन इन बिहार, 1970
12. ग्राहम, ह्यूग डी. और गुर्र, टेड आर.—दी एनालिसिस ऑफ ए काउंटर रिवोल्युशन : हिस्ट्री एंड थ्योरी
13. गुर्र, टेड राबर्ट—न्यु एरर कंपंसेटेड मेजर्स फॉर कंपेयरिग नेशंस : सम कोरिलेट्स ऑफ सिविल वायलंस, प्रिंस्टन
14. हबीब, इरफान—दी एग्रेरियन सिस्टम ऑफ इंडिया (1556-1707), एशिया पब्लिकेशन, मुंबई
15. हॉग्सन—दी आर्डर ऑफ एसेसिन्स
16. हसन, एस. नूरुल—थॉट्स ऑन एग्रेरियन रिलेशन इन मुगल इंडिया, पीपुल्स पब्लिकेशन, दिल्ली (1983)
17. हरवुड—सोसायटी एंड दी एसेसिन्स : ए बैकग्राउंड बुक ऑन पालिटिकल मर्डर
18. जानूजी, एफ.टी.—एग्रेरियन क्राइसिस इन इंडिया : दी केस ऑफ बिहार, आस्टिन, टेक्स, 1974
19. ककड़, सुधीर—कलर्स ऑफ वायलेंस, वाइकिंग, दिल्ली, 1985
20. कला मंजू, मुखर्जी कल्याण और महाराज आर.एन. (संपादित), एग्रेरियन स्ट्रगल्स इन इंडिया आफ्टर इंडिपेंडेंस, ऑक्सफोर्ड, 1986
21. कोलब्रुक, एच.टी.—रिमार्क्स ऑन दी हस्बैंड्री एंड इन्टर्नल कामर्स ऑफ बंगाल, कोलकाता, 1804

22. कोल्फ–नौकर, राजपूत एंड सिपाही : दी एथनोहिस्ट्री ऑफ दी मिलिट्री लेबर मार्केट इन हिंदुस्तान, 1450-1850, कैंब्रिज युनिवर्सिटी प्रेस, 1990 सिपाही एंड राजपूत, ऑक्सफोर्ड युनिवर्सिटी प्रेस, 1990
23. लेसी, ग्राहम–बिहार एंड उड़ीसा इन 1926
24. लेजेंस्की वुल्फ–एग्रेरियन रिफार्म ऐज अनफिनिस्ड बिजनेस
25. मुखर्जी, कल्याण–भोजपुर : नक्सलिज्म इन दी प्लेन्स ऑफ बिहार राधाकृष्ण, 1980
26. नील, डब्ल्यू.सी.–लैंड रिफार्म इन उत्तर प्रदेश
27. ओझा, जी.–लैंड प्राब्लम एंड लैंड रिफार्म, नई दिल्ली
28. पॉल. विल्किंसन–पालिटिकल टेररिज्म, लंदन, मैकमिलन, 1986
29. प्रसाद, नागेश्वर–रूरल वायलेंस, वोहरा पब्लिशर्स, इलाहाबाद, 1985
30. प्रायर, एच.सी.–बिहार एंड उड़ीसा इन 1922
31. शर्मा, उदयन–वायलेंस इरप्ट्स, राधाकृष्ण, दिल्ली
32. सांकृत्यायन, राहुल–नए भारत के नये नेता, इलाहाबाद, 1973
33. सिंह, उपेन्द्र नाथ–सम आस्पेक्ट्स ऑफ रूरल लाइफ इन बिहार
34. सिंह, पी.सी.–मोड ऑफ प्रोडक्सन इन इंडियन एग्रीकल्चर, रावत पब्लिकेशन, (जयपुर-दिल्ली), 1992
35. स्वामी, सहजानंद सरस्वती–मेरा जीवन संग्राम, बिहटा, 1952
–ब्राह्मण समाज की स्थिति और कर्मकलप
–किसान मूवमेंट इन इंडिया (अप्रकाशित), श्री सीताराम आश्रम, बिहटा
36. टेनिसन, हैलम–इंडियाज वाकिंग सेंट : दी स्टोरी ऑफ विनोबा भावे, न्यूयार्क, 1955
37. थार्नर, डेनियल–दी एग्रेरियन प्रास्पेक्ट्स इन इंडिया, दिल्ली, 1956
38. वेन्चुरी–रूट्स ऑफ रिवोल्युशन : ए हिस्ट्री ऑफ दी पापुलिस्ट एंड सोसलिस्ट मुवमेंट्स इन नाइनटीन्थ सेंचुरी रूस, 1966
39. उर्मिलेश–बिहार का सच, प्रकाशन संस्थान, दिल्ली, 1991

संदर्भ लेख (Aritcle), रिपोर्ट और दस्तावेज

1. अल्वी, हमजा–इंडिया एंड कालोनियल मोड ऑफ प्रोडक्शन, इपीडब्ल्यु, खंड-10, नं. 33, 34, 35 (विशेषांक), अगस्त-सितंबर, 1975
2. ऑल इंडिया कांग्रेस कमेटी (एआईसीसी) पंफ्लेट, फाइल नं. जी-98, नेहरू मेमोरियल म्युजियम एंड लाइबेरी, दिल्ली
3. बुकानन–रिपोर्ट ऑन सम डिस्ट्रिक्ट ऑफ बिहार (शाहाबाद)
4. बोस, आर.एस. और घोष, पी.पी.–एग्रो-इकॅनामिक सर्वे ऑफ बिहार
5. बिहार एंड उड़ीसा रेवेन्यु प्रोग्रेस, न. 3, रिज्वाइंडर, 1, 12 अक्टूबर, 1923
6. चौधरी, प्रवीण कुमार–एग्रेरियन अनरेस्ट इन बिहार : ए केस स्टडी ऑफ पटना डिस्ट्रिक्ट, 1960-84, इपीडब्ल्यु, खंड 23, नं. 1 और 2, जनवरी 2-9, 1988
7. चौधरी, प्रणव–डायमंड डिटरमाइंड टु ड्राइव नक्सल आउट, दी टाइम्स ऑफ इंडिया, **15 फरवरी,** 1992
8. चौधरी, विनय भूषण–स्ट्रगल फॉर प्रोड्यूस रेंट इन बिहार, 1793-1930, (1976 में अनुग्रह नारायण सिंह इंस्टिच्युट ऑफ सोशल स्टडीज में पढ़ा गया सेमिनार पेपर)

9. डी.एन.—प्राब्लम ऑफ यूनिटी इन एग्रेरियन स्ट्रगल : केस ऑफ बिहार, इपीडब्ल्यू, खंड. 23 नं. 17 मई, 1988
10. दास, ए.एन.—क्लास इन इट्सेल्फ, कास्ट फॉर इटसेल्फ : सोशल आर्टिकुलेशन इन बिहार, ईपीडब्ल्यू, खंड. 19, नं. 37, 15 सितंबर, 1984
11. डेविडस एंड डोनाल्ड—टेररिज्म : मोटिव्स एंड मिन्स, फॉरेन सर्विस जर्नल, सितंबर, 1962
12. फ्रैंक, आंद्रे गुंदर—रिफ्लेक्शन ऑफ ग्रीन, रेड एंड व्हाइट रिवोल्युशन, इपीडब्ल्यू, 21 जनवरी, 1973
13. जोशी, आर.एस.—डार्क वर्ल्ड ऑफ हरिजन एंड आदिवासी, ईपीडब्ल्यु, 21 जनवरी, 1977
14. लूई, प्रकाश—रेडिकल एग्रेरियन मुवमेंट्स इन सेंट्रल बिहार : ए सोसियोलाजिकल स्टडी (अप्रकाशित थेसिस), मगध युनिवर्सिटी, बोधगया
—क्लास वार स्प्रेड्स टु न्यू एरिया, ईपीडब्ल्यू, 24 जून, 2000
15. मुखर्जी, कल्याण—भोजपुर : ए सोसियो-इकानामिक सर्वे, नेशनल लेबर इंस्टिच्युट, दिल्ली (अप्रकाशित रिपोर्ट)
16. मिनिस्ट्री ऑफ होम एफेयर्स, इंडिया—दी कॉजेज एंड नेचर ऑफ करेंट एग्रेरियन टेंशन, दिल्ली, 1969
17. नील, डब्ल्यू.सी.—लैंड रिफार्म इन उत्तर प्रदेश, इंडिया (एजेंसी फार इनटरनेशनल डेवलप्मेंट, स्प्रिंग रिव्यू), 1970
18. प्रधान, एच. प्रसाद—एग्रेरियन वायलेंस इन बिहार, ईपीडब्ल्यु, खंड. 13 नं. 22, 30 मई, 1987
19. रिपोर्ट फ्राम दी फ्लेमिंग फिल्ड्स ऑफ बिहार, सीपीआई (एम एल) दस्तावेज, 1986
20. रूद्र, अशोक—दी ग्रीन एंड ग्रिडी रिवोल्युशन, सोशल एशियन रिव्यू, खंड. 4, जुलाई, 1971
21. सिसन रिपोर्ट, 2 अप्रैल, 1815 (राजस्व संकलन, खंड-1)
22. संयुक्त प्रांत में जमींदारी उन्मूलन कमेटी की रिपोर्ट, खंड-1, इलाहाबाद, 1948
23. सिंहा, अरुण—बेलछी रिविजिटेड, ईपीडब्ल्यू, 6 अगस्त, 1977
24. सिंहा, अरविंद—बिहार में निजी सेनाएं, फिलहाल, पटना, मई 1998
25. पीयूडीआर रिपोर्ट-1, एग्रेरियन कंफ्लिक्ट इन बिहार एंड दी रणवीर सेना, अक्टूबर, 1997
—2. ए टाइम टू किल, अगस्त, 1999
—3. आफ्टर बाथे

संदर्भ पत्र-पत्रिकाएं

1. इंडियन नेशन, पटना
2. सर्चलाइट, पटना
3. हुंकार, पटना
4. दी टाइस ऑफ इंडिया, पटना-दिल्ली
5. दी हिंदुस्तान टाइम्स, पटना-दिल्ली
6. इंडिया टुडे, दिल्ली
7. लिंक, दिल्ली
8. फ्रंटलाइन, चेन्नई
9. लिबरेशन, भाकपा (माले) का मुखपत्र

10. चिंगारी, एमसीसी का मुखपत्र
11. फिलहाल, पटना
12. इकानामिक एंड पालिटिकल वीकली, मुंबई
13. जनसत्ता, दिल्ली
14. राष्ट्रीय सहारा, दिल्ली
15. नवभारत टाइम्स, दिल्ली
16. दैनिक हिंदुस्तान

परिशिष्ट-1

गीत-1

भोरहीं गढ़ीला जा के टंड़िया प घास रे।
नाम घसगढ़ा पड़ल काम घसगढ़िया,
कबहूं ना दिहले आराम घसगढ़िया,
हंसुआ, खुरूपिया रसरिया बा पास रे...भोरहीं।
चुड़वे चबेनिया प काटीं दुपहरिया,
सांझ ले उपासे रहीं सेई ला बधरिया,
ओनहीं सहीला धूप बरखा बतास रे...भोरहीं।
होला गदबेरा तब लउटी ला घरवा,
कौड़ी भ गुड़ मिलल जीव के अहारवा,
पनिये से पेट के मिटाई ला भुखास से...भोरहीं।
चार घड़ी रात गइल मांड़-भात नूनवा,
संझिये के संझिये मिलेला एक जूनवा,
उहो कबो मिले नाहीं रहिले उपास रे...भोरहीं।
धनिकन के गरुवन से अन्हक गरिबवा,
असहीं सहेला दुख कब ले गरीबवा,
नरको में हाय ना गरीबवन के वास रे...भोरहीं।

गीत-2

चमरा के बेटिया चरावेली बकरिया, भोरहीं बधरिया के ओर।
एक मुठी चउरा प दिवस गवांवेली, कइसन करमवा के फेर।
मथवा प बतवा के टूटेला पहड़वा, कहियो जे कहली अबेर।
सोरह से उपर के हउवे उमीरिया, पतरे कमरिया के फान।
रुकी-रुकी डेगिया डगरिया प डालेली, लावेली पुरूबिया से होड़।
गलिया प आजुओ गुलबियो ना धावेला, सांवर पड़ल रंग गोर।
कतहीं त नदिया सुखइली बरखवा में, जेठओ में कतहीं अथाह।
केकरो लोकनिया बा लाखन करोड़वा के, केहू के भुलाइन बाटे हो राह।

गीत-3

तनी जाग हो जवान फूटपाथ के।
अजबे समइया बा गजबे त हाल बा
जेही विशकर्मा से ही फटेहाल बा
रचेला कंगूरवा से फूस खातिर छछनेला
तड़पेला एक मुठी भात के...तनी जाग।
झमझम-झमझम गावता बदरवा
तोहरो मेहरिया के तारेला अंचरवा
देखिले जुलूम बरसात के...जाग।
ए हो हनुमान बल आपन इयाद कर
छोड़ि द भरोसा भगवान के...तनी जाग।

परिशिष्ट-2

भाकपा माले द्वारा मारे गए लोगों की सूची, जिला भोजपुर।

क्र.	मृतक का नाम	ग्राम	थाना	उम्र	जाति	वर्ष
1.	दीपनारायण सिंह	आयर	जगदीशपुर	68	राजपूत	1968
2.	रामनाथ सिंह	एकवारी	सहार	65	भूमिहार	1969
3.	रामचन्द्र राय	नोनउर	सहार	70	भूमिहार	1970
4.	शिवपूजन सिंह	एकवारी	सहार	65	भूमिहार	1971
5.	जगदीश सिंह	एकवारी	सहार	40	भूमिहार	1971
6.	दुधन सिंह	एकवारी	सहार	40	भूमिहार	1971
7.	रामलखन राय	छोटकीखड़ांव	सहार	45	भूमिहार	1971
8.	सूर्यवंश पाण्डेय	कोनी	सहार	42	भूमिहार	1974
9.	रामलखन सिंह	तड़ारी	सहार	45	भूमिहार	1971
10.	कृष्ण नन्दन राय	तड़ारी	सहार	47	भूमिहार	1971
11.	तेजब्रत सिंह	एकवारी	सहार	72	भूमिहार	1972
12.	रामनाथ राय	चवंरी	सहार	50	भूमिहार	1972
13.	सीताराम सिंह	भटौली	संदेश	87	राजपूत	1972
14.	रामपति चौधरी	सुढ़नी	उदवंतनगर	72	भूमिहार	1972
15.	अवध राय	चंवरी	सहार	55	भूमिहार	1973
16.	कारू राय	चवंरी	सहार	60	भूमिहार	1973
17.	हरिद्वार सिंह	कौरनडिहरी	सहार	73	भूमिहार	1973
18.	जगदीश सिंह	हदियाबाद	जगदीशपुर	73	राजपूत	1973
19.	मुखिया का बेटा	हदियाबाद	जगदीशपुर	18	राजपूत	1973
20.	बैजनाथ सिंह	एकवारी	सहार	74	राजपूत	1974
21.	डिमरी सिंह	एकवारी	सहार	50	राजपूत	1974
22.	ढोढ़ा सिंह	एकवारी	सहार	60	राजपूत	1974
23.	जगन्नाथ तिवारी	कोनी	सहार	34	राजपूत	1974
24.	झूलन सिंह	बेरथ	सहार	46	राजपूत	1974
25.	अवध बिहारी सिंह	बरूही	सहार	35	भूमिहार	1974
26.	तपेश्वर सिंह	कौरनडिहरी	सहार	51	भूमिहार	1974
27.	रामदास राय	बंसीडिहरी	सहार	55	भूमिहार	1974
28.	थाना सिंह	आयर	जगदीशपुर	49	राजपूत	1972

29.	रामप्रसाद सिंह	नवादा	सहार	30	महतो	**1972**
30.	सुनिल कुमार	नवादा	सहार	60	महतो	**1972**
31.	तेतरा कुंअर	नवादा	सहार	60	महतो	**1972**
32.	निवास सिंह	बेरथ	सहार	50	राजपूत	**1974**
33.	भगत सिंह	बेरथ	सहार	60	राजपूत	**1974**
34.	रामानुज राय	बंसीडिहरी	सहार	25	भूमिहार	**1974**
35.	राजेन्द्र राय	वंसीडिहरी	सहार	28	भूमिहार	**1974**
36.	जमुना सिंह	अहिले	सहार	45	राजपूत	**1974**
37.	रामाधार चौबे	संदेश	संदेश	79	ब्राह्मण	**1974**
38.	सुरेन्द्र सिंह	फुलाड़ी	संदेश	40	भूमिहार	**1974**
39.	भवन सिंह	पवना	संदेश	46	राजपूत	**1974**
40.	शंकर सिंह	पवना	संदेश	48	राजपूत	**1974**
41.	बंशीधर पांडे	पांडेपुर	संदेश	65	ब्राह्मण	**1974**
42.	श्री सिंह	एकवारी	सहार	40	भूमिहार	**1974**
43.	बदरीसोनार	नवादा	सहार	40	भूमिहार	**1974**
44.	रामबहादुर सिंह	हदियाबाद	जगदीशपुर	47	राजपूत	**1974**
45.	बीरेन्द्र सिंह	एकवारी	सहार	40	भूमिहार	**1974**
46.	गतिराय	दुलमचक	सहार	49	भूमिहार	**1974**
47.	कुलशेखर राय	धनछुहा	सहार	45	भूमिहार	**1974**
48.	जंगबहादुर सिंह	जनकपुरिया	सहार	48	भूमिहार	**1974**
49.	नंद किशोर पाण्डेय	माधोपुर	सहार	45	ब्राह्मण	**1974**
50.	चन्द्रमा सिंह	माधोपुर	सहार	46	राजपूत	**1974**
51.	सूरज सिंह	जनकपुरिया	सहार	48	राजपूत	**1974**
52.	बलदेव सिंह	जनकपुरिया	सहार	40	राजपूत	**1974**
53.	रामदयाल सिंह	चिलहर	सहार	45	राजपूत	**1974**
54.	बीरबल पाठक	कमरिया	सहार	20	ब्राह्मण	**1974**
55.	रामस्वरूप	डिढुआ	सहार	70	भूमिहार	**1974**
56.	रामअवधेश सिंह	चिल्होस	संदेश	46	भूमिहार	**1974**
57.	सत्यनारायण सिंह	फुलाड़ी	संदेश	43	भूमिहार	**1974**
58.	रामबचन सिंह	फुलाड़ी	संदेश	65	भूमिहार	**1974**
59.	शिवाधार सिंह	फुलाड़ी	संदेश	48	भूमिहार	**1974**
60.	भूपनाथ पाठक	रामाषाढ़	संदेश	45	ब्राह्मण	**1974**
61.	केदार सिंह	आयर	जगदीश	55	राजपूत	**1975**
62.	हरिसिंह	आयर	जगदीशपुर	60	राजपूत	**1975**
63.	रामकृपाल सिंह	लिलारी	चरपोखरी	56	भूमिहार	**1976**
64.	मुंशी सिंह	एकवारी	सहार	40	भूमिहार	**1976**
65.	परमहंस सिंह	एकवारी	सहार	40	भूमिहार	**1976**

66.	गोपी पांडे	गोरपा	सहार	46	भूमिहार	1976
67.	अवधबिहारी पाण्डेय	गोरपा	सहार	50	भूमिहार	197
68.	जगन्नाथ पाण्डेय	गोरपा	सहार	48	भूमिहार	1976
69.	जगदीश पाण्डेय	गोरपा	सहार	47	भूमिहार	1976
70.	मनकू सिंह	बालाबोध	चरपोखरी	49	भूमिहार	1976
71.	कालिका राय	कसाप	उदवंतनगर	42	भूमिहार	1976
72.	सत्यनारायण सिंह	भदवर	कोइलवर	45	भूमिहार	1976
73.	श्री नाथ सिंह	पवना	संदेश	62	भूमिहार	1976
74.	नथुरी कहार	एकवारी	सहार	50	कहार	1977
75.	शिवलाख सिंह	बाघी	सहार	45	राजपूत	1977
76.	रामप्रवेश सिंह	सेवंथा	सहार	60	राजपूत	1977
77.	नारायण राय	बंसीडिहरी	सहार	58	भूमिहार	1977
78.	फूलनलाल	पतरिया	सहार	45	कायस्थ	1977
79.	रामवृक्ष सिंह	सिकरहटा	तड़ारी	61	भूमिहार	1977
80.	सकलदीप सिंह	सिकरहटा	तड़ारी	49	भूमिहार	1977
81.	नथुनी सिंह	एकवारी	सहार	60	भूमिहार	1977
82.	भोलायादव	नवादा	सहार	55	यादव	1977
83.	बदरी यादव	नवादा	सहार	45	यादव	1977
84.	रमेश लाल उर्फ गुलाब	नवादा	सहार	48	कायस्थ	1977
85.	सूरज तेली	नवादा	सहार	50	तेली	1977
86.	मदनराय	कोनी	सहार	48	भूमिहार	1977
87.	अवधेश राय	कोनी	सहार	45	भूमिहार	1977
88.	सफीक मियां	नोनउर	सहार	55	मुस्लिम	1982
89.	ईश्वरदत्त सिंह	नोनउर	सहार	56	भूमिहार	1983
90.	माधो राय	धर्मपुर	सहार	35	भूमिहार	1984
91.	राम राय	धर्मपुर	सहार	42	भूमिहार	1984
92.	भादा गोसाई	सहंगी	जगदीशपुर	50	गिरी	1983
93.	साधुजी	सहंगी	जगदीशपुर	50	ब्राह्मण	1981
94.	दुधेश्वर राय	बरूही	जगदीशपुर	60	भूमिहार	1984
95.	विश्वनाथ राय	बरूही	जगदीशपुर	44	भूमिहार	1984
96.	इन्द्रदेव राय	बरूही	जगदीशपुर	35	भूमिहार	1984
97.	हीरा राय	बरूही	जगदीशपुर	46	भूमिहार	1984
98.	जीतन राय	बरूही	जगदीशपुर	47	भूमिहार	1984
99.	सीताराम सिंह	भटौली	संदेश	56	राजपूत	1987
100.	उमा सिंह	एकवारी	सहार	40	भूमिहार	1988
101.	ज्वाला सिंह	एकवारी	सहार	36	भूमिहार	1989

102.	पुकार सिंह	एकवारी	सहार	40	भूमिहार	1989
103.	टेंगरी सिंह	नोनउर	सहार	48	भूमिहार	1990
104.	अशोक सिंह	एकवारी	सहार	35	भूमिहार	1992
105.	सुनील सिंह	एकवारी	सहार	25	भूमिहार	1992
106.	टेंगर सिंह	एकवारी	सहार	28	भूमिहार	1992
107.	भरत सिंह	एकवारी	सहार	20	भूमिहार	1992
108.	चन्देश्वरी राय	नाढ़ी	सहार	35	भूमिहार	1992
109.	कटेश्वर यादव	नोनउर	सहार	37	यादव	1992
110.	जालिम सिंह	इचरी	जगदीशपुर	39	राजपूत	1993
111.	सुरेश हजाम	बरूही	सहार	40	नाई	1993
112.	रामलोचन सिंह	इचरी	जगदीशपुर	45	राजपूत	1993
113.	वृंदानन्द सिंह	इचरी	जगदीशपुर	50	राजपूत	1993
114.	आनन्द बिहारी सिंह	देवडाढ़	जगदीशपुर	40	राजपूत	1992
115.	शिवशंकर सिंह	देवडाढ़	जगदीशपुर	40	राजपूत	1992
116.	बाढ़ू चौधरी	बेलाउर	उदवन्तनगर	30	भूमिहार	1994
117.	रामस्वरूप सिंह	डीढुआ	सहार	65	भूमिहार	1978
118.	अरथा सिंह	बिहटा	तड़ारी	50	राजपूत	1989
119.	राजेश सिंह	बिहटा	तड़ारी	18	राजपूत	1989
120.	बुआइ सिंह	बिहटा	तड़ारी	40	राजपूत	1989
121.	साधु सिंह	बिहटा	तड़ारी	45	राजपूत	1989
122.	सुधा सिंह	बिहटा	तड़ारी	18	राजपूत	1989
123.	गोपाल सिंह व उनके भाई''		सहार	50-45	राजपूत	1989
124.	बबन सिंह	बिहटा	सहार	38	राजपूत	1994
125.	ज्वाला सिंह	बिहटा	तराड़ी	50	राजपूत	1994
126.	राम अयोध्या यादव	महुली टोला	कोशडीहरा संदेश	32	यादव	1994
127.	मुन्ना सिंह	हदियाबाद	जगदीशपुर	22	राजपूत	1994
128.	अज्ञात	मदुरा	जगदीशपुर	55	भूमिहार	1996
129.	शिवाजी सिंह	एकवारी	सहार	45	भूमिहार	1995
130.	अजित सिंह	एकवारी	सहार	30	भूमिहार	1995
131.	ब्रजनंदन राय	एकवारी	सहार	25	भूमिहार	1995
132.	बलि सिंह	एकवारी	सहार	50	भूमिहार	1995
133.	कुमार बढ़ई	एकवारी	सहार	45	भू बढ़ई	1995
134.	राजमुनी राय	कनपहरी	सहार	45	भूमिहार	1995
135.	प्रमोद पांडे	चासी	सहार	35	भूमिहार	1995
136.	रामनेवास राय	चासी	सहार	35	भूमिहार	1995
137.	रामकिशोर राय	बरूही	सहार	35	भूमिहार	1995

138.	सुरेस पांडे	इमादपुर	तड़ारी	39	भूमिहार	1995
139.	रामाकान्त पांडे	इमादपुर	तड़ारी	35	भूमिहार	1995
140.	केसव राय	कथराई व	पोखरा	46	भूमिहार	1995
141.	उमेश चौधरी	बेलाउर	उदवंतनगर	20	भूमिहार	1995
142.	युगेश्वर राय	बरतियर	संदेश	36	भूमिहार	1995
143.	भूअर सिंह	मुरनी	उदवंतनगर	38	भूमिहार	1995
144.	अजय सिंह	सलेमपुर	संदेश	20	भूमिहार	1995
145.	सत्यनारायण सिंह	पवार	संदेश	48	राजपूत	1995
146.	जंगलधारी राय	नाढी	सहार	35	भूमिहार	1996
147.	विमलेश राय	नाढी	सहार	45	भूमिहार	1996
148.	बालेश्वर राय	नाढी	सहार	50	भूमिहार	1996
149.	मंढ राय	नाढी	सहार	15	भूमिहार	1996
150.	रामायण राय	नाढी	सहार	45	भूमिहार	1996
151.						
152.	महेन्द्र राय	नाढी	सहार	40	भूमिहार	1996
153.	राजेन्द्र राय	नाढी	सहार	45	भूमिहार	1996
154.	राधा पंसारी	बड़गांव	सहार	55	पंसारी	1996
155.	धरीक्षण राय	बरूही	सहार	45	भूमिहार	1996
156.	जनमेजय राय	बरूही	सहार	24	भूमिहार	1996
157.	ललन राय	बागर	तड़ारी	48	भूमिहार	1996
158.	दूवारिका सिंह	आयर	जगदीशपुर	40	राजपूत	1996
159.	दीनानाथ पाण्डेय	दिउल	जगदीशपुर	39	भूमिहार	1996
160.	कौशल राय	नोनउर	सहार	40	भूमिहार	1996
161.	त्रियुगी नारायण सिंह	नोनउर	सहार	42	भूमिहार	1996
162.	कमला सिंह	एकवारी	सहार	80	भूमिहार	1996
163.	बृजविहारी राय	चवंरी पतलपुरा	सहार	42	भूमिहार	1996
164.	कमला राय	चवंरी	सहार	35	भूमिहार	1996
165.	बृजबिहारी राय	पतलपुरा	सहार	46	भूमिहार	1996
166.	श्याम देव राय	पतलपुरा	सहार	60	भूमिहार	1996
167.	केशो सिंह	बड़की खड़ांव	सहार	47	राजपूत	1996
168.	सांता सिंह	बड़की खड़ांव	सहार	47	राजपूत	1996
169.	सत्यनारायन सिंह	छोटकी खड़ांव	सहार	50	भूमिहार	1996
170.	लोकनाथ सिंह	नोनउर	सहार	57	भूमिहार	1996
171.	राजेश राय	धर्मपुरा	सहार	18	भूमिहार	1996
172.	सुरेन्द्र शर्मा	धनछुहां	सहार	36	भूमिहार	1996
173.	श्रीभगवान पाण्डेय	चासी	सहार	53	भूमिहार	1996
174.	विरेन्द्र राय	बागर	तराड़ी	53	भूमिहार	1996

175.	सुरेन्द्र कुमार उर्फ सियाराम	बागर	तराड़ी	45	भूमिहार	1996
176.	अभिराम राय	मदुनपुर	चरपोखरी	55	भूमिहार	1996
177.	चंद्रमा राय	सलेमपुर	संदेश	32	भूमिहार	1996
179.	सिद्देश्वर मिश्रा	सोन वर्षा	चरपोखरी	37	भूमिहार	1995
180.	शंख सिंह	एकवारी	सहार	70	भूमिहार	1996
181.	मुन्द्रिका पासवान	आयर	जगदीशपुर	50	दूसाध	1997
181.	केशो राम	नरौनी	पवना	—	हरिजन	1997

वर्ष-1997-78

भाकपा माले उग्रवादी द्वारा मारे गए मृतक किसानों की सूची, जिला भोजपुर।

क्रमांक	मृतक का नाम	ग्राम	प्रखण्ड	जाति
182.	हिरामन यादव	भटौली	संदेश	यादव
183.	नवल किशोर राय	कुर्मीचक	सहार	कुर्मी
184.	देव नारायण राय	कुर्मीचक	सहार	कुर्मी
185.	दिनेश शर्मा	बगवां	गड़हनी	बढ़ई
186.	शैलेन्द्र महतो	उदवंतनगर	उदवंतनगर	महतो
187.	राजेन्द्र सिंह	एकवारी	सहार	भूमिहार
188.	राम निवास चौधरी	बेलाउर	उदवंतनगर	भूमिहार
189.	नागा मिश्रा	कल्याणपुर	चरपोखरी	ब्राह्मण
190.	बबन चौधरी	बेलाउर	उदवंतनगर	भूमिहार
191.	अरविन्द कुमार राय	बरूही	सहार	भूमिहार
192.	बउल राय	बरूही	सहार	भूमिहार
193.	बिजेन्द्र राय	कुर्मीचक	सहार	कुर्मी
194.	कमला देवी	चासी	सहार	भूमिहार
195.	राम कुमार सिंह	कौरनडिहरी	सहार	भूमिहार
196.	राणा सिंह	हेतमपुर	जगदीशपुर	राजपूत
197.	रेगनी पाण्डे	भैरोडीह	चरपोखरी	भूमिहार
198.	राकेश पांडे	भैरोडीह	चरपोखरी	भूमिहार
199.	रमाकांत पाण्डेय	भैरोडीह	चरपोखरी	भूमिहार
200.	मिथिलेश राय	सखुआ	उदवंतनगर	भूमिहार
201.	भरत सिंह	एकवारी	सहार	भूमिहार
202.	युगेश्वर सिंह	भटौली	संदेश	राजपूत
203.	अजय सिंह	एकवारी	सहार	भूमिहार
204.	जयमंगल सिंह	बरौली	पीरो	राजपूत

स्रोत :1. रणवीर सेना के सूत्र

2. भोजपुर: नक्सलिज्म इन द प्लेनस ऑफ बिहार, लेखक—कल्याण मुखर्जी, राजेन्द्र यादव,

3. विभिन्न पत्र-पत्रिकाएं।

परिशिष्ट-3

भाकपा (माले) लिबरेशन द्वारा लगायी गयी आर्थिक नाकेबंदी के तहत किसानों की सूची एवं जमीन का ब्यौरा, जिला–भोजपुर

क्र.	कृषक का नाम	ग्राम	अंचल	जाति	वर्ष	बिगहा
1.	छेदी सिंह	भटौली	संदेश	राजपूत	1995	7
2.	युगेश्वर सिंह	भटौली	संदेश	राजपूत	1995	3
3.	जानर्दन राय	बरतियर	संदेश	भूमिहार	1995	2
4.	स्व. जुगेश्वर राय	बरतियर	संदेश	भूमिहार	1995	7
5.	भुनेश्वर राय	बरतियर	संदेश	भूमिहार	1995	85
6.	ब्रह्मेश्वर सिंह	खोपिरा	संदेश	भूमिहार	1995	8
7.	नन्दजी सिंह	खेपिरा	संदेश	भूमिहार	1995	10
8.	भिखारी सिंह	खोपिरा	संदेश	भूमिहार	1995	6
9.	मुनी सिंह	पवार	संदेश	राजपूत	1995	16
10.	देवकुमार सिंह	तिर्थकौल	संदेश	राजपूत	1995	11
11.	देवेन्द्र सिंह	तिर्यकौल	संदेश	राजपूत	1995	11
12.	शत्रुघ्न सिंह	रेपुरा	संदेश	भूमिहार	1995	8
13.	चन्द्रदेव सिंह	रेपुरा	संदेश	भूमिहार	1995	5
14.	रामलीला सिंह	सलेमपुर	संदेश	भूमिहार	1995	7
15.	नरेन्द्र सिंह	खोपिरा	संदेश	भूमिहार	1995	3
16.	धरीक्षन सिंह	बेलाउर	उदवंतनगर	भूमिहार	1995	10
17.	जनेश्वर चौधरी	बेलाउर	उदवंतनगर	भूमिहार	1995	7
18.	शिवनरायण चौधरी	बेलाउर	उदवंतनगर	भूमिहार	1995	5
19.	भगवान सिंह	मोरथ	संदेश	राजपूत	1995	7
20.	शत्रुघ्न सिंह	मोरथ	संदेश	राजपूत	1995	5
21.	संजय सिंह	इचरी	जगदीशपुर	राजपूत	1995	20
22.	उमेश सिंह	इचरी	जगदीशपुर	राजपूत	1995	5
23.	गणेश सिंह	परसिया	जगदीशपुर	भूमिहार	1995	4
24.	शिवशंकर मिश्रा	परसिया	जगदीशपुर	भूमिहार	1995	5
25.	गुप्तेश्वर सिंह	इचरी	जगदीशपुर	राजपूत	1995	9

26.	प्रमोद सिंह	लहठान	पीरो	राजपूत	1995	5
27.	उदयप्रताप सिंह	गंगापुर	जगदीशपुर	राजपूत	1995	8
28.	गांधी भट्ट	बालाबांध	चरपोखरी	राजपूत	1995	5
29.	कमलेश भट्ट	बालाबांध	चरपोखरी	राजपूत	1995	3
30.	हरिद्वार सिंह	लिलारी	जगदीशपुर	राजपूत	1995	6
31.	दिलकेश्वर सिंह	लिलारी	जगदीशपुर	राजपूत	1995	6
32.	गोपाल सिंह	जगदीशपुर	राजपूत	1995	1995	9
33.	अयोध्या सिंह	इटौर	जगदीशपुर	भूमिहार	1995	11
34.	रामनगिना सिंह	इटौर	चरपोखरी	भूमिहार	1995	20
35.	श्रीमननारायण राय	कौरनडिहरी	सहार	भूमिहार	1995	6
36.	विश्वनाथ राय	कौरनडिहरी	सहार	भूमिहार	1995	5
37.	सेवक पाण्डेय	कौरनडिहरी	सहार	भूमिहार	1995	4
38.	बृजभूषण मिश्रा	सोनवर्षा	चरपोखरी	भूमिहार	1995	3
39.	मुस्मात रेनु	कौरनडिहरी	सहार	भूमिहार	1995	6
40.	अलखदेवराय	गुलजारपुर	सहार	भूमिहार	1995	3
41.	रामनाथराव	सहार	भूमिहार	राजपूत	1995	3
42.	ललनराव	सहार	भूमिहार	राजपूत	1995	3
43.	वींदेश्वरीराव	सहार	भूमिहार	राजपूत	1995	6
44.	गुदन राय	गुलजारपुर	सहार	भूमिहार	1995	3
45.	अवधिंबिहारी सिंह	नोनउर	सहार	भूमिहार	1995	7
46.	सचिता सिंह	नोनउर	सहार	भूमिहार	1995	8
47.	विजय सिंह	नोनउर	सहार	भूमिहार	1995	12
48.	चान्दकेशवर सिंह	बरूही	सहार	भूमिहार	1995	4
49.	रामायण राय	बरूही	सहार	भूमिहार	1995	7
50.	रामउग्रहराय	नाढ़ी	सहार	भूमिहार	1995	6
51.	परमहंश राय	नाढ़ी	सहार	भूमिहार	1995	5
52.	धर्मदेवराय	नाढ़ी	सहार	भूमिहार	1995	9
53.	पुकार राय	नाढ़ी	सहार	भूमिहार	1995	6
54.	सिद्धि राय	मोदाफरपुर	सहार	भूमिहार	1995	5
55.	श्री भगवान सिंह	ब्रह्मपुर	सहार	भूमिहार	1995	2
56.	केदार राय	चासी	सहार	भूमिहार	1995	10
57.	रामायण राय	चासी	सहार	भूमिहार	1995	5
58.	जितेन्द्र ओझा	ओझवलिया	सहार	ब्राह्मण	1995	2
59.	लक्ष्मीनारायण राय	पतलपुरा	सहार	ब्राह्मण	1995	5
60.	गंडा सिंह	एकवारी	सहार	भूमिहार	1995	3
61.	गांधी जी	एकवारी	सहार	भूमिहार	1995	10
62.	भूषण सिंह	एकवारी	सहार	भूमिहार	1995	7

63.	सुदर्शन सिंह	एकवारी	सहार	भूमिहार	1995	5
64.	केदार सिंह	एकवारी	सहार	भूमिहार	95/96	20
65.	गुप्तेश्वर सिंह	बड़की खड़ांव	सहार	राजपूत	95/96	10
66.	स्व. ज्वाला सिंह	बिहटा	तड़ारी	राजपूत	95/96	50
67.	गुप्तेश्वर सिंह	करथ	तड़ारी	राजपूत	95/96	10
68.	झकड सिंह	जनकपूरिया	तड़ारी	राजपूत	95/96	10
69.	अक्षयवट सिंह	पनमारी	तड़ारी	राजपूत	95/96	3
70.	कामेश्वर राय	निर्भयडिहरा	तड़ारी	भूमिहार	95/96	10
71.	रामप्रवेशराय	निर्भयडिहरा	तड़ारी	भूमिहार	95/96	8
72.	संटूसिंह	डूमरीया	तड़ारी	भूमिहार	95/96	15
73.	भोला सिंह	ईमादपुर	तड़ारी	भूमिहार	95/96	15
74.	बेलभद्र पांडे	ईमादपुर	तड़ारी	भूमिहार	95/96	6
75.	रामाधार पांडे	ईमादपुर	तड़ारी	भूमिहार	95/96	8
76.	राधेश्याम पांडे	ईमादपुर	तड़ारी	भूमिहार	95/96	7
77.	मन्टु सिंह	एडौरा	उदवन्तनगर	राजपूत	1986 से अभी तक	15
78.	दमोदर सिंह	एकवारी	सहार	भूमिहार	95 से 96	6
79.	देवनन्दन सिंह	एकवारी	सहार	भूमिहार	95 से 96	8
80.	रामप्रसाद सिंह	एकवारी	सहार	भूमिहार	95 से 96	9
81.	चितरंजन सिंह	लिलारी	चरपोखरी	राजपूत	95 से 96	7
82.	अवधकुमार सिंह	पनवारी	तड़ारी	राजपूत	95 से 96 तक	9
83.	रंजनधारी सिंह	नोनउर	सहार	भूमिहार	1994	1
84.	रामधारी राय	बंसीडिहरी	सहार	भूमिहार	1993-94	1
85.	डिहरी चौधरी	सुंढ़नी	उदवन्तनगर	भूमिहार	1993	5
86.	गोपाल सिंह	लिलारी	चरपोखरी	राजपूत	1994	8
87.	बिरहबहादुर सिंह	नरौनी	संदेश	राजपूत	1996	6
	योग					664

स्रोत : 1. रणवीर सेना 2. स्थानीय लोग

नोट : जमीन का रकबा पारिवारिक नहीं, व्यक्तिगत है। पारिवारिक जमीन का रकबा इससे काफी बड़ा है। दरअसल सीलिंग एक्ट (हदबंदी कानून) से बचने के लिये परिवार के सभी सदस्यों के नाम पर जमीन का कानूनी बंटवारा कर दिया जाता है।

परिशिष्ट-4 (क)

अभी तो यह अंगड़ाई है, आगे और लड़ाई है।
माले-पुलिस में है गठजोड़ कर दो उनका भंडाफोड़।।

पुलिस जुल्म एवं माले की गुंडागर्दी के खिलाफ दिनांक 5.7.1995 को 11 बजे दिन में भारी जन प्रदर्शन हेतु आरा वीर कुंवर सिंह मैदान (रमना) चलें।

विशाल किसान रैली

बन्धुओं!

"किसने कहा पाप है, समुचित न्याय प्राप्ति हित लड़ना?
उठा खड्ग रण में निर्भय हो, अभय मारना मरना?

आज जिस जुल्म-सितम की कहानी मैं आपको सुनाने जा रहा हूं, वह कहानी गुलाम भारत के इतिहास में भी शायद ही घटित हुई होगी?

भोजपुर जिले के किसान करीब दो दशकों से नक्सलियों के संगठित गिरोह द्वारा फैलाये जा रहे आतंक से त्रस्त हैं। अपने 'आतंक साम्राज्य' का राजा बनने के लिए इन लोगों ने बलात्कार हत्या, चोरी-डकैती से लेकर अपहरण, फसल लूट और आगजनी जैसे कुकृत्यों का हथियार प्रयोग में लाने से हिचके नहीं। इनके विनाशकारी बर्बर कार्यों से उबकर 'रणवीर किसान महासंघ' ने किसानों को आत्म रक्षार्थ खड़ा करना शुरू किया। अत्याचारी दुराचारी के कुकर्मों की कलई जब समाज के बीच खुली तो परिणामस्वरूप 'किसानी एकता' का महल तैयार हुआ। हर किसान के मुंह से एक ही वाणी निकली–

फसल लूट की छूट नहीं
किसानों में टूट नहीं!
जले अगर खेत
तो माले हो जाओगे रेत!!

'किसानी क्रांति' के बढ़ते शक्ति से आकुल-व्याकुल 'माले' ने अपने मौसेरे-चचेरे चोर भाई प्रशासन से 'अन्याय रक्षार्थ' गुहार किया–

''सब राक्षसों का हो रहा मरण
नींद से जागो बचाओ कुम्भकरण ॥''

फिर क्या? माले बंधु सुनील कुमार एस. पी. ने तत्काल उत्तरदायित्व की वर्दी उतार फेंकी और मोल मैत्री की वर्दी में सुसज्जित हो, युद्ध का सेनापति बन बेलाउर खोपिरा, एकवारी एवं गुलजारपुर की धरती पर उतरे। सेनापति एस.पी. ने विवेक की सारी सीमाओं को लांघकर आजाद भारत में पुलिसिया कुकृत्यों के इतिहास में अपना नाम 'रौशन' किया। निरीह बेकस किसानों को रायफल के कूंदों से पीटा गया। कोमल प्यारे बच्चों को बूटों से रगड़ा गया, अपने समाज की पूज्या माताओं-बहनों पर डंडे बरसाये गए तथा भद्दी-भद्दी गालियां दी गयीं, साथ ही हाथ-पैर तोड़े गये। इतना ही नहीं अपने विजयी अभियान के तहत एस.पी. ने उस समय अपनी बहादुरी को पराकाष्ठा पर पहुंचाया जब बेलाउर के मंदिर पुजारी बेकस, निरीह, सीधा-सादा इंसान भुनेश्वरी चौधरी को पकड़कर हाथों को रस्सियों में जकड़ रीसाला के घोड़े में बांध बीच सड़क पर खिचवाया, फिर बेहोशी की हालत में 'मालेमित्र' कुम्भकरण अवतार 'एस.पी.' ने अपने आदेश से घोड़े के टाप से कुचलकर श्री भुनेश्वरी चौधरी को 'स्वर्गीय बनाया तथा पोस्टमार्टम रिपोर्ट के तथ्यों को बदलवाने का भरपूर प्रयत्न किया परंतु जनता की आवाज के सामने विफल रहा। बेचारे भुनेश्वरी चौधरी का कसूर सिर्फ इतना भर था कि–उनका जन्म उच्च वर्ग में हुआ था तथा संयोग से बेलाउर गांव में। आजाद भारत में जाति के नाम पर मौत का पैगाम लिखने वाला एस.पी. यह भूलने का काम किया कि दूसरे समाज में भी एस.पी., डी.एम. एवं अन्य उच्च पदों पर लोग आसीन है और अगर वे भी सामाजिक उत्तरदायित्व को भूल जाएंगे तो कौन-सा वर्ग संघर्ष पैदा होगा? ऐ माले रूपी रावण के अनुज कुम्भकरण एस. पी. उस दिन तेरा न्यायवादी पुलिस कारवाई कहां थी जिस दिन लहठान निवासी श्री नागेन्द्र सिंह जैसे शरीफ व्यक्ति की हत्या बस से खींचकर बरौली गांव के निकट की गयी। वह कौन-सा वर्ग संघर्ष का सिद्धांत है? खोपिरा में खेत जले, एकवारी में में खलिहान लूटा गया–यह कौन सा सवर्ण सामंती धाक की चाक है? वैसे भोजपुर जिला आपके इस कुकृत्य को अच्छी तरह जानता है कि 'बारा (गया) में अगड़ी जातियों से हथियार जमा करा के सुनियोजित नरसंहार करवाया गया। भोजपुर में आपके हृदय में ऐसी ही नरसंहार की तमन्ना पल रही है। तभी तो हम अपनी जान, इज्जत, स्मिता के रक्षार्थ गोलबंद हुए तो वर्ग संघर्ष आपकी आंखों में झलकने लगा क्यों?

''देख लेना वो भी दिन आ जाएगा
लूटने वालो को लूटा जाएगा
आओ तूफान से टकराते चलें
बाद में जो होगा, देखा जाएगा।''

राष्ट्रीय विकास की चक्की चलाने वाले पदाधिकारियों से हम जानना चाहते हैं कि माले के लूट खसोट एवं अत्याचार के चलते आज भोजपुर **जिले में 4090 बिगहा जमीन परित रह गया, करीब 600 विगहे में खड़ी फसल** लूटी गयी—यह कौन-सा राष्ट्रीय विकास के दायरे में आता है? अगर विकास के दायरे में नहीं आता तो विनाश का खेल प्रशासन के सह के बिना ही खेला जा रहा है?

जब से इस एस.पी. ने भोजपुर की धरती पर पांव रखा, तब से फसल लूट, खलिहानों में आगजनी, हत्या, बलात्कार, डकैती, चोरी, आगजनी की घटनाएं आकाश छू रही हैं। जाति की हवा देकर किसान-मजदूर भाइयों में दूराव फैलाने का सुनियोजित षड्यंत्र चलाया जा रहा है तभी तो खड़ांव गांव में किसान-मजदूरों के विवाद समाप्त कराने वाला लोहार जाति के लड़के को माले विरोधी करार देकर माले द्वारा उसकी हत्या की गयी और दोष अगड़ी जाति के माथे मढ़ने का प्रयास किया गया पर समय रहते शैतान की शैतानी की कलई खुल गयी। वैसे भी प्रशासन का पैसा कमाने का खेत 'विवाद की अवस्था' में ही हरियाली पाता है वरना आमदनी का श्रोत मुरझा जाते हैं।

''बैकवर्ड हो या फारवर्ड हो, हिंदू हो या मुसलमान
आपस में हम संयम बरतें, एक ही है मजदूर किसान॥''

आज पूरे भोजपुर में हजारों मुकदमें फसल लूट, आगजनी, हत्या एवं चोरी के संबंध में दर्ज हैं परंतु उल्टे फसल गवांने वाले किसानों को ही जुल्मी करार दिया जा रहा है। आज खोपिरा के खलिहानों को अग्नि के हवाले किया गया। गेहूं की कटनी काटने गए किसान को गोली मारी गयी। बेलाउर में खड़ी फसल लूट ली गयी। गुलजारपुर एवं एकवारी में गेहूं की कटनी नहीं हो सकी, फसल खेत में झड़ गये इसके लिए जवाबदेह कौन है?

फसलों को लूटना, जलाना कौन-सा क्रांति का संविधान है? और जब 'ईंट का जवाब पत्थर' से मिलने लगा तो जनाब की बेचैनी कैसे बढ़ गयी।

बंधुओं,

सजगता की हवा तूफान बन चली है। अब माले रूपी मैला एवं उसके छैला का खात्मा तय है।

अतः माले के उत्पीड़न के खिलाफ, भोजपुर एस.पी. के जातिवादी एवं पक्षपात पूर्ण रवैया का भंडाफोड़ करने के लिए दिनांक 5.7.1995 को आरा बीर कुंवर सिंह मैदान में हम भारी जन जुटाव करने जा रहे हैं ताकि गुंडों चोर भाइयों को शरीफ

किसानों की शक्ति का अहसास कराया जा सके।

अतः आप 5.7.1995 को 11 बजे दिन में स्त्री-पुरुष, बुढ़ा-नौजवान, बच्चा सयाना भारी से भारी संख्या में किसानी शक्ति के प्रदर्शन हेतु इकट्ठे हों।

"लूट रहे खेत, जल रहे खलिहान।
परदे के ओट से खेल खेल रहे अफसरान।।
समय आ गया किसानों सम्भालो कमान।
हाथ में जुआठ उठा दिखालाओ किसानी पहचान।।

—निवेदक
रणवीर किसान महासंघ

नोट : पर्चे में वर्णित एस.पी. सुनील कुमार दलित जाति के हैं।

परिशिष्ट-4 (ख)

नाढ़ी नरसंहार के प्रणेता भाकपा माले की राजनैतिक मान्यता समाप्त करने के लिए आवाज बुलंद करें।

माले का शांति मार्च एक और नरसंहार की तैयारी

''साफ-साफ भाषण है मेरा, करतूतें सब काले
हत्या लूट की पार्टी मेरी, नाम पड़ा है माले।''

बंधुओं!

नरभक्षी भेड़िया का बल थक गया। नित्य नये नये मानवों का खून पीने वाला आज पानी के लिए तरसने लगा। जिसके एक मुस्कान पर सैकड़ों निरीहों की हत्या हो जाती थी, जिसकी एक गुर्राहट पर धरती कांप जाती थी, आज उसी को धरती पर छिपने की जगह नहीं मिल रही है। नेताजी को लात-घूसा और जूता का इनाम समाज सरेआम देने लगा है। सारे अनूठे प्रचारतंत्र असफल हो गये। लोग इस सच्चाई को जान गये कि गरीबों के रहनुमा 'माले' की आदत खून पीने की है। वह अपनी इस हवस की पूर्ति के लिए किसी भी घर को नहीं बकसता। उसने बरूही के सुरेश ठाकुर की हत्या कर अपने नशा को बुझाया, उसने नवादा पतरिहा के संजय यादव के खून से अपने उन्मादी नशा को शांत किया। उसी गांव के तीन महतो की हत्या उसने की। बड़की खड़ांऊ के न्याय पसंद लोहार के लड़के की हत्या कर उसने अपना नशा शांत किया। संदेश थाने के विछिआंव गांव में बारह वर्षीय अबोध विद्यार्थी रामजी कहार की हत्या उन्मादी नशा तेज कराने के लिए हरेन्द्र महतो से करवाई। लेकिन कर्त्तव्यपरायण संदेश थाना प्रभारी मिश्रा जी ने 'माले नेता रामेश्वर प्रसाद के' झूठे तंत्र के नाटक का जब पर्दाफाश किया तो नरभक्षी भेड़िया का चाचा विधायक रामेश्वर लज्जित मुंह ले पटना भाग गया। कितनी हत्याओं को गिनाऊं गिनती में तो वर्षों लग जाएंगे। अतः यही जान लीजिए।

''फसल लूट, हत्या बलात्कारी के मार्क्स है सरदार
सत्य जान जनता है जागी, माले हुआ बेअसरदार।''

बंधु! लोकसभा में चौथे स्थान पर गिरने के बाद चिंतित नरभक्षी ने अपने धूर्त मंत्री

सियार से परामर्श किया। उसने डांट लगाते हुए एक नयी चाल बतायी। कुछ दिनों के लिए जनता का दिल जीतो। उसमें शांति का नगाड़ा बजाओ। तुम्हारा इन दिनों सभी उल्टा पड़ रहा है। राजपूत-भूमिहारों में विभाजन का खेल तुम नहीं जीत सके। चुनाव में वे साथ ही रहे। अब तुम भूमिहारों में संपन्न और गरीब का खेल खेलो। तुम पवन शर्मा को आगे कर शांति का गीता-पाठ लोगों में बांचो। फिर तुम भाषा घुमाकर कहना—भाइयों! मैंने नरहत्या छोड़ दी है। अतः आप स्वयं अपने मेमने को मेरे पास भेज दें ताकि मुझे पहले जैसा हत्या नहीं करनी पड़े। नशाबाज को नशा चाहिए। आप समझदार उसकी पूर्ति कर देंगे।...अब मैं हत्यारा थोड़े ही रहा।

''गरीबी मिटाने को खड़ा है गरीब 'माले' का बेटा
मेरे घर चांदी का बर्तन, सबके घर माटी का मेटा।''

बंधु!

किसान सदैव शांति में विश्वास करता है। भाकपा माले गांवों में शांति पहल हेतु अगर खुले मन से प्रयास करती तो सर्वत्र उसकी सराहना होती कारण कि उसने ही गांवों में अशांति का शंखनाद भी किया था। उसी नाद से विभिन्न कर्कश ध्वनियां गांवों में गुंजित हुई जैसे—फसल लूट, नाकेबंदी, आगजनी और हत्या। इसी ध्वनि ने किसानों को एकत्रित कर रणवीर सेना को जन्म दिया।

पवन शर्मा, रामनरेश राम और रामेश्वर प्रसाद आगर 'कालनेमी' बन किसानों की फसल लूट की योजना शांति मार्च में बनायेंगे तो जनता हुनमान बन उसका प्रतिफल उन्हें देगी। यह शंका की सुई उन पर इसलिए घूमती है कि वे अपने बयान में 'रणवीर सेना हथियार नहीं उठायेगी तो हम भी हथियार नहीं उठायेंगे, जैसी शर्त लगा चुके हैं। हथियार वाले उग्रवादी होते हैं, आप क्या हैं? राजैतिक पार्टी और हथियार उसकी राजनैतिक मान्यता के औचित्य के बारे में विरोधाभास पैदा करती है। इसलिए माले की मान्यता समाप्त कर उसे उग्रवादी संगठन घोषित किया जाना चाहिए। नाढ़ीकांड इसका पक्का उदाहरण है। यह बात एक राजनैतिक पार्टी को शोभा नहीं देती। हथियार की भाषा भारत के राजनीति में नहीं है। साथ ही आप फसल लूट नहीं करेंगे तो आपके खिलाफ कोई हथियार क्यों उठायेगा। आप अपने में सुधार करें, दूसरा स्वयं सुधर जाएगा। पापी माले अपने चरित्र से छिपी आज तक के बुराइयों को निकाल अगर भारतीय सामाजिक व्यवस्था को मजबूत करने आगे निकलेगी तो लोगों में खुशी ही होगी।

रणवीर सेना कोई आसमान से नहीं उतरी है वह जनता ही है। प्रशासन वालों। तुम जनता को बन्दी बनाते बनाते एक दिन उसके पैरों के बांदी हो जाओगे।

एक चेतावनी मैं संदेश के प्रखंड विकास पदाधिकारी को भी देना चाह रहा हूं कि

तुम माले वालों को ठेका देकर उनसे परसेन्टेज लेकर अपनी जेब भरते हो और वे उस पैसे से गोली खरीद किसानों पर चलाते हैं। अगर तुमने यह हरकत बंद नहीं की तो तुम्हें भी एक आंच झेलने को तैयार रहना होगा।

बंधुओं!

रणवीर सेना की लड़ाई हरिजनों से नहीं है, बल्कि हमारी लड़ाई गांवों को नरक बनाने वाले माले के व्यभिचारी, हत्यारे, बलात्कारी घरघुसना नेताओं से हैं।

रणवीर किसान महासंघ

परिशिष्ट-4 (द)

मान्यवर बंधुओं,

मातृत्व के प्यार से सराबोर मां वसुंधरा की गोद में दो भाईयों का जन्म हुआ। नाम पड़ा-किसान-मजदूर। दोनों के रगों में बहता एक ही ख़ून, दोनों का पथ 'कर्म का धर्म'। दोनों भाई आत्मीयता के प्रतिमूर्ति। किसान खेती के पावन पर्व 'समहुत' के दिन अपने बंधु 'मजदूर' के माथे पर पगड़ी बांध ललाट में रोली लगा हाथ में लाठी ले समाज को अन्न से भूखे नहीं मरने देने की प्रतिबद्ध महामंत्र दुहरा खेतों में जाते हैं। लहलहाते फसलों पर मजदूर भाई का हक चांदी के चंद मिलने वाले टुकड़ों की मजदूरी नहीं होती। बल्कि होती है पनपिअऊवा, बनउर जैसे मजदूरी के अतिरिक्त स्नेहित उपहार। दूसरे शब्दों में किसान का नाम मजूदर, हर मजूदर किसान।

परंतु पूर्व के डकैत, चोर, वर्तमान में चंदाखोर 'माले' समाज की पवित्रता को नफरत की लुकाठी से ध्वस्त कर रहे हैं। घर का घर जला, मन का प्यार गया। प्रबुद्ध चेतना को छलनी कर वे स्वार्थ की 'सीढ़ी' से पवित्रता के छत पर छलांग लगा लाल खूनों की बरसात से खेतों को सींचते रहे हैं। बिहटा, एकवारी, नोनउर, नाढ़ी, भटौली, बेरथ, बड़की खड़ाऊ, बरसात गुलजारपुर बेलाउर, खोपिरा, तीर्थ कौल में फसलों, को लूटा गया, खलिहानों में रखे फसलों को हवन सामग्री बनाया गया। मां की कोख सूनी हुई, पत्नी का सुहाग उजाड़ा, बाप का प्यार टूटा, भाई-भाई से छूटा। चंदा के व्यापार चलाने के लिए, सुरक्षा के नाम घरों में रंगरेलिया मनाने के लिए समाज के घटिया लोगों ने जमींन तैयार कर ली। भीतर की चीख आर्त बन मुखर हुआ। किसान-मजदूर संगठित हुए। खेत-खलिहान, ईज्जत एवं सम्मान के रक्षार्थ वे 'शांतिपूर्ण' क्रांति का शंखनाद किये। भाषण का जवाब भाषण, गोली का गोला, बेलाउर, गुलजारपुर भटौली उदाहरण बना।

बंधुओं। महाभारत का युद्ध प्रारंभ हुआ। सेनाएं सुसज्जित हुईं। कौरवी सेना में प्रशासन छल-छद्‌मी, प्रपंची, घमंडी, जातिवादी अफसर चोर बलात्कारी और पांडवी दल में केशव, अर्जुन और अभिमन्यु सच्चाई और ईमानदारी का रास्ता। बेकस और निरीह पर हाथ न उठाने का वादा, दुराचारी दुर्योधन को समूल मिटाने का संकल्प कर्म

धर्म पर अग्रसर बंधुओं से निवेदन है कि आप किसान सचमुच में मजदूर है तो अपनी खेतों की रोपनी अपनी पत्नी एवं बाल-बच्चों के साथ मिलकर करें। हिचक एवं लज्जा के झूठे आवरण उठाकर फेंक दें। अपने घर के एक बेटे को अभिमन्यु बनाने के लिए अर्पित करें, समाज कल्याण के लिए अर्पित करें।

किसान परिवार की सभी महिलाएं एवं बाल बच्चे साथ मिलकर खेतों में जरूर जाएं साथ ही अगली खेती की शुरुआत पर मनी बटइया या नगदी लगाने पर भी पूर्ण प्रतिबंध लगाया जा रहा है। हमारा समाज भी पूर्ण नाकेबंदी की घोषणा करते हुए आपको सचेत कर रहा है कि किसी माले सदस्यों से कटनी, रोपनी, दंवरी या अन्य किसी भी तरह का कोई दूसरा काम नहीं कराया जाए।

शादी एवं श्राद्ध में फिजूल खर्ची पर भी पूर्ण पाबंदी की घोषणा रणवीर किसान महासंघ के द्वारा किया जा रहा है। कारण कि फिजूल खर्ची एक सामाजिक समस्या ही नहीं बल्कि लकवा रोग बनकर विकास को बाधित करते हुए कर्ज में जन्म लेकर कर्ज से ही राम-नाम-सत्य होने की यात्रा करवा रहा है। अतः महासंघ ने दिनांक 5. 10.1994 को अपनी बैठक में यह निर्णय लिया है कि शादी के अवसर पर नाच-बाजा, लाउडस्पीकर, शामियाना आदि का साटा नहीं किया जाए। अपने ही भाई से दहेज में लिया गया पैसा ही माले वालों के घर जाकर हमारे लिए गोली बन रही है। अतएव जो बंधु नाच-बाजा लाउडस्पीकर का साटा कर लिए हैं उन्हें अविलंब लौटा दिया जाए। साथ ही वैवाहिक कार्यक्रम पर विशाल भोज का आयोजन नहीं किया जाए। इसके अलावा नशाखोरी पर भी पूर्ण प्रतिबंध की घोषणा पूर्व में ही की जा चुकी है। संघ कार्यकर्ता नशाखोरों को लाठी से पीट-पीटकर सुधारने की कोशिश करें।

बंधु! यह चुनावी घोषणा नहीं है। अपने समाज के जो व्यक्ति लीक से हटकर चलने की कोशिश करेंगे तो सबसे पहले उनका सामाजिक बहिष्कार एवं शादी ब्याह पर प्रतिबंध लगेगा। जरूरत पड़ने पर संघ के नियमों के तहत कठोर कर्रवाई भी की जाएगी।

रणवीर किसान महासंघ

परिशिष्ट–5

मध्य बिहार में हुए नरसंहारों की सूची (रणवीर सेना के जन्म से पहले)

क्रम	गांव	प्रखंड	जिला	तिथि	संख्या	द्वारा
1.	पिपरा	पुनपुन	पटना	फरवरी 1980	14	भूमि सेना
2.	दलेलचक-बघौरा	–	औरंगाबाद	मई 1987	42	एमसीसी
3.	लखावर	घोसी	जहानाबाद	26.3.1990	5	सामंतों के लठैत
4.	दरियापुर	मसौढ़ी	पटना	17.12.1990	4	किसान संघ
5.	तिसखोरा	मसौढ़ी	पटना	19.2.1991	14	किसान संघ
6.	देव-सहियारा	तड़ारी	भोजपुर	22.6.1991	14	भूस्वामियों के लठैत-किसान संघ
7.	सावनबिगहा	मखदुमपुर	जहानाबाद	21.9.1991		सवर्ण लिबरेशनफ्रंट
8.	करकटबिगहा	पालीगंज	पटना	22.9.1991	4	किसान संघ
9.	तीनडिहा	–	गया	30.9.1991	7	सनलाइट सेना
10.	मेन-बरसिम्हा	कुर्था	जहानाबाद	अक्टु.1991	9	सवर्ण लिबरेशन फ्रंट
11.	बारा	टेकारी	गया	12.2.1992	35	एमसीसी
12.	एकवारी	सहार	भोजपुर	12.9.1993	4	किसान संघ
13.	मैनीगढ़	करपी	जहानाबाद	6.4.1994	5	जद-एमसीसी
	मृतकों की कुल संख्या		**164**			

रणवीर सेना के जन्म के बाद हुए नरसंहार

क्रम	गांव	प्रखंड	जिला	तिथि	संख्या	द्वारा
1.	खोपिरा	संदेश	भोजपुर	29.4.1995	5	रणवीर सेना
2.	सरथुआं	उदवंतनगर	भोजपुर	25.7.1995	6	रणवीर सेना
3.	नूरपुर	बड़हरा	भोजपुर	5.8.1995	6	रणवीर सेना
4.	चांदी	चरपोखरी	भोजपुर	7.2.1996	4	रणवीर सेना
5.	पतलपुरा	सहार	भोजपुर	9.3.1996	3	रणवीर सेना
6.	नोनउर	सहार	भोजपुर	22.4.1996	5	रणवीर सेना
7.	नाढ़ी	सहार	भोजपुर	5.5.1996	3	रणवीर सेना

8.	नाढ़ी	सहार	भोजपुर	19.5.1996	3	रणवीर सेना
9.	मोरथ	उवदवंतनगर	भोजपुर	25.5.1996	3	रणवीर सेना
10.	बथानी टोला	सहार	भोजपुर	11.7.1996	21	रणवीर सेना
11.	पुरहरा	सहार	भोजपुर	25.11.1996	4	रणवीर सेना
12.	खनेट	संदेश	भोजपुर	12.12.1996	5	रणवीर सेना
13.	एकवारी	सहार	भोजपुर	24.12.1996	6	रणवीर सेना
14.	बागर	तड़ारी	भोजपुर	10.1.1997	3	रणवीर सेना
15.	माछिल	मखुदुमपुर	जहानाबाद	31.1.1997	4	रणवीर सेना
16.	हैबसपुर	बिक्रम	पटना	26.3.1997	10	रणवीर सेना
17.	आकोपुर	अरवल	जहानाबाद	28.3.1997	3	रणवीरसेना
18.	एकवारी	सहार	भोजपुर	10.4.1997	9	रणवीर सेना
19.	नगरी	चरपोखरी	भोजपुर	11.5.1997	10	रणवीर सेना
20.	खडासिन	करपी	जहानाबाद	2.9.1997	8	रणवीर सेना
21.	कटेसर नाला	करपी	जहानाबाद	23.11.1997	6	रणवीर सेना
22.	लक्ष्मणपुर-बाथे	अरवल	जहानाबाद	31.12.1997	59	रणवीर सेना
23.	ऐयारा-रामपुर	करपी	जहानाबाद	25.7.1998	3	रणवीर सेना
24.	शंकरबिगहा	अरवल	जहानाबाद	25.1.1999	23	रणवीर सेना
25.	नारायणपुर	मखदुमपुर	जहानाबाद	10.2.1999	12	रणवीर सेना
26.	सेंदानी	बेलागंज	गया	21.4.1999	12	रणवीर सेना
27.	सोनबरसा	चरपोखरी	भोजपुर	28.3.2000	3	रणवीर सेना
28.	चरपोखरी	नोखा	रोहतास	मई 2000	5	रणवीर सेना
29.	सेनारी	कुर्था	जहानाबाद	18.3.1999	34	एमसीसी
30.	मियांपुर	गोह	औरगांबाद	16.6.2000	33	रणवीर सेना
	मृतकों की कुल संख्या					**321**

बिहार में जातीय सेनाओं का इतिहास

सेना का नाम	**वर्ष**	**जाति**	**प्रभाव क्षेत्र**
किसान सुरक्षा समिति	1978	कुर्मी, भूमिहार	पटना, गया, जहानाबाद
भूमि सेना	1982	कुर्मी	पटना, गया, जहानाबाद, नालंदा
ब्रह्मर्षि सेना	1982	भूमिहार	पटना, गया, जहानाबाद
लोरिक सेना	1983	यादव	पटना, गया, जहानाबाद, नालंदा
कुंवर सेना	1985	राजपूत	भोजपुर
किसान संघ	1989	यादव, भूमिहार, राजपूत	पटना, भोजपुर

सनलाइट सेना	1989	राजपूत, पठान	पलामू, गया
सवर्ण लिबरेशन फ्रंट	1990	भूमिहार	जहानाबाद, गया
गंगा सेना	1993	राजपूत	भोजपुर (उत्तरी इलाका)
रणवीर सेना	1994	भूमिहार, राजपूत	भोजपुर, पटना, गया, जहानाबाद, औरंगाबाद

***स्रोत** : विभिन्न पत्र-पत्रिकाएं एवं हिंसा में शामिल विभिन्न संगठनों के नेताओं / कार्यकर्ताओं के साथ बातचीत*

नोट : रणवीर सेना को छोड़कर सभी सेनाएं समाप्त हो चुकी हैं और उनके बचे-खुचे सदस्य रणवीर सेना में शामिल हो गए हैं।

परिशिष्ट-6 (क)

तीर्थकौल सभा

I.P.F. गुंडा हत्यारों से लड़ने तीर्थकौल चलें
आतंकवाद के खिलाफ शरीफ जनों की शक्ति प्रदर्शन होने जा रहा है।

भाइयों,

आज प्रताप के भाले की धार एवं चेतक के वेगवति तूफान को चोर डकैत, राष्ट्रदोही हत्यारे, बलत्कारी एवं किसान-मजदूरों का शोषण करने वाले चंदाखोर लाश की राजनीति करने वाले I.P.F. रंगदारों ने ललकारा है। लेकिन ललकारने वाले ये भूल गये कि संदेश का चितौड़गढ़ तापा क्षेत्र न्याय, अहिंसा एवं मानवीय मूल्यों की रक्षा के लिए घास की रोटी खा सकता है, सोतो का पानी पीकर जी सकता है परंतु अत्याचारियों के गलत मनसूबे को बर्दाश्त नहीं कर सकता। तुम एक अच्छे नेक इंसान ज्वाला सिंह की हत्या करके फूले नहीं समा रहे हो कि तुमने नेकनियती की हत्या कर दी। हत्या मान सिंह की हो सकती है लेकिन प्रताप की हत्या न किसी युग में हुई थी और न हो सकती है। तुम एक अच्छे नेक इंसान जवाला सिंह की हत्या करके फूले नहीं समा रहे हो कि तुमने नेकनियतो की हत्या कर दी। हत्या मान सिंह की हो सकती है, प्रताप की हत्या न किसी युग में हुई है नहीं हो सकती है। ज्वाला सिंह की रूह से तुम अन्यायीयों के खिलाफ जो सजगता एवं जागृति की ज्वाला उठ रही है उसमें सारे के सारे दुराचारियों का अन मन स्वाहा होना तय प्रायः है। तापा क्षेत्र की धरती से अगर तलवार उठी तो परिणाम ईंट का जवाब पत्थर होगा। परंतु इतना जरूर कहूंगा कि किसी भी निरीह, बेकस गरीब की हत्या नहीं होगी, होगी तो हत्या के जाल बुनने वाले दरिंदों की।

तुमने पहले देवनन्दन सिंह पर हाथ रखने की कोशिश की तो हम चुप रहे कि शायद संभल जाओगे। फिर तुमने राम भवन सिंह जैसे महान व्यक्ति पर अपना घटियापन दिखना चाहा हो हमने अपनी शराफत शक्ति की छोटी झांकी तुमको उसी

दिन दिखा दिया था। परिणामतः कुत्ते की तरह दुम दबा तुम भाग चले थे। इसके बावजूद भी तुम बेहया उस देव तुल्य दो मूर्तियों को अपवित्र करना चाहा जो समाज कल्याण के लिए अपनी बपौती आठ बीघा जमीन स्कूल खोलाने एवं 9 एकड़ जमीन कॉलेज खोलने के लिए दान दे दिया। तुम गरीबों के चंदा से अपना पेट भरते हो और वे महान अपनी संपत्ति से गरीबों का कल्याण करते है। सन् 69 के अकाल में जिसने 500 मन अनाज गरीबों में मुफ्त बांट दिया था। वैसे महान देव कुमार सिंह एवं देवेन्द्र सिंह के बारे में कुछ कहना उनकी महानता का मूल्य आंकने की ढिठाई करना होगा। कुत्ते के पेशाब करने से शंकर भगवान की मूर्ति अपवित्र नहीं होती पर उससे कुत्ता का स्वभाव जाहिर जरूर होता है। प्रजातंत्रिक पद्धति में खून की राजनीति नहीं चल सकती।

अतः आप बंधुओं के सादर निवेदन है कि समाज को विभाजित करने वाले, नाकाबंदी कर राष्ट्र को कमजोर-करने वाले, किसान-मजदूरों में नफरत पैदा करने वाले, चंदाखोर हिंसक भेड़िये के खिलाफ बगावत के बिगुल फूंकने दिनांक को 12.8. 94 10 बजे तीर्थकौल चलें।

''दो बार नहीं यमराज कंठ धरता है
मरता है जो एक बार मरता है
तुम स्वयं मरण के मुख पर चरण धरो रे
मरना है तो दस-बीस माले को मार के मरो रे।''

तापा क्षत्रियमंच हर I.PF. गुंडों को यह चेतावनी देता है कि 28 तारीख के पहले तुम अपना बोरिया-बिस्तर समेट किसी अन्य क्षेत्र की तलाश करो नहीं तो हर गांव में प्रजातांत्रिक विधि से तेरे श्राद्ध की तैयारी की जाएगी।

भवदीय **भवदीय**

युवा क्षत्रीय संघ क्रांतिकारी क्षत्रिय मंच तापा

तापा संदेश

तीर्थकौल गांव में I.P.F. का मुखौटा लगा घुमने वाले रंगे सियारों को बेनकाब करने के लिए

खुला पर्चा

गुंडों के गुंडागर्दी के खिलाफ आवाज बुलंद करने 10 बजे दिन में तीर्थकौल चलें।

''सच कहना यदि बगावत है, तो समझो हम भी बागी हैं
हर शरीफ अत्यचारी है, तो रक्षार्थ हम भी बन्दूकधारी हैं''

भाइयों,

भारत के शांतिप्रिय लोकतांत्रिक ढांचे को ढाहने के उद्देश्य से भूत एवं वर्तमान

के सभी डकैत, बलात्कारी, हत्यारा, गुंडा एक जमात बना हथियार बंद हो समाज भय एवं आतंक का वातावरण हत्या करके पैदा कर रहे है। ज्वाला सिंह एवं चन्द्रदीप सिंह जैसे नेक इंसान की हत्या इसका जीवंत उदाहरण है। दो रुपये हांड़ी तथा पांच रुपये भांड़ी के लुभावने नारे लगा ये चंदाखोर समाज के गरीब वर्ग का शोषण डरा, धमका चंदा वसूल कर करते हैं और उस राशि से अपना महल आरा में बनवाते हैं। जिसका जीता-जागता नमूना जज यादव का बाजार समिति के पास बन रहा महल है। दूसरों को सामंत कहने वाले कितने अत्याचारी हैं इसका उदाहरण निम्नांकित घटनाओं से मिल जाता है।

1. तीर्थकौल गांव के I.P.F. कार्यकर्त्ता पृथ्वी राम ने रवीन्द्र राम का मकान एक जाली व्यक्ति को खड़ा कर रजिस्ट्री करवा लिया तथा I.P.F. के अत्याचारी गुंडों के गिरोह लेकर पुस्त दर पुस्त से रह रहे रवीन्द्र राम के घर को गिराने लगा जिसका विरोध देवकुमार सिंह, देवेन्द्र सिंह जैसे हर शरीफ लोगों ने किया तब बेचारे रवीन्द्र राम की झोपड़ी सुरक्षित रह पायी। यही पृथ्वी राम तीर्थकौल गांव के ही शिवलाल राम का चार बिगहा जमीन दूसरे व्यक्ति को शिवलाल राम का बाप बना रजिस्ट्री करवा लिया एवं उसके जमीन को गपच गया। आज शिवलाल राम दाने-दाने का मोहताज अपना दुखड़ा हर दरबार में गाते फिर रहा है। पृथ्वी राम का कुख्यात अपराधी बेटा अशोक राम गांव के ही हरिजन टोली में तीन बलात्कार किया है जो जग-जाहीर है। यही है गरीबों को न्याय दिलानो वालों का न्याय?
2. इसी वर्ष होली की रात तीर्थकौल गांव के I.P.F. के एक सक्रिय कार्यकर्ता ने यादव की लड़की के साथ बलात्कार करने की कोशिश की। हल्ला होने पर ग्रामीणों ने जुटकर उसे दंडित किया। ठीक अगले सुबह I.P.F. के रंगदारों की सभा हुई और तय हुआ कि आई.पी.एफ. कार्यकर्त्ता को पकड़ने वालों को दंडित किया जाए। परिणामतः शिवकुमार पासी को दूसरे के घर से खींच कर पीटा तथा जूता का माला पहनाया गया। यही है जन अदालत लगाने वालों का जनअदालती फैसला?
3. आज से छः वर्ष पहले तीर्थकौल गांव के ही दो मुसलमान परिवार में झगड़ा हुआ जिसमें पहलवान मुसलमान की मौत हो गयी। बाद में ग्रामीणों ने झगड़ा का निष्पादन एक बीघा जमीन एवं दस हजार रुपये पर करा दिया। उस रुपये की राशि में से दो हजार अयूब मियां, दो हजार पृथ्वी राम तथा एक हजार मोहम्मद अली हड़प्प कर हजम कर गये। पहलवान के अनाथ भाई एवं विधवा भूखे मर रहे है और ये गरीबों के रहनुमा दरिंदगी की बांह फैला अपनी पेट भर रहे है।

4. I.P.F. का चौथा बेइमान सियार मुन्ना सिंह देवेन्द्र सिंह का पचास हजार रुपया गैस चूल्हे की दुकान से बेमानी कर डकार गया।

5. पांचवां रंगा सियार हरेन्द्र यादव भजू यादव के जमीन पर जाली बख्शीश करवा लिया तथा भजू यादव की जीवित पत्नी को प्रशासन से मृत घोषित कर बेघर कर दिया।

6. छठा रंगा सियार चौधरी I.P.F. के रंगदारी के तगमा पहन अपने सहोदर भाई भोला चौधरी की कुल जमीन जबरन कब्जा किये हुए है।

बंधुओं किन-किन को गिनाया जाए। ऊपर से नीचे तक शोषक सियारों की जमात हुआं—हुआं कर समाज में भय पैदा कर रहा हैं इस पर्चा के माध्यम से संदेश की शांतिप्रिय जनता को सचेत एवं अगाह किया जा रहा है कि कंस की बढ़ती छाती पर समय रहते लात नहीं रखा गया तो स्थिति गंभीर हो जाएगी।

अतः आप बंधुओं से निवेदन है कि जो I.P.F. के नाम पर रंगदारी कर रहे हैं उनका सामूहिक वहिष्कार किया जाए एवं ईंट का जवाब पत्थर से देने की तैयारी की जाए। इसी उद्देश्य से दिनांक...को 10 बजे दिन ग्राम तीर्थकौल की ओर भारी से भारी संख्या में कूच करें ताकी सुरसा के बढ़ते मुंह को फाड़ा जा सके।

दोस्तों ये कह दो जा के अंगुलियां मुझ पर क्या उठाते हैं
अपना किरदार देख लें पहले आइना मुझको क्या दिखाते हैं।

भवदीय

(क्रांतिकारी क्षत्रीय सेना (तापा)

परिशिष्ट-6 (ख)

सेवा में,

श्री भगवान सिंह

ग्राम-मोरथ

आपको हम सूचित किया था, अवधेश मुसहर, सीपाही मुसहर, छोटू मुसहर तथा महेन्द्र मुसहर के द्वारा, किंतु आपके कान पर अभी तक जूं नहीं रेंगा। लगता है आपको एक लाख रुपया बहुत ज्यादा प्यारा है। रजिन्दर मुसहर तथा भुअर के द्वारा आखिरी बार आपको खबर दिया था। लेकिन एक मौका आपको और दिया जा रहा है। इस पत्र के मिलते ही आप हमें एक लाख रुपया पहुंचा देंगे तो आपको केस से बख्श देंगे, ठीक उसी तरह जैसे हम लोगों ने राम सुभग सिंह, रामप्रवेश सिंह तथा जगत सिंह को बख्शा है। आपको विश्वास नहीं है तो इन लोगों से मालूम कर लीजियेगा कि हमलोगों ने 164 सी.आर.पी.सी. का बयान तब किया जब वे लोग हमारी पार्टी के सदस्य बन गये और चंदा भी दिए।

आपको पुनः खबरदार करते हुए हम लोगों का कहना है कि पत्र मिलने के एक माह के अंदर हमारे पास एक लाख रुपया नहीं भेजे तो हमलोग आपको तथा आपके परिवार की और आपकी चल-अचल संपत्ति को धूल में मिला देंगे। यह हम लोगों की तरफ से आखिरी सूचना है।

निवेदक

बिहार प्रदेश किसान सभा

प्रखण्ड कमिटी, उदवंतनगर

भोजपुर

परिशिष्ट-6 (ग)

श्री अनुज कुमार बनाम शालीग्राम सिंह वगैरह विवाद की सत्य प्रतिलिपि।

प्रेषक :–

अंचल अध्यक्ष राष्ट्रवादी किसान महासंघ, भोजपुर (आरा)

प्रेषित :–

अध्यक्ष ग्राम समिति तीर्थकौल, संदेश (भोजपुर)

श्री अनुज कुमार बनाम शालीग्राम सिंह वगैरह

महाशय,

अनुज कुमार द्वारा ग्राम कमिटि की कार्यवाही दिनांक 20.6.99 के विरुद्ध अंचल में आवेदन ये हैं। इस संबंध में आपसे आग्रह है कि आगे की कार्रवाई फिलहाल स्थगित कर दें। इसके संबंध में मैं आपसे बहुत ही जल्द मिलूंगा तथा पंचायती के लिए आगे की कार्रवाई की प्रक्रिया तय की जाएगी।

भवदीय

रंगीला सिंह

22.6.99

नोट : पर्चों की भाषा लगभग ज्यों की त्यों दी गयी है। अत्यावश्यक होने पर ही कहीं-कहीं सुधार किया गया है।

परिशिष्ट-7

रणवीर सेना के खिलाफ संघर्ष : एक अनुभव

रणवीर सेना के खिलाफ विगत तीन वर्षों से जारी संघर्ष आज एक नए दौर में प्रवेश कर चुका है, इस दौर की प्रमुख विशेषताएं निम्नलिखित हैं।

1. तीन वर्षों से जारी विविध रूपात्मक राजनीतिक पहलकदमियों के कारण रणवीर सेना सहित इनकी संचालक (भाजपा) और संरक्षक (जद, अब राजद) पार्टियों का व्यापक भंडोफोड़ हुआ है, रणवीर सेना के खिलाफ संघर्ष को असर आज न सिर्फ जिला की सीमाएं लांघ चुका है, बल्कि देश के प्रगतिशील लोकतंत्रपसंद जनमत का ध्यान भी अपनी ओर आकर्षित किया है, यहां तक कि विदेशों में भी रणवीर सेना आज एक खबर है, इस प्रक्रिया में रणवीर सेना जहां एक बर्बर सामंती सेना के रूप में समाज में जानी जाती है, वहीं समाज का प्रगतिशील जनमत हमारे पक्ष में सहानुभूति रखता है।
2. विगत वर्षों में राजनीतिक रूप से किनारा कर व दमन चलाकर हमारी पार्टी को खत्म करने की लालू यादव की साजिश पर हम पानी फेरने में सफल रहे हैं, भ्रष्टाचार के खिलाफ स्वतंत्र व संयुक्त पहलकदमियों की बदौलत हमारी पार्टी एक विशिष्ट पहचान बनाने में सफल हुई है, इस प्रक्रिया से हमारी पार्टी लालू व भाजपा विरोधी वाम-लोकतांत्रिक केंद्र के रूप में सामने आई है।
3. रणवीर सेना की सामाजिक गोलबंदी अपने चरम उभार पर पहुंचकर आज ठहराव के दौर में प्रवेश कर चुकी है। मूलतः भूमिहार जाति के लोग ही उनके साथ सक्रिय रूप में आ सके हैं, राजपूतों का समर्थन तो उन्हें जरूर मिला, लेकिन सक्रिय संघर्ष में उतारने में उन्हें समुचित सफलता नहीं मिल सकी पटना देहात व जहानाबाद का अनुभव यही बतलाता है। संघर्ष के लंबा खींच जाने के साथ भूमिहार जाति के

मध्यम गरीब हिस्से की आर्थिक परेशानी बढ़ी है। इससे रणवीर सेना के भीतर अंतर्विरोध का भी जन्म हुआ है। एकवारी के गुण्डा सरगना संटू सिंह की गिरफ्तारी इसका उदाहरण है। संघर्ष के कई पुराने बिंदुओं पर रणवीर से जुड़े लोगों में भी संघर्ष से कतराने की प्रवृत्ति देख जा रही है।

4. जहां तक सामाजिक ध्रुवीकरण का सवाल है लालू यादव के संकटग्रस्त होने तथा उसके सामाजिक आधार के साथ रणवीर सेना की जब तब हो रही टकराहट के कारण यादवों का एक हिस्सा हमारी ओर झुका है, यद्यपि कि यह अभी प्राथमिक अवस्था में है। बटाईदारी की मांग उठाकर हमने इस झुकाव को बढ़ाने का प्रयास भी किया है। मुस्लिम समाज के भीतर हमारी स्थिति पहले से कुछ बेहतर हुई है। कुशवाहा व व्यावसायियों के बीच हमने प्रयास किया है, हालांकि यहां अब तक कोई सफलता नहीं मिल पाई है। भाजपा समता गठजोड़ की मजबूत स्थिति के कारण यह संभव नहीं हो सका है।

5. हाल में रणवीर सेना की सैनिक आक्रामकता में गिरावट आई है। जवाबी कार्रवाई में उसे पहले की तुलना में ज्यादा समय लग जा रहा है। निर्दोष जनता की हत्या जारी रखते हुए उसने हमारी पार्टी के प्रमुख नेताओं को मारने की योजना बनाई है। बड़े दायरे में उनके दस्तों का मार्च अभी भी जारी है।

...अराजक कार्रवाइयों की उपज है रणवीर सेना

...पहलकदमियों के जरिए ही इसका हल निकलेगा,

सवर्ण सामंती धाक को उखाड़ फेंकने के नारे के कारण सवर्ण हमारी पार्टी के खिलाफ गोलबंद हुए...सांप्रदायिक सामंती धाक' के नाम से जारी रखा गया। इस नारे से सवर्णों की गोलबंदी तो यथावत बनी रही, उल्टे गैर सवर्ण भाजपाई ताकतें भी हमारे खिलाफ खड़ी हो गईं। इसके बाद एक से तिहत्तर तक के नारे के तहत आम भूमिहारों की हत्या की गई जिसने रणवीरों की सामाजिक गोलबंदी को और पुख्ता किया। आगे चलकर संघर्ष को केंद्रित करने की बात जरूर की गई परंतु भूमिहार जाति के तमाम गणमान्य लोगों को केंद्रित कर दिया गया, जिससे उनकी गोलबंदी पुनः बढ़ गई। एक ओर तो इस तरह की अराजक कार्रवाईयां जारी रहीं, दूसरी ओर भूमिहार जाति के एक हिस्से को जीतने का कोई संजीदा प्रयास नहीं किया गया। इसी प्रकार सामाजिक ध्रुवीकरण के लिहाज से भी गलतियां की गई, बाढ़ू चौधरी की हत्या को अपने ऊपर ओढ़ लिया गया जिससे बिजेंद्र यादव के साथ भूमिहारों का अंतर्विरोध बढ़ने के बजाए संघर्ष हमारी ओर मुड़ गया। इसी बीच बिजेंद्र यादव को अपराधी कह दिया गया

जिससे यादवों के साथ हमारा अंतर्विरोध बढ़ गया, बाद के समय में शांति अभियान, सेमिनार, सोन नहर आधुनिकीकरण, बटाईदारों व सब्जी उत्पादकों का कन्वेंशन, अनशन आदि कार्यक्रम लिए गए, परंतु, तब तक सब कुछ लूट चुका था, पार्टी को यह अक्ल काफी देर से आई।

कुल मिलाकर, उपरोक्त जातिवादी व अराजक कार्रवाइयों के कारण भोजपुर के संघर्ष को काफी धक्के का सामना करना पड़ा। अगर पार्टी इस जटिलता से बाहर आना चाहती है तो उसे सबसे पहले सवर्ण-सामंती व सांप्रदायिक-सामंती धाक को उखाड़ फेंकने के नारे को वापस लेना चाहिए। विशिष्ट व चुनिंदा सैनिक हमला करना चाहिए तथा ज्यादा आर्थिक व जन राजनीतिक आंदोलनों पर जोर देना चाहिए। पार्टी के जरिए अगर ऐसा नहीं किया जाता और पुराना तरीका ही अपनाया जाता रहा तो पार्टी को और भी बुरे परिणाम भुगतने के लिए तैयार रहना चाहिए।

जहां तक व्यवहार का सवाल है, जाति के नाम पर हमारी पार्टी के जरिए अभी तक कभी कोई संघर्ष नहीं किया गया। जमीन मजदूरी या सामंती धाक के खिलाफ संघर्षों में सामंतों को भी निशाना बनाया गया है, किंतु सवर्ण मानसिकता के कारण सामंतों के पक्ष में सवर्ण गोलबंद होकर हमारे खिलाफ संघर्ष में उतर जाते हैं। ऐसी स्थिति में भी हमने काफी परहेज किया है। बिहटा, एकवारी और रणवीर सेना के खिलाफ संघर्ष इसका सबूत है। जाति के नाम पर निर्दोष दलित-पिछड़ों की हत्याएं होतीं रहीं, जनसंहारों का तांता लग गया, यहां तक कि महाधरना जैसे कार्यक्रम पर ग्रेनेड फेंके गए और इसके विरोध में भूमिहार जाति के लोगों के बीच से कोई आवाज उठने की बात तो दूर उनमें गजब की खुशी व उभार देख गया। इस जाति के नाम शुरू से ही की जा रही अपीलों का भी कोई असर नहीं पड़ा। सवर्ण वर्चस्व स्थापित करने के इस उन्माद को रोकने के लिए हमारे पास इसके सिवा दूसरा कोई रास्ता नहीं बचा कि हम अपने टारगेट को बड़ा करें और रणवीर सेना के न केवल सरगनों बल्कि हथियार के साथ हमले में उतर रहे तमाम लोगों पर भी पलट वार करें।

रणवीर सेना से संघर्ष शुरू होने के करीब एक साल बाद सन् 1995 के मध्य में पार्टी के जिला सम्मलेन में सवर्ण सामंती धाक को उखाड़ फेंकने के नारे को बदलकर सांप्रदायिक, सामंती धाक को उखाड़ फेंकने का नारा दिया गया था। कांग्रेस के पतन के साथ जिले की सामंती ताकतें अब भाजपा के बैनर तले संगठित होने लगी थीं। अपने हिंदुत्व के नारे तथा फासीवादी चरित्र के कारण भाजपा ने जिले की सवर्ण सामंती ताकतों को अपनी ओर आकर्षित किया। जिले की सामाजिक, राजनीतिक स्थिति में एक खतरनाक विकास शुरू हुआ। ज्वाला सिंह के सफाए को सालभर भी नहीं हुआ कि भाजपा के नेतृत्व में रणवीर सेना उभरकर सामने आ गई थी। बिहटा के संघर्ष में भूमिहार भले ही राजपूतों के साथ न रहे हों रणवीरों को राजपूतों का

समर्थन मिल रहा था, दोनों ही भाजपा के झंडे तले गोलबंद हो रहे थे।

सच्चाई यह है कि देशभर में भाजपा के हिंदुत्व के नारे को सवर्ण ताकतों ने ही ग्रहण किया जबकि बहुसंख्यक हिंदू-दलित, पिछड़े इसके खिलाफ रहे। दरअसल, हिंदुत्व का नारा ही सवर्ण हिंदुओं को संगठित करने के लिए दिया गया था, सवर्ण हिंदुओं के बीच जाति आधारित अंतर्विरोधों को पाटने में इसने भूमिका निभाई। शेष हिंदुओं खासकर दलितों को उसने हर तरह के हमलों का निशाना बनाया। रणवीर सेना ने भी दलित-पिछड़ों का जनसंहार शुरू किया। सवर्ण मानसिकता तथा सांप्रदायिकता के इस गहरे रिश्ते को भांपकर ही हमने यह नारा दिया था। रणवीर सेना का सांप्रदायिक चरित्र जो तबतक उभरकर सामने नहीं आया था, बाद की घटनाओं-कनपहरी से नवाडीह तक के कर्बला मुक्ति मार्च पर किए गए उसके हमले, बथानी टोला और पुरहरा में किए गए जनसंहार आदि से स्पष्ट भी हो गया। इस नारे के लिए हमने एक वास्तविक खतरे को सामने लाया था। उस समय भी खास तौर से भाकपाइयों ने यह शोर मचाया कि माले अपने राजनीतिक स्वार्थवश नाहक भाजपा को उछाल रहा है। दरअसल तब तक वे लालू प्रसाद को ही सांप्रदायिकता पर बोलने को अधिकृत मानते थे। आने वाले लोकसभा चुनाव को देखते हुए लालू प्रसाद रणवीरों की ओर दोस्ती का हाथ बढ़ा रहे थे, ऐसे में उन्हें सांप्रदायिकता भला कैसे नजर आती। बाद के चुनावों में भाजपा की ताकत सबके सामने आ गई।

एक मत है कि बाढ़ू चौधरी की हत्या का जिम्मा बिजेन्द्र यादव पर डाल देने पर भूमिहारों का निशाना उसकी ओर मुड़ जाता और इस तरह यादव जाति रणवीरों के विरोध में होती और आगे संघर्ष में हमारे साथ होती। बिजेन्द्र यादव को अपराधी नहीं कहके हम यादवों के साथ दोस्ती को और पुख्ता बना सकते थे।

सच यह है कि बेलाउर के प्रमुख गुंडा कामेश्वर चौधरी की हत्या बिजेन्द्र यादव न कर दी, रणवीरों ने तब भी बिजेन्द्र यादव को निशाना नहीं बनाया। उसी तरह यादवों की अनेक हत्याओं तथा उनपर कई तरह के अत्याचारों के बावजूद बिजेन्द्र यादव रणवीर सेना के खिलाफ संघर्ष में नहीं उतरा, बल्कि देखा यह गया कि काउप व बालबांध की हाल की घटनाओं से यादव जाति के बीच रणवीरों के खिलाफ बढ़ रहे आक्रोश को इन जद सरगनों ने सुलह-समझौतों के जरिए ठंडा करने का प्रयास किया। दूसरी ओर, लच्छीडीह (तड़ारी), में अपहरणों की एक झूठी खबर पर हमारे खिलाफ यादव की गोलबंदी आत्म सम्मान सुरक्षा समिति नाम का संगठन बना लिया गया।

दरअसल जद की वर्गीय स्थिति, गरीब-भूमिहीन दलित समुदाय के साथ कुलक वर्ग के अंतर्विरोध तथा सवर्ण सामंती ताकतों से कुलक वर्ग के अंतर्विरोध के बारे में गलत मूल्यांकन के कारण हमारे कई साथी भ्रमपूर्ण स्थिति में पड़ जाते हैं। सिर्फ

जातीय अंतर्विरोध देखकर वे विजेन्द्र यादव से एकता के पक्षधर बन जाते हैं। यादव कुलक वर्ग के नेतृत्व में संगठित है जो शासक वर्ग का ही हिस्सा है वे यह नहीं देख पाते। इसलिए जाति के नाम पर कुलक वर्ग द्वारा यादवों के हमारे खिलाफ इस्तेमाल को वे भूल जाते हैं। हम इस सच्चाई से अगर जनता को अवगत नहीं कराते तो जाति के नाम पर उसके भी कुलक वर्ग द्वारा इस्तेमाल कर लिए जाने का खतरा बना रहेगा।

अगर हमारी पार्टी यहां कमजोर रहती, तब जद पिछड़ावाद के नारे के तहत तथा सवर्ण सामंतों पर पिछड़ा कुलक वर्ग की धाक स्थापित करने के लिए रणवीर सेना से लड़ाई में भी उतर सकता था, लेकिन जो स्थिति है उसमें उनको हमारे द्वारा इस्तेमाल हो जाने का खतरा रहता है। दूसरी ओर खुलकर हमारे खिलाफ जाने से उन्हें रणवीरों द्वारा इस्तेमाल कर लिए जाने का खतरा रहता है। इसलिए वे एक ऐसी भूमिका अपनाते हैं जो दिखती तो तटस्थ है, लेकिन माले विरोध में झुकी रहती है। पुरहरा जनसंहार के बाद, जिसमें जद के 4 मुस्लिम समर्थक मारे गए थे, मिल जुलकर लड़ने की हमारी अपील से उनके सामने यही खतरा पैदा हो गया था। जद ने तुरंत शांति मार्च का आयोजन किया जिसमें जान-बूझकर हमारे ऊपर बढ़-चढ़कर हमला किया गया।

सबसे बढ़कर यह कि सवर्ण सामंतों के साथ कुलकों का झगड़ा परंपरागत सामंती सत्ता में हिस्सेदारी तक सीमित है। इसे सामंतवाद विरोध समझ लें तो धोखा खाना पड़ेगा। रणवीर को बढ़ाने के लिए उसी लालू ने सब कुछ किया जो भूरा बाल साफ करने का नारा देता था। रणवीरों ने भी चंद्रदेव वर्मा को अच्छे खासे मत दिए। बहरहाल यह संभव है कि बिजेन्द्र यादव को अपराधी नहीं कहने से इन सारी स्थितियों पर कुछ फर्क पड़ता, लेकिन इससे बुनियाद नहीं बदल जाती।

जहां तक यादवों को अपने पक्ष में करने के लिए उनकी आर्थिक मांगों को उठाने का सवाल है, हमने इस पर हमेशा जोर दिया है। रणवीर सेना द्वारा उन पर किए गए हर हमले का हमने आगे बढ़कर विरोध किया। बटाईदारी के सवाल पर भी पहल की गई। उनका एक छोटा निचला हिस्सा हमारी ओर आकर्षित भी हुआ। जब तक कुलक वर्ग अलगाव में नहीं पड़ता उनका बड़ा हिस्सा हमारी ओर नहीं आ सकता। यह एक दीर्घकालीन प्रक्रिया में होगा। जल्दीबाजी गैरउसूली रिश्ते मे या उनके पीछे-पीछे चलने की स्थिति में ले जाएगी।

रणवीर सेना परिघटना को हम किस रूप में समझें?

रणवीर सेना की उत्पत्ति के कारणों को हमें आज की स्थिति में खोजना होगा। यह सेना उस समय पैदा हुई है जब हमारी पार्टी संसदीय ताकत के रूप में उभरने लगी है। दलित-पिछड़ों ने एक स्वतंत्र राजनीतिक पहचान हासिल की है। इस प्रकार

हमारी पार्टी द्वारा सामंतों की राजनीतिक सत्ता पर चोट की पैदाइश है रणवीर सेना। अतीत में अगर हमारी पार्टी के नेतृत्व में आधार इलाका बना होता तो सामंतों की राजनीतिक सत्ता पर चोट होती, वैसा हो नहीं सका तो हमें और पीछे हटकर काम करना पड़ा। सामंतो की आर्थिक-सामाजिक सत्ता पर चोट हमने जरूर की और इस तरह उनकी राजनीतिक सत्ता पर भी चोट पहुंची, परंतु जब हमने चुनाव लड़ना शुरू किया और सामंतों **के हाथ से सीटें छीन लीं तो उनकी राजनीतिक सत्ता पर भी चोट पहुंची।** हमारे लिए चुनाव भले ही संघर्ष का गौण रूप है, शासक वर्ग इसी के जरिए शासन चलाते हैं। अगर हम सीपीआई-सीपीएम होते तो वे इसे बर्दाश्त भी कर लेते, लेकिन हमारी दखलंदाजी उन्हें ज्रा भी रास नहीं आई। फलतः चुनाव के समय ही बिहटा का संघर्ष सामने आया जो पार्टी इतिहास में उस समय तक का सबसे तीखा वर्ग संघर्ष था। **रणवीर सेना की उत्पत्ति के बीज बिहटा के संघर्ष में ही डाले जा चुके थे।**

बिहटा का संघर्ष जीते हुए सालभर भी नहीं बीता कि रणवीर सेना आंधी तूफान की तरह आ गई। भाजपा से लेकर जद तक की ताकतों, पुलिस प्रशासन से लेकर गांव-गांव के गुंड़े तथा जिले भर की सवर्ण सामंती ताकतों ने एकजुट होकर हमारे खिलाफ युद्ध छेड़ दिया। **यह सब आगामी 95 विधानसभा चुनाव की पृष्ठभूमि में हमें जीतने से रोकने के राजनीतिक उद्देश्य के तहत हो रहा था।**

यह वह समय था हम दक्षिण से उत्तर की ओर संघर्ष के विस्तार में लगे हुए थे और तेजी से आगे भी बढ़ रहे थे, लेकिन न तो अपनी ताकत को सुदृढ़ कर पाये थे और न ही सामाजिक ध्रुवीकरण को अपने पक्ष में कर पाये थे। जनता की सैन्य ताकत का भी उल्लेखनीय विकास अभी नहीं हो पाया था। सामंतों की एकजुट ताकत से लड़ने का हमें कोई अनुभव नहीं था, जबकि, बिहटा के विपरीत इस बार भूमिहार सामंत अपनी जाति के साथ आक्रामक गोलबंदी में थे। उन्हें राजपूतों समेत अन्य सवर्ण ताकतों का भी समर्थन प्राप्त था। भाजपा के उभार के कारण बनिया, समता-भाजपा तालमेल के कारण कोईरी तथा लालू यादव का सामाजिक आधार होने के कारण यादव व मुसलमान हमसे दूर खड़े थे। पुलिस-प्रशासन व सरकार रणवीरों के पीठ पर संरक्षक बनी खड़ी थी। कुल मिलाकर संघर्ष काफी तीखा बहुआयामी व दीर्घकालिक रूप लेकर सामने आया।

हम इस कठिन चुनौती से न तो जैसे-तैसे निपट सकते थे और न ही इससे निपटे बगैर आगे बढ़ सकते थे, लेकिन यह इस बात का भी प्रमाण थी कि हमारी पार्टी शासक वर्ग के लिए काफी बड़ा खतरा बनती जा रही थी। **रणवीर सेना की पैदाईश सामंतों की राजनीतिक-सामाजिक सत्ता के मजबूत होने को नहीं, बल्कि उनके**

अस्तित्व पर मंडरा रहे खतरे को व्यक्त करती है। उनके बदहवाशीपूर्ण बर्बर हमले-सब कुछ जला डालो, हर किसी को मार डालो–जैसे नारे यही बताते हैं कि वे एक हारी हुई लड़ाई लड़ रहे हैं जिसमें 'यूं ही हार कैसे मान लें' का भाव छिपा हुआ है। गरीबों द्वारा हर मोर्चे पर दी जा रही चुनौती से बौखलाई सामंती ताकतों के पास इसके सिवा दूसरा चारा ही क्या था?

इस भीषण संघर्ष में हमारी पहली जरूरत थी–अपनी अंतिम जीत पर भरोसा रखते हुए टिके रहना। जीत का दरवाजा भी इसी से खुलता। इस खातिर जरूरी था कि इस प्रतिरोध संघर्ष को जारी रखते हुए जद व भाजपा पर अपना राजनीतिक हमला तेज रखते। प्रतिरोध संघर्ष को जारी रखने के लिए जनता को हथियारबंद करना जरूरी था, तो सामाजिक ध्रुवीकरण को अपने पक्ष में करने के लिए बहुआयामी जन पहलकदमियों की जरूरत थी। हमने ऐसा ही किया और दुश्मन के बर्बर हमलों का बहादुरी के साथ मुकाबला करते हुए संघर्ष के मोर्चे पर टिके रहे। हां, हमने अनेक कुर्बानियां भी दी।

बहरहाल, ज्वाला सिंह के खिलाफ संघर्ष में जीत के बाद आए उभार के **दौरान हमसे कई गलतियां भी हुई।** कई जगह **छोटे-छोटे मामलों पर भी आर्थिक नाकेबंदी लगा दी** गई। कुछ जगह अनेक लोगों पर एक ही साथ नाकेबंदी लागू कर दी गई। कई बार जब कोई सामंत झुका तो उसपर काफी कड़े शर्त लादने के प्रयास हुए। सिर्फ सामंतों के साथ ही नहीं, जनता की श्रेणी के कुछेक लोगों के साथ भी ऐसी घटनाएं घटीं, जैसे–नवादा-पतरिहां की घटना। इनका इस्तेमाल सामंतों ने अपनी गोलबंदी बढ़ाने में की। हमने इन गलतियों को कभी भी जायज नहीं ठहराया, इनकी रोकथाम के कदम भी उठाए गए, फिर भी, हमें इनसे शिक्षा लेकर आगे भी इनसे बचने की कोशिश करनी चाहिए।

हमारे कई साथी इस संघर्ष को झंझट के रूप में देखते हैं तथा किसी तरह इससे बच निकलना चाहते हैं। उनमें एजेंडा चेंज करने की व्याकुलता देखी जाती है। शायद ऐसे साथी जवाला सिंह के मारे जाने के बाद भोजपुर में सामंतवाद का खात्मा मान बैठे थे, अब उन्हें निराशा हो रही है। वे शायद नहीं जानते कि भोजपुर के संघर्ष को आज न कल यहां पहुंचना ही था। हो सकता कि यह किसी ऐसे समय या रूप में आता जिसमें हमारे लिए कई अनुकूल बिंदु हो सकते थे। आगामी चुनाव आते-आते हो सकता है यह संघर्ष एक बार और तीखा हो जाए। हमें इस पूरी परिघटना का वस्तुवादी मूल्यांकन कर इसके प्रति सकारात्मक रुख रखते हुए इससे निपटने के बारे में सोचना चाहिए।

इसी प्रकार, हमारे अनेक साथी इस संघर्ष के दीर्घकालीन स्वरूप को समझने में

विफल रहते हैं तथा इससे निपटने में उतावलेपन का शिकार हो जाते हैं। वे तुरत-फुरत इससे निपट लेना चाहते हैं। ऐसा न होते देख वे हताश-निराश हो उठते हैं एवं दुश्मन को अपराजेय समझ लेते हैं। **जबतक सामाजिक ध्रुवीकरण नहीं बदलता, रणवीर सेना की सामाजिक गोलबंदी में दरार नहीं आती, राज्य की राजनीतिक स्थिति में हमारे अनुकूल बदलाव नहीं आता तथा जनता की प्रतिरोध क्षमता में इजाफा नहीं होता; तबतक तत्काल विजय सपना ही** है। लड़ाई में टिके रहने एवं प्रतिरोध संघर्ष चलाते जाने से ही एक लंबी प्रक्रिया में हम जीत हासिल कर सकते हैं। इस बीच अगर दुश्मन के पक्ष में कोई अनुकूल स्थिति आ गई, जैसे—राज्य में भाजपा की सरकार बन गई तो लड़ाई कुछ और लंबी खींच जा सकती है,

हमारे कई साथी सोचते हैं कि अगर हमने बेलाउर में जमकर संघर्ष किया होता, तब ये दुर्दिन नहीं देखने पड़ते। रणवीर सेना, बेलाउर में ही दफन हो जाती। पहली बात तो यह कि यह लड़ाई बेलाउर से नहीं बल्कि सामंतों की प्रतिनिधि पार्टी भाजपा के नेतृत्व में तथा जद के संरक्षण में ऊपर से चलाई जा रही थी। इसलिए इसे चाहकर भी स्थानीय दायरे में कैद नहीं रखा जा सकता था। पूरे जिले में संघर्ष की स्थितियां परिपक्व स्थानीय दायरे में कैद नहीं रखा जा सकता था। पूरे जिले में संघर्ष की स्थितियां परिपक्व थीं तथा दुश्मन लड़ने को तैयार बैठा था। रणवीर सेना का संघर्ष उपर से संचालित है उसे नहीं समझने पर संघर्ष की पूरी रणनीति को कभी नहीं समझा जा सकता।

उन्नत हथियार पर निर्भरता : निर्णायक जनता या हथियार

अनुकूल संभावनाओं के बावजूद अपेक्षित जन सक्रियता के **अभाव के कारण रणवीर सेना के साथ संघर्ष में हमें गंभीर जटिलता का सामना करना पड़ रहा है।** इसके कारणों की छानबीन करने पर हम पाते हैं कि संगठन के भीतर जनता के बजाय हथियार को, उसमें भी उन्नत हथियार को, निर्णायक समझने की सोच मौजूद है। वर्ग संघर्ष की समझ के बारे में यह एक बुनियादी समस्या को उजागर करता है। अबतक का हमारा अनुभव यह बताता है कि जनता की राजनीतिक गोलबंदी और सक्रिय भागीदारी के बदौलत ही विगत तीन वर्षों के घमासान संघर्ष में हम टिक पाए हैं। एक प्रक्रिया में जब इसपर जोर घटता गया तथा उन्नत हथियारों पर निर्भरता बढ़ती चली गई जनता को विभिन्न संघर्षों में उतारने में उत्साह की कमी देखी गई। कई साथी इन कार्यक्रमों का मजाक भी उड़ाते पाए जाते हैं। वे सवाल करते हैं—रणवीर सेना को ध्वस्त करने का काम क्या हंसुआ-खुरपी से होगा ?

बेशक जब तक हम जनता को हंसुआ-खुरपी से भी दुश्मन को ध्वस्त करने की मानसिकता में नहीं लाते, रणवीर सेना के खिलाफ विजय की गारंटी नहीं कर सकते।

सोच **की इसी** समस्या के कारण हर हाथ को हथियार और हर आदमी को योद्धा बनाने के आह्वान को गंभीरता से लागू नहीं किया जा सका। शपथ ग्रहण समारोह भी रस्म अदायगी बन गया, जनता को परंपरागत हथियारों से लैस नहीं किया जा सका। यह विचार जनता को वीर न मानकर दस्तों को वीर मानने का है तथा जनता खुद अपनी रक्षा नहीं कर सकती, उसे किसी मसीहा व रक्षक की जरूरत है—जैसे विचारों की ही उपज है। यह विचार चमकदार सैनिक कार्रवाईयों को जन्म देता है, जनता को निष्क्रिय बनाता है तथा उसे ताली बजाने की स्थिति में रखता है। यह सैनिक लाइन का ही अवशेष है। हमें इसके खिलाफ वैचारिक संघर्ष चलाना चाहिए तथा जनता पर भरोसा करने तथा उसे राजनीतिक-वैचारिक रूप से गोलबंद करने पर जोर देना चाहिए।

आग्नेयास्त्रों, खासकर उन्नत हथियारों पर निर्भरता का विचार आया कैसे? रणवीर सेना के द्वारा बड़ी संख्या में उन्नत हथियारों से लैस होकर गांवों पर किए गए हमलों के खिलाफ बड़े पैमाने पर प्रतिरोध किए गए और आमतौर पर उन्हें विफल कर दिया गया। प्रतिरोध के दौरान गुण्डे घायल और हताहत भी हुए, परंतु ऐसा कभी नहीं हुआ कि हमलावरों को ध्वस्त कर दिया गया हो। कुछ तो हमारे प्रतिरोध की आत्मगत क्षमता में भी समस्या थी, लेकिन बुनियादी समस्या हमारे चिंतन में रह गई थी।

प्रतिरोध संघर्ष अपने मूल चरित्र में आत्मरक्षा की कार्रवाई थी, परंतु दुश्मन को ध्वस्त किए बगैर आत्मरक्षा भी नहीं की जा सकती थी। आत्मरक्षा में ध्वंस की कार्रवाई का पहलू नहीं सोच पाने के कारण संघर्ष के उपयुक्त तरीके नहीं खोजे जा सके तथा आत्मरक्षा के लिए आत्मरक्षात्मक संघर्ष चलता रहा। बेलाउर के संघर्ष के दौरान तथा '95 के विधानसभा चुनाव से पहले सैनिक उलझाव से बचने का हमारा फैसला जायज था, परंतु हमने इसे विशुद्ध आत्मरक्षा की लड़ाई बना दिया। हथियारबंद दुश्मन पर भी हमला करना रोक दिया गया। यह गलत कदम था जिसने संगठन के भीतर आत्मरक्षा के भाव को जन्म दिया।

मजबूत दुश्मन के खिलाफ कमजोर हथियारों से 'मोर्चाबद्ध' लड़ाई चलती रही। चूंकि दुश्मन का इस दौरान कहीं ध्वस्त नहीं हुआ, इसलिए गांव पर चढ़ने की उसकी मानसिकता बनी रही तथा गांव-गांव पर उसके हमले जारी रहे। इस दौरान उन्नत हथियारों की कमी के कारण दुश्मन के दस्तों को भी गुरिल्ला ढंग से ध्वस्त नहीं किया जा सका। इस प्रक्रिया में संगठन व जनता दोनों के चिंतन में उन्नत हथियारों पर निर्भरता बढ़ती गई और जन सक्रियता घटती गई। **इस प्रक्रिया की अंतिम परिणति हुई बथानी टोला जनसंहार में। वहां लड़ाकू लोग तो संघर्ष में उतरे मगर जनता निष्क्रिय रही और मारी गई।**

इसके बाद उन्नत हथियार का सवाल संगठन में हावी ही हो गया। देशी हथियार यद्यपि बनते रहे, परंतु जनता धीरे-धीरे केंद्रीय दस्ता के इर्द-गिर्द सिमट आई। इसलिए यह मान लेने पर कि व्यापक जनता को संघर्ष में उतारे बगैर संघर्ष को आगे नहीं बढ़ाया जा सकता। यह भी जान लेना चाहिए कि सबको आग्नेयास्त्रों से लैस भी नहीं किया जा सकता। जनता के व्यापक हिस्से को परंपरागत हथियारों से ही लैस करना और उन्हें संघर्ष में उतारना होगा। हम उन्नत हथियारों के विरोधी नहीं हैं किंतु उसे भी व्यापकतम जनता के सक्रिय भागीदारी के जरिए ही हासिल किया जा सकता है। हमारे कुछ साथी 'संघर्ष का स्टेज बदल जाने' का तर्क देकर उन्नत हथियारों की निर्णायक भूमिका की वकालत भले करें, कमजोर हथियारों के जरिए किंतु व्यापक जनभागीदारी की बदौलत दुनिया में एक से एक युद्ध जीता गया है, हमारी पार्टी खुद भी इसकी गवाह रही है।

उपरोक्त समस्या के अलावा कई अन्य समस्याओं व घटनाओं ने जनसक्रियता को प्रभावित किया है। बथानी कांड के बाद संगठन के भीतर एक तरह की दिशाहीनता आ गई थी। रणवीर सेना के खिलाफ जनता की स्वतःस्फूर्त प्रतिक्रिया नहीं देखी गई। फिर भी दस्ते के साथियों द्वारा रणवीरों पर हमले की योजना बन गई थी। इसे रोकना सही नहीं था। इसके बाद मुख्य निशानों पर हमले की योजना ली गई व घटना की प्रतिक्रिया में जैसे-तैसे किए जाने वाले हमलों को रोका गया। किंतु हम केंद्रित हमला करने में भी असफल रहे। इस बीच रणवीरों का हमला जारी रहा। जवाबी हमला रोकने के फैसले ने जनता के मनोबल को गिराया। इसके साथ ही कई जिम्मेवार साथियों द्वारा कोर्ट में तथा संदेश के दस्ते द्वारा पुलिस के सामने आत्मसमर्पण ने भी जनता के मनोबल पर बुरा असर डाला। कई बार चले बर्बर पुलिस-दमन के खिलाफ कारगर जनप्रतिरोध के अभाव ने भी जनता के मनोबल को गिराया। गांव-गांव में संगठन के भीतर मौजूद अंतर्विरोधों ने भी इनमें भूमिका निभाई। आत्मरक्षा की लड़ाई ने, जो कुछ भी है उससे दुश्मन से निपटने के चिंतन के बजाय, प्रशासन के पास सहायता के लिए दौड़ लगाने की प्रवृत्ति को जन्म दिया। जद द्वारा हमारे खिलाफ, विभिन्न तरह के कुप्रचार भी जनसक्रियता में बाधक बने।

कुल मिलाकर उपरोक्त तमाम कारणों से जनसक्रियता में गिरावट आई है इनमें सबसे प्रमुख हैं—उन्नत हथियारों पर निर्भरता तथा जनता को निर्णायक नहीं समझने का चिंतन।

नोट : बथानी टोला नरसंहार में जिवेन्द्र यादव ने भाग लिया था—नन्दकिशोर यादव

परिशिष्ट-8 (क)

रणवीर सेना के नारे

1. वीर कुंवर सिंह अमर रहें—अमर रहें अमर रहें।
2. सहजानंद सरस्वती अमर रहें—अमर रहें।
3. किसान एकता जिंदाबाद
4. गली-गली में नारा है
   माले ही हत्यारा है।
5. ना बिहटा ना एकवारी
   माले के भूत बेलाउर झारी।
6. शहीदों हम शर्मिंदा हैं
   माले अब भी जिंदा है
7. किसानों में टूट नहीं
   फसल लूट की छूट नहीं।
8. जब गोली का जवाब बम होगा।
   तब माले की शैतानी कम होगा।
9. गांव चलता प्यार से, खेत और खलिहान से
   खेतों में आग लगाने वाले, सावधान माले बेइमान से।
10. जले अगर जो खेत-तो माले हो जाओगे रेत।
11. सामंती आंखों का तेवर, सोना नहीं लोहे का जेवर।
12. भाइयों यह सच्चाई है, नफरत माले ने फैलायी है।
13. मजदूर-किसान भाई-भाई-बीच में माले कहां से आई।
14. माले! नहीं हम तुमसे कम हैं—देखेंगे तुममें कितना दम है।
15. जिसकी ऊंगली उठी उसे हम—यमपुर को पहुंचाएंगे।
16. किसानों हाथ से हाथ मिलाओ, दुष्ट माले को मार भगाओ।

परिशिष्ट-8 ब

साथी रामआशीष जी

नमस्कार,

आज दिनांक 5.2.90. को स्टैंडिंग कमेटी की बैठक हुई जिसमें यह तथ्य पाया गया है कि संदेश विधान सभा क्षेत्र से रामजी गुप्ता को उम्मीदवार के रूप में आपने नामांकन करवाया है और I.P.F. के विरोध में खुलेआम प्रचार कर रहे हैं।

ऐसी स्थिति में स्टैंडिंग कमेटी का मत है कि आप तुरंत रामजी गुप्ता की उम्मीदवारी वापस होने के लिए पहल करें और इस गलत कार्यवाही के लिये सार्वजनिक रूप से माफी मांगें क्योंकि यह कार्यवाही सिर्फ दुखद ही नहीं संगठन विरोधी भी है।

पत्रवाह के समक्ष ही I.P.F. के तमाम पदों से इस्तिफा दें साथ ही पत्रवाहक के सामने आप तमाम सवालों पर सहमत नहीं होते हैं तो आप I.P.F. के तमाम पदों एवं सदस्यता से अपने को मुक्त समझेंगे।

निवेदक
चन्द्र देव सिंह
सचिव (भोजपुर जिला कमेटी)

अवसरवादी कौन? विघटनकारी कौन?

CPI (ML) लिबरेशन भोजपुर जिला कमेटी के नाम रामाशीष गुप्ता की खुली चिट्ठी

बंधुओं,

दिनांक 3 फरवरी '90 को उक्त कमेटी द्वारा जारी एक पर्चा जो 10 फरवरी को प्रसारित हुआ उसमें मेरे विरुद्ध मनगढ़ंत एंव दुर्भावना से आरोप लगाए गए, चूंकि

आरोप खुले रूप में है अतः स्पष्टकीरण भी उसी रूप में दे रहा हूं।

1. रामजी गुप्ता को उम्मीदवार बनाकर I.P.F. को हराने की मेरी मंशा कतई नहीं थी। रामजी प्रसाद को खड़ा करने का एकमात्र (जी हां एकमात्र) जिम्मेवार है लिबरेशन की धमकी। हराना अगर प्रयोजन रहता तो मैं स्वयं खड़ा होकर यह काम कारगर ढंग से करता।
2. कोरी के बनारसी डोम को वहां के लोगों द्वारा जब हटवाया गया था तब मैं तीन दिनों के लिए बाहर था। जब मैं आया तो जनमत को देखते हुए पंच फैसले के जरिए समाधान का सुझाव दिया। हां किसान नेताओं के द्वारा रामजी प्रसाद गुप्ता पर बनारसी डोम के घर से पंद्रह सौ रुपया चुराने वगैरह के झूठे आरोपों के मैं पक्ष में नहीं था। I.P.F. के जिला कार्यालय में गया एवं कोरी पर्यवेक्षक भेजकर फैसला करने का आग्रह किया एवं स्वयं पंचायत में शामिल हुआ। किंतु मेरी उपस्थिति में रामजी प्रसाद गुप्ता द्वारा उदारतावश 'आप जो भी फैसला दें हम मानेंगे' कहने के बावजूद आपके प्रतिनिधि मामले को कल के लिए टाले। बाद में हठ के चलते मामला बिगड़ा। इस तरह तीन चौथाई लोगों को पार्टी के विरुद्ध में खड़ा करने का जिम्मेदार अगर कोई है तो आपके लोग हैं। मैं इन झगड़ों से चिंतित एवं दुखी था। पुनः अपील है कि पंच फैसले से मामले को सुलझाया जाय न कि 'संयोग वश' ठहरे सशस्त्र दस्ते द्वारा कड़ी कार्रवाई' करके।
3. आइ.पी.एफ. कार्यालय पर धरना (घेराव नहीं) के पीछे ग्रामीणों की भावना थी कि रामजी गुप्ता एवं टुना सरपंच के उपर आप के द्वारा संभावित प्रहार की संभावना मिटाना। लोगों के प्रश्न के जवाब 10 दिनों तक के लिए टालकर एवं फिर चुनाव के बाद तक टालने से लोग आपके नियत पर शक कर रहे हैं।
4. जिस व्यक्ति को आप विगत लोकसभा चुनाव तक विगत एक दशक से इस्तेमाल कर रहे हैं उन्हें मैं अवश्य I.P.F. में शामिल करना चाहा था। कोरी ग्राम में रामजी गुप्ता समेत I.P.F. की स्थानीय कमेटी रहती तो यह झगड़ा वहीं हल हो जाता। आप लोगों ने मुझे इतना असहाय बना रखा था कि मैं अंचल प्रभारी होते हुए भी एक जनवादी व्यक्ति को I.P.F. में शामिल नहीं कर सका।
5. संदेश में बी.एन. सिंह, बी.डी.ओ. के विरुद्ध कोई आंदोलन ही नहीं चला। अतः मेरे विरोध करने का प्रश्न ही नहीं उठता। मैंने उन्हें कभी

जनवादी की पदवी भी नहीं दी। अवश्य उनका उचित सम्मान करता था।

6. ढांचा की अवैज्ञानिकता ने I.P.F. बनाम किसान सभा का विवाद खड़ा किया है। सारी गड़बड़ी की जड़ त्रुटिपूर्ण ढांचा है। शायद आप भविष्य में समाजवादी धारा की जकड़ से जनवादी धारा को मुक्त कर सकें।

7. मैं आबकारी का कमिश्नर थोड़े हूं कि ठेका दिलवा दूंगा। एक आपराधिक पृष्ठभूमि वाले व्यक्ति से प्राप्त आवेदन पर आपने जांच कारवाई किंतु मेरे विरुद्ध कुछ नहीं मिला। लिबरेशन के एक सैनिक द्वारा रामजी गुप्ता के पास भेजे धमकी भरे पत्र अवश्य आपत्तिजनक था। जिस चिट्ठी को आपने ले लेना चाहा उस पत्र में रामजी गुप्ता को धमकाया गया था कि आप विजेन्द्र यादव लासाढ़ी को अपना शराब भट्ठी सौंप दें। I.P.F. के जिला कमेटी ने 10 जून को इस मामले की पुनः जांच की घोषणा की। तब मैंने जिला के उपाध्यक्ष वगैरह तमाम पदों से अपना इस्तीफा 17.6. 89 को सौंप दिया एवं जांच की प्रतीक्षा करने लगा। मेरे बारबार आग्रह के बावजूद आज तक जांच नहीं हुई। किस दोषी को बचाने के चक्कर में आज तक जांच नहीं हुई? क्या रामजी गुप्ता ने विजेन्द्र यादव पर अपहरण में फिरौती लेने का मामला उठा दिया उसके चलते? उल्लेखनीय है कि मेरा इस्तीफा नामंजूर कर दिया गया चूंकि मैं निर्दोष था।

8. तत्कालीन सांसद श्री बलिराम भगत एवं विधायक श्री सोना धारी सिंह से जनता की समस्याओं के सम्बन्ध में मिलना क्या अनुचित था? 'कांग्रेस कमेटी' के नेताओं से मेरा संबंध है इसका प्रमाण विगत लोक सभा चुनाव में मेरी भूमिका थी।

स्वार्थी एवं कुटील लोग आपके साथ सिर्फ टिक ही नहीं सकते बल्कि विधायक भी बन सकते हैं। शर्त यह कि खास नेताओं को खुश रखें एवं हां में हां मिलाएं, एवं वोट दिलवाएं। निचले नेताओं के हरकतों को उपरी नेता उसी तरह डिटो करते रहे तो निकट भविष्य में वैसे लोगों की भरमार होगी जैसे कि रोमानिया के चौसेस्कू थे।

हम जनवादी कतारों के अपने मित्रों एव संदेश अंचल की **जनता को यह वचन देते हैं कि जनवाद के पक्ष में पूर्ववत् आवाज बुलन्द करूंगा** चारे वह भ्रष्ट व्यवस्था हो चाहे 'निरंकुश जनवादी तत्त्व। जातिगत जोड़तोड़, अवसरवाद, मिथ्यावाद एवं भेदभाव के आपके चुनावी तिकड़म की सफलता की परीक्षा तो विधान सभा चुनाव में हो ही जायेगी। आपको पांच वर्षों का 'उकटा पुराण' आज याद रहा है जब मैंने कृष्णदेव यादव को वोट देने से इनकार कर रामजी प्रसाद गुप्ता को वोट देने की बात कही (रामजी गुप्ता ने मुझे पक्की सूचना दी कि लिबरेशन हमें मारना चाहती है)

आप स्टेज पर चढ़कर मेरे अग्रज अनंत लाल गुप्ता एवं भाभी अग्नि देवी की शहादत को भंजा रहे हैं किंतु आपके स्थानीय नेता संपत्ति (मिठाई दुकान) हड़पवाने, उनको गाली सुनवाने एवं उनके परिवार के बाल बच्चों पर हमला करवाने से बाज नहीं आए। आप सब कुछ जान कर अनजान बने रहे।

आपने अपने अंदर कूड़ा करकट होने की सही तजबीज की है। इन कूड़ा करकट लोगों को निकाल बाहर करते तो अच्छी बात रहती। हम अंचल के जनवादी तत्त्वों से अपील करते हैं कि सच्चे जनवादी ढांचे के निर्माण के लिए आगे बढ़ें एवं संदेश अंचल में मोड्ल पेश करें।

नोट : लिबरेशन के जिला कमेटी से आग्रह है कि हमारे ऊपर लगाए आरोपों को साबित करने के लिए अपने प्रतिनिधि भेजें एवं बहस करें ताकि जनता भी सुने समझे।

आपका
रामाशीष गुप्ता

बहस का स्थान
समय
संदेश 21.2.90
अखगांव 22.2.90
कोरी 23.2.90

सूचना

आपको सूचित किया जाता है कि पार्टी की नीति लाइन के तहत आपका चरित्र जनविरोधी के रूप में चिह्नित किया गया है। जैसे–

1. बिटेश्वर सिंह के घर में तीन-तीन बार आग लगाना।
2. बदरूदीन के घर के तरफ जबर्दस्ती जंगला तथा डाढ़ा छोड़ा, जबकि इधर आपकी जमीन नहीं है तथा बनारसी साह के तरफ भी।
3. बबन बहेलिया को बेवजह केश में परेशान करना तथा उनका पेड़ काट लेना और उनका जमीन अपने जमीन में मिला लेना।

अतः आप 30.8.93 को ठीक 1 बजे आई.पी.एफ. ऑफिस संदेश में आकर मिलें तथा इन सारे सवालों का जवाब दें अन्यथा हम आपके खिलाफ अगली कार्रवाई करेंगे।

नोट : यह नोटिस आई.पी.एफ. के प्रखंड कमेटी, संदेश द्वारा अभयपुरा गांव के भोला सिंह को भेजा गया था।

मजदूर किसान संग्रामी परिषद् की ओर से 'लिबरेशन' के खिलाफ 21 अक्तूबर' 94 जन अदालत

स्थान–हाई स्कूल मैदान, सिकरिया

मजदूर किसान भाइयों

जैसे-जैसे बिहार का क्रांतिकारी किसान आंदोलन तेज हो रहा है, वैसे-वैसे संशोधनवादी 'लिबरेशन' का घिनौना चेहरा आम जनता के सामने बेनकाब होता जा रहा है। अपनी चुनावी महत्त्वाकांक्षा की पूर्ति के लिए यह गुट पूरी तरह प. बंगाल की सी.पी.एम. मार्का गुण्डागर्दी पर उतर आया है। आज 'लिबरेशन' के 'योद्धा' एक ओर सी.पी.आई. जैसे 'वामपंथी' व जनता दल (जार्ज गुट) जैसे बुर्जुआ नेताओं के तलवे चाट रहे हैं, दूसरी ओर क्रांतिकारी ताकतों पर हथियारबंद हमले कर रहे हैं।

अगर हम 'लिबरेशन' द्वारा हाल की अवधि में किए गए कारनामों पर गौर करें तो इसका जन-विरोधी व दमनकारी चेहरा खुलकर सामने आ जाएगा। इसके सशस्त्र दस्ते ने 2 अप्रैल '93 को घात लगाकर क्रांतिकारी साथी राजदेव मोची की हत्या कर दी। जब भोजपुर में हमारे संगठन का फैलाव शुरू हुआ तो लिबरेशन के सशस्त्र लोगों ने हमारे सहार-संदेश अंचल अध्यक्ष कॉ. सुरेश ठाकुर की अपहरण कर हत्या कर दी, उनके घर को तोड़ दिया और उनकी सारी सम्पत्ति लूट ली। इस हत्या के खिलाफ आयोजित संकल्प सभा के प्रचार हेतु गई भारत नौजवान सभा टीम पर भी हमले किए गए और उनकी नगदी व अन्य चीजें जब्त कर ली गईं। इतना ही, नहीं संकल्प सभा से लौटती जनता पर भी कातिलाना हमले किए गए। कस्तुरीपुर (हसपुरा अंचल) में जब हमारे संगठन के नेतृत्व में एक अनुपस्थित जमींदार की सिलिंग से फाजिल जमीन पर संघर्ष शुरू हुआ तो लिबरेशन' के दरिंदों ने हमारे गांव कमेटी के तीन नेताओं को वार्ता पर बुलाकर और अपहरण कर हत्या कर दी। जब इस जघन्य हत्याकांड के खिलाफ पचरुखिया में आमसभा आयोजित की गई, तो उस पर अंधाधुंध गोलियां चलाई गईं, जिसमें एक व्यक्ति मारा गया अैर कई घायल हो गए। भरतपुरा (भूतपूर्व एम.पी., रामेश्वर प्रसाद का गांव) के लक्ष्मन राम, जब जहानाबाद सेशन कोर्ट द्वारा दी गई फांसी की सजा के खिलाफ प्रचार अभियान चला कर लौट रहे थे, तो इन आतताइयों ने गोली मारकर उनकी हत्या कर दी। इसी तरह मध्य बिहार में हाल के वर्षों में माले ने हमारे दर्जनों महत्त्वपूर्ण कार्यकर्त्ताओं व समर्थकों की हत्या कर दी है, जिनमें राजदेव पासवान (मखदुमपुर), देवप्रसाद (भगवानगंज), नरेश पासवान (पालीगंज), शिव नारायण दास (करपी), लाल बहुादर सिंह (अरवल) आदि प्रमुख हैं।

इसके अलावा 'लिबरेशन' ने सामंतवाद विरोधी जुरू संघर्ष (खासकर जमीन के सवाल पर) की न केवल तिलांजलि दे दी है, बल्कि ग्रामीण इलाके में सामंती व प्रतिक्रियावादी ताकतों के साथ सांठगांठ भी शुरू कर दी। इसने भूमिसेना के दौर में आत्मसमर्पण करने वाले मित्तर सिंह, बलिराम सिंह, अर्जुन सिंह (जिन्होंने उस दौर में काफी दमनकारी भूमिका अदा की थी–खासकर मित्तर सिंह भूमि सेना का एक महत्त्वपूर्ण संगठनकर्ता था) आदि को अपने संगठन में शामिल कर लिया और एम.के. एस.एस. द्वारा लगाई गई नाकेबंदी को तोड़कर पुलिस के सहयोग से उनकी खेती करवा दी। ज्ञातव्य है कि इन लोगों ने तय की गई हर्जाने की राशि जमा नहीं की थी और झूठे केस को नहीं उठाया। पुनः नवल पाण्डेय का हत्यारा एवं चोरी, डकैती व हत्या में संलग्न रामदेव चक के दिलीप गिरोह, फैज असारी उर्फ नन्हें की हत्या करने वाला धर्म व जाति के नाम पर सामाजिक एकता को तोड़नेवाला एवं कई प्रकार के आपराधिक कार्रवाई करने वाला शिवबालक गिरोह, हमारे संगठन से निकाले गए लंपट व अपराधी तत्त्व बखोरी, राजू, मणिधर व दिघवां (मसौढ़ी) में जनता के समक्ष आत्मसमर्पण करने वाले सामंती तत्त्वों को भी अपने संगठन में शामिल कर लिया। हालांकि परियारी के सामंती तत्त्वों ने हाल में जनता के समक्ष पुनः आत्मसमर्पण कर अपनी गलती स्वीकार कर ली है। इसी तरह भोजौर (मसौढ़ी) भूमि संघर्ष में अनुपस्थिति जमींदार व पुलिस प्रशासन की दलाली करने वाला राजेश्वर यादव भी आज लिबरेशन का कार्यकर्ता बना हुआ है।

इन सबों के अतिरिक्त संघर्षशील जनता व क्रांतिकारी संगठनों के कार्यकर्ताओं के घरों को ढाहना व उनकी सम्पत्ति की कुर्की जब्ती करना भी उसका एक जाना माना हथकंडा बना हुआ है।

लिबरेशन की इसी हत्यारी व दमनकारी राजनीति का व्यापक पर्दाफाश करने के लिए इस जनअदालत का आयोजन किया गया है। हम आम जनता का आह्वान करते हैं कि इसमें हजारों हजार की तादाद में शामिल होकर इसे सफल बनायें ताकि 'लिबरेशन' को सामाजिक अलगाव में डालने व उसके हर हमले का जोरदार जन प्रतिरोध करने की लड़ाई को आगे बढ़ावा जा सके। बगैर इस कार्यभार को पूरा किए हुए 'लिबरेशन' जैसे संशोधनवादियों को जड़मूल से उखाड़ फेंकना व कृषि क्रांति के मार्ग की प्रशस्त करना असंभव है।

आयोजक :

दिनांक

जहानाबाद प्रखंड कमिटी,
मजदूर किसान संग्रामी परिषद्, बिहार
'लिबरेशन' के आतंकराज को ध्वस्त करो।
मजदूर, किसान, व जनवाद पसंद लोंगों की व्यापक एकता मजबूत करें

प्रिय दोस्तों,

भोजपुर का सशस्त्र किसान आंदोलन पूर्वर्ती आंदोलनों की तरह हजारों शहीदों के खून की शहादत लेकर आज विनोद मिश्र जो संशोधनवाद अराजकतावाद, चुनावी तिकड़म का पर्याय बन चुका है के हाथों दम तोड़ रहा है। जो दस्ता कभी जनता को फसल रक्षा, इज्जत रक्षा, चोरी से रक्षा की गारंटी करता था आज वही ये तमाम कार्यवाहियों को अंजाम दे रहा है। इसी से तंग आकर व्यापक गरीब, व मध्यम किसान संगठन से अलग हो गये और एक नया हमारा संगठन भोजपुर के सैकड़ों गांवों में बन गया है और हजारों नवजवान हमारे साथ एकताबद्ध हो रहे हैं।

आज इनका (लिबरेशन) माले का दस्ता रंगदारी टैक्स वसूलने के लिए विभिन्न गांवों में मनगढ़ंत आरोप लगाकर किसानों का आर्थिक नाकेबंदी कर रहा है और नकली जन अदालत लगा रही है।

इनके कारनामें :

1. हरिपुर (कोईलवर अंचल) के गया महतो पर मनगढंत आरोप लागकर 5 हजार रुपया वसूलना (जनक गुप्ता द्वारा)
2. राजबलम सिंह फुलाड़ी, पर पर्चा द्वारा आरोप लगाना। उन आरोपों को वहां की व्यापक जनता खण्डन करती है और उनके आर्थिक नाकेबंदी का ध्वस्त करना, उनसे रंगदारी टैक्स नहीं वसूलने देना।
3. जज यादव पर जन अदालत क्यों नहीं बैठाते, जिसके नेतृत्व में फुलाड़ी के कुछ चोर गोलबंद हैं। रामाशीष गुप्ता का लकड़ी चुराते पकड़े गये, किसानों के धान का फसल मिसवा लेना। चोरी की लकड़ी का किवाड़ गंगाधर साव के घर में लगा है जो भटौली स्कूल का चपरासी है, आपका नेता है।
4. झोपड़ी यादव की हत्या का मामला। गांव के पंचों ने समझौता कराया था और उसकी पत्नी को पांच हजार रुपया दिलवाया था। जमीन देने की बात नहीं थी, ऐसा पंचों ने बताया।

6. फुलाड़ी आहर का 5000 हजार रुपया जज यादव ले गये। उसका हिसाब मांगने पर हरिजन युवक को गोल सिे उड़ा देने को धमकी देना आपका सामाजिक न्याय है। जन आदालत में वह पैसा जनता को लौटा देना होगा।

7. काउप-गांव (चरपोखरी अंचल) के एक मध्यम किसान महिला पर जो कोइरी जाति की है, उसपर बदचलन का आरोप लगाना मजदूर के साथ, वह मजदूर आपके संगठन ने दिया था, उसका 50 मन गेहूं 35 मन आलू, 5 थान सोने का गहना, रुपया पैसा, कपड़ा-लत्ता जप्तकर उसके घर से निकाल देना और ताला लगा देना।

   चरपोखरी-अंचल के सियाडीह गांव के विश्वनाथ तिवारी ने आई.पी.एफ. का खाल ओढ़कर हरिजनों का चार एकड़ जमीन दखल किया है। उसे तुरंत गरीबों को बांटा जाय।

8. बागा मठ का जमीन दखल किया गया और जब्त जमीन जज यादव के भाई बंधुओं के बीच वितरण करना और स्वयं जज यादव द्वारा अपने 5 बिघा रख लेना यह भूमि वितरण कराने का नया नमूना है।

9. बागा के ही हजाम जाति की महिला को जज यादव द्वारा अपने घर जमीन देने के लालच में बुलाना और उसके साथ बलात्कार करना और मुंह खोलने पर जान से मार देने की धमकी देना, यह आपके इज्जत रक्षा की गारंटी है।

10. भीमपुरा में रामायण सिंह के घर डकैती करते जज यादव पकड़ा गया। जनता की मार से उसकी एक आंख छतिग्रस्त हो गई। वही जज यादव आज सी.पी.आई. (माले) की आड़ लेकर चोरों को नेतृत्व प्रदान कर रहा है, यह तथ्य संदेश की जनता से छुपा नहीं है।

11. प्रदर्शन, जुलूस रैली करना तुम अपना जन्मसिद्ध अधिकार मानते हो ठीक है, लेकिन ननउर में म.कि.मु.म. के प्रचार टीम से रुपया, पैसा, घड़ी, कैमरा, कपड़ा-लत्ता छीन लेना भी क्या तुम्हारा जन्म सिद्ध अधिकार है? भोजपुर को बाप का जमींदारी समझ बैठे हो।

12. उपरोक्त तथ्यों के आलोक में संदेश की जनता भोजपुर की जनता से अपील कर रही है कि इन भेड़ियों को शरण न दें नहीं तो ठंड से अधमरा सांप आपकी मदद पाकर आपको ही डंस लेगा।

उपरोक्त तथ्यों के आधार पर हम संदेश अंचल की जनता से अपील करते हैं, कि (माले) लिबरेशन के प्रति क्रांतिकारी चरित्र को बेनकाब करते हुए एक सही क्रांतिकारी लाइन को अपनाएं तथा नयी रोशनी की ओर देखें।

नोट : आरा जिले में बस भाड़ा वृद्धि के खिलाफ डट कर विरोध करें ताकि जिला प्रशासन किलोमीटर के हिसाब से भाड़ा तय करे।

आपका

क्रांतिकारी अभिनंदन सहित

बिहार मजदूर किसान संग्रामी परिषद् आरा (इकाई)

संदेश, भोजपुर

लिबरेशन द्वारा जनता पर बढ़ते आतंक तथा जोर जुल्म के खिलाफ

जोर है कितना दमन में तेरे।

देख लिया है देखेंगे।

प्रिय बंधु,

सी.पी.आई. (एम.एल.) लिबरेशन गुट की तनाशाही का विकृत रूप अब काफी हद तक सामने आने लगा है। इसके अंदर के छुपे अपराधियों का बोलबाला कितना है, इसका प्रमाण है हमारे कार्यकर्त्ता विजय राम और किशुनदेव राम का अपहरण करने का दुस्साहस तथा गाली-गलौज और मारपीट करना। इनके द्वारा लगातार भूमिहीनों और गरीबों पर किया जा रहा जोर-जुल्म इनके नकाब को उतार फेंकता है। ये बड़े धन्ना सेठों तथा समाज के अपराधियों के बल पर गरीब जनता का लगातार शोषण करते फिर रहे हैं। इनके विरुद्ध जब मजदूर किसान संग्रामी परिषद का जनाधार तेजी से फैलने लगा तो बौखला गये हैं। क्रांति के लिए जो कभी दंभ भरते नहीं थकते थे आज वह संशोधनवाद तथा चुनावबाज बन कर क्रांतिकारी सिद्धांत का गला घोंट रहे हैं। किसान और बुनियादी जनता के बीच हमारे पक्ष में जनता की गोलबंदी तेज होने लगी है। इसी से घबड़ा कर यह हमारे संगठन को फॉरवार्ड पक्षी कहने लगे। एक चुनावी राजनीति के तहत लड़े जा रहे बेलाउर के संघर्ष में भी हमारे संगठन को बदनाम करने की पूरी कोशिश इन लोगों द्वारा की जा रही है। ऐसे तमाम लिबरेशन के मनसूबे को हम कामयाब नहीं होने देंगे।

भाइयों ये हमारे बुनियादी जनाधार पर निरंतर हमले तेज कर रहे हैं। हमें उखाड़ने का पुरजोर अभियान चलाए हुए है।

हम चेतावनी देना चाहते हैं कि गरीब भूमिहीन कार्यकर्ताओं पर रहे हो दमन को अविलंब रोकें और चिलहर, सहार पड़ूरा (संदेश) तथा सूर्य कुमार सिंह (पड़ूरा) के हमारे कार्यकर्ताओं ने कौन सा ऐसा कार्य किया जो तुम लोग मर्डर करने पर तुल गये। क्या किसी जनवादी संगठन में रहकर सच्चे जनवाद के लिए लड़ना तुम्हारी औकात

की तौहीनी है। आखिर इन बेवकूफी भरे कार्यों से तुम क्या दर्शाना चाहते हो?

तुम अच्छी प्रकार जानते हो की दमन से किसी भी संगठन को बढ़ने से नहीं रोका जा सकता तो तुम यह विश्वास कैसे कर लिए कि हमारे संगठन को उखाड़ फेंकोगे। हजार बार यह नारा लगाते फिरते हो कि जोर है कितना दमन में तेरे, तो क्या यह नारा केवल पुलिस प्रशासन पर ही लागू होगा कि तुम्हारे द्वारा किये गये दमन पर भी लागू होगा। थोड़ा ठंडे दिमाग से सोचो और हमारे कार्यकर्त्ताओं से मार-पीट करना छोड़ दो अन्यथा गंभीर परिणाम के लिए तैयार रहो।

निवेदक

मजदूर किसान संग्रामी परिषद

प्रखण्ड

संदेश सहार

नोट : 1 नवंबर '94 को गांधी मैदान की विशाल आम सभा तथा रैली में भाग लेने पटना चलें।

परिशिष्ट-9

कविताएं

1.

प्रियतम—
हूं किसान का बेटा मैं, गरीबी मेरा परिचय
हार तो मानता नहीं, सदा मनाता मन की जय।
कलम छोड़ तलवार उठा लो
नहीं तो कलम को ही तलवार बना दो
अस्त्र तेरा कुदाल किसानों
कुदाल को ही ललकार बना दो।
लूट रहे खेत जल रहे खलिहान
पर्दे के पीछे खेल, खेल रहे अफसरान
मौन को तू तोड़ संभालो अपनी कमान
समय आ गया दिखाओ किसानी पहचान।
किसान जमाना तेरे नाम
जमाने को दे तू नया पैगाम
हाथ में बैलट मुंह मीठी बोली
मनोनुकूल भरो मतों की झोली।
मौन को तोड़ 'अर्जुन' शुरू हुई लड़ाई
किसानों की सेना ले रही अंगड़ाई
भीतर से उबल रहा फसल लूट का रोष
युधिष्ठिर से कहो केशव। करें युद्ध उद्घोष
जाग गये किसान लेकर अंगड़ाई
कौन हाथ मिलायेगा किसमें है तरुणाई।

2.

सामंती आंखों को तेवर, घर सोना नहीं लोहे का जेवर
ना कभी हुआ है ना कभी होगा किसानों के माथे जेवर।
सच बोलना यदि बगावत है तो समझो कवि बागी है
हर किसान अत्याचारी है तो हम भी बंदूकधारी हैं।
बंधनों को तोड़कर अपने में सबों को जोड़ लो
वीर हो तुम युग को इच्छानुसार मोड़ लो।
हाथ से हाथ मिलाओ स्वर से स्वर
एकता की कड़ी बन उतारो तुम 'माले' का ज्वर

3.

मात्र सौ में पंद्रह लोग जीवन का सुख रहे भोग
ऐ ज्योतिषी तुम बताओ क्या नहीं विनाश का यह योग।
सौ में पच्चीस जन का है टीन का बर्तन ही धन
भीतर-भीतर कुहुक-कुहुककर जीयें मारकर अपना मन।
खून को पसीना बना बहाते हैं किसान
जिंदगी उसकी सस्ती मौत है आसान।
सर्वस्व संचित निधि वे खेतों में देते हैं बो
पाला पड़ा, ओला गिरा जी भर लेते हैं रो।
अब क्या बची तुम्हारी पूंजी
सब अरमान गया यहीं पर खो।
उपर से माले की नाकेबंदी
चीजें महंगी, दिनोंदिन बहकी
चावल-गेहूं दोनों की है मंदी
है तालाबंदी सड़क जाम
रणवीर सेना के नाम पर बंदी बने आवाम
बारह का आलू साठ का प्याज
सूना चुल्हा महंगा दाम

प्रिये
किसानों के दर्द की बात
बांटूं किससे कहकर रात।
हर किसान मूलतः मजूदर है
सरकार की नजर में वह दूसरे से दूर है।
श्रम की थकान से वह टूट चूर है
मैला करता माले महाक्रूर है।
एक हत्या कर माले में करो चंचू प्रवेश
लोकतंत्र का रक्षक बना हत्यारा राम नरेश।
प्रारब्ध में लिखा मरण छाया दृश्य विकराल
कौन जानता है किसको कहां ग्रस लेगा काल।
गांवों की गालियां बांझ हुईं
क्यों दोपहर में सांझ हुई।
रात अलाव की चौपालें हैं सून
महुआ जोहता बाट मुझे कोई चुन।
वसुधा के स्वर्ग पर मुस्काता शैतान
जाग-जागकर रात बिताओ, मत सोओ पैतान।
गांव-घरों से गोली चलती, प्रेम यहां गोली से मरती
धरती-धरती नफरत फूली, स्नेहिल आंखें क्यों हैं झरतीं।
बेटे की लाश पड़ी है खेत
भोजपुर के बाप समय से चेत।
आज मानवता कुकर्मों से मात हुई
नाढ़ी, नोनउर खडांव के घर अग्निसात हुई।
फसल लूट और हत्या का कार्य जुगुत्सित है
मार्क्स के चेले अब गुंडागर्दी में लिप्त हैं।
घर से निकलते ही कागा बोलता, बोली अनिष्ट का
हो रही हत्या चुन-चुन समाज के वरिष्ठ का।
ज्वाला गये, उमा गये सैंकड़ों मरे नये-नये
गीत कोई क्या गायेगा जब रहेगा नहीं कोई लय।
भोजपुर के गांवों में आज कितने हैं हताश्रय
कारण यही निरीह मरते रणवीर को होता जय।
हत्या नहीं उद्देश्य जीवन का, इससे नहीं कुछ होता है।

सच का रूदन है यही बस परिजन ही खोना है।
युद्ध में विजयी होकर गया पिघल अशोक का दिल
मानवता का क्रूर हत्यारा नहीं हिला माले का दिल।
मूक बनी खेतों की आरी हत्या-लूट का सांचा साक्षी
रिक्त हाथ अदालत से लौटे थे न्याय के वे आकांक्षी।
माले के सारे काम नींदनीय हैं
दुष्प्रचार से नहीं बन सकते बंदनीय हैं।
देखो गला फाड़ रही आज दुष्टों की टोली
माले तेरा इनाम है गोली वरना बन जाओ हमजोली।
शांति हेतु क्रांति मेरे बंधु करो उद्घोष
माले करता हत्या है किसानों में इसका रोष ॥

6.

जब माले के बहके पांव, लहके तब ही खेत और गांव
सिसक-सिसक कर रह गये, प्रेम-प्यार के मधुर छांव।
चंदा का खेत आबाद रहे, इस हेतु चला हत्या का दांव
लहु-लुहान हो बिखर उठे, वर्षों संचित प्यार का भाव।
गांव-गांव में हुई सभा, घर-घर हुआ दो फांक
लगे जासूस एक-दूसरे पर, चलने लगी ताक और झांक।
बम फूटे गोली चली, हंसती बोली बंद हुई
चोरी, लूट, फूट और हिंसा, परिहासें सब मंद हुईं।
नैतिकता को दे फांसी, धरना-अनशन पर बैठा नेता
समय पूछता राजनीति से, चुनाव हार भी तू नहीं चेता।
समय कहता होश में रहो
वरना किसानों को दोषी मत कहो।
किसानों का दिल शोला बना सुलग उठा खेत
माले हत्यारों होश में आओ समय रहते तू चेत।
शेष क्या बचा है शांति से गीत गाने को
धैर्य से इंतजार करो एक और नरसंहार के आने को।

7.

धन्य मेरे नरसंहारी पुत्रों
कि दिल्ली आया देहात।
एक लाख ले तुम भूल जाओ
कल रात की दुःखद बात।
गाड़ियों का काफिला चला
करने दर्दनाक मौत की राजनीति
अगड़ा पीछड़ा का बीज बोयेंगे
है मत लेने की सफल सुंदर रीत।
सामंतों को ध्वस्त करो
भाषण दे हुए मस्त
हत्या-खून ऐसे मचाओ
कि सामंत हो जाएं पस्त।
अब क्या था सुलग उठा
खेत-बधार और गांव
हत्या का जवाब हत्या से हुआ
धन्य गांव की धरती पर मंत्री का पड़ा पांव।

8.

साफ-साफ भाषण है मेरा
करतूतें सब काले
हत्या-लूट की पार्टी मेरी
नाम पड़ा हत्यारा माले।
बलात्कारी दूसरा कोई नहीं
वह तो मैं हूं खुद
चंदा उगाही के लिए
गांव-गांव में करता युद्ध।
गरीबी मिटाने को खड़ा

है एक गरीब का बेटा
मेरे घर चांदी का बर्तन
सबके घर माटी का मेटा।
अनुशासन की 'सीमा' तोड़ते
दिवाने मेरे प्यारे रणजीत
कसक लिए 'ओंकार' पूछते
मार्क्स तुम्हारा यही है गीत।
गांव-गली में नफरत फैली
बंदी बना शरीफ बेचारा
फसल लूटता हत्या करता
देखो मार्क्स तुम्हारा नारा ॥

9.

जुल्मियों के जुल्म को याद क्या करें,
खेत लुटता उग्रवादी, आबाद क्या करें
सत्ता बना है बहरा, तो फरियाद क्या करें?
कोई हमें उठाये, लाश जोहती है बाट
उठाने वाला डर से पड़ा है जा के खाट।
योद्धा ही डर गया तो लाश क्या करे
चंदेश्वरी का शव कफन की तलाश क्या करे
देहात दिल्ली से आस क्या करे
सत्ता बना है बहरा, तो फरियाद क्या करे
भूख-गरीबी में डूबा किसान है यहां
मौत के अभिशाप से लोग परेशान जहां
चैन से बेचैन पूछे, शांति है कहां
गौतम के बिहार पर नाज क्या करें।
सत्ता बना है बहरा, तो फरियाद क्या करें?
पटती है खेत जहां खून से ,,
हत्या है सस्ती यहां नून से।
लोगों को पानी नही है मयस्सर

उपर से महंगाई लूट का असर,
जात में बंटी जमात जहां की
वह देश रह जाएगा कहां की।
अल्फाज ही सी गये कविराज क्या करे
सत्ता बना है बहरा, तो फरियाद क्या करें?
खेत लुटते तुम्हारे, सामंत कहलाते प्यारे
बेबस बंदा पे कानूनी फंदा, पुलिस को लगता न्यारे।
किसानों के गांव है आज थके हारे अधमरे
सुनी आंखें देख किसानों से कहते हैं तारे
राजा ही गुंडा है तो जाएं किसके पास
सत्ता बना है बहरा, तो फरियाद क्या करें?
उग्रवादियों के सामने थूक चाटती पुलिस जहां की
दुखियों की उन तक पहुंचती आह कहां की।
कहां थी पुलिस जब चंदेश्वरी गये मारे
बाट जोहती रही लाश उठा कोई हमें भी जारे।
मौन तुम साथ गये, आवाज क्या करे
सत्ता बना है बहरा, तो फरियाद क्या करें?
निरीह-बेकस से भरा है आरा का जेल
'माले' के सह पर है पुलिस का ये खेल।
हवाला-घोटाला, पुलिस मतवाला
चोर हैं अफसर, पार्टी श्रुतवाला।
लाश पड़ी हो घर-घर, तो मजार क्या करे
लाखों के खेल में हजार क्या करें।
सत्ता बना है बहरा तो फरियाद क्या करें?
एक सुर-एक राग बन खेलो ऐसा फाग
हर घर से लहक उठे, क्रांति की आग
बोली बनी गोली, उग्रवादी—पुलिस भाग
मौन बहुत रहा अभागे, समय से तू जाग
देश के ये दुश्मन प्यार क्या करें
सत्ता बना है बहरा तो, फरियाद क्या करें?
खुनियों ने सजाया बाजार जहां
एक जान की कीमत रुपये एक हजार यहां

रुपया से फाइनल रुपया से चार्जशीट
रुपया से पिस्टल करती है खिटपिट
रुपया बना है सत्ता की सीढ़ी कानून क्या करे
पुलिस ढालती जुल्म इंसान क्या करे
सत्ता बना हो बहरा, तो फरियाद क्या करे?
खेत के पुकार से शायर हुआ जवान
आने वाले दिन में राज करेगा किसान
किसानों की सेना चली, तोप तलवार क्या करे
बुराई को तो मरना था, अच्छाई क्या करे
हुआ मुस्कुराहटों का ईद मिलन, तनहाई क्या करे।
अमन-चैन का राग फुटा हर खेत हुए हरे-हरे।
जीत गये इंसान, हैवान क्या करें

10

निरीह बेबस किसानों से भरा भोजपुर का जेल
जुल्मी प्रशासन खेल रहा हत्या--जुल्म का खेल।
बिन रोटी का भूखा पेट, माले लूटता दिन-रात खेत
पुलिस लाठी दे लेती रेट, धरती बनी जिंदा रेत।
सत्य-अहिंसा के देश में, फैला हिंसा का राज
है कौन नहीं हिंसक यहां कोई मुझे बता दे आज।
सांस्कृतिक विरासत कौन बचाये, कौन बचाये उसकी लूट।
विदेशी एजेंट, आतंकी माले मठ को रहा जी भर लूट।
राजनैतिक भेड़िया माले को है, हत्या और लूट की छूट
हंसुआ को हथियार बना दो, बोली को तू गोली
गांव छोड़ 'माले' भागेगा, पहन चूड़ी और चोली।
आज घर-घर से उठ रहा है, नफरत की बोली
कहां गया वह गिल्ली-डंडा, बचपन की हमजोली।
माले ने ही लूट मचायी, पुलिस जोर आजमाती
दानवता का नाच देख, बापू की आत्मा शर्माती।
कामचोरों की ऐसी चलती, काट रहे वे चांदी

आजादी से गांवों को क्या मिला, मुझे बताओ गांधी।
श्रम तुम्हारा माले लूटे, हत्याकर वे जेल से छूटे
दोष तुम्हारा मौन रहना, आग सबों के मन में फूटे।
एक राग बना दो, हाथ मिला लो, किसानों की एक जाति
क्रांति की कमीज पहन लो, मिल बाप-बेटा और नाती।

11.

दल का दादा आया, रात में घूंट चढ़ाया, एक बात मुझको समझाया
जूही और गुलाब सामंती का नाम, सुन मेरा सर चकराया।
हत्या-जुल्म की पार्टी माले, नहीं किसी से कम
फिर जूही मरे या मरे गुलाब, कहां-कहां करोगे गम।
तोड़ते हैं ताले, नाम मेरा माले, चंदा का व्यापारी
नेताजी कहलाते हैं, घर के भीतर सोने को कहते, ऐसे हैं व्यभिचारी।
दल का अनुशासन है, राज की बात कहीं मत बोलना
'माले' की मौत में साजिश तेरा, यह बात कहीं मत खोलना।

12.

ईंट से ईंट बजाने का, संकल्प तुम्हारा पतवार
किसान सब साथ जुटे बनकर ताकत का अवतार
फसल लूट, हत्या, बलात्कार का मार्क्स है सरदार
सच जान जनता जागी है, माले हुआ बेअसरदार।
माले के रक्त से मनाता रणवीर त्योहार सलोना
पुत्र के जेल जाने पर मां का क्या रोना क्या धोना
हथकड़ियों वाले हाथों में हैं शत-शत बंदनवारें
और चूड़ियों से सजी कलाइयां उठ आरती उतारें।
लाठी मारो या गोली मारो है रणवीर युग की पुकार।
सभी किसान आए एक मंच पर ताकत बनकर अपरंपार।
ब्रह्मेश्वर भी करता है देवेन्द्र की कलम का वंदन शत बार

किसान सब उठ खड़े हुए बनकर ताकत का अवतार।
दीनों के मित्र हैं दोनों दीनहीनों के हैं कर्तार
सब किसान मिल राग अलापें रणवीर ने लिया अवतार।
गुंडा के नाम से विख्यात शहाबुद्दीन
सत्य बात कहे तो गुंडा जाता गीन।

13.

इतिहास तुम्हारे पूर्वज
परिहास बना है उसकी उपज।
है बीज वही है खून वही
तुमसे हाथ मिलाएगा, ऐसा जनमा कौन मही।
शोषक तेरे दोनों हैं, क्या माले क्या पुलिस
खेत लूटता है एक, एक चढ़ता है लिये कुलिस।

भटौली गांव के युगश्वरी सिंह को श्रद्धांजली
स्वर्ग गया एक वीर
चल वीरता की राह।
वह मित्र मूलतः कायर होगा
जो भरेगा इस शहादत पर आह।
भगत सिंह इसलिये चढ़े फांसी
कि देशवासी सोते से जाग सकें
युगेश्वर की शहादत इसलिये
कि भोजपुर से हत्यारा माले भाग सके
गरीबों की झोपड़ी रो उठी, बलिदानी पुरुष कैसा था वाह
झोपड़ियों का चैन सुरक्षित रह सके, होगा यह दाही का दारूण दाह
खादी कुर्ता, खादी धोती था मोद भरा वह मोदी
उसके अधरों की मुस्कान कह रही, नाहक आंखें हैं रोतीं
आततायियों का नाश करेगा, है संदेश का वादा
आंखें पोंछ इंतजार करो, इससे नहीं कहूंगा ज्यादा

15.

कवि बंद जेल में पुत्र सुधांशु साथ
खेत मेरा लूट गया हथकड़ी मेरे हाथ।
ऐ जेल की दीवारें बोल
हत्या का सच तु खोल।
बंदी बना बेलाउर, एकवारी और पवांर
सरथुआं नरसंहार के आरोप में सरकार।
विछिआंव, खोपिरा खनेट
पुलिस टो रही शरीफों की चेंट।
रविन्द्र चंद्रमा, बूटन, विजेन्द्र वकील
बेगुनाह फंसे सोच जी रहे तील-तील
प्रमोद, भूषण, मिथिलेश शशि
गम मिटाने को करते रस्साकशी।
कामेश्वर, नरेन्द्र दिनेश
इन पर दफा लगा विशेष
निज बम से माले के धरने में धमाका हुआ
हरेन्द्र का नाम दे माले खेला शैतानियत का जुआ।

नोट : सभी कविताएं देवेन्द्र कुमार सिंह की हैं। ये अंबिकाशरण सिंह कॉलेज, संदेश के प्राचार्य हैं और रणवीर सेना के संस्थापकों में से एक रहे हैं। भोजपुर से बाहर के जिलों में रणवीर सेना का जनाधार तैयार करने में इनकी विशेष भूमिका रही है आजकल ये राष्ट्रवादी किसान महासंघ से जुड़े हुए हैं।

परिशिष्ट–10 (क)

रणवीर सेना का पर्चा

जय किसान। जय जवान।।

'शोषण एवं अत्याचार के विरुद्ध उठी आवाज'

भोजपुर के अमनप्रिय मित्रों,

लगभग पच्चीस साल से भाकपा (माले) के ख़ूनी भेड़ियों ने लोगों की नींद हराम की। किसानों और मजदूरों की लाशों पर अपनी हैवानियत की राजनीतिक रोटी सेंकी। सैकड़ों किसान मारे गए, हजारों एकड़ जमीन में कृषि कार्य नहीं हो रहा है। हजारों मजदूर विस्थापित जीवन का अभिशाप झेल रहे हैं।

कितनी सुहागिनें विधवा बनीं, सैकड़ों, हत्याएं हुईं और तुर्रा यह कि माले के भेड़िये मजदूरों के हित की बात करते हैं। माले के कथित गरीब नवाजों ने गरीब-गुरबों को क्या दिया, यह सब जानते हैं। राजनीति व चंदे का व्यापार आज गरीबों की लाशों पर हो रहा है। यदि हिम्मत हो तो माले एंड गुंडा कंपनी बताए कि उसने किस गरीब हरिजन का उजड़ा घर बसाया, किसे आर्थिक सहायता दी, किस-किस को शरीर ढंकने के लिए वस्त्र दिया, किस बच्चे के लिए शिक्षा-दीक्षा की व्यवस्था की। यदि इसका जवाब तुम नहीं देने की स्थिति में हो तो हम तुम्हारे कृत्यों की गिनती कराते हैं।

1. तुम माले के गुंडों ने गरीबों को गरीब बनाया। 2. शोषितों का शोषण किया और 3. अपने की समुदाय के मजूदर भाइयों की मां, बहनों और बेटियों को अपनी हवस मिटाने का साधन बनाया, उनको वेश्यावृत्ति तक के लिए विवश किया। आज तक तुम्हारी सही उपलब्धि यही है। हम धरती पुत्र (किसान) इन भेड़ियों के आतंक को इस आशा के साथ झेलते रहे कि शायद उनकी हवस हमारे कुछ भाइयों का रक्तपान कर लेने के बाद, शांत हो जाएगी। लेकिन यह हमारा मिथ्या भ्रम निकला। वर्षों के लूटपाट, बलात्कार, अपहरण, आगजनी, राहजनी, हत्या और अंग भंग कर देने जैसी घिनौनी हरकतों से उबकर किसान पुत्रों ने रणवीर का रूप धारण किया है। हमने

भाकपा (माले) के कुतों को समूल नष्ट कर देने की सौगंध खाई।

'बहुत सो लिए, अब ये शेर जाग गए हैं। माले को मिटाने, अब रणवीर आ गए हैं।'

सही भी है कि वह व्यक्ति ज्यादा सहनशील होता है जिसके पास शक्ति और सामर्थ्य है।

क्षमा शोभता उस भूजंग को जिसके पास गरल है।
उसको क्या जो दंतहीन, विषहीन विनीत सरल है।'

अपने संस्कारों के अनुसार हमने वर्षों तक अपने क्रोध को काबू में रखा। लेकिन अब तो बस हम और हमारे रणवीर सिर्फ और सिर्फ प्रलय हो देखना चाहते हैं। भोजपुर की धरती के पावन कोख से उत्पन्न रणवीर सेना सारे हिंदुस्तान में भाकपा (माले) के खून की होली खेलकर दुनिया को दिखाएगी, हम आज इस पर्चे के माध्यम से एलान करते हैं।

बथानी टोली कांड के बाद परिस्थितियां शांत थीं, हम लगभग चुप थे, हमारी बंदूकों से शोले नहीं निकल रहे थे। लेकिन ईमादपुर की एक बहन के साथ भाकपा (माले) के गुंडों ने बलात्कार कर हमारी बंदूकों की खामोशी को पूर्ण विराम दे दिया। अब हमारी गनें उन भेडियों को अंतिम अंजाम तक पहुंचाने को तत्पर हैं।

बहुत दिन तुमने बनावटी राइफलों को भांजा, पुलिस द्वारा लूटे गए हथियारों का प्रदर्शन किया, लेकिन बारी अब हमारे लोगों की है। हमारा एक रणवीर तुम्हारे 100 कुत्तों के मुकाबले हर वक्त भारी पड़ेगा। हमारी एक टुकड़ी तुम्हारे समस्त पिल्लों को झंझोड़ देने के लिए काफी है और हमारी पूरी सेना तो तुम्हारे गणित से बहुत आगे की बात है।

कमीनों यदि दम है तो हमसे आमने-सामने आकर लड़ लो। तुम्हारा आका विनोद मिश्र अखबारों में बयान देता है कि प्रशासन हट जाए तो हम रणवीर सेना का सफाया 24 घंटे में कर देंगे। हम तुम्हारे उस गीदड़ के चैलेंज को स्वीकार करते हैं। हालांकि हम समझते हैं कि उस गीदड़ की औकात, हमारे उसके संदर्भ में हाथी और कुत्ते की है। हाथी कहीं जा रहा होता है तो कुत्ते भौंकते ही हैं। पर हाथी चूंकि बलशाली होती है, वह बोलता कम है। ठीक उसी प्रकार हमारी और तुम्हारी स्थितियां है। तुम्हारे सियार बहुत हुआं-हुआं करते हैं। पर इसका अर्थ यह नहीं कि वे मिल-जुलकर शेर का मुकाबला करे लेंगे।

नोनउर के लोकनाथ भाई, धर्मपुर के हमारे एक भाई राजेन्द्र राय तथा धनछुहां ग्राम के सुरेंद्र शर्मा की हत्या का बदला 100 हत्या से और बरूही गांव में पांच भाइयों के अपहरण का प्रयास का जवाब सेना तुम्हारे अनगिनत चूहों के अपहरण से देगी।

इसकी बानगी के बतौर लव-कुश और कामेश्वर साह, ग्राम ईमादपुर जैसे बलात्कारियों की हत्या, तुम लोगों के समक्ष हाजिर है। साथ-साथ कुछ और तोहफे भी जिनकी संख्या दहाई में होगी हम बढ़ा रहे हैं जो तुम्हें उपहार सौपेंगे। दूसरों को हम चेतावनी देते हैं कि माले के गुंडों को प्रश्रय दिया तो तुम्हारा भी हल बथानी टोला जैसा होगा। क्योंकि उन गुंडों का सफाया करना हमारा पहला लक्ष्य है।

माले के कुत्तों, अभी तो हम तुम्हें 1-2-3 की गिनती पढ़ा रहे हैं। समय रहते यदि तुम्हारी समझ दुरुस्त नहीं हुई तो शायद तुम्हारे वंश में रोने वाला भी कोई नहीं रह जाएगा और तुम्हारे चूहों की सामूहिक हत्या 500 एवं हजार में की जाएगी।

हम माले के सियारों को चेतावनी देना चाहते हैं कि तुम बच सको तो बचो। तुम्हारा जनाधार तुम्हारे ही कुकर्मों से खिसक चुका है। तुम्हारे पीछे हुआं-हुआं करते हुए कतारों में चलने वाले गीदड़ दामन छुड़ा कर अलग भाग चुके हैं। तुम्हारे छोटे-छोटे कारिंदे अब झोला-झुकड़ा रखकर भागने को तत्पर दिखने लगे हैं।

अगर इतने पर भी तुम्हारी अकल ठिकाने पर नहीं आई तो अपने अंतिम संस्कार हेतु लकड़ी-ईंधन की व्यवस्था कर लो। क्योंकि रणवीर रूपी यम कभी भी तुम्हें ग्रसने को तुम्हारे पास अपने मौत-पाश लेकर पहुंच सकते हैं। पता चला है कि भोजपुर के कुछ किसानों एवं मठों की जमीन तुमने हड़प रखी है और जबर्दस्ती उस पर तुम्हारी खेती हो रही है तो याद रखो, उन खेतों से तुम्हें जितने वजन में अन्न मिलता है, हम तुम्हारे पिल्लों का ठीक उतना ही मांस उन खेतों में बिखेरने पहुंच रहे हैं। इसके पहले कि हमारे रणवीर सेनानी तुम्हारे द्वारा दखल किए गए आहरों-पोखरों को तुम्हारी लाशों से पाट दें तुम अवैध रूप से दखल किए गए पोखरों-आहरों पर से अविलंब हट जाओ।

और अंत में सभी अमन प्रिय भाई बहनों से अपील है कि भाकपा (माले) जैसी हैवानियत के समूल उन्मूलन में हमारा साथ दें। हम अपने तमाम शुभचिंतकों के हर दुख-तकलीफ को अपने ऊपर झेलने को तत्पर हैं। आप अपनी किसी भी परेशानी में हमें बुलाएं। हम और हमारे रणवीर आपके एक इशारे पर आपके सहायतार्थ उपस्थित होंगे।

हम आपके, आपसे और आप ही के हैं। जय रणवीर, जय कृषक, जय कृषि।

क्रांतिकारी अभिवादन सहित

रणवीर सेना
भोजपुर इकाई

परिशिष्ट–10 (ख)

भटोली के जनप्रतिरोध संघर्ष को जारी रखें
घबड़ाओ मत जवाब मिला है, जवाब मिलेगा।

दोस्तों,

आज बेलाउर को केंद्र करके जिलेभर के गुण्डे, अपराधी स्मगलर, बलात्कारी, किसान एकता के नाम पर गांव-गांव में जो गुण्डागर्दी करते चल रहे है यह भोजपुर के गौरवशाली क्रांतिकारी परंपरा के लिए कलंक का टीका है। सत्य व न्याय के लिए लड़नेवाले ये तथाकथित विनोद साव (8 वर्ष) रामजग महतो (60 वर्ष) शंभू साव (50) राजेश्वर पासवान (40) प्रयाग साव (30) सुरेश ठाकुर (35) रामहंस राम और उनकी पत्नि (60) जैसे निर्दोष बच्चे-बूढ़े तक की पाशविक हत्या करके इतराते चल रहे हैं। जिसमें कोई घास काट रहा था कोई सोया था कोई दवा लेने गया था, विनोद साव तो मुंह धो रहा था। क्या यही कुकर्म किये थे राम और कृष्ण? यदि ये सचमुच किसान के हितैषी होते तो किसानों की वास्तविक समस्या जैसे सिंचाई, डेढुआ पंप नहर परियोजना, सोन नहर की मरम्मति, रोड, बिजली, महंगाई, बेराजंगारी, भ्रष्टाचार, तथा किसानों को साम्राज्यवादियों के हाथों गुलाम बनाने वाले कुख्यात डंकल प्रस्ताव के खिलाफ लड़ते। लेकिन माले को उखाड़ने के नाम पर (जो वास्तव में मजदूरों किसानों की हितैषी पार्टी है) गांव-गांव में मध्ययुगीन बर्बरता ढाते चल रहे हैं।

उन सामंती गुण्डों को भी हम आगाह कर देना चाहते हैं कि आज चुनावी लाभ के लिए जनता पर जो कहर ढा रहे हो, अब बहुत हो चुका। अरे नादान नरपिशाचों माले को समाप्त करने का सपना देखने से पहले भोजपुर के इतिहास में झांक लो। जब इन्दिरा गांधी ने इमरजेंसी में टास्कफोर्स से भोजपुर में हाईस्कूल को भर दिया था तब बहुआरा में इन्ही धरती पुत्रों ने बिना खाये-पीये 96 घंटा तक उससे लोहा लिया था तथा सैकड़ों को जमीन सूंघना पड़ा था। बिहटा, एकवारी, इचरी का उदाहरण अभी पुराना नहीं पड़ा है जहां जनता के योद्धाओं ने न सिर्फ गुण्डों को युद्ध के मैदान में धराशायी किया था बल्कि उनका हथियार भी जब्त कर लिया था। तुम लोगों को भी oct.14 now. 94 का दिन याद होगा जब तुम लोग हजारों की संख्या में दरिंदों की

तरह हमला करके बेलाउर के दलितों, पिछड़ों को समाप्त कर देना चाहा था लेकिन आज तक वे लोग न केवल वहीं जमें हुए हैं बल्कि तुम लोगों का मुख्य रास्ते से निकलना भी बंद कर दिये हैं। युद्ध के मैदान से तुम्हें हमेशा दुम दबाकर भागना पड़ा। जैसे ही तुम लोगों ने बेलाउर से बाहर निकलकर इस अत्याचार को फैलाना चाहा वैसे ही 2 जनवरी '95 को कोरी, भटौली और बरतीयर की क्रांतिकारी जनता ने तुम्हें खदेड़-खदेड़ पुनः उसी मांद में पहुंचा दिया जहां से निकलकर तुम लोग अपना आतंक फैलाना चाहा था। तुम कहते हो कि हमारे योद्धाओं को खरोंच नहीं आया है लेकिन वह कौन बहादुर था जो युद्ध के मैदान से खाट पर लदा कर बेलाउर जा रहा था। और कितने दिनों तक अपनी लाशों को छिपा कर बहादुरी का स्वांग रचोगे।

रणवीर के नेतृत्व में राजपूत जाति के लोगों को गांव से खदेड़ने का इतिहास, भगवतीपुर, रघुनीपुर, सखुआ, सरथुआं इत्यादि गांवों के किसानों की हत्या तथा उनके गांव पर आक्रमण करके आतंक पैदा करने को जो खूनी ऐतिहासिक मंसूबा है उसे संदेश की जनता बखूबी जान चुकी है तथा तुम्हारे उस खूनी मंसूबे को चकनाचूर करने के लिए कमर कस चुकी है, निकलो मांद से। निर्दोष जनता की हत्या करके तुम लोग बहादुर बन रहे हो लेकिन याद करो, इसी तरह का जुल्म, अत्याचार, भूमि सेना, किसान, संघ ब्रह्मर्षि सेना इत्यादि गुण्डा गिरोहों द्वारा जनता पर ढाया गया था जिसका हश्र आज क्या है? इस रणवीर संघ का भी हश्र वही होगा। जनता के धैर्य का तुम लोगों ने बहुत खून किया अब आक्रोश की आग में जलना होगा तुम्हें।

दोस्तों इस विभत्स कुकर्म का महानायक लालू सोनाधारी हैं। नहीं तो क्या वजह है कि बेलाउर में सैकड़ों मजदूरों, किसानों को पुलिस की उपस्थिति में विस्थापित किया गया, उनकी लाखों की संपत्ति लूट ली गयी, निर्दोष लोगों की हत्याएं की गयी, हत्या के अभियुक्त पुलिस की निरगरानी में हथियार लेकर गांव-गांव घुमाते रहे, उन्हें आज तक कुछ नहीं किया गया। और उल्टे लालू पुत्र सामंतों का दलाल S.P.D.M. 8-1-95 को पवांर हरिजन टोली में छापामारी करवाते हैं। यह बस आज समझने की जरूरत है कि यह सरकार दलितों, पिछड़ों के मान मर्यादा की रक्षा क्या सामंतों की दलाली करके करनी चाहती है। इसलिए भ्रम को तोड़कर यदि किसी भी गांव में पुलिस दलितों, पिछड़ों को परेशान करने पहुंचती है तो उन्हें खदेड़ा जाये तथा अपनी चट्टानी एकता का प्रदर्शन करते हुए सामंती गुण्डों को ध्वस्त किया जाये और उनके संरक्षक लालू सरकार को उखाड़ फेंका जाये।

निवेदक

सी.पी.आई. (एम.एल.)

अंचल कमिटी, संदेश

परिशिष्ट–10 (ग)

लालू के पुलिस गुंडाराज का कच्चा चिट्ठा
बेलाउर की चुनौती स्वीकार करो
सवर्ण सामंती धाक की संरक्षक लालू सरकार को उखाड़ फेंको

भोजपुर के न्यायप्रिय लोगों!

आंसुओं में डूबी बेलाउर की दलित-पिछड़ी जनता ने सामंती दमन के जुए को उतार फेंकने की लड़ाई शुरू कर दी है जिसकी चर्चा आज जिले के हर कोने में है। बिहटा व एकवारी की ही तरह बेलाउर भी अपने जंगलराज के लिए कुख्यात रहा है। यही वह गांव है जहां आज भी गरीबों का खाट पर बैठना, गरीबों की बहू का गांव में डोली में बैठना और साफ सुथरा कपड़ा पहन सवर्ण सामंतों के सामने से गुजरना तक अपराध है। यही वह गांव है जहां 6 बलात्कार के आरोपी बदुरी चौधरी के पिता का कहना है कि "मैंने सांढ पोसा है।" यह उन्हीं कंसों का गांव है जहां खेत में बकरी चरने के मामूली आरोप में पेड़ की जड़ों पर पटक-पटककर 10 वर्ष के मासूम बच्चे की हत्या कर दी जाती है और कोई चूं नहीं करता। यहां मारपीट-रंगदारी-छेड़खानी तो रोजमर्रा की घटना है। दलित-पिछड़ों को कौन कहता, यहां के दबंगों ने अपनी ही भूमिहार जाति के अनेक गरीबों की जमीन हड़प ली है। संक्षेप में, यही है बेलाउर की 'संस्कृति' जिसकी रक्षा में उठ खड़ा होने का आह्वान पर्चा निकालकर बेलाउर के गुंडों-सामंतों के संगठन नवयुक संघ/रणवीर समिति ने किया है।

दोस्तों, करीब बीस वर्षों से हमारी पार्टी इस जंगल राज के खिलाफ उठ खड़ा होने के लिए वहां की जनता को तैयार करती रही थी, परंतु जनता का गुस्सा तब फूट पड़ा जब जान बूझकर सिगरेट न देने के झूठे आरोप में दुकानदार सिद्धनाथ साह की गुंडे द्वारा पिटाई की गई और पंचायत का प्रस्ताव लेकर गए हमारे पार्टी कार्यकर्त्ता कामरेड बीरबल यादव की पिटाई गुंडों ने कर दी। उनके सर व शरीर पर लगे 50 टांके उनकी निर्मम पिटाई के सबूत हैं। आक्रोशित जनता अनियंत्रित हो उठी और लंपट बाढू चौधरी को बस से उतारकर मार डाला। बाढू चौधरी पर एक निर्दोष ब्राह्मण की हत्या का आरोप था। बेलाउर की सामंती शक्तियों को जनता की ओर से दी गई यह खुली चुनौती थी। यह सब मध्य अगस्त में हुआ। बस यहीं से लड़ाई घमासान हो गई जो आज तक जारी है।

18 सितंबर की बेलाउर सभा को गुंडों ने पुलिस कैंप की मौजूदगी में डिस्टर्ब

करने का प्रयास किया और 28 सितंबर की रात्रि में गूंग टोला पर हमला कर वृद्ध हरिजन दंपति-रामरुचि राम व राजकेश्वरी देवी की हत्या कर दी गई। रामरुचि राम की लाश को गुंडों ने गायब कर दिया जो आज तक बरामद नहीं हो सकी। पुनः 1 अक्टूबर को दिन में ही एक साथ चार टोले पर अंधाधुंध फायरिंग की गई। तब से करीब हर रोज दो हफ्ते तक सैकड़ों राउंड फायरिंग की जाती रही है जो रुक-रुककर आज भी जारी है। लगातार जारी हमले के कारण गुंग, फुलवार, सियाराही व बाल टोला के एक ब्राह्मण परिवार सहित दलित-पिछड़ी जाति के करीब एक हजार लोग विस्थापित हो गए हैं और उनकी लाखों की संपति गुंडों ने लूट ली है। बीच गांव में बसे बनिया, महतो, मुस्लिम व अन्य जाति के करीब दो सौ परिवार बतौर बंधक आतंक के साये में रह रहे हैं और कभी भी उनके साथ गंभीर हादसा हो सकता है। आश्चर्य यह है कि एक अक्टूबर से ही मौजूद तीन-तीन पुलिस कैंप के संरक्षण में यह नंगा नाच हो रहा है। पुलिस कैंप एवं भोजपुर एसपी तक पर गुंडों ने हमला किया, परंतु गुंडों पर कोई कार्रवाई नहीं हुई। कैंप के सामने गुंडों ने मुर्गी व खसी पकड़ लिए और यहां तक कि सियराही टोला के बिरजा यादव का खंसी (बकरा) खा गए और उसके चमड़े को उनके दरवाजे पर टांग दिया गया, परंतु पुलिस चुप रही। जितनी बार एस.पी. डी.एम., डीआईजी, आईजी का दौरा हुआ या समझौता वार्त्ता हुई, उतनी बार गुंडों ने हमला तेज कर दिया। एसपी-डीएम के समक्ष समझौता वार्त्ता के बाद गुंडों ने कई टोले पर हमला किया तो डीआई जी के दौरे के बाद गुंडों ने स्वचालित हथियारों से बाजार पर हमले किए और घास काटते समय मनियछ के शंभु साह का अपहरण कर हत्या कर दी, परंतु लाश तक नहीं मिली। जब आइजी आए तो गुंडे हथियारों से लैस होकर पुलिस-प्रशासन के संरक्षण में चारों ओर घूमने लगे और घास काटने वाले एवं बगल के गांवों में दहशत फैलाने लगे। और तब 17 अक्टूबर को कमांडो का फ्लैग मार्च हुआ, तो 20 अक्टूबर को आरा से लकड़ी बेचकर ट्रैक्टर से लौट रहे राजेश्वर पासवान को खुद कैंप के दरोगा ललन शर्मा की सूचना पर एक नंबर बस स्टैंड पर गुंडों ने गोली मार दी, जो अभी पीएमसीएच में मौत से जूझ रहें हैं। 20 अक्टूबर को ही गरीब रैली के लिए लालू यादव आरा में सभा को संबोधित कर रहे थे। यह हादसा जनता भूल भी नहीं पाई थी कि 21 अक्टूबर को पुलिस ने गुंडों से मिलकर सिद्धनाथ साह का घर कुर्क कर लिया और मकान ढाह दिया। इसी तरह कुछ दिन पूर्व काफी हो-हल्ला के बाद प्रशासन ने छापामारी का नाटक किया था, परंतु किसी गुंडे को पकड़ने के बजाय उलटे पुलिस ने चकरदह के हमारे कार्यकर्त्ता कामरेड सुरेन्द्र राम को पकड़ लिया जिसे जनता ने प्रतिरोध कर अंततः पुलिस से छुड़ा लिया। और अब 23 अक्टूबर से गुंडों ने गांव के चारों ओर के रास्तों पर घात लगाना शुरू किया है। जनता की रक्षा में नपंसुक बना प्रशासन गुंडों को शौच कराने जा रहा है